Original illisible

NF Z 43-120-10

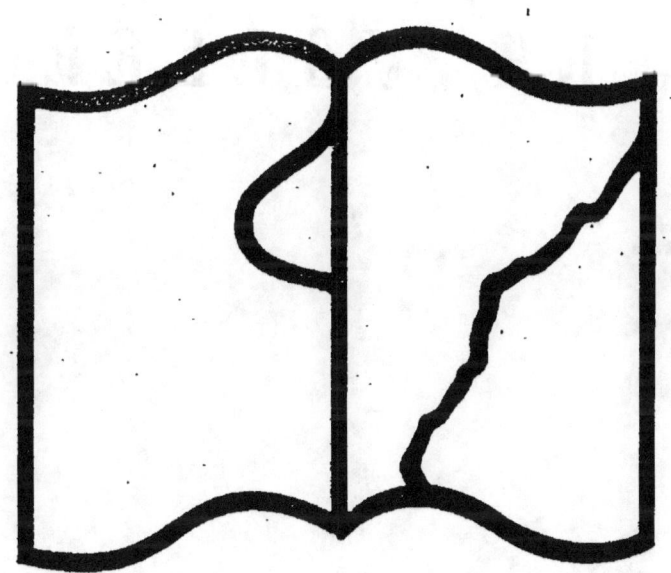

Texte détérioré — reliure défectueuse

NF Z 43-120-11

"VALABLE POUR TOUT OU PARTIE DU DOCUMENT REPRODUIT".

LE TOUR
DE
LA VALLÉE

SAINT-DENIS. — TYPOGRAPHIE DE DROUARD.

LE TOUR

DE

LA VALLÉE

HISTOIRE ET DESCRIPTION

DE

MONTMORENCY — ENGHIEN-LES-BAINS — NAPOLÉON-SAINT-LEU — TAVERNY
BAUBONNE — DEUIL — ÉPINAY — SAINT-GRATIEN — GROSLAY
SANNOIS — SOISY — SAINT-PRIX — ANDILLY — MONTLIGNON — MARGENCY — ERMONT
PIERRELAYE — FRANCONVILLE — BOUFFÉMONT — CHAUVRY — BÉTHEMONT
DOMONT — LE PLESSIS-BOUCHARD — FRÉPILLON — BESSANCOURT
MONTMAGNY — PISCOP — SAINT-BRICE — HERBLAY -

PAR LEFEUVE

PARIS

DUMOULIN, LIBRAIRE-ÉDITEUR

QUAI DES AUGUSTINS, 13

1856

LE TOUR
DE
LA VALLÉE.

De Paris à Montmorency.

Adieu pour plus d'un jour, Pyrénées, Alpes, déjà vues et revues ! Entre Paris et vous, j'ai pour terme moyen le plus gracieux vallon du monde, avec des chalets helvétiques, des gondoles comme à Venise, des salons spirituels qui sont parisiens avec délices, et puis des sérénades à l'espagnole. Celles-ci n'ont de changé, en France, que le côté du balcon d'où elles partent: données à l'intérieur, elles arrêtent chaque soir le passant, dans la rue ou sur la grande route, d'un bout de la vallée à l'autre; c'est la fenêtre à son tour qui chante au lieu de s'ouvrir aux écoutes. En deçà des Pyrénées, l'amour qui escalade a la prudence du silence; il ne lui faut ni tambour ni trompette pour tendre l'échelle de soie nocturne. Montmorency et sa vallée sont assez riches, même en cela, pour ne rien envier aux vieilles traditions castillanes.

S'il y a peu d'amours qui sachent résister à un trop long voyage de noces, il y en a moins encore, dit-on, qui puissent se passer absolument de changement de lieu. La villégiature en Seine-et-Oise est le juste-milieu que nous recommandons aux lunes de miel; de célèbres amants, les deux pigeons de la Fontaine, n'ont connu d'abord le bonheur que grâce à la villégiature.

> Amants, qui voulez voyager,
> Que ce soit aux rives prochaines.

Aussi bien la montagne et la vallée dites de Montmorency sont une ravissante Chaussée-d'Antin de chaque été ; elles ont conservé, c'est miracle, l'exquise tradition de l'hospitalité. Leurs plus grandes villas sont des châteaux plutôt que des cottages, sans pont-levis qui se dresse sur la porte; et outre les amis qu'appellent sans relâche les gracieux châtelains, en les recrutant avec choix dans Paris, le voisinage y donne un droit de visite, réciproque et d'usage, qui est un trait précieux des mœurs locales. Les maisons de campagne d'une moindre importance se louent souvent à l'année toutes meublées, et leurs locataires, visites faites, sont bientôt regardés comme s'ils devaient prendre racine dans le sol, nouveaux Philémon et Baucis. Enfin Montmorency, Enghien, toutes les communes de ce canton béni, ont pour les passagers : pensions bourgeoises, hôtels, pavillons, logements, chambres, qu'on prend au jour le jour, et dans lesquels encore le dernier venu trouvera de suite à qui parler, selon ses goûts, son mérite, son esprit, son éducation, sa fortune. Dans les auberges même on fait salon, en quelque sorte, tant devient contagieuse, fort heureusement, la sociabilité ! Le paysan de l'endroit est jardinier ; il se montre poli et prévenant à la première vue d'un citadin, et encore plus poli si, connaissant son homme, le bourgeois en arrive aux familiarités.

Arrière, pour plus d'un jour, tout ce que j'ai vu, fait ou dit, et surtout ce que j'ai aimé, depuis Eaubonne, où j'avais deux grands oncles, sans compter celui de Sannois, ni les cousins ! Les pommiers en fleurs de la route sont déjà blancs et roses, comme les idées que j'avais, aux vacances, en m'asseyant au revers du chemin, sous leurs grosses grappes de pommes encore trop vertes. Les bois, dont les jeunes pousses exhalent un parfum enivrant, sentent aussi la solitude dans laquelle j'ai écrit mes premiers vers aux étoiles entrevues. L'aubépine, ce lilas des haies, semble me jouer un prélude en sourdine, et elle m'attire en répétant de loin, pour mes oreilles, l'ouverture du printemps, grand opéra annuel ; les ténors emplumés s'habillent dans la coulisse des arbres renouvelés, dont les échos me rappellent d'autres voix. Adieu donc, grande ville, et adieu, vous aussi, voyages de longue haleine, qui forcez à quitter d'abord ce qu'on aimait, ensuite ce qu'on aimera en route, sans laisser pour le cœur d'arrière-goût durable à savourer !

Londres, Calais, Boulogne, Lille et Amiens, ce sont déjà des voyages de géant, pour qui n'est ni artiste en représentation, ni diplomate, ni commis-voyageur. Ce chemin de fer du Nord, dont les actions sont un papier-monnaie, ces grandioses galeries, ces imposantes salles d'attente, ces commodes et faciles dégagements et ces omnibus innombrables, sillonnant tout Paris pour mettre l'embarcadère à chaque instant en communication avec tous les quartiers ; je les salue de mon admiration. La vapeur et la voie de fer, outre leurs courtisans sans cesse renaissants à la Bourse, auront bientôt leurs poëtes, n'en doutez pas ; car elles ont déjà leur poésie. Selon nous, qui plus est, le vers, rail de l'idée, l'emporte presque autant sur la prose que le train des wagons actuels sur la file des coucous qui stationnaient autrefois Porte-Saint-Denis. Grâce aux licences que la rime autorise, il a toujours tenu plus d'idées en quatre vers, pourvu qu'ils fussent bien faits, que dans trois fois autant de lettres en prose. Le chemin de fer du Nord a l'utilité principale de relier Paris à dix autres capitales, par des relations incessantes. Ce que sachant, je suis vraiment honteux d'avoir à peine mes quatre lieues à faire pour atteindre les hauteurs de la petite ville, ma capitale à moi. Anglais, Russes et Allemands, qu'il me faut coudoyer dans cet embarcadère cosmopolite, vont reconnaître de suite ma nationalité et le quartier de Paris que j'habite, si ma demande au guichet où se délivrent les billets, est pour eux un aveu que je vais tout bonnement prendre mes quartiers d'été dans une vallée à quelques lieues de Paris. Leur Enghien, à eux tous, c'est Baden, c'est Bagnères ; et leur Montmorency, c'est Pau, Interlaken ou Nice. Le jour où ils sauront comme nous, ces étrangers, tout ce qu'il y a dans notre riche vallée de points de vue magnifiques, de cottages élégants, de végétation luxuriante, de sources d'eau curative, d'air suave et pur, de fruits incomparables, de confort et d'aisance, de bons rapports et d'affabilité, de quiétude inexpugnable, de ressources agréables, de fêtes sans fin, de souvenirs historiques, planant sur tout cela, et de précédents littéraires, localisés comme le paysage ; lorsque l'Europe entière sera avertie, le prix des logements triplera infailliblement depuis la Barre jusqu'à Frépillon. Détrompez-vous de suite, si vous prenez l'Éden compris entre ces deux villages pour une partie de la banlieue de Paris. Banlieue, le vilain mot ! A la bonne heure, dites la Suisse de Paris, le verger parisien, le bocage distant de quatre lieues ! Quel est donc l'ignorant, le bélître, le calomniateur qui, le premier, a osé appliquer le stigmate de banlieue à la ville des Montmorencys et à la succursale de Bagnères ? Versailles et son palais seraient le pendant de Belleville, s'il fallait croire ce cuistre de faubourg ! Mais il a choppé lourdement. « Banlieue, nous dit l'Académie, c'est une certaine » étendue de pays qui est autour d'une ville et qui en » dépend. » Définition qui dégage entièrement notre vallée des liens de cette espèce. En quoi la Seine-et-Oise dépendrait-elle de la Seine ? Avant tout, s'il se peut, gardons-nous des fautes de français !

Mais l'aiguille des minutes est sur six heures, les trois coups sont sonnés. Le signal du départ est donné par un coup de sifflet, long et plaintif, qui me paraît avoir un double sens : quel que soit le but du voyage, un Parisien ne quitte jamais Paris, il faut l'avouer, sans qu'il en coûte un soupir ou une plainte. La locomotive, qui hennit, souffle par ses naseaux une épaisse fumée qui la coiffe d'un panache immense. On part, on est parti ; et un autre convoi attend ses voyageurs, qui dans une heure s'éloigneront à leur tour.

Montmartre est d'un côté du chemin de fer, et la Chapelle-Saint-Denis de l'autre. A être ainsi vu par derrière, Montmartre gagne infiniment ; la verdure sied bien mieux à ses moulins, pour piédestal, que l'échelle de maisons grisâtres qui couvre la montagne du côté de Paris. La Chapelle-Saint-Denis, qui s'étend fort avant sur la route ordinaire de Saint-Denis, est un point de station pour les nombreuses voitures-omnibus qui font concurrence au chemin de fer, jusqu'au chef-lieu de la sous-préfecture. Presque tous ceux qui, avant nous, ont écrit un ouvrage relatif à Montmorency, ont commencé l'itinéraire par faire en raccourci l'historique de ces deux localités de la vraie banlieue de Paris; mais ce travail nous serait trop facile, à nous qui, le mois précédent, avons été appelé à composer une notice historique sur la Chapelle et une autre sur Montmartre. Renvoyons nos lecteurs de bonne volonté à ces petites publications récentes, plutôt que de tomber dans des redites, pour ceux qui les ont eues déjà entre les mains [1].

Le train croise, tout près des fortifications, les rails du chemin de fer de ceinture, qu'il eût peut-être mieux valu établir dans le département de Seine-et-Oise, véritable ceinture du département de la Seine, et qui alors eût relié Écouen à Montmorency, Montmorency à Argenteuil, Argenteuil à Saint-Germain, Saint-Germain à Versailles, etc. Une fois hors de l'enceinte des fortifications de Paris, le train court en rase campagne; il est au centre de la plaine Saint-Denis. C'est le champ de bataille où catholiques et huguenots se rencontrèrent le 10 novembre 1567, et où le connétable Anne de Montmorency, général catholique, fut tué en remportant une victoire. La guerre a encore engraissé les sillons de cette plaine, lors de l'invasion des alliés, le règne finissant de Napoléon Ier. Riche terroir, à coup sûr, et où les petits chasseurs de la grande cité viennent apprendre l'hiver, au dam des moineaux francs, à tirer des faisans dorés en d'autres parages ! Quelques-uns de ces veneurs inexpérimentés s'habillent tout exprès, avec de longues guêtres,

---

[1] *Annuaire de Montmartre*, 1854; *Annuaire de la Chapelle*, idem.

avec des têtes de chien sur les boutons de leur veste de chasse; seulement il leur faudra faire l'emplette, dans le faubourg, d'une brochette de mauviettes, pour justifier au retour leur équipage que les voisins envient. D'autres ont acheté, au lieu de chien de chasse, un caniche bâtard qu'ils lancent sur une volée de perdrix imaginaires, et l'animal rapporte dans sa gueule une sébille d'aveugle, qui fait beaucoup mieux son affaire, et qu'il a retrouvée dans un fossé de la grande route. D'autres enfin, les plus prudents, n'oseront charger leur arme, crainte d'accident, que lorsqu'ils auront levé le lièvre. A gauche est le canal Saint-Ouen, si cher aux patineurs et aux amateurs de traîneaux, et dans lequel, étant élève, l'auteur du présent livre a pensé se noyer sous les glaçons, ce qui eût beaucoup nui au succès d'icelui. C'était en glissant sans traîneau, et par un beau soleil du mois de janvier, qui sécha en deux heures les habits du jeune naufragé, avant qu'il eût songé à les quitter. Voici que j'aperçois tout le village de Saint-Ouen; au VIIe siècle y est mort Ouen, évêque de Rouen, en parfaite odeur de sainteté. Un de nos devanciers, M. Guinot[1], ajoute les notes suivantes sur le joli village, dont l'île est si connue des canotiers, et dont le parc, aux frais ombrages, ouvre grille sur la route extrêmement ancienne de la Révolte, qui va de la porte Maillot à Saint-Denis : « Charles de Valois, frère
» de Philippe le Bel, eut à Saint-Ouen une maison qui
» entra dans le domaine de la couronne de France, que
» le roi Jean nomma la *Noble Maison*, et où il institua
» un ordre de chevalerie qui devint célèbre par la sa-
» gesse de sa règle, la magnificence de son costume
» et l'illustration des personnages qui en firent partie.

[1] *Enghien et la Vallée de Montmorency*, brochure in-32.

» Dans le siècle dernier, on remarquait à Saint-Ouen le
» château du prince de Rohan, qui devint plus tard la
» propriété du ministre Necker; celui du duc de Niver-
» nois, si renommé par la grâce de son esprit; et le châ-
» teau seigneurial où se donnaient de brillantes fêtes, cé-
» lèbres dans les mémoires contemporains. — Madame
» de Pompadour acheta la terre de Saint-Ouen au duc de
» Guise. — En 1814, le nom de Saint-Ouen devint histo-
» rique, lorsque Louis XVIII, revenant de l'exil, s'arrêta,
» le 2 mai, au château seigneurial, et que le sénat lui pré-
» senta la charte constitutionnelle. Deux années après,
» le château de Saint-Ouen fut démoli et reconstruit
» bientôt avec une grande magnificence. Le domaine
» restauré eut pour propriétaire madame la comtesse du
» Cayla, qui, toute dévouée à la Restauration, donnait
» une fête au château tous les ans, le 2 mai, pour célé-
» brer l'anniversaire du jour où Louis XVIII y était
» entré. Ce jour-là, les portes du château s'ouvraient à
» une foule immense, et madame du Cayla disait ces
» paroles consignées dans les chroniques d'il y a vingt-
» cinq ans : — Saint-Ouen, le 2 mai, appartient à toute
» la France ; et ce jour-là je n'en suis pas le propriétaire,
» je n'en suis que le concierge. »

Saint-Denis est la première station du chemin de fer du Nord. Le convoi s'y arrête en face de l'Ile-Saint-Denis, qui est constituée en commune. Le président du conseil communal a une charmante maison qui regarde la station, et une femme de beaucoup d'esprit; les deux bras de la Seine forment comme une seconde écharpe municipale autour de M. le maire. Sauf la mairie et quelques habitations lilliputiennes, tout est commerce de vins et de matelottes en détail, dans l'île dyonisienne. Ces Porcherons de notre époque ne manquent ni de gaieté, ni de vivres, surtout le dimanche, et les grands bateaux à charbon, venus de la Flandre, qui jettent l'ancre sur la rive, y entretiennent l'animation en semaine. Avant peu, le côté où le vigneron Louis David débite son joyeux vin de Mareil, dans une maison qu'il s'est fait élever, sera aussi peuplé que celui où il y a le plus de concurrence, en fait de commerce de friture. Les canotiers parisiens ont certainement été les Phocéens de ce petit Marseille, dénué de Canebière, dont la pêche se consomme sur place, presque dans les filets où elle frétille. L'île bachique a induit l'administration du chemin de fer en une dépense, faite de compte à demi avec Saint-Denis; il a fallu ouvrir un corps de garde dominical, auprès de la station, pour contenir (ce mot à double sens est le mot propre) les buveurs turbulents du dimanche soir, et on leur a construit un petit fort crénelé, avec des briques, comme les chalets d'Enghien.

La ville de Saint-Denis est, pour ainsi parler, le vestibule de la vallée où nous devons conduire l'ami lecteur. Le mouvement de bateaux du canal en vivifie l'entrée, du côté de Paris; puis un grand nombre d'usines, de lavoirs pour la laine, d'entrepôts, etc., en font une place de commerce et de fabrication d'une certaine importance. Cette sous-préfecture, qu'occupe M. le marquis de Boisthierry, jeune magistrat, vaut bien une préfecture de deuxième classe. Une caserne magnifique, et un corps d'officiers, aux habitudes invariables, donnent tout de suite à la cité, malgré le voisinage de Paris, un air de bonne garnison de province. Que dire du cours Ragot? Les grisettes qu'on rencontre dans cette jolie promenade, civile et militaire, lui donnent tout l'air d'un boulevard éloigné de la grande ville où, comme on sait, la grisette est un type perdu. Le théâtre n'est ouvert que par folles bouffées, comme dirait Figaro ; mais la salle était comble le soir de la clôture de l'année théâtrale qui vient de s'écouler, et c'est une bonne note en passant que nous avons prise sur l'endroit. M. Samson, acteur de genre, mais dont il serait, je crois, bien difficile de définir le genre, attendu qu'il joue avec le même talent les valets, les pères nobles, les grands premiers-rôles et les rôles à manteaux, auteur de plusieurs comédies écrites avec élégance et correction, est né dans le pays par excellence des talmouses. La talmouse vaut son prix, prenez-y garde ; c'est un gâteau soufflé, il perfectionne l'échaudé, et il peut se manger par douzaines, à l'ancienne renommée, presque en face le théâtre, chez Hoffmann, simple pâtissier-traiteur de la grande rue, à la porte duquel s'arrêtent les plus riches équipages. Voyez ce que c'est que la réputation !

Les corps des trois martyrs Denis, Rustique et Eleuthère, décapités autrefois à Montmartre, furent recueillis par une dame gauloise que saint Denis avait retirée des ténèbres du paganisme ; les trois cadavres reçurent la sépulture là où fut élevée plus tard la belle basilique, près de laquelle se groupa une ville. Le bon roi Dagobert, avant de porter le sceptre et la couronne ciselée par l'orfévre saint Éloi, leva une arme étrange, le rasoir, sur le rigide précepteur que son père, Clotaire II, lui avait imposé. Le maître en étant quitte pour une blessure, le jeune prince n'eut plus qu'à redouter la colère paternelle, et il se réfugia dans la chapelle construite sur la tombe des trois martyrs, parce qu'elle était un lieu d'asile. Le roi Clotaire voulut méconnaître l'exception derrière laquelle se retranchait son fils ; mais ses gardes vainement tentèrent de franchir le seuil de la chapelle, une force miraculeuse attachait leurs pieds à la terre. Le jeune prince s'engagea à faire bâtir, par gratitude, sous l'invocation de saint Denis, la plus riche église du monde.

Le temple et l'abbaye furent fondés ainsi, par expiation, et bientôt les revenus, les priviléges du monastère prirent un développement royal. Les évêques n'avaient pas le droit d'entrer avec leurs ornements épiscopaux dans l'enceinte de la cathédrale. Le grand Suger, abbé de Saint-Denis, avait six cents chevaux à son service. A l'abbaye appartenait, d'autorité, le matériel du sacre de chaque roi : couronne, main de justice, épée, collier, manteau, et puis le matériel des funérailles de ce même souverain, à sa mort. Nécropole royale, l'église de Dagobert eût également voulu avoir le privilége du sacre, mais Pepin le Bref est le seul dont le front y ait été oint de l'huile sainte ; le pape Étienne II était venu exprès en France, pour la cérémonie religieuse de ce couronnement, comme Pie VII y vint plus tard pour le sacre du premier Napoléon. Toutes les tombes augustes, dans leurs caveaux, tous les vases sacrés, trésor inappréciable par son immensité, et des reliques très-vénérables furent profanés à Saint-Denis dans les plus mauvais jours de la Révolution française ; le chapitre fut mis en déroute, et les moines perdirent, à plus forte raison, leurs priviléges, leurs droits et leurs domaines. Aujourd'hui le chapitre, après une suppression totale, est rétabli ; une partie des saints ossements ont été réintégrés dans leur domaine ; des simulacres de tombes royales remplacent, dans les souterrains, celles que des mains fidèles n'ont pas réussi à soustraire au marteau révolutionnaire. Les souvenirs monacaux sont restés de l'histoire comme les chroniques de l'abbé Hilduin; mais les souvenirs augustes, grâce à la table funéraire qui, à défaut de cendres, garde des noms, n'ont pas perdu leur majesté posthume. La flèche de l'église, qu'on a relevée une fois, n'est pas retombée sous la foudre populaire; elle menaçait ruine, et la meilleure preuve qu'on a perdu le secret de bien des choses, c'est qu'à peine reconstruit, il a fallu démolir ce clocher pour en prévenir l'écroulement imminent. Les vitraux, les peintures du chœur, les chroniques de l'église en dix tableaux, le fauteuil du roi Dagobert, la façade même du monument, dont la base est carlovingienne, bien que saint Louis et Philippe-Auguste aient fait achever l'édifice, tout cela est demeuré digne de l'admiration pieuse et de l'étude du savant. Dernièrement, le 5 mai, anniversaire de la mort de l'empereur, il y a eu dans l'ancienne église des rois de France un service commémoratif, dont la pompe et dont la noblesse ont fait tressaillir les vieilles dalles. Le premier des Napoléons a établi dans l'ancienne abbaye l'institution impériale des demoiselles de la Légion d'honneur.

La locomotive quitte Saint-Denis pour serpenter, suivie de sa chaîne de wagons, entre deux forteresses détachées, la double couronne du Nord et le fort de la Briche. L'ancien château de la Briche n'existe plus, lui qui appartenait à M. de Lalive la Briche, père de Mme d'Épinay et de Mme d'Houdetot; sa place est occupée par des fossés et des glacis. Voici ce que Diderot a écrit sur ce petit château à Mlle Voland : « Je ne connaissais point » cette maison; elle est petite, mais tout ce qui l'envi- » ronne, les eaux, le jardin, le parc, a l'air sauvage :

» c'est là qu'il faut habiter, et non dans ce triste et ma-
» gnifique château de la Chevrette. Les pièces d'eau im-
» menses, escarpées par les bords couverts de joncs,
» d'herbes marécageuses; un vieux pont ruiné et cou-
» vert de mousse qui les traverse; des bosquets où la
» serpe du jardinier n'a rien coupé, des arbres qui crois-
» sent comme il plaît à la nature, des arbres plantés sans
» symétrie, des fontaines qui sortent par les ouvertures
» qu'elles se sont pratiquées elles-mêmes, un espace qui
» n'est pas grand, mais où on ne se reconnaît point,
» voilà ce qui me plaît. J'ai vu le petit appartement que
» Grimm s'est choisi; la vue rase les basses-cours, passe
» sur le potager, et va s'arrêter au loin sur un magnifi-
» que édifice. »

Cependant nous, voyageurs, nous touchons à la Barre, où il n'y a pas de station. La cheminée de la locomotive est muette, pour qui s'est bien vite habitué à la monotonie de ses soupirs, et rien n'indiquera à l'étranger, si ce n'est l'avis d'un voisin officieux, que la Barre appartient déjà à la toute belle vallée dont j'ai à faire les honneurs. La distribution de mon travail me force à vous offrir, mon cher lecteur, comme dessus du panier, la ville qui donne son nom à cette jolie corbeille de villages qui s'ouvre devant nous à la Barre. Les cerises du fond, quoique perles rouges plus mignonnes, n'en ont pas moins une friandise à elles; notre appétit frugal n'en extraira toutefois le noyau, qu'en les prenant une à une, sans compter.

Aussi bien le chemin du Nord longe de près la route ordinaire, sans le plus petit accident de terrain. Voici la diligence prudemment obstinée de Nicolas, qui conduit, comme jadis, ses voyageurs place Saint-Jacques, à Montmorency; elle est partie, il y a une heure à peine, du faubourg Saint-Denis, n° 12, passage du Bois-de-Boulogne.

Le train ne nous dépose encore qu'à Enghien-les-Bains. L'omnibus de l'Union des Postes, dans lequel se déversent les personnes et les choses qui ont Montmorency pour destination arrêtée, nous portera en un quart d'heure, qui n'a rien du quart d'heure d'antichambre ministérielle, sur la place du marché en ville. Avant peu cette correspondance aura lieu sans changer de mode de transport, par un embranchement de voie de fer *ad hoc*, et on y gagnera encore dix minutes. Pour en administrer la preuve, nous allons reproduire l'arrêté que les tambours d'Enghien et de Montmorency, à la très-grande liesse de la population, ont officiellement publié ; c'est plus encore qu'une promesse :

Avant-projet d'un chemin de fer d'Enghien à Montmorency.

« Nous, préfet du département de Seine-et-Oise, commandeur de la Légion d'honneur,

» Vu l'avant-projet présenté par M. Andraud, d'un chemin de fer de la station d'Enghien, sur le chemin de fer du Nord, à Montmorency ;

» Vu les instructions contenues dans la lettre de M. le ministre de l'agriculture, du commerce et des travaux publics, du 21 avril courant ;

» Vu la loi du 3 mai 1841 et l'ordonnance royale du 18 février 1834, portant règlement sur les formalités des enquêtes relatives aux travaux publics ;

» Arrêtons ce qui suit :

» ART. 1ᵉʳ. — Une enquête publique aura lieu sur l'avant-projet ci-dessus visé, d'un chemin de fer d'Enghien à Montmorency. En conséquence, les pièces de cet avant-projet resteront déposées pendant vingt jours, du dimanche 7 mai prochain au vendredi 26 du même mois inclusivement, à la sous-préfecture de Pontoise, pour être communiquées sans déplacement à toutes les personnes qui désireraient en prendre connaissance. Pendant le même délai, deux registres seront ouverts, l'un à la sous-préfecture de Pontoise, et l'autre à la préfecture à Versailles (bureau des travaux publics), pour recevoir les observations auxquelles pourrait donner lieu l'avant-projet dont il s'agit.

» Art. 2. — A l'expiration du délai ci-dessus fixé, une commission se réunira à l'hôtel de la sous-préfecture, au jour qui sera fixé par le sous-préfet, pour examiner ledit avant-projet et les observations consignées aux registres d'enquête, et donner sur le tout son avis motivé, conformément aux articles 4 et 6 de l'ordonnance du 18 février 1834. Cette commission sera composée de MM. le sous-préfet, président; Davilliers, membre du conseil général, maire de Soisy; Lechat, membre du conseil général, notaire à Villiers-le-Bel; Regnard, membre du conseil d'arrondissement de Pontoise et maire de Montmorency (*lors de la signature du présent arrêté*); Robin, maire d'Enghien; Delachaussée, maire de Groslay; Danger, maire d'Écouen. Elle nommera son secrétaire.

» Art. 3. — Le sous-préfet de Pontoise est chargé d'assurer l'exécution du présent arrêté, qui sera imprimé, publié et affiché partout où besoin sera.

» Versailles, le 26 avril 1854.

» Comte de Saint-Marsault. »

L'auteur du projet est M. Andraud, qui en a confié les études à M. Ponsin, ingénieur-architecte, auquel nous devons déjà une très-bonne carte de la vallée de Montmorency. M. Andraud est l'inventeur d'un nouveau système de locomotive de montagne affranchie du glissement des roues, qu'il doit appliquer à Montmorency, et dont l'emploi permettrait d'établir partout des chemins de fer à bon marché. Il s'agit moins encore, dans le projet local, de rapprocher Montmorency de Paris que de rendre beaucoup plus intimes les rapports qui existent entre Montmorency et Enghien. Ces deux localités qui ont longtemps porté le même nom, deviendront absolument sœurs, si à toute minute l'une prête son soleil et l'ombre de ses bois superbes à l'autre, en échange de son lac, aux brises molles et caressantes, et surtout des eaux minérales, dont les habitants de la côte pourront plus aisément que jamais faire usage. Sans ces hautes considérations, le point de jonction serait la station d'Épinay.

Qui sait si, un beau jour, d'autres anneaux s'ajoutant à la chaîne, Villiers-le-Bel, Sarcelles, Saint-Brice, Groslay, Écouen, ne seront pas desservis par le même embranchement? Le tracé à mi-côte entre Deuil et Montmorency, sur la droite de la montagne, est précisément fait dans la direction d'Écouen. Mais le projet actuel ne comprend encore qu'un parcours de 3 kilomètres. Des rampes de 4 à 5 centimètres par mètre, qui seraient aisément gravies grâce au nouveau procédé de traction dont M. Andraud est l'auteur, sont présentées par le tracé. On espère pouvoir mettre les places à 30 centimes dans les premières, 20 centimes dans les deuxièmes, et 10 centimes dans les troisièmes. Le débarcadère serait en ville, près de la poste, rue Saint-Jacques, à l'angle de la rue du Crucifix.

Le fer, toujours du fer! Comment en reste-t-il encore pour livrer au loin des batailles? Le progrès, c'est d'aller, et Dieu voit comme nous allons! Honneur, toutefois, aux bienveillants esprits qui restent en place pour nous lire! Depuis que le chemin de fer du Nord a établi dans la vallée de Montmorency quatre stations, qui la mettent pour ainsi dire dans Paris, on n'a plus imprimé que des brochures pour la décrire. Nous venons le premier avec un livre, contribuer, dans la mesure de nos forces, à ce que la lacune se comble.

MONTMORENCY.

Les sires de Montmorency. — Cette île Saint-Denis, que nous avons saluée en route, a été le refuge, au xe siècle, de la famille considérable qui doit son nom à la capitale de notre vallée. Les sires de Montmorency ont très-bien pu descendre, comme on l'a dit, de Lisoie, qui reçut le baptême avec Clovis, ou tout au moins de Lisbius, si ce n'est Lisbieus, converti à la foi chrétienne par saint Denis, dont il a partagé, assure-t-on, le glorieux martyre, en exerçant à l'égard de l'apôtre l'hospitalité la plus large. Ensuite, si l'on en croit le chroniqueur Duchesne, la loi *De officio rectoris provinciæ*, que les empereurs Valentinien, Gratien et Valens ont datée de *Monsmorancianus*, consacre l'antiquité de la ville et du nom qui nous occupe; mais Dulaure leur conteste cette origine gallo-romaine. Ailleurs il se rencontre un autre nom latin, *Montmorenciacum*; c'est du latin d'église du moyen âge. Quoi qu'il en soit, nous trouvons vers l'an 950 un certain seigneur, Hugues Bosselts, retranché dans une forteresse située en l'île Saint-Denis, et la veuve de Bosselts épouse en seconde noces Burchard le Barbu. Ce chevalier, qui n'est que trop vaillant, a déjà des idées bien révolutionnaires, pour un barbare, à l'endroit des richesses qu'entassent les moines de Saint-Denis, en regard de la forteresse, seule dot sans doute qu'ait apportée sa femme. Plus tard, tous les envieux du temporel ecclésiastique, d'une main, s'armeront de la hache, et ils auront dans l'autre un décret régulier des autorités disponibles; mais Burchard, peu soucieux d'une légalité qui est un raffinement exclusivement moderne, se met tout simplement à la tête de quelques vassaux, et il donne à diverses reprises sur l'autre rive de la Seine, en imposant lui-même, par le pillage, les biens immenses de l'abbaye voisine, sur lesquels il se peut, au demeurant, qu'il cherche à faire valoir des droits que l'on conteste! Vivien, abbé de ce monastère, au lieu de mettre la cuirasse sur le froc et de brandir l'oriflamme au bout d'une lance, comme le feront bientôt ses successeurs à l'occasion, Vivien s'en va porter ses doléances au roi Robert. Celui-ci fait raser le fort de l'île; mais il est accordé par traité à Burchard la faculté de se rétablir à *Montmorenciacum*, près de la fontaine de Saint-Valéry; c'est bien un peu plus loin des moines que l'exilé a eu l'ambition de rançonner, mais dans une position beaucoup trop dominante pour ne pas devenir redoutable. Les successeurs de Burchard le Barbu refusent foi et hommage à l'abbaye, qu'ils menacent de nouveau du haut d'une citadelle plus élevée que la première; et il paraît que Burchard IV surpasse même son trisaïeul, quant aux revendications à main armée exercées sur le territoire monacal. Louis le Gros, n'étant encore qu'héritier présomptif de la couronne de son père, vit dans de trop bons termes avec l'église de Saint-Denis pour ne pas essayer enfin de l'affranchir des déportements des Burchards ; il fait d'abord citer à la cour de Poissy et condamner pour exactions le quatrième du nom, et puis, donnant la force pour auxiliaire à la justice, il fait irruption sur le domaine de Montmorency, assiége et saccage la forteresse. Burchard IV se rend à merci.

Or, cette famille de vaillants capitaines, dont l'illustration militaire a commencé ainsi par la défaite, et la fidélité inaltérable à la couronne par un état de rébellion ouverte, s'est appelée Bouchard, qui n'est autre que Burchard épuré. Si ses membres ont fait remonter jusqu'aux temps héroïques de la monarchie leur titre de premiers barons chrétiens, ils l'ont bientôt justifié doublement par des services rendus au roi et à l'Église, qui les placent à la tête de l'aristocratie française. Plus d'un Bouchard, sire de Montmorency, a dit l'être par la grâce de Dieu ; mais cette nouvelle famille d'Agamemnon s'est divisée de bonne heure en plusieurs branches.

Voici bien un Bouchard-Montmorency I, que Jean le Laboureur [1] nous dit être le père de Bouchard-Montmorency II ; seulement il le déclare en même temps issu de Bouchard VI, deuxième successeur de celui qu'a vaincu Louis le Gros, et d'Isabeau de Laval, sa femme. Le Bouchard I de Jean le Laboureur a épousé Philippe Britaut de Nangis, fille de Jean Britaut, grand panetier de France et connétable du royaume de Sicile. Le fils du même Bouchard, par suite de ce mariage, a pris le titre de seigneur de Nangis, en même temps que celui de seigneur de Saint-Leu, Deuil et la Houssaye. Est arrivé ensuite un Bouchard-Montmorency III, le fils du précédent, qui a

[1] *Le tombeau des personnes illustres.* in-f°, 1642.

été grand panetier à son tour, et qui a épousé Jeanne de Changy ; ce troisième du même nom a eu pour fils aîné Jean de Montmorency, époux de Marguerite, fille du seigneur d'Andrezel, et tous deux sont morts sans enfants. Cette branche de la famille se rattache à merveille à la branche principale, puisque celle-ci a eu pour point de départ l'union de Matthieu III, frère de Bouchard I, avec Jeanne de Brienne de Rameru.

Matthieu de Montmorency II, et Matthieu I, quels beaux noms dans l'histoire ! Où trouver un grand'père et un petit-fils plus dignes l'un de l'autre ? La charge de connétable, devenue grand office militaire, a déjà été occupée par deux hommes distingués, leurs ascendants, Albéric et Thibaut ; lorsqu'ils remplissent à leur tour cet office, ils y ajoutent, pour comble, le commandement des armées. Matthieu I, immensément riche, a pour première femme Aline, fille naturelle d'Henri I, roi d'Angleterre, et puis il convole en secondes noces avec Alix de Savoie, veuve de Louis le Gros, c'est-à-dire de ce roi qui, étant jeune, en voulait aux Burchards, et mère du roi Louis VII, dit le Jeune : le roi, encore mineur, et en même temps les états généraux, ont été consultés avant le second mariage, qui n'a eu lieu qu'après leur approbation absolue. L'époux de la reine-mère contribue à administrer le royaume, avec Suger et le comte de Vermandois, lorsque plus tard Louis VII est en croisade. Thibaud de Montmorency, fils de Matthieu I, n'est autre que le chef de la branche des Montmorencys qui deviennent les seigneurs de Marly. Matthieu II, quant à à lui, mérite le surnom de grand connétable ; il est le bras droit de Philippe-Auguste à la bataille de Bouvines, et puis il fait la guerre aux Albigeois. A la mort de

Louis VIII, il se déclare, comme son aïeul, le protecteur du jeune roi ; seulement il ne demande pas la main de la régente, Blanche de Castille. Au reste, la régente, s'il l'épousait, serait sa quatrième femme. De son troisième lit, il a eu les chefs de la branche Montmorency-Laval ; Jeanne, sa petite-fille, faisant partie de cette branche, est appelée à épouser Louis de Bourbon, trisaïeul d'Henri IV. Par ses alliances, par celles de ses ancêtres, Matthieu se voit grand'oncle, oncle, beau-frère, neveu et petit-fils de deux empereurs et de six rois ; néanmoins il ne prend que le titre de baron. Il affranchit ses vassaux des corvées, moyennant une très-faible redevance.

Bien d'autres Montmorencys sont passés en revue, ombres gigantesques, par Duchesne et par Désormeaux, historiens de la maison. Que si tous ne sont pas hommes de guerre, chacun d'eux est du moins facile à retrouver, l'histoire en main. Les cadets de cette famille souventes fois sont voués à l'Église : André de Montmorency est protonotaire du pape au XIIe siècle et se mêle d'astrologie ; il prédit en bon astronome l'éclipse du 1er mars 1253 et les inondations d'ensuite ; Hervé de Montmorency est, vers le même temps, doyen ecclésiastique de Paris ; dans le siècle suivant, un sous-chantre de Notre-Dame, professeur en Sorbonne et bienfaiteur de cette maison savante, a nom Guillaume de Montmorency. Ces cadets, au surplus, ne sont pas sacrifiés comme dans d'autres maisons. « Les Fiez de la chastellenie de Montmorenci,
» dit du Breül, ne sont pas de la condition des Fiez de
» la vicomté de Paris, comment que ladite chastellenie
» soit enclose en ladite vicomté : et se gouvernent les
» Fiez de ladite chastellenie par telle coutume, que

» l'aisné garentit le puisné, se il retient en demaine » de son Fié jusquà soixante coudées de terre. » Dès le vivant d'André de Montmorency, il y a des vignes sur cette terre domaniale, et quatorze villages composent ladite seigneurie, qui relève directement du roi, et qui, « à » cause qu'elle est tenue nuement du roi, lui doit un » faucon for de relief, quand le cas le requiert. » Telle est déjà la richesse du terroir qu'au XIVe siècle, au commencement de la disette, les Montmorencéens apportent du pain dans Paris, qu'ils vendent, par exception, sans le peser. Mais la bravoure des aînés de la famille, hélas! n'empêche pas les Anglais, maîtres de Creil, de porter le fer et la flamme dans le châteaufort, l'an 1358. Dans la crainte d'une récidive, des murailles fortifiées sont élevées, en 1411, pour ceindre la ville seigneuriale, déjà décapitée de son château. Il en reste encore de nos jours quelques vestiges, et il y a peu de temps qu'une porte, près la place Saint-Jacques, a été jetée bas, qui faisait partie des remparts.

Grand personnage encore, ce Guillaume de Montmorency, deuxième du nom, chambellan des rois Charles VIII, Louis XII et François Ier! Guillaume a eu pour père Jean II, dit de Nivelle, sire et baron de Montmorency, et lui-même grand chambellan de France. Son portrait, qui était jadis dans l'église de Montmorency, se retrouve aujourd'hui dans le musée du Louvre, après avoir été placé dans les galeries historiques de Versailles. Sur la demande de M. Regnard, ancien maire, une copie en a été faite et offerte à Montmorency, par la munificence de Louis-Philippe; cette copie est l'œuvre de Mme Varcollier.

Mais tous ils n'ont été, pour ainsi dire, que les précurseurs d'Anne de Montmorency, l'homme héroïque de cette race héroïque. Anne seconde le chevalier Bayard, défend François Ier contre la rébellion du connétable de Bourbon ; la veille de la bataille de Pavie, qu'il n'est pas d'avis de livrer, une commission l'éloigne du conseil, et tout est perdu fors l'honneur ; il n'en réclame pas moins, en renonçant à la liberté, sa part de la captivité royale. La délivrance de François Ier, à la négociation de laquelle il a contribué, lui permet de prendre une revanche en forçant à la retraite l'empereur Charles-Quint. En 1538, le nom qu'il porte si bien est pour la sixième fois celui d'un connétable. Soliman, Barberousse et les autres souverains connus envoient au nouveau dignitaire des présents qui attestent l'ubiquité de sa réputation. Prudent comme Fabius à la tête des armées, il oublie, à la cour, de composer son personnage ; c'est pourquoi il s'y fait très-mal venir de la duchesse d'Étampes, de l'amiral Tannebaut, et du cardinal de Tournon. Pour avoir conseillé au roi de laisser passer l'empereur, qui s'en va châtier les Gantois, il est disgrâcié et exilé d'abord à Chantilly, qui n'est pas encore aux Condés, puis à Écouen, également voisin de son domaine féodal. Le sablier de la faveur se remplit de nouveau pour le connétable, à la mort de François Ier; Henri II, l'an 1551, érige sa seigneurie en duché-pairie, réunit à sa baronnie les terres d'Écouen et de Chantilly, où il a été relégué, « et celles de Montepiloir, Champursy, » Courteil, Vaux-les-Creil, Tillay, le Plessier et la Ville- » neuve. » L'abbé de Saint-Denis, qui perd cette fois encore une partie de ce que gagne l'illustre successeur de Burchard, veut s'opposer à l'érection ; d'autres influences font valoir que le domaine du roi au bailliage de Senlis en est lui-même diminué, et il est accordé au nouveau duc diverses compensations en échange des fiefs dont on fait distraction par lettres patentes, notamment ceux d'Écouen et de Villiers-le-Bel. D'ailleurs Anne de Montmorency habite Paris ; son hôtel est rue Sainte-Avoye, en face la rue de Montmorency. Après avoir puni exemplairement une révolte à Bordeaux, il est blessé et pris à la bataille de Saint-Quentin ; il fait la paix de Cateau-Cambrésis. Comme premier baron chrétien, il se sépare de Condé, qui se fait chef du parti calviniste, et il est tout porté à la tête du parti contraire, avec le duc de Guise et le maréchal de Saint-André. A ces divisions religieuses, qui ont longtemps ensanglanté la France, gouvernée durant quatre règnes par le génie à mille faces de Catherine de Médicis, Anne gagne le surnom de *capitaine Brûle-bancs*, pour avoir détruit bien des prêches. En 1562, il est de nouveau fait prisonnier à Dreux, tout en battant les protestants ; puis il chasse les Anglais du Havre. La fin de l'année 1567 retrouve le vieux connétable victorieux à Saint-Denis dans les rangs catholiques ; mais un Écossais, Robert Stuart, le frappe mortellement ; le vieillard, en tombant, retrouve sa vigueur pour asséner un coup du pommeau de son épée rompue sur la tête de son meurtrier, que Villars, le beau-frère de la victime, doit tuer de sa main à Jarnac. Des obsèques princières sont faites au premier duc de la famille des Montmorencys ; son effigie est portée à Notre-Dame, honneur ordinairement réservé aux rois de France ; son corps serait enterré dans les caveaux de Saint-Denis, près du dernier théâtre de sa valeur, si sa dernière demeure n'était pas, en vertu d'un testament, l'église de Montmorency ; son cœur, tout au moins, est porté aux Célestins de Paris, dans la chapelle de la maison d'Orléans, à côté de celui d'Henri II, son maître et ami. La reine-mère, quant à elle, remercie Dieu à double titre; il lui est également doux qu'une victoire ait été remportée et qu'elle lui ait coûté le connétable. Mais il nous faut citer le dernier mot de ce grand capitaine, à l'éloge duquel ne peut que concourir la haine cachée de Catherine de Médicis. Un cordelier, son confesseur, cherchant à lui cacher sa fin prochaine : — Croyez-vous, lui dit-il, qu'un homme qui a su vivre quatre-vingts ans avec honneur, ne sache pas mourir un quart d'heure ?

Le maréchal Damville, deuxième des cinq fils d'Anne et de Madeleine de Savoie de Tende, fait la capture à Dreux du prince de Condé, assiste à la bataille de Saint-Denis, puis rompt avec les Guises à force de se dévouer à Marie Stuart, reine de France et d'Écosse. Son frère aîné et lui ont tout à craindre du cardinal de Lorraine, le jour de la Saint-Barthélemy; mais l'un se retire à temps à Chantilly, et l'autre gagne le Languedoc. Damville finit par se mettre à la tête du tiers parti des politiques, entièrement composé de catholiques mécontents, et il est le premier à proclamer Henri IV roi de France. Aussi le Béarnais dit-il tout haut : — Si la maison de Bourbon venait à périr, nulle n'est plus digne de la remplacer que celle de Montmorency.

Cette insigne consécration d'un mérite devenu depuis longtemps héréditaire porte toutefois malheur à Henri II, fils de Damville, qu'Henri IV a tenu sur les fonts. Lorsque, sous le règne suivant, Marie de Médicis se réfugie à l'étranger, le filleul du monarque dont elle est veuve, entré dans la révolte de Gaston, duc d'Orléans, essaie de soulever le Languedoc; il est blessé les armes à la main à la bataille de Castelnaudary, il est pris en même temps par le maréchal de Schomberg, et le parlement de Toulouse le fait décapiter le 30 octobre 1632. Marie-Félice Orsini, duchesse de Montmorency, sa femme, nièce de Marie de Médicis, a tout fait, mais en vain, pour soustraire à la peine capitale Henri II, convaincu de haute trahison, dont elle n'a pas été complice; après lui, elle va s'enfermer jusqu'à la mort au couvent de la Visitation, à Moulins.

La sœur de l'infortuné duc, Charlotte-Marguerite de Montmorency, joue elle-même un rôle important, d'un bout à l'autre de sa vie. A quinze ans, elle est déjà belle et déjà aimée d'Henri IV, bien que son père, le maréchal Damville, l'ait fiancée à Bassompierre. Quand ce dernier sait quel est son rival, il quitte la partie. Le roi, malgré Sully, demande une dispense au saint-siége, et donne lui-même pour mari à Charlotte, en 1609, un cousin qui leur est commun à tous les deux, le prince Henri II de Condé. On dit alors que « le roi a fait cela pour abaisser » le cœur au prince de Condé, et lui hausser la tête. » Élevé par le marquis de Pisani, ce prince est catholique; son père a combattu dans les rangs de la réforme, mais est mort avant sa naissance. Il ne proteste, une fois marié, que contre l'amour d'Henri IV, qui menace de plus belle la vertu de Charlotte, et il emmène sa femme à Saint-Valéry. Le roi ordonne, se fâche, puis se déguise pour s'introduire dans la place; les deux époux de s'enfuir à Bruxelles. On court après le couple, la princesse de Condé est mise par la politique espagnole sous la sauvegarde de l'archiduc, et son mari, craignant lui-même de servir d'otage, gagne Milan. Les médisants vont jusqu'à croire que la guerre préparée en France contre l'Espagne a pour but principal l'enlèvement de la fugitive, que les Flandres gardent à vue; plus tard, un constituant, Lameth, s'appuiera de cette hypothèse pour proposer à la tribune nationale que le droit de faire la paix et la guerre soit distrait à jamais de la prérogative royale. Condé, à la mort d'Henri IV, ramène sa femme à Paris; mais outré de rester sans emploi, il se fait chef des mécontents, comme son beau-frère. Déclaré criminel de lèse-majesté, il est privé de ses biens et conduit à Vincennes, l'an 1617; la princesse, n'ayant pu obtenir de Louis XIII l'élargissement du premier prince du sang, se fait autoriser à épouser sa captivité de deux années. La tendresse de Charlotte pour son mari ne l'empêche pas de songer à son frère, qui est encore plus compromis. En demandant grâce pour le duc, elle se jette aux pieds du cardinal de Richelieu, qui pour toute réponse s'agenouille comme elle. Henri de Montmorency monte sur l'échafaud; mais il est sans enfants, et par un testament que le roi a autorisé, il a nommé son légataire universel le fils posthume du comte de Boutteville, décapité à la suite d'un fameux duel; il a seulement distrait de ce legs des biens pour ses sœurs. Le cardinal supprime le testament, bien que par un surcroît de générosité un tableau de Paul Véronèse lui ait été légué par sa victime; Son Éminence confisque tous les biens au profit du prince de Condé, duc de Bourbon, rentré en grâce après de nouvelles cabales, et qui exerce un commandement en Languedoc contre les protestants. Cette donation au nom du roi Louis XIII est faite, en 1633, sous forme de nouvelle érection en duché-pairie de la vieille baronnie de Montmorency, au profit de Condé et de Charlotte de Montmorency. Chantilly, il est vrai, est alors réservé; mais l'Ile-Adam, qu'a d'ailleurs possédée le beau-frère du donataire, fait corps avec les autres terres. En 1636, le prince combat pour le roi en Franche-Comté; l'année suivante il prend Salces et Elne aux Espagnols, en Roussillon, et après la mort de Louis XIII, il fait partie du conseil de régence. Charlotte de Montmorency n'est veuve que treize ans après la donation royale ; elle meurt à Châtillon-sur-Loing, à l'âge de 57 ans, mère du grand Condé, du prince de Conti et de la duchesse de Longueville.

Comme on voit, les Montmorencys cessent de posséder, sous Louis XIII, la terre de Burchard le Barbu. Leur devise, ἄπλανος, mot grec qui veut dire fixe, assuré, n'ayant rien de vague, devient par force majeure un contre-sens; l'ἀπλανῆ ἄστρα d'Aristote, c'est l'astre fixe, et les Montmorencys, dont il existe six branches en 1764, sont partout excepté chez eux. Partout ils ont laissé, comme leur signature, le même mot grec. M. Eugène Scribe l'a retrouvé de notre temps, sur une pierre de son château de Séricourt, tout comme il est encore dans l'église de Montmorency. Du château seigneurial des premiers connétables, qui n'a pas été rétabli depuis que les Anglais l'ont mis à sac et incendié, il survit une tour, près de l'église, à gauche du cimetière, jusqu'à la fin du xviii° siècle. Elle garde le titre de tour seigneuriale du duché, même après le changement de maître et seigneur, et elle sert « à marquer la glèbe dudit duché où les vassaux » rendent foi et hommage, et à renfermer les archives ducales. » On l'appelle aussi Tour-Trompette, et jusque dans les derniers temps, il y a encore un homme qui reçoit cinq écus de six livres tous les ans, pour y monter et sonner trois coups de trompe, la veille de la Saint-Jean.

La base de cette tour se retrouverait encore, de nos jours, chez M. Chédex, et celles de l'ancien château y attenant, chez différents propriétaires. M. le curé habite sur les remparts de la vieille forteresse.

Armes des Montmorencys. — D'or à la croix de gueules, cantonnée de seize alérions d'azur; l'écu timbré d'une couleur princière fermée. Tenants : deux anges portant chacun une palme. Devise : Dieu ayde au premier baron chrestien. Cri : ἄπλανος, surmonté d'une étoile. L'écu environné du manteau de pair, sommé de la couronne de duc.

Jean le laboureur. — Il y eut un Jean Aumont, paysan de Montmorency, qui publia un traité sur la prière, approuvé par les docteurs de Paris, et qui, mort au milieu du XVIIe siècle, fut enterré aux Filles de Saint-Magloire, à Paris. Mais l'historien Jean le Laboureur vivait, comme Jean Aumont, dans le temps où un prince du sang royal succédait au duc Henri II ; il était également né à Montmorency. Son oncle, dom Claude le Laboureur, avait été lui-même un écrivain : avocat, et puis prêtre, puis prévôt de l'abbaye de l'Ile-Barbe, Claude avait eu maille à partir avec le chapitre de Lyon, au sujet des prérogatives attachées à la prévôté de l'Ile-Barbe, voisine de cette ville, et par suite du conflit il s'était retiré à l'oratoire de Valence, en résignant son bénéfice. Il était resté de dom Claude *les Masures de l'Ile-Barbe*, *l'Histoire de la Maison de Sainte-Colombe*, etc. Jean, dont le père et dont l'aïeul avaient été baillis de la terre de Montmorency, commença par avoir son frère aîné pour collaborateur ; en 1642, âgé de dix-neuf ans, il dédia au cardinal de Richelieu son premier livre, un in-folio, *les*

Tombeaux des personnes illustres, dont la préface était l'œuvre de son frère aîné, Louis le Laboureur. Celui-ci, poëte assez médiocre, succéda à son père dans la charge de bailli, et il dédia plus tard au grand Condé *Charlemagne*, poëme héroïque, après lequel il écrivit trois poëmes sous ce titre : *les Victoires du duc d'Enghien*. Ces compliments en vers étaient agréés par le prince ; mais monseigneur avait accoutumé de charger Pacolet, son valet de chambre, de lire pour lui tous les livres ennuyeux qui lui étaient offerts. Cependant Jean, à la mort de son père, acquérait une charge de gentilhomme servant de Louis XIV, pour se faciliter l'entrée des archives ; il était déjà gentilhomme, car son père s'appelait de plein droit le Laboureur, seigneur de Châteaumont ; ce fief touchait à l'emplacement de l'ancien château. Jean accompagna la comtesse de Guébriant, dans son ambassade en Pologne, où elle conduisait la princesse Marie de Gonzague, fiancée à Wladislas VII. C'est au retour qu'il fut prêtre, aumônier du roi et prieur de Juigné. Grâce à ce Montmorencéen, les règnes embrouillés du mari et des fils de Catherine de Médicis furent notablement éclaircis : à la prière de Jacques, marquis de Castelnau, petit-fils de l'auteur des célèbres mémoires, il fit des additions considérables à ce répertoire historique, dont l'auteur s'était arrêté à l'an 1570, pour ne pas avoir à parler de la Saint-Barthélemy. Jean, procédant d'abord par in-folios, donna aussi sa *Relation du voyage de la reine de Pologne*, son *Histoire du maréchal de Guébriant*, etc. Ses précieux travaux lui valurent d'être commandeur de l'ordre de St-Michel, en 1664. Il mourut à Paris onze ans après. Une rue de Montmorency, voisine de l'ancien fief de Châteaumont, porte son nom de famille, et c'est justice ; ses rares découvertes sont aussi une rue dans la grande ville éternelle de l'histoire.

L'Église. — Saint Valéry, abbé, né en Auvergne au milieu du VIe siècle, eut pour bienfaiteur Clotaire II, père de Dagobert, qui lui donna la terre de Leuconay, à l'embouchure de la Somme, dans le pays de Vimeu, en Picardie. Là s'éleva premièrement un monastère, puis une ville du nom de Saint-Valéry ; mais le pieux protégé de Clotaire II avait fait des voyages, et il est très-probable que des miracles, posthumes ou de son vivant, dus aux mérites du saint, ont valu cette même dénomination à la fontaine de Montmorency, qui coule encore, au temps où nous vivons, près de l'ancien fief de Lagrange-Chambellan, appartenant à M. le comte de Bertheux. Que s'il est à croire qu'une chapelle fut établie alors au même lieu, il est facile de se rappeler aussi le siége qui détruisit la forteresse et la ville naissante de Burchard-Montmorency IV. Ainsi s'expliquerait que les premiers barons chrétiens habitassent une ville sans église et ne pussent ouïr la messe qu'à Groslay pendant quelque temps.

Notre-Dame paraît avoir été la plus ancienne église de Montmorency. La maison de campagne de M. Desnoyers, secrétaire de la Société de l'histoire de France, et auteur d'articles importants parus dans les annuaires de cette Société, membre du Comité de l'histoire de la langue et des arts au ministère de l'instruction publique et bibliothécaire du Jardin des Plantes à Paris, est construite sur un des bas-côtés de Notre-Dame. Ce que M. Desnoyers y a recueilli de fragments d'architecture, de morceaux de sculpture moulée, etc., fait de cette maison un musée tout plein d'intérêt. Ce qu'il reste de l'église romane, à deux pas de là, sert de grange; on y reconnaît encore les caractères architectoniques du XIe siècle.

On retrouve les vestiges de l'ancien couvent des Mathurins en face de l'Hôtel-Dieu, dans les villas de MM. Desmanèches, notaire à la Villette, et des héritiers Valton ; ces maisons de campagne paraissaient encore des demeures claustrales il y a quarante ans. L'Hôtel-Dieu, dès le XVIe siècle, avait une chapelle indépendante de celle du couvent. Fondé, doté par les Montmorencys, il était laïquement administré. Les passants, même valides, y étaient admis pour un temps, avec la misère seule pour passe-port ; ce n'étaient pas toujours d'honnêtes infortunes que la munificence ducale y soulageait. Le 30 août 1664, c'est-à-dire sous les Condés, il y eut commutation des revenus de l'hospice, et on n'y reçut plus que des malades. Les biens de l'hôpital furent englobés dans les confiscations, à la Révolution ; mais au commencement de l'an III, une restitution équivalente fut faite par l'État. Du temps de M. Kessner les bâtiments actuels qui, très-probablement, datent du commencement du XVIIe siècle, ont été réparés. Des dons particuliers sont venus augmenter, chemin faisant, la petite fortune restituée, dont l'hospice jouit encore sans titres réguliers, mais sans contestations. Outre des rentes sur l'État, son avoir se compose de terres sur Écouen, Ézanville, Sarcelles, Villiers-le-Bel, Eaubonne, Garches, Saint-Brice, et de bois sur Domont. Ses lits sont au nombre de douze, dont six réservés à des femmes. Quatre sœurs de la Sagesse et une supérieure le desservent.

Il y eut aussi une église Saint-Jacques, sur la place de ce nom, qui est la plus haute de la ville, à côté de remparts et d'une porte très-anciens, qui ont été récemment démolis. Les Templiers occupaient, rue du Temple, la propriété de M. Bridault fils.

L'église que firent bâtir les barons de Montmorency, sous l'invocation de saint Martin, déjà prise par celle de Groslay, date très-probablement du XII° siècle ; mais deux piliers seulement, de l'avis de M. Mérimée, existent dans l'église actuelle, qui aient appartenu à la première construction toute romane. Cette paroisse fut bientôt érigée en chapitre ; Matthieu de Montmorency, le connétable, donna, au commencement du XIII° siècle, à l'église de Saint-Victor de Paris une prébende de l'église de Saint-Martin de Montmorency. Plus tard, il fut construit, indépendamment de l'église collégiale, une chapelle dans le château. En 1358, nous le rappelons, la place fut investie par les Anglais, et toutes les constructions ruinées. Guillaume de Montmorency, en 1525, dut faire rebâtir Saint-Martin ; cette réédification fut terminée en 1563, sous le connétable Anne : cette dernière date brille encore à la voûte. Le corps gothique, élégant et léger, de Saint-Martin, sa flèche qui peut encore se voir du mont Valérien et de Saint-Germain, les sculptures délicates qui rehaussaient l'architecture, tout cela a été l'objet de l'admiration du père Lebeuf. Le *Mercure de France*, du 2 juillet 1740, a fait également une description curieuse de l'église.

Les Montmorencys y étaient enterrés. On remarquait surtout le tombeau qu'Henri II de Montmorency, de tragique mémoire, avait érigé à son aïeul Anne. Ce monument, élevé sur les dessins de Jean Bulland, élève de Pierre Lescot, était composé de dix colonnes de marbre, soutenant une coupole hémisphérique, au milieu de la nef, et même il n'était pas achevé : l'arrêt sévère du parlement de Toulouse avait tout arrêté. On transporta ce mausolée au musée des Petits-Augustins, le 25 ventôse, an IV. Mais M{^lle} de Sens, Bourbon-Condé, ayant vendu la terre de Saint-Valéry, à quatre lieues de Sens, où étaient enterrés les Condé de la branche aînée depuis près de deux siècles, on transféra à Montmorency les cendres des princes et princesses de cette maison, où Louis Henri, duc de Bourbon, chef de la branche de Bourbon-Condé, mort à Chantilly le 27 janvier 1740, fut inhumé, le premier de sa famille, le 10 février suivant. En travaillant dans le chœur à cette inhumation, on retrouva l'église inférieure, qui avait été établie, dans le principe, sous l'église du XII{^e} siècle : les temples catholiques, en ce temps-là encore, étaient à deux étages.

Les paroisses très-nombreuses du doyenné de Montmorency, le plus considérable de tout le diocèse de Paris, sont un long chapelet que l'abbé Lebeuf a égrainé dans son *Histoire du diocèse de Paris* : outre les paroisses de la vallée, on y comptait celles de Saint-Ouen, de Roissy, d'Ermenonville, de Garches, de Luzarches, d'Écouen, de Méry-sur-Oise, de Conflans, de Chatou, d'Argenteuil, etc. Quant au chapitre, il était abbatial et composé de neuf chanoines, avant qu'il s'y trouvât trente pères oratoriens; le chapitre présentait à la cure ainsi qu'aux chapellenies. Henri, petit-fils d'Anne, voyant les revenus capitulaires diminuer, au point que les chanoines ne pouvaient vivre sans se pourvoir ailleurs d'un vicariat, réserva cette église aux pères de l'Oratoire, en 1618. A l'entrée des oratoriens, dont le père Bérulle était le général, il fut accordé aux anciens d'être enterrés dans leur église, aux frais de la maison nouvelle, s'ils en exprimaient le vœu avant de mourir. Les nouveaux desservants de Saint-Martin avaient reconnu à leur seigneur laïque le droit de pourvoir à leur remplacement, au cas où ils viendraient à s'écarter de la règle; ils héritaient, d'ailleurs, des priviléges, grevés de charges, qu'avaient eus leurs prédécesseurs, et ils étaient tenus de chanter la messe à Notre-Dame de Montmorency à certains jours. La maison de ces pères, qui tombait de vieillesse, fut rebâtie en 1693, agrandie en 1718, achetée définitivement au duc de Bourbon, le 30 mai 1730, et achevée en 1735 ; plus d'un congréganiste, notamment les pères Brice, Harlay et Fouquet, consacraient leur fortune particulière à augmenter celle de la colonie oratorienne. Ils avaient un beau Christ, peint par Philippe de Champagne, dans la salle dite des Étrangers, et une bibliothèque assez considérable, dont une partie se retrouve à Pontoise; leur réfectoire est aujourd'hui, quant à l'emplacement, le salon de M. Bridault père. Succursale de Juilly, l'Oratoire de Montmorency était un foyer de lumières; les études de théologie et de philosophie y rayonnaient d'un vif éclat, et ses petites écoles élevaient le niveau de l'instruction locale.

Le révérend père Muly, curé de Montmorency, fut élu, malgré lui, comme les évêques du v° siècle, général de la congrégation; il avait alors quatre-vingts ans. Un portrait bien gravé de cet oratorien fait revivre sa figure osseuse et longue, dont le nez forme un angle très-aigu. Le roi lui accorda une petite abbaye en Franche-Comté.

Le père Cotte succède à Muly. C'est un physicien remarquablement laborieux, dont le nom est demeuré cher à la science, plus cher encore à la vallée de Montmorency, dont il a découvert les sources d'eaux minérales en 1766. Le bailli Louis le Laboureur avait obtenu autrefois, du duc de Montmorency, que l'ancien emplacement de la forteresse fît corps avec son fief de Châteaumont. Grâce à l'influence du père Cotte, la vieille tour seigneuriale, qui se trouvait enclavée dans les jardins de l'Oratoire, fit définitivement partie de cette propriété, en vertu d'un acte notarié du 25 avril 1786. Il y a à la mairie de Montmorency une vue des bâtiments de l'Oratoire, prise du jardin, dédiée au très-révérend père Merlet, supérieur, par ses confrères de 1787. Cotte était alors allé prendre possession du canonicat de Laon, dont il avait été pourvu dès 1784. Or, il faut bien l'avouer, la vocation religieuse n'était guère pour lui qu'un moyen, et non pas un but, un moyen d'étudier et d'écrire à loisir; s'il avait vécu de nos jours, il eût été ou bibliothécaire, ou professeur de l'Université, plutôt qu'ecclésiastique. Honnête homme, à coup sûr, et qui n'a jamais eu la moindre envie de rire sous cape, mais dont le front n'était pas à la mesure de l'auréole du martyre! A peine convaincu de jansénisme, il se trouve tout à coup en face de la révolution, après avoir surtout approfondi à l'Oratoire l'astronomie, l'agronomie, les mathématiques, la physique. Sa chère congrégation est dispersée, on a confisqué tous ses livres; les bâtiments de l'Oratoire, devenus propriété nationale, sont vendus et puis démolis. Les mausolées d'Anne de Montmorency et de toute cette famille illustre sont injurieusement arrachés de l'église qu'elle a fait élever; les dépouilles mortelles du comte de Charolais, apportées à Montmorency le 2 août 1760, n'ont pas suffi à assouvir la colère des profanateurs. La tombe du grand Condé, publiquement violée, se rouvre pour laisser voir un corps bien conservé, pareil à sa statue de marbre; la main droite, qui a tenu une épée si vaillante, se laisse prendre l'anneau d'or que Charlotte de Montmorency lui a passé au doigt, et qui a été presque un sceptre. Cotte voit le père Bruneau, vigneron, en toute hâte reçu prêtre, qui se prétendait chef des jansénistes de Montmorency, dire la messe à sa place à Saint-Martin ! Que faire? Il prête serment à la constitution civile du clergé, en 1791, et il reprend la cure de Montmorency. Il est encore curé et administre gratuitement l'hospice de Montmorency, lorsque la Convention distribue, en l'an III, des secours aux gens de lettres et aux savants; comme astronome, il reçoit 3,000 livres; par malheur, c'est en assignats. L'ancien oratorien finit par renoncer à la carrière ecclésiastique; il épouse la fille de Marotte du Coudray, ci-devant conseiller au Châtelet de Paris, et qui a eu longtemps sa maison de campagne à Montmorency. On le fait nommer conservateur-adjoint à la bibliothèque ci-devant de Sainte-Geneviève jusqu'en l'année 1802. Correspondant de l'Institut, aussitôt que l'Institut existe, Cotte publie nombre de mémoires remplis d'érudition, et avant de mourir, au commencement de la Restauration, il collabore successivement au *Journal des savants*, au *Journal de physique*, au *Journal général de France*.

Encore un des brillants élèves qu'ait formés l'Oratoire, c'est Daunou : il finit ses études pour prendre la qualité de professeur dans la maison, vers l'an 1780; mais, comme prêtre, il adhère ensuite à la constitution civile du clergé. Député à la Convention par le Pas-de-Calais, il ne craint pas de voter pour que Louis XVI soit jugé par une haute cour nationale; ensuite il se prononce, malgré les vociférations et les menaces qui partent de la tribune des clubs, pour la déportation, et non pour la peine capitale. Proscrit, puis détenu pendant treize mois, il rentre aux affaires après le 9 thermidor; il présente la constitution de l'an III, comme membre de la commission des onze, et en soutient la discussion à la tribune. Il contribue à l'organisation de l'Institut, auquel est attaché comme correspondant son ancien maître, le père Cotte; puis il est président du conseil des Cinq-cents. C'est lui qui appelle encore Cotte à la bibliothèque du Panthéon, dont il est l'administrateur. Après le 18 brumaire, il est membre du Tribunat, qui bientôt a le sort du conseil des Cinq-cents. Enfin on le nomme professeur au collége de France, et directeur du *Journal des savants;* avant de renaître à la vie politique, comme député, en 1819, il reçoit un très-beau portrait de Massillon, que lui lègue son ancien confrère et maître, le père Cotte.

Απλανος est toujours la devise incrustée dans la voûte de l'église des Montmorency. Mais que lui reste-t-il des tombes dont elle était pavée? Une dalle est la seule qui ait conservé même un nom. Où sont-ils les vitraux sur lesquels étaient peints jusqu'à des Chatillon, à côté des Condés et des Montmorencys. Heureusement on retrouve une partie des membres de cette dernière famille, sur les vitraux qui lui ont survécu; il y a le côté des hommes, auquel appartiennent deux fenêtres; deux autres sont le côté des femmes. Quelles vives couleurs, quel ocre et quel carmin nous retracent aussi, sur le verre, au-dessus du maître-autel, le martyre de saint Félix et le partage du manteau de saint Martin! On dirait que c'est peint d'hier. Que si très-peu de tableaux ornent aujourd'hui les murs de Saint-Martin, on remarque cependant la naissance de saint Jean-Baptiste, par Jules

Saivres. Le joli lustre qui pend dans le chœur est un don de Mme Hennequin, femme de l'avocat, morte l'année dernière à Montmorency.

Une chapelle de l'église appartient à une œuvre exclusivement polonaise, depuis le 11 juillet 1845. Deux généraux y sont sculptés en pierre, qui semblent veiller encore sur les cendres de Polonais, morts en exil, dont le dépôt a été confié à la chapelle. Un prêtre arménien vient y dire quelquefois la messe. Depuis la fondation, le 21 mai de chaque année, ou le lendemain, si cela tombe un dimanche ou un jour de fête réservée, il est célébré un service pour le repos des âmes des Polonais morts en exil. Les deux personnages reproduits par la statuaire sont le lieutenant-général Kniaziewicz, dont le nom figure sur l'arc-de-triomphe de l'Étoile, et le général Niemcewicz, poëte en même temps que militaire. L'un et l'autre ont été longtemps habitants de Montmorency ; l'*Encyclopédie des gens du monde* leur a consacré une notice.

L'église de Montmorency a perdu bien des reliques depuis la fermeture de l'Oratoire. Toutefois elle a conservé un morceau du bras de saint Martin et des reliques de saint Félix, dont elle a enrichi son reliquaire il y a bien longtemps. A la prière de la reine Henriette d'Angleterre, on ouvrit cette châsse pour lui donner un doigt du saint. Le jour de la Saint-Félix, grande fête pour Montmorency, le chapitre avait par exception droit de justice. En revanche, les habitants de la paroisse de Saint-Félix, située entre Creil et Beauvais, envoyaient ce jour-là une députation qui avait seule le droit de faire procession avec la châsse dans les rues de la vieille ville.

Saint-Martin de Montmorency a été classé comme monument historique en 1838.

De 1632 a 1756. — Les Condé n'ont jamais songé à relever un château que les Montmorencys avaient eux-mêmes abandonné. De même qu'Anne, le connétable, avait affectionné ce beau château d'Écouen, dont l'architecte était Bulland ; de même les Condés préfèrent à tout autre séjour Chantilly, qui a fait partie autrefois du domaine des Montmorencys; Chantilly, ce palais d'un prince qui, assure-t-on, a des vues sur Versailles, mais que lui envie Louis XIV. C'est à Bourges, chez les Jésuites, qu'a été élevé le grand Condé ; son père, ainsi que sa mère, Charlotte de Montmorency, ont eu leur résidence ordinaire dans cette ville, avant que Chantilly ait pris le dessus. Le vainqueur de Rocroi a déjà illustré le nom de duc d'Enghien, quand Louis XIV, par lettres patentes de septembre 1689, appelle ainsi lui-même l'ancien duché-pairie des Montmorencys, dont il confirme la translation à la famille du premier prince du sang. Enghien, qui n'est nullement un titre nouveau pour le XVIIe siècle, fait partie du nom des Condés, depuis que Louis de Bourbon, prince de Condé, a reçu de son frère aîné, Antoine de Bourbon, roi de Navarre, la première baronnie du comté de Hainaut. A défaut des Condés, Henri IV, fils d'Antoine, eût pu s'appeler Enghien. La ville de Montmorency, sous Louis XIV, change de nom, comme le duché. Son altesse sérénissime Henri-Jules, prince de Bourbon-Condé, duc d'Enghien, premier pair de France, et de plus fils du grand Condé, garde la qualité de *seigneur direct de tous les bourgs et dépendances*, qui se transmet avec le titre. La force de l'habitude fait qu'on dit plus souvent Montmorency qu'Enghien, n'en déplaise à l'ombre du grand roi. Ainsi, Louis-Auguste de Bourbon prend, en 1708, les titres suivants : « Par la

» grâce de Dieu, prince souverain de Dombes, duc du
» Maine et d'Aumale, duc de Montmorenci, comte d'Eu,
» pair de France, commandeur des ordres du roy, colo-
» nel-général des Suisses et Grisons, gouverneur et lieu-
» tenant-général pour S. M. dans ses provinces du haut
» et bas Languedoc, grand'maître et capitaine-général de
» l'artillerie de France. »

Cependant le jeune Boutteville, qu'Henri II de Montmorency n'avait pu faire héritier que de son nom, avait du moins gardé la protection et l'affection de la sœur du défunt, princesse de Condé. Aide de camp du fils de Charlotte, il se produisit à la cour et il épousa l'héritière de la maison de Luxembourg, petite-fille elle-même d'un Montmorency; de la réunion des blasons résulta aussitôt la liaison des deux noms. Une fois duc et maréchal de Montmorency-Luxembourg, Boutteville acquit de la gloire pour son compte, et le prince lui-même s'en émut. Un jour que, par hasard, la victoire n'était pas restée du côté de son ancien aide de camp, Condé ne craignit pas de dire de Luxembourg, qu'il avait fait l'éloge de Turenne mieux que Mascaron et Fléchier. Ce fut bien pis lorsqu'une surprise de signature et des fréquentations suspectes eurent fait passer le maréchal pour le complice de deux célèbres empoisonneuses, la Voisin et la Vigoureux. Louvois, son ennemi personnel, lui conseilla de prendre la fuite ; mais le duc se rendit lui-même à la Bastille. Une chambre, tribunal d'exception, avait été créée à l'Arsenal, en 1679, pour connaître de ces crimes d'empoisonnement, qui se multipliaient à l'infini depuis plusieurs années ; là comparut le duc, qui avait réclamé en vain comme pair de France, la faculté d'être jugé par le parlement ; il fallut pour l'absoudre l'arrêt du 14 mai

1680, prononcé après quatorze mois de détention. Le roi, qui l'exila d'abord, n'accepta de nouveau ses services qu'avec le grade de capitaine des gardes. Remis en possession de son bâton de maréchal, il remporta une victoire à Fleurus et il mourut en 1695, plus chrétien qu'il n'avait vécu. Il existe un portrait, par Hyacinthe Rigaud, du maréchal François-Henri de Montmorency, duc de Piney-Luxembourg; une gravure, qui le reproduit, se trouve à la mairie de Montmorency, auprès de celle qui représente Henri II de Montmorency. Comme il avait l'épaule droite un peu plus élevée que la gauche, le prince d'Orange disait : — Je ne pourrai donc jamais battre ce bossu-là ! — Bossu ! répondait le maréchal, comment le sait-il, lui, qui ne m'a jamais vu par derrière ?

Un des fils de ce fondateur d'une des branches de Montmorency a porté le nom de prince de Tingri, avant de s'appeler comme son père; le roi l'a nommé maréchal le 14 juin 1734. Charles-François-Frédéric de Montmorency-Luxembourg, neveu du précédent, capitaine des gardes du corps du roi, gouverneur de la Normandie, puis maréchal de France, était né en 1702. Aide de camp de Louis XV en 1741, il se distingua en Bohême et dans les Pays-Bas après cela. Le 22 mai 1756, il assista, par ordre du roi, à l'assemblée du parlement de Rouen, et il y fit rayer plusieurs arrêts de cette cour, en vertu d'un principe que Louis XIV avait posé bien jeune : « Le par-
» lement, c'est moi. » Il avait épousé d'abord Mlle de Colbert-Seignelay, de laquelle il avait eu la princesse de Robecq et Anne-François, duc de Montmorency-Luxembourg. Uni en seconde noces à Mlle de Villeroy, déjà veuve du duc de Boufflers, il déserta Grosbois, résidence

favorite de sa famille, pour acheter, du sieur Crouzat cadet, un château à Montmorency.

Or il n'y avait pas qu'un seul Crouzat. Le premier, dit Crouzat le Riche, était un financier, pourvu par monopole du commerce de la Louisiane; il s'était fait bâtir un hôtel, place Vendôme, et il avait pour gendre le comte d'Évreux, de la maison de Bouillon, colonel de la cavalerie légère. Mariette a fait le catalogue du cabinet d'estampes et de médailles de cet opulent personnage; les médailles, acquises sous la Restauration par le duc d'Orléans, ont été revendues publiquement en 1853. Crouzat le Pauvre était ainsi appelé parce qu'il possédait un peu moins de millions que son aîné; il demeurait rue Richelieu, dans l'hôtel où ruissela, après son or, l'or des salons du jeu de Frascati. En 1754, c'est le cadet qui possédait le château proprement dit, et M. Crouzat du Chastel, fils de l'aîné, avait un tout petit château, construit après le grand, dont néanmoins il dépendait.

Le premier de ces édifices presque jumeaux avait été bâti sous Louis XIV, pour le peintre Lebrun, dont le savant pinceau avait concouru à l'ornementation, et sur les dessins de Cartaud. Celui qui avait peint les plafonds de Versailles, de Sceaux et du château de Vaux, avait veillé lui-même à ce que sa maison de plaisance ne fût pas sans les rappeler. De grands pilastres de l'ordre le plus riche, inventé à Corinthe, en réglaient l'architecture générale. Un salon italien, se développant dans la hauteur des deux étages et couvert en dehors par une calotte dominante, avait également pour décoration intérieure des pilastres corinthiens surmontés de cariatides; Lafosse, élève de Lebrun, avait peint dans la coupe un Phaéton. Au-dessus du vestibule qui y conduisait régnait une chapelle, avec une Gloire sculptée par Legros sur l'autel. Les terrasses, les bassins, la pièce d'eau octogone, dite la Laitière, les grottes, une cascade, les quinconces, les allées fleuries, enfin tout, jusqu'aux boulingrins, prouvait que Lenôtre avait passé par là. Lebrun, ce dictateur de l'art, comptait l'un après l'autre pour protecteurs Mazarin, Colbert et Fouquet ; placé à la tête des Gobelins, il y avait un logement et un traitement considérable ; mais son rival, Mignard, l'emporta en faveur, sous le ministère de Louvois, et Lebrun fut longtemps malade, pour surcroît, dans son joli château, avant de le céder au financier. Au surplus, Israël Silvestre a laissé une gravure de la maison Lebrun, qui est au Cabinet des estampes. La mairie de Montmorency conserve de même une ou deux vues du château du maréchal de Luxembourg. L'emplacement en est occupé, quant à présent, par les propriétés de M. le comte de Bertheux, de Mme Daval et de M. Constant Prévost, géologue distingué, membre de l'Institut, beau-frère de M. Desnoyers.

J.-J. ROUSSEAU. — Au milieu du XVIIIe siècle, la vallée de Montmorency était le rendez-vous d'une société de beaux esprits, hommes aimables et femmes charmantes, dans le commerce desquels le génie lui-même, maître à tous, avait quelque chose à gagner. Pendant que les meutes du prince de Condé battaient la forêt à grand bruit, une chasse à courre alors plus à la mode traquait l'esprit, au lieu de cerf, et les heureux chasseurs du gibier de toutes les saisons étaient d'Holbach, Diderot, Lauraguais, Marmontel, Laujon, Tressan, d'Alembert, Soubise, Galiani, Grimm, Francueil, Saint-Lambert, le maréchal de Luxembourg. Les hôtes lettrés de la contrée étaient des gens de goût, qui ne se grisaient pas à fond de train comme avaient fait les amis de Chapelle, soit à Auteuil, soit à la Croix-du-Maine ; ils ne réglaient à table ni leur vie, ni leur poétique, mais la délicatesse y modérait toujours l'intempérance. Sophie Arnould, quoique toujours maîtresse de l'un d'eux, n'était avouée réellement qu'à Paris, et Mme de Lismore, Mme la maréchale de Luxembourg, Mme d'Épinay, Mme d'Houdetot, étaient par-dessus tout des muses. Quand Jean-Jacques Rousseau fut des leurs, il profita sans s'en apercevoir de la haute raison qui résidait au fond de leur esprit, et il s'humanisa, quant à la forme, tout en jetant le trouble et l'inquiétude de l'imprévu dans une société qui lui doit en revanche son immortalité. C'était un aigle cherchant toujours son aire. Philosophe insociable, il frayait tout à coup avec la meilleure compagnie ; glorieux, il apprenait qu'on peut fuir l'attention publique, ou tout au plus l'attendre à la campagne ; téméraire novateur, il voyait ce qu'on gagne de sécurité et de force à ne pas heurter de front toutes les opinions de son époque. La maréchale de Luxembourg avait bien, elle aussi, l'inégalité de l'humeur ; mais elle était l'arbitre des bonnes manières, et son envie de se faire remarquer la portait à l'extrémité de l'élégance, sans affecter l'étrangeté du costume. Rousseau avait un nom, son propre ouvrage ; mais elle avait su faire et défaire plusieurs renommées qui paraissaient la monnaie de la sienne. Ses tête-à-tête familiers avec lui la rendaient plus sévère pour elle-même, et l'âge plus dévote ; mais elle assouplissait à force d'esprit le caractère mal fait de l'homme de génie, tant qu'elle le tenait. Au reste, Mme de Luxembourg avait été dame du palais de la reine, dans le moment du mariage de Louis XV ; elle connaissait la cour, où la génération des roués lui avait si bien fait la cour, et son premier mari lui avait dû, pour commencer, une assez forte somme d'indulgence. Elle s'était remémoré parfois les petits vers que le comte de Tressan avait rimés sur le duc de Boufflers :

> Quand Boufflers parut à la cour,
> Chacune l'avait à son tour, etc.

Jean-Jacques quitta, le 9 avril 1756, l'hôtel du Languedoc, situé à Paris, rue de Grenelle-Saint-Honoré, pour venir se fixer, avec sa gouvernante, Thérèse Levasseur, à Montmorency, dans un ancien logement de garde-chasse que, sur sa demande, la marquise d'Épinay avait fait arranger pour lui. C'était au lieu dit l'Ermitage, où ne s'élevait alors que la maison restaurée pour le Génevois, à l'ombre des magnifiques châtaigniers qui dominent encore cette partie des frontières de la ville. Charlotte de Montmorency, princesse de Condé, avait concédé des eaux, le 1er mars 1648, à d'Hémery, surintendant des finances, propriétaire du château de la Chevrette, à la Barre; des aqueducs avaient été construits, pour les conduire, et c'est au même endroit, qu'au milieu du XVIIe siècle, avait été placé le réservoir, près d'une fontaine préexistante. Un peu plus tard, en 1659, un ermite, nommé Leroi, s'y était fait bâtir une chapelle, avec le concours de Lebret, autre cénobite, et il l'avait vendue, en 1698, à un des membres de la famille Du Plessis-Richelieu, après l'avoir habitée trente-neuf ans. L'année 1716, le prince de Condé en était devenu possesseur, et Mathas, procureur fiscal de son altesse, l'avait à sa disposition six ans plus tard. Enfin, dès 1735, l'Ermitage faisait partie des propriétés de M. de Bellegarde d'Épinay, seigneur de la Barre et de la Chevrette, père du marquis d'Épinay. Cinq chambres, une cuisine, un jardin et un potager avaient été disposés lestement, parce qu'un jour, en se promenant avec Mmes d'Epinay et d'Houdetot, à l'ombre des grands châtaigniers, Jean-Jacques s'était écrié : — Ah! mesdames, que je serais bien là! Je ne retournerais plus à Genève.

Rousseau avait sans doute commencé par aimer Mme d'Épinay; mais Francueil et puis Grimm avaient contribué tour à tour à dépiter cet amour malheureux. Elle se contentait de prodiguer à l'écrivain les soins d'une hospitalité qui eût comblé ses vœux si le bonheur eût été compatible avec cette nature réfractaire. Le pavillon de l'Ermitage lui offrait bien le calme inexpugnable qui est favorable à l'étude, et une société aimable embellissait encore le voisinage, pour les délassements de son esprit. L'auteur du *Devin du Village* y copiait le matin de la musique, que les grands seigneurs lui achetaient, et il ne se mettait à écrire des livres qu'après avoir gagné la vie de la journée; de même il y avait eu des sages, dans l'antiquité, qui puisaient de l'eau la nuit, afin de pouvoir philosopher le jour.

Mme d'Houdetot souffrit plus patiemment que la marquise, sa sœur, les égarements de la passion qu'elle avait inspirée au philosophe; mais ce n'était pas pour jouer avec le feu. Sa bonté consolante cherchait un remède au mal, qui ne fût pas de l'empirisme, et elle n'entrevoyait peut-être aucune fin qui fût digne de répondre à l'éloquence des moyens mis en jeu. Si l'amant place trop haut ce qu'il espère, le but est dépassé, et comment lui avouer qu'il faut revenir en arrière? Il y a un purgatoire placé entre le doute et l'espérance, au seuil duquel se traduisent en faiblesses les élans d'une passion qui ne peut plus vivre que d'excuses. Justement les deux sœurs avaient un trésor d'indulgence pour toutes les faiblesses de Rousseau, que la pitié révoltait comme la haine. L'amour qui était né dans la vallée produisit un chef-d'œuvre, *la Nouvelle Héloïse;* Mme d'Houdetot était Julie. Cet excellent modèle avait posé lui-même, devant le peintre, à l'Ermitage, où Mme de Warens et les Charmettes n'étaient plus qu'un souvenir vague et lointain. Mais jaloux de Saint-Lambert, dont il n'avait pu prendre la place dans le cœur de Mme d'Houdetot, l'hôte de Mme d'Epinay finit par se targuer d'une franchise et d'une dignité qu'on ne mit plus sur le compte de l'amour. Une lettre anonyme, que reçut Saint-Lambert, dut lui être attribuée, et il fut accusé de la plus folle ingratitude, quand la marquise reprit son pavillon.

Il reste encore à l'Ermitage un rosier qui, dit-on, a été planté par Rousseau, un grand nombre des tilleuls d'une allée qu'il a célébrée, et diverses autres traces de son glorieux passage, dont nous parlerons en leur lieu. La maison, qui vient d'être agrandie et remise à neuf, appartient aujourd'hui à Mme la comtesse de Chaumont. Au rez-de-chaussée, la chambre de Jean-Jacques s'est transformée en un billard. Un ancien avoué, M. Huet, qui a vendu à Mme de Chaumont, a emporté les meubles de cette pièce, naguère fort petite, où ils étaient restés depuis 1758 jusqu'en 1853. Ce mobilier très-simple se composait de deux lits, celui de Rousseau et celui de Thérèse, d'une petite table de travail, d'un grand fauteuil, d'un vieux portrait de Rousseau au pastel, de deux vieux rideaux à ramages et de deux vastes cylindres de verre qui servaient à garder la lumière de tout vent, lorsque l'auteur travaillait le soir, et en plein air, à *la Nouvelle Héloïse*. Non loin de la grille, dans le jardin, quatre peupliers sont plantés devant une niche fermée par une vitre, où est placé le buste de Rousseau. Le mur dans lequel s'ouvre cette niche est tapissé de lierre, et domine une plate-bande entièrement plantée de pervenches, fleurs que l'écrivain aimait tant. On lit sur le piédestal du buste ces vers de Mme d'Épinay :

> O toi, dont les brûlants écrits
> Furent créés dans cet humble Ermitage,
> Rousseau, plus éloquent que sage,
> Pourquoi quittas-tu mon pays ?
> Toi-même avois choisi ma retraite paisible ;
> Je t'offrois le bonheur, et tu l'as dédaigné.
> Mais qu'ai-je à retracer à mon âme sensible ?
> Je te vois, je te lis, et tout est pardonné.

Le maréchal de Luxembourg et sa seconde femme avaient acheté non-seulement le château édifié pour Lebrun, mais encore le castel de l'autre Crouzat, dans lequel ils offrirent provisoirement une hospitalité princière à l'exilé de l'Ermitage. Ils y eurent les prémices de *la Nouvelle Héloïse*. La maréchale conçut même le projet d'élever un des enfants que Jean-Jacques avait eus de Thérèse ; mais on ne put les reconnaître à aucun signe aux Enfants trouvés. Le philosophe parle ainsi de son séjour dans le petit château : « C'est dans cette profonde » et délicieuse solitude qu'au milieu des bois et des » eaux, au concert des oiseaux de toute espèce, au par- » fum de la fleur d'oranger, je composais dans une con- » tinuelle extase le cinquième livre de l'*Émile*, dont » je dus en grande partie le coloris assez frais à la vive » impression du local où j'écrivais. »

Il s'installait bientôt aux frais du maréchal dans une maisonnette appelée le petit Montlouis, faisant partie des dépendances anciennes du château, et de laquelle disposait le même M. Mathas, procureur fiscal, qui avait été avant la famille d'Épinay propriétaire de l'Ermitage. « Mon hôte, dit-il, M. Mathas, qui était le meilleur
» homme du monde, m'avait absolument laissé la direc-
» tion des réparations de Montlouis, et voulut que je
» disposasse de ses ouvriers, sans même qu'il s'en mêlât.
» Je trouvai donc le moyen de me faire d'une seule
» chambre un appartement complet, composé d'une
» antichambre et d'une garde-robe. Au rez-de-chaussée
» étaient la cuisine et la chambre de Thérèse. Le don-
» jon me servait de cabinet, au moyen d'une cloison
» vitrée et d'une cheminée qu'on y fit faire ; je m'amu-
» sai, quand j'y fus, à orner la terrasse qu'ombrageaient
» déjà deux rangs de jeunes tilleuls ; j'y en fis ajouter
» deux pour faire un cabinet de verdure. J'y fis poser
» une table et des bancs de pierre ; je l'entourai de lilas,
» de seringa, de chèvre-feuille ; j'y fis faire une belle
» plate-bande de fleurs parallèle aux deux rangs d'ar-
» bres, et cette terrasse, plus élevée que celle du châ-
» teau, dont la vue était au moins aussi belle (et sur
» laquelle j'avais apprivoisé une multitude d'oiseaux),
» me servait de salle de compagnie pour recevoir M. et
» Mme de Luxembourg, M. le duc de Villeroi, M. le
» prince de Tingry, M. le marquis d'Armentières, Mme la
» duchesse de Montmorency, Mme la duchesse de Bouf-
» flers, Mme la comtesse de Boufflers, et beaucoup d'au-
» tres personnes de ce rang qui, du château, ne dédai-
» gnaient pas de faire, par une montée très-fatigante, le
» pèlerinage de Montlouis. » Rousseau, qui se complaît

dans l'énumération des grands seigneurs qui lui forment à Montlouis une espèce de cour, cite la montagne et oublie la vallée. La coterie holbachique, qui s'agite à la Barre et à Eaubonne, il la croit occupée à lui dresser toutes sortes d'embûches, et il prend pour refuge l'amitié du château. Tous ces complots imaginaires n'empêchent pas Grimm et Diderot de servir une petite pension à la vieille Levasseur, mère de Thérèse. Diderot reste presque seul de sa société d'autrefois, en de bons termes avec le protégé du maréchal, et pourtant il écrit lui-même à Grimm, dans un moment d'humeur : « Cet » homme est un forcené. »

Elle n'est ni abattue ni agrandie, cette maison de Montlouis que le grand écrivain a appropriée à ses goûts avec une si vive prédilection. Sa petite porte s'ouvre rue Montlouis, derrière la butte Jonvelle. Voici bien la cheminée, alors plus vaste, dans laquelle est resté son tourne-broche en pierre, et la chambre de sa *gouverneuse*. Ce plancher est son œuvre ; et de la petite chambre à coucher du premier, on a la même vue magnifique sur l'église, sur le lac, sur les buttes de Sannois et d'Orgemont, sur le mont Valérien, qui chaque matin a fêté son réveil. Nous retrouvons la table de pierre, sur laquelle un M. Brizard a fait écrire, le 27 mars 1787 :

> C'est ici qu'un grand homme a passé ses beaux jours ;
> Vingt chefs-d'œuvre divers en ont marqué le cours.
> C'est ici que sont nés et Saint-Preux et Julie,
> Et cette simple pierre est l'autel du génie.

C'est par trop dire que de vouloir enlever à l'Ermitage l'honneur d'avoir vu naître Saint-Preux ; la dernière main, tout au plus, a pu être mise à *la Nouvelle Hé-*

loïse, sur la table de pierre de Montlouis. En revanche, *Émile* et *le Contrat social*, qui ont tant contribué à la révolution, ont été écrits là, et sous le patronage de l'élite de l'aristocratie française. La *Lettre sur les Spectacles* qui, signée par l'auteur du *Devin du village*, était encore une contradiction, n'a pas eu d'autre berceau que cette habitation. Près de la table de pierre s'élevaient les deux tilleuls plantés par l'écrivain ; mais pour faire plaisir à un notaire, un médecin, se chargeant sans doute d'accélérer l'ouverture de beaucoup de testaments, et qui gérait le bien de Montlouis, a fait jeter bas ce garde-vue. De la terrasse, qui aux tilleuls près est la même, nous découvrons, d'une part, quand il fait beau, jusqu'au pavillon Henri IV, situé à Saint-Germain-en-Laye ; d'autre part, nous voyons clairement Paris et Montmartre, au-dessus du clocher d'Épinay.

Le donjon a été admirablement respecté ; seulement, on n'y retrouve plus rien de ce modeste mobilier que, par acte du 8 mars 1758, Rousseau a déclaré appartenir à Thérèse Levasseur, sa domestique, avec acceptation d'icelle au bas de l'acte, rédigé en présence de M. Pierre du Quesne, procureur au bailliage d'*Anguien*, et de Barthélemy Tétard, maçon. Un peintre distingué, Joseph Bidauld, dont le fils est encore propriétaire de Montlouis, a réuni dans le donjon les portraits d'un bon nombre de personnages contemporains de l'illustre philosophe. Dans cette petite galerie figurent Mme d'Houdetot, à l'âge de quatre-vingts ans, portrait lithographié donné à Bidauld par le neveu de la comtesse ; d'Alembert, Franklin, Mgr Christophe de Beaumont, l'auteur des lettres pastorales fulminées contre les encyclopédistes et contre Jean-Jacques ; Diderot, le prince de

Conti, Mme Geoffrin, Voltaire, David Hume, dont la grosse figure fait contraste avec la maigreur particulière aux philosophes français ; un portrait en pied et à l'huile de Rousseau, habillé en Arménien, par Chardin, dont M. Louis Briggi de Girardin a fait présent à Bidauld ; le *fac-simile* d'une lettre de Jean-Jacques à Latour, peintre du roi, qui avait fait également son portrait ; les dernières paroles de Rousseau, et enfin la gravure de la Chambre du cœur de Voltaire, comportant le portrait en petit et très-ressemblant de tous les encyclopédistes. De toutes façons, cette tourelle nous reporte à une époque de progrès incontestable pour l'esprit humain et à une très-brillante période de l'histoire de notre vallée.

On lit au livre X des *Confessions* : « Pendant un hiver
» assez rude, j'allais tous les jours passer deux heures le
» matin et autant dans l'après-dîner, dans un donjon
» tout ouvert que j'avais au bout du jardin où était mon
» habitation. Ce donjon, qui terminait une allée en ter-
» rasse, donnait sur la vallée et l'étang de Montmorency
» et m'offrait, pour terme du point de vue, le simple
» mais respectable château de Saint-Gratien, retraite
» du vertueux Catinat. Ce fut dans ce lieu, pour lors
» glacé, que, sans abri contre le vent et la neige, et sans
» autre feu que celui de mon cœur, je composai, dans
» l'espace de trois semaines, ma lettre à d'Alembert, sur
» les spectacles. »

Dans la maison voisine demeuraient ces *commères* que Jean-Jacques Rousseau désigne comme ayant escaladé le mur et lui ayant emprunté, par surprise, le manuscrit d'*Émile*. Depuis cet événement, le philosophe méfiant se cloître, il fait mettre des volets à la fenêtre de la petite tour, et il n'y travaille plus qu'à la lumière, même en plein jour. On dit qu'il va jusqu'à faire établir une petite armoire ronde, tournant sur pivot, au moyen de laquelle on lui passe de quoi manger. A coup sûr, il garnit d'une cheminée à la prussienne, qu'on voit encore de nos jours, son célèbre cabinet de travail.

L'an 1761, le maréchal perd tout à coup son fils du premier lit, Anne-François, duc de Montmorency-Luxembourg, et son petit-fils, le comte de Luxembourg. Malgré la gaucherie de ses manières, qui fait opposition à l'audace de ses pensées, Rousseau ne cherche-t-il pas alors à s'insinuer près de la comtesse de Boufflers? Il en tombe amoureux à l'âge d'environ cinquante ans, lorsque tout le monde prend encore pour de la cendre toute chaude sa passion pour Mme d'Houdetot. La comtesse de Boufflers est pourtant l'objet très-connu des hommages d'une altesse sérénissime. Le nouvel amour de Jean-Jacques refroidit, mais sans la ternir, l'amitié que lui a vouée la maréchale, qui le protége près de M. de Malesherbes, directeur de la librairie. Les épreuves d'*Émile*, qui s'imprime en Hollande, arrivent à l'auteur par ce protecteur de seconde main. Enfin, le livre paraît, le public se l'arrache, et l'orage gronde sur le chef de l'auteur. Ami du curé de Groslay, qui a connu jadis son homonyme, Jean-Baptiste Rousseau, il a également frayé, chose remarquable, avec le révérend Muly, supérieur de l'Oratoire. Et il écrit à ce dernier : « Jean-Jacques Rousseau, en
» envoyant *Émile*, prie Messieurs de l'Oratoire de Mont-
» morency de vouloir bien accorder à ses derniers écrits
» une place dans leur bibliothèque. Comme recevoir
» le livre d'un auteur n'est pas adopter ses principes, il
» a cru pouvoir, sans témérité, leur demander cette
» faveur. A Montmorency, le 29 mai 1762. » Malgré

la tolérance du jansénisme, ce parti victorieux d'alors, qui laisse par principe beaucoup plus de carrière à la discussion que le parti des molinistes, son procès est fait à l'*Émile*. Le 7 juin, Jean-Jacques Rousseau écrit à un de ses amis : « J'ai rendu gloire à Dieu, j'ai parlé » pour le bien des hommes ; pour une si grande cause » je ne refuserai jamais de souffrir ; c'est aujourd'hui » que le parlement rentre, j'attends en paix ce qu'il lui » plaira d'ordonner. » Le 9 juin de la même année, il y a tout près de trois ans et demi qu'il habite Montlouis, et il en est presque arraché, à deux heures du matin, par deux grands seigneurs, ses amis, le maréchal de Montmorency-Luxembourg et le prince de Conti, qui veulent le soustraire au décret de prise de corps lancé contre lui par le parlement de Paris, à cause de son dernier livre. Cet ouvrage est brûlé, en place de Grève, par la main du bourreau, et le philosophe passe en Suisse. En somme, il y a à Montlouis une inscription très-peu exacte, outre qu'elle n'est pas très-lisible, relativement au séjour de Rousseau ; Jean-Jacques y est entré le 15 décembre 1758 et il en est sorti le 9 juin 1762. Et quant au maréchal qui, du temps de Jean-Jacques, y allait respirer presque tous les matins l'air pur et la philosophie nouvelle, il meurt le 18 mai 1764.

L'oncle de Taunay, excellent peintre, a succédé, comme habitant de Montlouis, à l'auteur du *Contrat social* ; Taunay l'artiste, membre de l'Institut, et mort en 1829, a eu également ses pénates à Montmorency, dans la maison actuelle de Mme Daval. Chérin, après M. Brizard, est venu à son tour s'abriter sous le toit de Rousseau ; mais il n'était encore que généalogiste des ordres du roi Louis XVI, conseiller à la cour des aides, et auteur de recherches héraldiques, publiées en 1788. A la révolution, Chérin prend la carrière des armes, et il tient tête à Dumouriez, en 1793, qui résiste lui-même aux décrets de la Convention. Promu au grade de général, il prend part à l'affaire du 18 fructidor en qualité de commandant en chef de la garde du directoire. On décrète, à la mort du général Chérin, que ses restes seront réunis à ceux de Marceau et de Hoche, dans le monument qui leur est élevé à Coblentz.

Taunay le peintre a étudié à Rome en même temps que Girodet, Prud'hon, Michalon, Percier, Fontaine, Lethière et Bidauld. Ce dernier, né à Carpentras le 10 avril 1758, a commencé de bonne heure sa carrière d'artiste, sous les auspices de son frère aîné, peintre de genre et de fleurs recommandable, et avec les encouragements de Joseph Vernet et de Fragonard père. Un voyage à Genève et en Italie ont déterminé pour le paysage la vocation du jeune Bidauld, et il reste encore chez son fils le premier paysage que lui ait inspiré la magnificence pittoresque de la Toscane. De retour à Paris, en 1790, il s'est fait remarquer, malgré le souvenir de Lantara et de Casanova, par des compositions qui reproduisent des vues de l'Italie, avec introduction de personnages : c'est du paysage historique. Classique par excellence, Bidauld a dû payer un tribut de patience aux sarcasmes de l'école moderne; on a donc prétendu qu'à la mort de Prud'hon, en 1823, il a fait le malade, et que Mme Bidauld a rendu des visites à tous les membres de l'Académie des Beaux-Arts, afin de leur demander, comme une grâce *in extremis*, la nomination d'un mourant, qui allait faire place à un autre. Le fait est que Bidauld, une fois académicien, se porta encore mieux qu'antérieurement à sa candidature; mais il avait des titres évidents à la haute position qu'il n'occupait qu'après bien des victoires partielles, remportées en d'autres concours, et le nom qu'a laissé ce peintre laborieux donne encore tort à la calomnie romantique. Il s'est éteint à Montlouis, âgé de 89 ans, le 20 octobre 1846, après avoir passé la moitié des étés de sa vie dans la demeure de Jean-Jacques. En ses dernières années, il cultivait son art avec le même amour qu'étant élève. Il a laissé 250 tableaux, entre autres plusieurs *Vues de la Vallée de Montmorency*; jusque dans ses esquisses il est fin, élégant, châtié et pur; c'est ce que le romantisme appelle du léché. Bonne famille d'artistes, à tout jamais, que ces Bidauld! Lethière, de l'Institut, et M. de Gaulle, auteur d'une *Histoire de Paris*, en font partie. Le propriétaire actuel de Montlouis est architecte.

Montlouis, moins connu que l'Ermitage, a pourtant bien des titres à demeurer un lieu de pèlerinage philosophique : myosotis solitaire, il est resté à l'ombre d'un château qui n'est plus, cette ombre est remontée jusqu'à lui. Le principal nom qu'il rappelle est immortel, quelque abus qu'on ait fait dans la pratique des théories d'*Émile* et du *Contrat social*. Le demi-dieu de la révolution a eu ses bacchanales, comme chacun sait, et l'*Émile* a été ouvert, à la place de l'Évangile, dans les fêtes de la Raison. En 1791, deux vieillards de Montmorency se sont présentés à la barre de l'Assemblée nationale et ont demandé qu'on conservât à Montmorency ses dépouilles mortelles. Mais comme le Panthéon avait des droits prépondérants, la petite ville s'est contentée de recevoir pompeusement, sur la place du Marché, la visite du cortége qui conduisait les restes du philosophe dans le temple des dieux de la révolution. Elle a pourtant inauguré un buste de Rousseau, dans un bocage, à l'entrée du bois d'Andilly, le dimanche 25 septembre 1791. Des mères de famille portaient ce buste, et de jeunes mères, coiffées *à la déiste,* chantaient des couplets de circonstance ; des vieillards venaient à la suite, portant triomphalement une pierre de la Bastille démolie, sur laquelle était l'image de Rousseau gravée en creux ; la marche était fermée par Bosc, à la tête de la société locale des Amis de la Constitution, dont faisaient partie le peintre Redouté, Pelletier, Giroux, Cobber, Daunou, Target et Regnard père ; Bosc et Daunou prononcèrent des discours ; le soir, tous les arbres d'alentour étaient illuminés, et on dansait. Les temps ayant changé, c'est le 25 novembre 1811 que les habitants de Montmorency ont élevé au même lieu un monument rustique à la mémoire de Jean-Jacques, avec cette inscription : *Ici Jean-Jacques Rousseau aimait à se reposer.* Près de ces mots restait une légende, de vingt ans plus ancienne, ainsi conçue : *Les habitants de la ville et du canton de Montmorency, en mémoire du séjour que Jean-Jacques Rousseau fit au milieu d'eux, le 25 novembre, 3me année de la liberté.* Il y avait encore sur une des pierres du monument, qu'on n'a pas du tout respectée : *Béni soit celui qui respectera ce monument!*

Enfin M. Quesné, auteur d'ouvrages historiques, et qui a habité la vallée de Montmorency avant d'en parler savamment, a fait imprimer et jouer au théâtre de Saint-Germain-en-Laye, en 1851, une comédie historique intitulée : *Jean-Jacques à Montmorency.*

GRÉTRY. — M. de Belzunce, gendre de la marquise d'Épinay, ayant été porté sur la liste des émigrés, ses biens furent confisqués, et l'Ermitage, devenu propriété de la nation, fut loué d'abord à l'architecte Bénard, qui y laissa coucher une nuit le cortége conduisant Rousseau au Panthéon, et ensuite à Regnauld de Saint-Jean-d'Angély, député aux états généraux, puis constituant et l'un des rédacteurs du *Journal de Paris*. Regnauld, proscrit par les jacobins, fut contraint de céder l'Ermitage à Maximilien Robespierre; il se fit employer dans les charrois militaires, jusqu'au mois d'août 1793, date de son arrestation à Douai. Ainsi Jean-Jacques se trouva avoir fait bâtir une maison, aux frais d'une grande famille de l'aristocratie, pour servir de Tibur à Robespierre, au fort de la terreur. Quel lien caché unissait ces deux hommes, l'un tendre, l'autre implacable, celui-ci raisonnant avec son cœur chagrin, celui-là n'étant plus qu'un bras fatal qui exécute des sentences de philosophe comme si elles étaient des décisions judiciaires sans appel! Que d'épouvante pour son génie, si Dieu avait rappelé, pour son malheur, l'écrivain à la vie, lorsqu'on en déduisait les conséquences avec un enthousiasme aussi aveugle qu'expéditif! D'ailleurs, les caves du Panthéon ne tenaient enfermées ni toute la gloire, ni l'âme de Jean-Jacques. En dépit de ces pierres opaques, il a souvent dû voir tout ce qui se passait à l'Ermitage, bâti aussi pour lui; à travers les ténèbres de la nuit du 6 thermidor, en l'an II de la nouvelle ère, il a vu l'illustre tribun dresser, dans sa maison et sur sa propre table, la liste de proscription du canton de Montmorency. Le lendemain, 7, Robespierre revenait à Paris, et le 9 il n'était plus qu'une proie à son tour, attendue par la guillotine. Regnauld de Saint-Jean-d'Angély sortait de prison, comme tant d'autres, le lendemain du 9 thermidor. Aussi bien la nation, rentrée en possession de l'Ermitage, le vend au citoyen Devouge, en l'an V, le 27 frimaire ; puis d'autres propriétaires se succèdent rapidement, et Grétry en devient l'acquéreur, le troisième jour complémentaire de l'an VI, par acte de Paulmier, notaire, moyennant 10,000 livres.

Que si Grétry avait connu Rousseau, leur rencontre n'avait eu qu'un caractère passager, disons même de mauvais augure. Une fois, en se promenant dans la vallée, le musicien avait trouvé Jean-Jacques près d'un ruisseau qu'il ne pouvait franchir ; il avait voulu lui aider, mais l'écrivain, qui en voulait souvent à ses meilleurs amis, avait repoussé dédaigneusement la main qui lui était offerte. Ajoutez à cette mauvaise note qu'il y avait plus d'une différence entre ces deux natures d'élite : l'un était l'inventeur de nouvelles théories républicaines, et l'autre était l'auteur de la musique d'une marseillaise royaliste, *O Richard, ô mon roi !* Néanmoins Grétry avait voué un culte particulier à la mémoire de Rousseau, au point de choisir l'Ermitage pour dernier gîte à sa vieillesse.

Un assez méchant livre politique a été publié en l'an 1801 par l'éminent compositeur. C'est à Montmorency qu'en revanche il a écrit ces lignes, réellement dignes de servir d'épigraphe à ses œuvres : « Ma musique n'est pas
» aussi énergique que celle de Gluck ; mais je la crois la
» plus vraie de toutes les compositions dramatiques : elle
» dit juste les paroles suivant leur déclamation locale. Je
» n'ai pas exalté les têtes par un superlatif tragique, mais
» j'ai révélé l'accent de la vérité, que j'ai enfoncé plus
» avant dans le cœur des hommes. » On trouvera cet éloge modeste, pourvu qu'on se rappelle, en somme, le talent de l'homme qui se l'est décerné. Grétry a eu le rare honneur de se voir ériger une statue de son vivant ; cette statue en marbre lui était élevée à l'Opéra-Comique

aux frais du comte de Livry. La rue qui porte son nom l'avait également pris de son vivant.

Il y avait dans sa chambre à l'Ermitage, jadis occupée par Jean-Jacques, bien que le musicien eût agrandi et embelli l'habitation; il y avait les trois portraits de ses filles, au pastel, peints par Mme Grétry, et constamment entrelacés de guirlandes de fleurs et de feuillage. De sa femme et de ses trois filles, dont l'une avait été tenue sur les fonts par la reine Marie-Antoinette et par le comte d'Artois, il ne lui restait que le souvenir. Il aimait ses neveux et ses nièces, qui étaient presque tous des enfants naturels; il prit donc des dispositions particulières pour qu'ils se partageassent après lui son avoir, comme si tous eussent été des enfants légitimes. On trouve encore à l'Ermitage, au pied de la petite cascade, une pierre brute qui est couverte de lierre; M. Bridault père, architecte, l'avait fournie gratuitement, lors de la fête de 1811; il l'avait reprise, depuis lors, et donnée au neveu de Grétry, en échange des œuvres complètes du musicien, et on y lit encore l'inscription qui date de la fête de l'entrée du bois d'Andilly : *Ici Jean-Jacques aimait à se reposer.* A la gauche de cette pierre est un laurier planté par l'auteur du *Devin du village*, et il y a en pendant, de l'autre côté de la cascade, un second laurier, planté par celui dont le nom rappelle *Richard Cœur de lion*. Boïeldieu, du temps de Grétry, habita quelque temps un chalet en face de l'Ermitage, dans lequel lui ont succédé M. Viennet, de l'Académie française, un petit-fils de Franklin, Mme de Montgeron et Mme Berthoud. Cette villa italienne appartient actuellement à M. le comte Des Aubiers, commandant au 5me hussards. Il est parfaitement constaté par les titres de propriété que Grétry en a posé la première pierre, en y faisant graver son nom, celui de Louise, sa femme, et celui de Joséphine, sa nièce. Elle s'appelle la Villa-Grétry. M. le comte de Beauregard habite un beau chalet voisin, qui a appartenu au compositeur, n'étant encore qu'une chaumière, et dans laquelle est morte, huit jours avant lui, une femme à son service.

Duhamel, vieux meunier, jouissait du moulin de Clairveau, situé tout près de la maison. Le 30 août 1811, jour de la fête des jardiniers, ceux qui avaient à honorer saint Fiacre s'attardèrent en buvant et en chantant non loin de là. A minuit, un coup de fusil réveilla en sursaut Grétry. La femme et la fille du meunier virent s'éloigner rapidement un homme en blouse, couvert d'un chapeau à grands bords : les jardiniers chantaient toujours. C'est Duhamel qu'on venait d'assassiner, et jamais la justice ne put connaître l'auteur du crime commis cette nuit-là. Grétry, dans cet événement, vit un présage désastreux pour lui-même : le fait est qu'il avait beaucoup de superstition, et que son aversion pour le nombre 13 était vive. Il s'enfuit à Paris, et justement il y tomba malade.

Le 18 mai 1813, le mélodieux Grétry, toujours souffrant, n'avait pas encore reparu à l'Ermitage depuis l'assassinat de son voisin. L'impératrice Marie-Louise, accompagnée de la reine Hortense, honora de sa visite la maison de campagne du vieux compositeur. Les augustes visiteuses, qui avaient espéré trouver l'auteur de *Zémire et Azor*, firent le tour du jardin, puis elles entrèrent au salon, et le clavecin d'ancienne forme qui avait tant vu naître de chefs-d'œuvre, fut essayé par celle-là qui, à défaut d'une couronne, eût été la reine des artistes. Le surlendemain, Grétry, qui était encore à Paris, recevait la lettre suivante :

« Monsieur Grétry, en visitant votre Ermitage, je me
» flattais de vous y trouver, et j'aurais eu beaucoup de
» satisfaction à vous parler du plaisir que m'ont donné
» vos charmants ouvrages et qu'ils me donneront tou-
» jours. Je suis sensible à ce que vous voulez bien me
» dire d'obligeant au sujet de mes faibles romances, et
» je me laisse aller à la vanité d'être louée par celui dont
» les chants ne périront jamais.   HORTENSE.

» Paris, le 20 mai 1813. »

L'été venu, il retourne à Montmorency; mais à peine réinstallé, il a une effroyable hémorrhagie, et ses pressentiments déplorables, qui reviennent, lui font écrire à M. Lebreton, secrétaire perpétuel de la classe des Beaux-Arts, à l'Institut :

« Mon cher confrère, il m'est impossible de me rendre
» à l'Institut pour le jugement des prix de musique. En
» arrivant à l'Ermitage, encore convalescent, une hé-
» morrhagie, qui a duré trois jours, et pendant laquelle
» j'ai rendu huit palettes de sang, m'a jeté dans une
» faiblesse extrême. A présent, enflé jusqu'au dia-
» phragme, j'attends le résultat de mes longues souf-
» frances. Je suis résigné; mais je sais qu'en quittant
» cette vie, un de mes plus vifs regrets sera de ne plus
» me réunir avec mes chers confrères, que j'aime au-
» tant que je les honore. Faites-leur, je vous prie, part
» de ma lettre. Adieu, mon cher confrère, je vous em-
» brasse de tout mon cœur.   GRÉTRY.

» A l'Ermitage de Jean-Jacques, Montmorency, 12 septembre 1813. »

Lebreton et Gérard viennent voir le grand artiste le lendemain, au nom de la classe des Beaux-Arts. Bouilly, son collaborateur, lui rend également visite : Grétry, qui veut descendre dans la salle à manger, afin de le voir dîner avec sa famille, s'y fait porter dans un fauteuil. Berton rend également ses devoirs à l'homme de génie, son confrère; celui-ci l'entretient d'un *De profundis* inédit qui ne tardera pas à être exécuté. — J'ai remarqué, ajoute-t-il, que les contre-basses, dans les églises, ont un son extrêmement sourd; je te charge de les faire placer sur des marchepieds très-élevés. — J'ai le temps d'y penser, répond Berton. — Travaille cette nuit, à l'Ermitage, réplique Grétry; après demain il serait trop tard.

Enfin Neukomm, compositeur, passe l'avant-dernière nuit près du malade; les soins de sa famille, la science des médecins, qui sont MM. Damien, de Montmorency, Hallé, Nysten et Lejoyand, de Paris, ne peuvent plus rien contre le mal. Le 24, l'illustre moribond voit luire attentivement l'aube de son dernier jour, et il se met sur son séant, afin de contempler tout ce qu'il peut du ciel; puis il veut fuir son lit de douleur, il s'élance malgré tous les siens, mais bientôt il retombe sans force, et il annonce sa fin prochaine. Déjà ses yeux se sont fermés d'eux-mêmes, on croit qu'il a passé, il est onze heures; soudain les paupières se relèvent, la bouche se rouvre, la main fait signe, et Grétry demande un verre d'anisette. Son âme alors se sépare de son corps, comme la bonne musique se dégage à la fin des paroles fugitives qui lui pèsent.

Les funérailles du maître sont pompeuses. Le corps est porté à Paris, dans sa demeure, boulevard des Italiens, n° 7; dans cette maison toute tendue de noir, comme les escaliers, il y a une chapelle ardente. Le cortége funèbre s'arrête, en sortant de l'église, devant les deux théâtres lyriques et devant le Théâtre-Français. Le soir, à l'Opéra-Comique, il y aura apothéose. Bouilly et Méhul contribuent à rendre solennelle cette journée de deuil public, dans laquelle est exécuté le *De Profundis* du défunt, qui pourtant ne se composait que de fragments. Le maître est enterré au Père-la-Chaise, alors cimetière Saint-Louis, près de l'abbé Delille.

Mais voici venir un comique, une queue-rouge, comme en ont auprès d'eux tous les premiers sujets de drame populaire. Non loin du second homme de génie qui ait habité l'Ermitage, nous apparaît L. V. Flamand, du département de l'Aisne, né en 1764, commis mercier, commis en librairie, puis tapissier, puis marchand de pâtes, quai Voltaire, pour la décoration des intérieurs, et qui a enfin épousé en troisièmes noces, le 11 pluviôse an IV, la fille naturelle d'un frère de Grétry. Si les auteurs de *Richard Cœur de lion* et de *la Nouvelle Héloïse* avaient eu quelque chose à craindre du trop de zèle de leurs admirateurs, Robespierre eût fait perdre à celui-ci, à force d'enthousiasme et de brutales déductions, ce que l'idolâtre marchand de pâtes eût compromis pour celui-là à force de familiarités. Ces imprudents amis ont failli faire, dans des sphères qui toutefois diffèrent étrangement, tout comme l'ours de Lafontaine; par bonheur la gloire est elle-même, et on peut la reconnaître à ce signe qu'elle défie tous obstacles ordinaires. Flamand ajoute au sien le nom de Grétry, et il demande à faire extraire le cœur de son semi-oncle par alliance, au profit de la ville de Liége, sa patrie, qui alors fait partie de l'empire français, comme chef-lieu du département de l'Ourthe. Une opération de ce genre a fait deux parts des restes mortels de saint Louis, d'Anne de Montmorency, de Voltaire et de bien d'autres ; mais en 1813, on a une raison de plus qu'au siècle précédent pour faire extraire le cœur des morts, c'est qu'il est impossible de leur donner chez soi la sépulture, et que la loi est encore toute nouvelle qui fait, pour ainsi dire, des corps inanimés la propriété de l'État. En réclamant une part des dépouilles mortelles de Grétry, le neveu se trouve à la mode, tout en voulant qu'en cette séparation son oncle soit traité comme plus d'un ancien roi. De là découle pourtant toute une série d'événements peu connus, mais pourvus d'importance relative pour la monographie de la vallée, et que nous devons résumer.

Flamand-Grétry, de fatigante mémoire, eût été un assez bon homme, un excellent bourgeois peut-être, sans ce troisième mariage qui l'a mis trop près du soleil. Élevé tapissier à l'ombre des galeries Feydeau, il fut promu trop tard au rang de neveu du grand maëstro, l'oracle du théâtre voisin, et il lui en coûta ce qu'il lui restait de bon sens, bien que ce ne fût pas un méchant homme, tant s'en fallait. En général, rien n'est plus ridicule, plus péniblement supportable, que l'homme qui se fait artiste ou écrivain, de guerre lasse et sans vocation, à l'âge où la plupart des véritables talents commencent à se reposer. Ce n'est pas Flamand-Grétry qui a fait mentir cet axiome. Il a écrit, de 1817 à 1834, des vers et de la prose assez corrects, mais plats, qui, sous prétexte d'honorer la mémoire des deux grands hommes de l'Ermitage, nous ont fait connaître sa vie ; sa longanimité, vertu asine qui à Montmorency est surtout celle des coursiers, s'est tant et si bien exercée que son nom désormais est inséparable de l'histoire d'une localité, qui par bonheur est riche d'autres souvenirs. Ce brave homme nous a raconté comment il avait eu deux femmes légitimes avant d'être allié à Grétry [1]. La première, de laquelle il n'avait pas eu moins de sept enfants, n'avait pas craint de le tromper avec un usurier, ayant douze ans de plus que son mari. « Je vis cet homme sans » mœurs, dit le mari, indécemment assis sur le lit de ma » femme tandis qu'elle y était. » Flamand devait de l'argent au complice; c'est pourquoi il se contenta de divorcer à petit bruit, le 14 frimaire de l'an III. Il allait d'un extrême à l'autre, quand il donnait son nom, le 9 nivôse, à Émilie Guérin qui, pendant six semaines de cohabitation, sut se soustraire à toute obligation résultant de son nouvel état : « Elle ne voulait pas, déclarait-elle, s'assi- » miler aux brutes qui ne connaissent que les plaisirs » des sens. » Et l'époux malheureux ajoute : « Je lui » crus l'esprit aliéné. » Donc, le 5 germinal an III, second divorce. L'infortuné Picard retourna quelque temps avec sa première femme, sans toutefois lui rendre ses droits, et celle-ci abusa plus tard de ce rapprochement, frisant l'illégitimité, pour lui envoyer une jeune fille dont l'acte de naissance était postérieur au divorce, et qui lui demandait son consentement avant de se marier. Sur sa déclaration d'incompétence, ladite jeune fille lui fit, par acte d'huissier, des sommations légalement respectueuses, desquelles le monde inféra que cet homme barbare osait renier jusqu'à ses enfants. Cependant Émilie Guérin lui ayant paru prête à se relâcher de l'excessive rigueur de ses principes, des nœuds itératifs avaient été serrés entre Flamand et elle, devant l'état civil, le 19 vendémiaire an IV, à l'occasion desquels l'écrivain a avoué

---

[1] *Itinéraire historique de la vallée de Montmorency*, 1827-34.

plus tard avec une franchise absolue que, « grâce à sa
» constance, tous ses vœux furent satisfaits. » Seulement
le pauvre époux s'aperçut, avant terme, que sa seconde
femme lui était revenue enceinte. Comment réitérer
une rupture? c'était un moyen long et dispendieux, surtout en récidive, que de faire valoir l'incompatibilité d'humeurs ; on imagina donc des injures graves, et le patient
en passa pour l'auteur, afin d'en venir plus vite à une
nouvelle dissolution d'hymen, le 7 pluviôse an IV, c'està-dire quatre jours à peine avant de contracter le dernier
engagement matrimonial qui le fit un peu neveu de
Grétry.

L'infatigable énergumène n'ayant plus le divorce à exploiter, se rabattit sur le cœur de son oncle pour tenir
en haleine sa rare activité. Il avait obtenu qu'on pratiquât l'exhumation du corps et l'opération extractive, qui
avait eu les meilleurs résultats. Mais les événements
de 1814 avaient déconfit bien des plans, et le dépôt du
cœur eut lieu provisoirement à l'Ermitage. Lorsqu'après
les Cent Jours, Flamand, qui était royaliste, se hasarda à
reparaître, les Prussiens occupaient Montmorency, et il y
avait à craindre que l'ancienne demeure de Jean-Jacques
eût été profanée par les soldats de la contre-révolution.
Loin de là, tout était en bon ordre et, « deux officiers,
» dit le neveu, étaient agenouillés au pied d'un petit
» monument qu'il avait élevé à Grétry. » Les Prussiens,
en tant que protestants, ont si peu l'habitude de se prosterner pour les morts, que nous osons douter qu'ils
soient venus prier sur ce simulacre de tombe.

Or, Liége ne faisant plus partie du territoire de la
France, Flamand-Grétry obtient du comte d'Anglès,
préfet de police, l'autorisation d'inaugurer le cœur de

Grétry à l'Ermitage, le 15 juillet 1816. Le monument est prêt; c'est la simple colonne en pierre qu'on voit encore de nos jours au bout du jardin, dans la presqu'île formée par la pièce d'eau. L'abbé Droueau, curé de Montmorency, a disposé un service funèbre. La dépouille mortelle, qui a été placée en attendant dans la chambre où est mort Grétry, est portée à l'église où une messe est dite en musique. Berton, le chevalier Piis et l'abbé Rose ont composé pour ce grand jour un motet, une hymne et une ronde : *L'ombre d'Anacréon à l'ombre de Grétry*. Egger et Nicolo, ainsi que M. Gobert, maire de Montmorency, assistent à la cérémonie qui se termine par un banquet. La salle de réunion, décorée pour la circonstance, est toute parsemée d'étoiles, dans le milieu desquelles brille le nom des chefs-d'œuvre de Grétry. Dès que le dépôt précieux est scellé dans la pierre, on lit ce peu de mots sur la colonne : *Grétry ! ton génie est partout, mais ton cœur n'est qu'ici*. Ceux qui visiteraient l'Ermitage y trouveraient encore cette légende; mais ils liraient aussi un peu plus bas : *Les Liégeois n'en ont enlevé que la poussière*.

En effet, les Liégeois ont, dès 1816, des prétentions lointaines sur cette relique qui a été offerte antérieurement, par Flamand lui-même, à leur ville; et puis ce neveu n'est pas toujours d'accord avec les autres membres de la famille, parmi lesquels on remarque un Grétry, homme de lettres, et une demoiselle Jenny Grétry, exploitant le fonds de musique de son oncle, à Paris, dans la rue qui porte son nom. De quel droit ce neveu, qui n'est qu'un parent par alliance, confisque-t-il à son profit une partie des dépouilles mortelles du grand homme? En vertu de quel titre cet Ermitage, dont il est devenu propriétaire, a-t-il été accru d'un apanage posthume? Mais au lieu de répondre à ces questions, Flamand-Grétry rime un poëme élégiaque sur la mort de Louis XVI, et il envoie des vers au roi, et il se fait placer à la tête d'une compagnie de garde nationale, qui bafoue et qui hue avec assez d'ensemble son capitaine. Il semble que l'opinion publique veuille se rattraper, sur le nouveau propriétaire, de l'estime où elle tient, malgré tous les changements de forme de l'État, ses deux illustres devanciers. Pourtant Flamand-Grétry achète le chalet attenant à l'Ermitage des héritiers du poëte Aignan, et il donne un chemin de dix-huit pieds de large à la commune, après querelle judiciaire avec un de ses voisins, le comte de Mozinski; d'autre part, l'honneur insigne lui échoit d'être pris au sérieux par Hoffmann qui, dans *les Débats*, critique son poëme sur Jean-Jacques.

Il se peut que la régence de Liége ait connu comme nous, par les livres de Flamand, une partie des malheurs qu'il avait eus avec les femmes; toujours est-il que les échevins de cette ville lui envoient Mlle Keppenn, fondée de tous pouvoirs, l'année 1821, pour en augmenter la série. Non-seulement Liége, comme dit la procédure, veut qu'on fasse livraison du cœur, mais encore il y a plus d'un Grétry qui appuie cette réclamation au nom de l'honneur du défunt. Sur le refus du détenteur, les bourgmestres s'adressent aux tribunaux. Hennequin et Bilcocq plaident. Flamand gagne en première instance. Appel en 1823. Flamand soutient toujours qu'il a été choisi autrefois par Grétry qui a signé au contrat de mariage, et que cet oncle de génie a toujours préféré le neveu qu'il s'était donné de son plein gré à ceux qu'il avait eus par le fait d'un frère et d'une sœur. Par malheur, les Grétry qui appuient la demande de la régence de Liége sont plus nombreux devant la cour qu'ils n'étaient devant les premiers juges, et un arrêt décide, le 17 mai, que l'autorisation d'exhumation ayant été donnée dans le principe au profit des Liégeois, Montmorency a moins de droits que Liége. Flamand-Grétry apprend ainsi que le cœur de son oncle va lui être arraché : il accuse la mémoire du philosophe de l'Ermitage d'avoir été fatale à celle du musicien, son successeur. Loin de se résigner et de reporter sur les œuvres du maître le culte qu'il avait voué à un viscère de sa poitrine, embaumé dans un coffre de plomb, il cherche à demeurer, malgré l'arrêt, le bedeau de sa chère relique. Justement, à deux jours de là, une visite auguste honore de nouveau l'Ermitage : Mme la duchesse de Berry, qu'accompagne le chevalier Cadet de Chambine, maire de la localité, reçoit les doléances du neveu de l'auteur de la *Marseillaise royaliste*. Bientôt le comte d'Anglès déclare, par ordonnance de police, qu'*on ne peut disposer de la dépouille mortelle de l'homme que conformément aux lois qui protégent les cendres des morts et l'honneur des familles, et qui assurent le maintien de la salubrité, de la décence et de l'ordre public, et que l'exécution des lois, en cette matière, appartient exclusivement à l'autorité administrative.* Le préfet de police s'oppose en même temps à ce qu'on exécute le cœur ; l'ordre est donné au maire de s'opposer à tout enlèvement. Il y a conflit d'attributions, et Flamand reste maître du terrain, grâce à la protection de S. A. R. Aussi fait-il élever, à l'Ermitage, un buste de la princesse qui est encore debout sur une colonne, avec cette inscription qui seule a disparu : *A S. A. R. Caroline-Ferdinande-Thérèse, duchesse de Berry. Cette auguste princesse daigna honorer de sa visite cet humble Ermitage, le 19 juin 1823, et prendre sous sa haute protection le cœur de Grétry que les Liégeois voulaient ravir à la France.*

L'huissier audiencier de la cour fait donc à l'Ermitage une première démarche inutile; puis l'arrêté de conflit est notifié au premier président le 24 juin, et cette affaire s'envenime. Qu'un préfet de police se permette d'interrompre l'exécution des arrêts d'une cour souveraine, cela ne peut être admis froidement par des conseillers. Les Liégeois veulent tout de bon qu'on livre, et les membres de la cour veulent que l'on exécute. Le préfet de police, de nouveau averti à temps, met les gendarmes de Franconville à la disposition du maire, lequel se rend à l'Ermitage avec le juge de paix, le garde champêtre, le suisse et quelques habitants. L'huissier de la cour arrive suivi des bourgmestres de Liége; ils somment en vain l'autorité locale de leur prêter main-forte; un procès-verbal est dressé, seulement la colonne de pierre qui contient le cœur est mise sous scellé. Le roi confirme ensuite l'arrêté de conflit, par ordonnance du 2 août. La régence de Liége se pourvoit au conseil d'État pour l'interprétation de l'arrêt du 17 mai. Bref, le procès de maître Flamand prend des proportions homériques. Au feu sacré de la procédure, il brûle le contrat de mariage morganatique qu'il a signé, mais un peu tard, avec la poésie, qui lui a résisté, hélas! comme jadis Émilie Guérin : cela fait un divorce de plus. Il compulse des arrêts qui constamment se contredisent; il active des huissiers, il visite des juges, il s'agite en tous sens, et il perd complétement de vue cette gloire, pure et calme, qui ne tient pas plus à un lieu qu'à un temps ou à un arrêt. Le neveu croit en vain avoir pour partenaire la mémoire de son oncle : il est tout seul en cause, il s'écoute dans ses avocats, et il plaide, à vrai dire, contre le monde entier qui ne veut pas entendre parler de lui, même quand il se prend pour son oncle.

Les commissaires liégeois interjettent appel de l'arrêté de conflit près du ministre de l'intérieur ; puis ils appellent au conseil du roi de la décision défavorable du ministre. Ainsi, plus d'une fois notre enragé plaideur l'emporte, et un beau jour les scellés eux-mêmes sont levés. Mais, vain espoir ! Dame Justice lui fait les doux yeux pour mieux le tromper, comme les autres. Aussi bien le conseil d'État a maintenu le conflit, et en statuant au fond, en 1828, il a donné gain de cause à Liége[1]. Cette conclusion est tellement définitive, que Flamand-Grétry, devenu vieux, se trouve avoir tout fait servir, de la part qu'il a eue dans l'héritage de son oncle, à purger les frais du procès, qui a duré environ douze années. Pour tout bien, il lui reste un lit à Sainte-Périne, dans lequel il a dû mourir le 28 juin 1843.

LA VILLE. — Oui, c'est bien une ville ; j'en atteste l'édifice nouvellement restauré sur lequel est écrit en lettres d'or : Hôtel-de-Ville. Après cela, puis-je traiter de commune le chef-lieu d'un canton qui se compose de 21 communes ? Montmorency, qui fait partie de l'arrondissement de Pontoise, est à 20 kilomètres de cette ville et à 17 kilomètres de Paris. Les géologues en classent le terrain comme terrain tertiaire inférieur. Il y a sous la couche végétale de ce riche terroir de quoi bâtir dix au-

---

[1] M. de Gerlache, actuellement premier président de la cour de cassation à Bruxelles, et auteur de divers ouvrages littéraires et philosophiques, a prononcé un beau discours lors de l'inauguration du cœur de Grétry à Liége.

tres villes, en moellons, en pierres de meulières, et si le chemin de fer vient jusque-là, les carrières de Montmartre seront fouillées moins avant ; notre forêt en sera quitte pour descendre bientôt d'un étage. Le commerce local des fruits et des légumes est d'une grande importance ; la vallée de Montmorency est avant tout le verger de Paris : ses melons, ses brugnons et ses cerises, qui jouissent d'une renommée européenne, ne le cèdent qu'à peine, en qualité et en bonne mine, à ses autres produits du même genre; et faire maigre avec eux pour fiches de consolation, n'est plus du tout mortifiant pour le goût. Les cerises de Montmorency sont plutôt des rubis fondants qu'une production d'arbre fruitier; c'est le premier plat de dessert frugal qu'on ait osé servir sur une assiette, comme une pyramide de grosses perles, ne montrant que des faces dodues, charnues et fermes, sous lesquelles un sang pur et virginal a l'air de circuler. S'il en était offert, tous les ans, quarante beaux paniers aux quarante de l'Académie, le mot *frugalité* courrait grand risque de n'être plus au sens figuré le synonyme de *modestie*. Ces queues, que cache si bien le fruit qui rougit sur l'assiette, composent elles-mêmes une excellente tisane que les dames recommandent très-soigneusement aux convives trop ardents dont le visage menace de s'empourprer. Que de familles parisiennes achètent le dimanche la récolte d'un cerisier, et mangent le fruit sur place, en grimpant d'une branche à l'autre ! Outre les fruits et légumes, on vend, le mercredi de chaque semaine, sur la place du marché, force châtaignes en hiver, des cercles de châtaignier en toute saison.

Sous Louis XIV et sous Louis XV, depuis les lettres patentes dont nous avons parlé, Montmorency s'appelait

Enghien, et le mot s'écrivait dans tous les actes *Anguien*. Un décret de la Convention nationale du 7 brumaire an II, lui a donné le nom d'Émile. C'est seulement en 1813 qu'un décret impérial a rendu son nom à la ville. Une ordonnance royale, datée du 24 janvier 1815, a renouvelé les lettres patentes qui substituaient Enghien à Montmorency. Enfin, une ordonnance du 27 octobre 1832 est rentrée dans l'esprit du décret de 1813, et la ville a gardé à tout jamais, n'en doutons plus, le nom dont une famille prédominante a fait comme un titre de noblesse.

Il reste certainement plus d'un représentant de cette race, et Jean-Jacques s'est trompé lui-même lorsqu'il a déclaré absolument éteinte la branche de son protecteur, le maréchal de Montmorency-Luxembourg. La princesse de Robecq, fille du maréchal, a laissé des enfants qui ont repris victorieusement le nom et la notoriété. Il faudrait un nouveau Duchesne pour continuer l'histoire des Montmorencys, et la matière serait toujours féconde. Bien qu'il y ait plusieurs branches, le nom est parfaitement gardé. Le vicomte Matthieu de Montmorency a été membre de la première Constituante, et il n'a pas craint d'y demander l'abolition des titres de noblesse ; les hobereaux de province lui en voulaient beaucoup, car ils n'ignoraient pas qu'avec le titre ils perdaient presque tout, sans que le nom de l'auteur du projet de loi cessât d'être quand même, et tout nu, à la tête des noms de France. Le vicomte Matthieu s'est amendé sous Louis XVIII, et il a déclaré à la chambre des députés qu'il rétractait ses opinions passées. La Restauration le fit duc, puis pair de France, ministre des affaires étrangères, membre du conseil général des hospices, précepteur de S. A. R. le duc de Bordeaux ; il se vit, outre cela, président de la Société pour l'encouragement de l'industrie. Il habitait l'hôtel de Luynes, rue Saint-Dominique, qui depuis bien des siècles appartient à la même famille. Depuis longtemps il y a des alliances continues entre les maisons de Luynes, de Larochefoucauld, de Rohan et de Bauffremont, et celles de Montmorency ; les diverses branches de celles-ci se substituent aux branches de celle-là, et le mariage est un souverain greffoir. On cite de nos jours plus d'un Montmorency. Le duc actuel est chef de la grande branche et frère de Mme la duchesse de Valençay, comme de la princesse de Bauffremont. Sa libéralité a retenti par écho jusqu'à nous, et nous pourrions citer des faits particuliers tout à sa louange, qui rappellent que noblesse oblige.

La place du Marché est, à Montmorency, le point important de la ville. Les ânes et chevaux de louage y sont attelés sous les arcades d'un vaste bâtiment qui date du siècle dernier ; on appelle ces coursiers *les cerisiers de Montmorency*, parce que très-souvent ils ne marchent qu'à coups de badines, cravaches improvisées, arrachées aux cerisiers de la route ; les pauvres bêtes sont tellement chevauchées lorsque les cerises de la vallée sont mûres, qu'elles n'ont pas le loisir d'en porter sur crochets, comme elles portent de l'engrais ou des châtaignes en hiver. La probité de ces locatis est exemplaire, assurément, en ce qu'ils reviennent tout droit sous les arcades aussitôt qu'ils ont démonté le cavalier novice qui les a pris pour aller en forêt. Malgré toute leur sobriété, ils n'ont pas encore fait la fortune, que je sache, des matrones qui les livrent incessamment aux ébats des promeneurs. Les *loueuses* de Montmorency ont presque toutes des figures de sorcières, qui nous rappellent celles de Macbeth ; mais, loin de faire une œuvre sans nom, comme les démoniaques de Shakespeare, elles donnent leur propre nom aux montures opiniâtres qu'elles ont l'art de s'assimiler. Tel âne s'appelle *Victoire*, tel cheval *Marguerite* : il n'y a pas de sexe sur la place.

Au-dessus des arcades, il y a le café Bertelli, ouvert depuis vingt ans, et une salle de spectacle fort proprette, qui peut contenir 250 spectateurs. On y donne souvent des concerts pendant la belle saison ; quelquefois même des acteurs en renom viennent donner des représentations. Mlle Déjazet a chanté sa *Lisette* sur ce théâtre de campagne ; le couple Lacressonnière, Mlle Augustine Brohan, MM. Laferrière et Ambroise y ont joué à plusieurs reprises.

Outre la maison Leduc, à l'enseigne du *Cheval blanc*, à laquelle nous consacrons, à cause de son ancienneté, un article particulier, il y a, sur la place du Marché, le *Cheval gris*, hôtel et restaurant tenu par Compain. Il y a également, du côté du moulin Jaigny, une *Villa-Montmorency*, que Mme veuve Leduc a tenue comme hôtel meublé pendant un temps, mais dans laquelle depuis se sont succédé rapidement un grand nombre de chefs d'établissement, plus opiniâtres, moins heureux que Mme Leduc. Mme Morétus, femme du monde pleine de distinction, trop tard venue, trop tôt partie, en quelque lieu qu'elle ait été connue, a habité cette dernière maison avant qu'on y servît à manger et à boire ; puis Mme Morétus a transporté ses pénates d'été à Saint-Leu.

Un autre établissement, le *Veau qui tette*, date d'environ quarante ans et est situé rue de la Réunion, c'est-à-dire au centre de la ville. Cette maison fut ouverte comme cabaret d'abord, par Mme Charpentier, dont le mari était bourrelier ; puis le fils succéda à la mère vers l'an 1834, et la pâtisserie fonda alors l'excellente renommée du *Veau qui tette*. Dans cette hôtellerie, de vieille roche, qui fournit des gâteaux à presque tout Montmorency, il y a incessamment table ouverte et gîte convenable, sans compter que l'on s'y marie ; on danse les jours de noces dans un salon où l'espace ne manque guère. Le père Cotte, au surplus, était un des amis de la famille Charpentier. Mme Entraigues, belle-mère du chef d'établissement actuel, est propriétaire d'une maison entre l'école et la mairie, assise sur l'ancien emplacement de la Salpêtrière de l'Oratoire ; le mur de cette propriété est d'une ancienne construction, et dans son épaisseur il tiendrait une pièce de vin. De la Salpêtrière, il y avait jadis un passage par la prolongation duquel les oratoriens pouvaient se rendre sans sortir chez les mathurins, grâce à l'arcade jetée à l'endroit qui sépare maintenant la maison Leblanc de la maison Bridault.

La fête patronale de Montmorency, qui attire le plus grand concours, a lieu le dimanche qui suit le 25 juillet. Mais n'est-ce pas tous les jours fête, s'il fait beau, pour les maisons hospitalières qui se partagent l'élite des visiteurs? Tous les dimanches, pendant la belle saison, M. Beaucé vient exprès de Paris pour faire danser les jeunes filles du pays, sous les arbres de la Châtaigneraie, près l'Ermitage. La famille Leduc est propriétaire des arbres séculaires auxquels tiennent les lanternes du bal, et de l'emplacement sur lequel s'agitent les quadrilles ; mais elle n'exploite pas elle-même, puisqu'elle a pour fermier M. Beaucé. Honneur, trois fois honneur à cette réunion hebdomadaire qui a gardé sa couleur toute champêtre ! Sous ces robes bleues et roses, sous ces petits bonnets à rubans frais, se trémoussent de vraies paysannes, et j'ai peur que pas une n'ait lu la *Nouvelle Héloïse,* livre d'amour que Jean-Jacques a écrit sous les tilleuls du voisinage. Mais est-ce que l'amour dans la vallée a besoin d'exemples ou de préceptes ? Le bal de l'Ermitage est un grand maître. Les quadrilles et les valses s'y succèdent rapidement, et l'orchestre fait merveilles. Autour du carré des quadrilles sont étagés des rangs de chaises ; sur cet amphithéâtre mobile viennent s'asseoir, vers neuf heures, les dames de la ville, afin de jouir d'un charmant coup d'œil. Parfois les juges du camp descendent dans la lice, et les chapeaux de paille d'Italie ondulent, dans la foule des bonnets, comme les bluets coquets se mêlent aux épis des guérêts. Les jeunes villageoises gardent la prééminence, elles ouvrent et ferment la séance à leur heure. Les allures des bals équivoques, peste des environs de Paris, sont bannies de ce lieu privilégié.

Près du bal sont des chevaux de bois, des balançoires, des étalages de mirlitons, un tir, etc., qui encadrent bien le tableau. Deux restaurants recommandables sont pour ainsi dire les deux ailes du bal de l'Ermitage ; elles serviraient d'abri en cas d'orage. C'est là aussi que commence la forêt, où tant de cavaliers improvisés embrassent leur mère plus tôt qu'ils n'espéraient, car la terre est la mère de tous ; en revanche, le piéton solitaire y chevauche la rêverie, monture plus capricieuse encore que les rétifs quadrupèdes de la place. L'une de ces maisons s'appelait le Chalet de l'Ermitage ; mais Simon Holtzinger a ajouté à son enseigne celle des Mousquetaires de Dumas, peinte par un artiste inconnu. On y trouve de charmants ombrages pour dépendances, des tables en plein air, un billard, des chambres décemment meublées, et on y visite quelques meubles qui ont appartenu à Jean-Jacques Rousseau : cette couchette, ce canapé, ces siéges et ce baromètre, ont tout à fait le caractère de l'époque qu'ils nous rappellent. L'autre maison, tenue par Auguste Homo, figure parfaitement dans la pléiade de celles que fait luire en été l'affluence des Parisiens. On y jouit d'une vue agréable et d'un calme ravissant, qui est bien favorable à l'égoïsme à deux, et aux douces espérances lorsque l'on est tout seul. Les chambres ne manquent pas chez Homo; mais un large parasol de chaume, un champignon hospitalier, y abrite la table de nos prédilections champêtres.

Une embarcation du même genre, également chargée de biscuits, a jeté l'ancre un peu plus loin, dans les mêmes vagues de verdure; ce troisième pilote s'appelle Leprieur. De l'hôtel-restaurant dont il s'agit, qui a bien son mérite, on a une perspective sur la vallée.

En somme, voilà une petite ville dans laquelle il se fait un mouvement sans égal de Parisiens et d'étrangers, chaque année, chaque mois et chaque jour; le caractère de ses habitants a néanmoins gardé tout ce que la simplesse du village a de compatible avec l'esprit de sociabilité. Où trouver un hameau plus calme que Montmorency, malgré la procession incessante des curieux qui viennent y passer quelques heures? Ses rues escarpées et sinueuses sont un écheveau de fil que l'alignement moderne n'a pas mis sur le dévidoir; à chaque instant on y heurte l'imprévu, et la même maison, vue de divers côtés, semble autant de maisons nouvelles. Mais, depuis que Paris passe toutes ses rues à l'équerre, les petites villes font très-bien de mesurer l'angle droit avec parcimonie, pour qu'il y ait variété. La ligne courbe est bien celle que la nature préfère; Dieu lui-même n'aime pas la ligne droite, s'il nous en faut juger par son chef-d'œuvre, autrement dit par Ève. Au reste, pourquoi parler des rues? La verdure et les fleurs qui dépassent chaque mur, font pleuvoir la jonchée sur le passage de tout le monde; les grilles des jardins ne cloîtrent ni le chant des oiseaux, ni le parfum qui s'exhale des corbeilles, ni les sourires mélodieux que le piano semble envoyer, du salon, à celui qui passe. Ces grilles laissent voir un paysage zébré à travers leurs barres innocentes; mais l'entrée est souvent la seule partie des châteaux que la peinture daigne leur prendre, et l'étranger peut se passer du reste. Quoi de plus campagne, je vous prie, que le village au nom duquel nous venons d'évoquer tant de grandes ombres historiques! Il est ville uniquement en cela, vous l'avouerai-je? qu'il a une histoire bien à lui, et que des paysans hébétés ne s'y dérangent pas de leur chemin pour voir passer, comme curiosité, chaque voyageur qui arrive. Des fontaines répandent l'eau et la fraîcheur de part et d'autre; des bains sont établis au centre; des cabinets de lecture offrent constamment, à ceux dont la vie n'est pas un roman, la faculté de lire des romans tous faits. Un air pur et des vues superbes, dues à l'élévation de Montmorency; d'admirables promenades et la richesse du terroir, tels sont les biens héréditaires qu'a légués, sans y rien toucher, l'ancienne ville à la nouvelle. Le XVIIe siècle n'avait semé qu'un château sur cette colline féconde; près de cent villas délicieuses, dont quelques-unes sont encore des châteaux, en ont multiplié la graine.

Le château de Montmorency, que Lebrun s'était fait

bâtir, appartenait à la duchesse de Lorges, au moment de la révolution ; à la mort de cette dame, il y eut un service aux flambeaux pour lui rendre les honneurs suprêmes pendant la nuit. Guédon, au fort de la disette, acheta la propriété pour y semer des pommes de terre, et l'édifice fut presque abandonné. Un jour, le comte italien Aldini, après avoir vendu son pays à Napoléon, se trouvait à Saint-Leu en même temps que l'empereur ; Sa Majesté le chargea de savoir à qui appartenait le château qui se dressait à si peu de distance de l'aiguille de la vieille église ; l'empereur lui suggéra ensuite l'idée d'en faire son tourne-bride. C'est pourquoi, en 1813, le ministre Aldini achetait le château et y mettait pour 700,000 francs de meubles et de peintures, afin de le rendre digne de Napoléon. Le chargé d'affaires italien l'habita deux mois, voilà tout ; seulement il y donna à dîner à l'empereur et à l'impératrice, avant de retourner dans son pays. En 1814, les alliés dévastèrent le parc et le château. On offrit, en 1815, ce beau domaine déserté à Louis XVIII, puis au duc de Montmorency : ni l'un ni l'autre n'en accepta la charge. Un chaudronnier de la rue des Tournelles, près la place Royale, à Paris, et dont le nom était Benech, fit une très-bonne affaire en payant le terrain 103,000 francs, très-peu de temps après ; il eut par-dessus le marché le Château-Luxembourg à démolir, dans l'ornementation duquel tant d'argent s'était englouti. Dans la partie de cette propriété qui appartient maintenant à Mme Daval, il y a l'ancienne orangerie, grand bâtiment qui lui sert de limite ; on voit encore, près de l'abreuvoir, une petite porte, laquelle a protégé la fuite nocturne de Rousseau, décrété de prise de corps, conduit sur la route de la Suisse par le vieux maréchal de Luxembourg. La grille d'entrée de M. Constant Prévost date également du temps du maréchal; M. Constant Prévost a le terrain sur lequel s'élevait le château.

Le poëte Aignan, auteur d'une *Histoire du jury* et de différentes tragédies, traducteur d'Homère, journaliste, et pourvu du fauteuil académique de Bernardin de Saint-Pierre, a acquis la troisième partie du territoire du château. Il a payé tribut à la mémoire du philosophe de l'Ermitage (maison dont il était aussi propriétaire) en publiant une édition de ses œuvres. Il reste, du séjour d'Aignan dans la grande propriété qu'il a eue à Montmorency, un pont, jeté sur la rue de la Poterne, qui relie l'une à l'autre les deux parties dont elle se composait. Après Aignan, en 1825, est venu M. Kessner, caissier du Trésor et maire d'Enghien, comme on disait alors; *lisez* Montmorency. M. Kessner a fait paver les rues et restaurer l'hospice de la localité, aux dépens du trésor public; car, après s'être montré compatissant à toutes les misères, prévoyant pour tous les besoins, il a été déclaré banqueroutier, et l'État a saisi tous ses biens en 1830. M. le comte de Bertheux a acquis de l'État, par suite, la maison magnifique qui, après tout, est un véritable château, comme celle de Mme de Mora, qui a elle-même de vastes dépendances à l'autre extrémité de Montmorency, et comme celle que vient de faire bâtir M. le duc de Valmy en vue de Soisy.

Le grand-prieur de l'ordre de Malte a eu jadis, selon Sauval [1], une maison de campagne sur la côte. Bien d'autres personnes à citer ont depuis lors habité Montmorency, et un historiographe, Voltaire l'a dit, ne doit

---

[1] *Antiquités de Paris*, tome I, page 614.

que la vérité aux morts. Target, le rival de Gerbier, avocat du prince de Rohan dans la fameuse affaire du Collier, député aux états généraux par la prévôté de Paris, président de l'Assemblée législative, membre du tribunal de cassation et de l'Institut, mort en 1807, a été le propriétaire de cette même maison, occupée aujourd'hui par M. Desnoyers, son gendre. Révolutionnaire exalté, par faiblesse plus que par nature, Target, en d'autres temps, n'eût été qu'un homme distingué ; on l'a vu secrétaire du comité révolutionnaire de sa section, dont un savetier était président ; il lui est surtout reproché d'avoir refusé de défendre Louis XVI. Le géographe Gosselin, membre de l'Institut, a habité Montmorency à une époque plus rapprochée de la nôtre. Le poëte Antoine-Vincent Arnault, beau-frère de Regnault de Saint-Jean-d'Angély, et qui a contribué très-activement au coup d'état du 18 brumaire, secrétaire général de l'Université, membre de l'Institut, nommé en 1799, mais rayé du tableau en 1816, n'a pu rentrer en France qu'en 1819 ; il s'est retiré alors dans une petite maison de Montmorency. C'est là que l'auteur de *Marius à Minturnes* et de *Germanicus* a appris qu'il était porté pour 100,000 francs sur le testament de Napoléon ; c'est là qu'il a écrit ses dernières fables. Le poëte de l'empire subissait très-gaiement, dans la retraite, la suppression de ses emplois ; il a laissé les vers suivants, qui n'ont pas été imprimés, à M. Bridault père, propriétaire de la maison qu'il habitait :

> Trop heureux, dans la solitude,
> Qui peut partager son loisir
> Entre la paresse et l'étude,
> L'espérance et le souvenir ;

> Qui, les yeux ouverts, y sommeille,
> Et surtout en ferme l'abord
> A l'ennuyeux qui nous endort,
> A l'importun qui nous réveille !

Jean-Jacques-Emmanuel Sédillot, orientaliste et astronome, fils d'un notaire de Montmorency, est né dans cette localité le 26 avril 1777. Il a été un des premiers élèves de l'école instituée en l'an III, pour l'enseignement des langues orientales vivantes. Après avoir étudié l'hébreu, le persan, l'arabe et le turc, il est passé maître à son tour ; une place a été créée ensuite pour Sédillot au bureau des longitudes, curieux de recourir aux livres orientaux pour suivre la marche des sciences en Asie. Des travaux pleins d'érudition ont été insérés par notre orientaliste dans le *Moniteur* et dans le *Magasin encyclopédique*. Il a traduit un manuscrit d'Aboul-Hassan-Ali, sur l'astronomie des Arabes. Il était à sa mort, en 1832, secrétaire de l'école spéciale à la Bibliothèque du roi. Le baron Sylvestre de Sacy, son ancien maître, lui a consacré dans *les Débats* une notice nécrologique. M. Sédillot fils, professeur d'histoire, a conservé, comme son père, une demeure à Montmorency. Piat, échevin de Paris, a été le propriétaire de la maison de M. de Bertheux ; on doit à l'invention de Piat les bureaux de secours pour les noyés et asphyxiés, qui sont ouverts de distance en distance, sur les deux rives de la Seine, depuis Bercy jusqu'à Passy.

Une célébrité d'un autre genre, mais qui a aussi son mérite, Véry, ancien restaurateur, a été possesseur d'une villa, sur l'emplacement de l'ancien château fort ; elle appartient maintenant à M. de Sedaiges. Le virtuose Tulou avait ses habitudes dans la maison Véry.

Mais paix aux morts qui ont laissé un nom, et parlons de quelques vivants. M. le marquis de Gabriac, sénateur, M. Alexis Dumesnil, auteur d'une *Histoire de Louis XI* et d'une *Histoire de Philippe II d'Espagne*; M. le colonel Marnier, également littérateur; M. le docteur Perrochet, auteur d'un bon travail : *Essai sur la topographie physico-médicale de la vallée de Montmorency*; M. Destouche, peintre estimé, habitent Montmorency l'été. M. Hippolyte Lucas, littérateur connu pour avoir fait d'excellents essais en tout genre avec une persévérance qui n'exclut nullement le talent, demeurait ces dernières années dans la maison des bains. M. Anicet-Bourgeois, auteur dramatique, dont le nom populaire tient les affiches des boulevards depuis vingt-cinq années avec des périodes de succès, a une maison de campagne sur le chemin de l'Ermitage. Mme de Chamisso, propriétaire à Montmorency, a eu pour beau-frère, Chamisso, jeune Français émigré à l'âge de sept ans, et devenu à Berlin un poëte allemand en même temps qu'un naturaliste distingué. Le nom d'un autre propriétaire, M. de Monmerqué, de l'Institut, nous rappelle une collection de mémoires relatifs à l'histoire de France, en 139 volumes in-8°, et particulièrement les *Mémoires de Coulanges*, le *Théâtre Français au moyen âge*, et enfin, et surtout, une merveilleuse trouvaille qui lui est due, les *Historiettes de Tallemant des Réaulx*. Mme de Monmerqué a rédigé le *Journal des Dames*, publié des lettres de voyage, et remporté un prix Monthyon.

Talma, pour embellir sa retraite de Brunoi, a souvent fait des dettes que la munificence de l'empereur acquittait. Mlle Rachel aura bientôt, comme Talma à Brunoi, une maison de plaisance magnifique à Montmorency, si le bâtiment principal, qui est encore à élever, est en rapport avec le corps de logis déjà fini, qui représente les communs. L'illustre actrice aura ainsi une maison qui lui fera honneur autant qu'un rôle, puisqu'elle-même l'aura créée. On appelle encore le *Moulin*, cette propriété parfaitement située sur la côte du pavé neuf, en vue de la métropole des succès de Mlle Rachel. Il y a déjà plus d'une année que la grande tragédienne honore Montmorency de sa prédilection. Un beau jour de juillet, lendemain de la fête patronale, une nombreuse et joyeuse société, montée sur des chevaux et des ânes, avec accompagnement de mirlitons, s'arrêtait dans son trot irrégulier devant une maison voisine de la demeure de M. Anicet-Bourgeois. Il y avait en haut de la grille l'écriteau *à louer ou à vendre*. Sans cette circonstance on eût craint une razzia. Avant tout pourparler, l'entrée était forcée, le jardin envahi par la cavalerie turbulente que commandait l'interprète de Racine. Les locataires sortants, encore maîtres de la place, n'avaient pas même eu le temps de mettre un peu d'ordre dans les chambres, afin de les montrer aux visiteurs, que déjà le propriétaire recevait des arrhes sur le prix demandé à Mlle Rachel. Cette jolie maison, précédée d'une pelouse vigoureusement ombragée et suivie d'un verger, appartient encore aujourd'hui à l'éminente artiste, qui s'y est trouvée à l'étroit, et qui se fixe à dix minutes de là.

Outre les maires de Montmorency dont le nom est venu déjà sous notre plume, il y a eu M. Carré, notaire. M. Émile Regnard, qui a porté l'écharpe de premier magistrat municipal pendant dix-sept années, et qui fait partie du conseil d'arrondissement, est aussi un littérateur très-honorable : il a collaboré au *Dictionnaire général d'administration*, à l'*Encyclopédie des gens du monde*, et à la *Biographie Michaud*, dans laquelle il a composé l'article consacré au père Cotte, de Montmorency ; il travaille actuellement dans la *Nouvelle biographie universelle*, éditée par Firmin Didot. Le père de M. Regnard a été juge de paix du canton de Montmorency pendant environ vingt-cinq ans ; le savant Cotte l'avait nommé son exécuteur testamentaire. M. Martinet, ancien agréé au tribunal de commerce de Paris, remplace M. Émile Regnard, comme maire, depuis le commencement de mai 1854. Les membres du conseil municipal ont en M. Martinet un président qui justifie, par son habitude des affaires et par son vif désir de réaliser des progrès, la confiance du gouvernement.

En 1709, on comptait à Montmorency 364 feux ; en 1726, le recensement constatait une population normale de 1,115 habitants ; elle s'élevait au chiffre de 2,051 en 1853.

La forêt. — Quittons maintenant la ville pour vous parler des bois de Montmorency. La forêt s'étend sur le plateau par lequel toute la ville et même l'aiguille du clocher sont entièrement dominées ; elle contient 2,500 hectares, dont une partie est la propriété de M. Glandaz, ancien avoué qui, ainsi que son frère, M. Justin Glandaz, habite Montmorency ; elle forme un des bouquets de cette vaste étendue de bois qui règne presque sans interruption sur la rive gauche de l'Oise. Le lit de la vallée a pour rideaux ces hauteurs verdoyantes, sur lesquelles se repose la vue, et qui gardent d'orage une contrée privilégiée. Au XVe siècle, la vallée était tout l'espace compris entre ces bois et les bois de Meudon ; large vallon coupé par la Seine, qui formait le duché-pairie. Aujourd'hui, les rives de la Seine et Pontoise ne font plus partie de la vallée. Toutefois, il semble encore, à vol d'oiseau, que le Panthéon, les Invalides et l'arc de triomphe de l'Étoile soient ses seules limites vers le sud; que Dammartin, du haut de sa montagne, et Pontoise, que l'on voit aussi, la bornent de l'autre côté. Nous la circonscrivons, quant à nous, dans vingt-cinq communes dont la nomenclature sert de sous-titre au présent livre.

Que de trésors offrent ces hauts parages au botaniste parisien ! Aussi beaucoup d'élèves arrivent-ils par colonnes, conduits par d'habiles professeurs, avec des boîtes de fer-blanc sur l'épaule, afin d'herboriser sur la colline. La science par conséquent va en forêt, tout comme l'amour, comme la poésie. Louis le Laboureur, frère de Jean, s'est laissé inspirer par la forêt de Montmorency, en quelques vers, la jolie élégie suivante :

— Que fais-tu dans ces bois, plaintive tourterelle ?
— Je gémis, j'ai perdu ma compagne fidèle.
— Ne crains-tu pas que l'oiseleur
Ne te fasse mourir comme elle ?
— Si ce n'est lui, ce sera ma douleur.

Les Champeaux de Montmorency sont une éclaircie de la forêt, et où il faut choisir, en s'y campant, un tertre élevé à pic sur une carrière, afin de jouir d'une vue originale et toute belle. On monte bien pour y arriver, mais on en est récompensé par une perspective qui ne peut être comparée qu'à celle qu'on a eue de la plate-forme de l'église. L'aiguille du clocher a beau s'élever, l'église n'est que l'entresol de la forêt. Du pied du temple catholique, on ne découvre pas tout l'ensemble de la vallée; en revanche on n'a de là, pour horizon en face de soi, que les collines de Meudon et de Saint-Cloud, semblables à de molles vapeurs que seraient en train d'exhaler les monuments de Paris, placés devant ; ces colonnes et ces dômes lointains qui dominent des milliers de toits, ont l'air d'être les rois, les cavaliers, les fous et les tours d'un gigantesque jeu d'échecs, et l'échiquier commence à la barrière de l'Étoile ; à gauche, le regard s'étend sur la plaine Saint-Denis avec les hauts moulins de Montmartre pour limites. Des Champeaux, il s'ouvre à vos pieds, pour ainsi dire, un nouveau livre immense, avec images divinement coloriées, et le présent ouvrage n'est que le sommaire de ce livre. Dès que vous avez fait élection, à travers le sable, d'une éminence de terre, avec de la bruyère pour toute futaie, qui puisse vous tenir lieu de plate-forme, vous contemplez à l'aise un panorama délicieux qui diffère de celui que nous venons d'esquisser, et qui l'emporte certainement en grandeur. Gracieux tableau, anime-toi ! Pour assister au lever du soleil on est parfaitement placé sur la terrasse de Saint-Germain-en-Laye ; par contre, les cimes touffues de la forêt de Saint-Germain sont le lit du soleil couchant, vues des Champeaux. Les hauteurs de Sannois et de Cormeil s'empourprent les premières sous les derniers rayons dont la marche semble se ralentir ; mais la locomotive du ciel avance toujours en ligne droite, et une blanche fumée, vague restitution de la rosée, s'élève des campagnes dépassées. La vallée tout entière est embrassée par le regard ; des parfums mystérieux, des mélodies inouïes viennent d'en bas, pendant que le spectacle de l'horizon incandescent passe par degrés au crépuscule. Les vapeurs se condensent en nuages, puis en ténèbres, et il ne reste plus que la silhouette des arbres et des montagnes. Çà et là quelques feux s'allument, et les suprêmes bruits s'assoupissent. Le lac paraît dans l'ombre une grande vitre dépolie, un large bassin de bitume refroidi. Toutes ces belles maisons qui sont distantes l'une de l'autre, s'éclairent à la fois pour veiller tout le soir sur celles qui s'endorment de bonne heure, et on dirait que leurs croisées luisantes reflètent chacune son étoile; chaque village est une voie lactée. Ces grandes maisons n'éteignent leur clarté qu'une à une. L'unique bec de gaz qui semble illuminer Paris, n'est qu'une tache éclatante dans le lointain, à gauche. Tout se devine, rien ne se distingue dans cette pénombre éloignée, qu'enveloppe le silence de la mort, comme s'il était réellement un linceul. Mais un coup de sifflet déchire tout à coup ce silence ; les cornes d'appel répondent l'une après l'autre à ce qui-vive de la locomotive, et une lueur apparaît qui marche ; c'est le disque éblouissant qui précède le convoi du chemin de fer du Nord. Des éclairs et des nuages couronnent la machine qui sème sous elle une poussière de feu, comme pour reconnaître sa route. Le soleil de la nuit poursuit ainsi sa course d'un pays à un autre.

Le Cheval blanc. — Les gens superficiels qui ont couru le monde des voyages d'agrément, vantent sans restriction les grands hôtels de Genève, d'Interlaken, de Baden, de Coblentz, de Cologne et de Francfort. C'est le *nec plus ultrà*, pensent-ils, du beau, du confortable et de la *respectability*. A d'autres, pourtant, à d'autres, messieurs les enthousiastes de la forme ! Les Théophile Gautier de la vie de voyage adorent le vestibule à marches de marbre, avec de gros cactus pour sentinelles encaissées ; les suisses, sur le seuil, chargés uniquement d'introduire ; les tables de quatre-vingts couverts, avec réchauds de Ruolz au plus fort de l'été, sous chaque plat; les sommeliers chargés de découper les pièces de la table, hors de la vue même des convives; les grosses pièces de viande ou de poisson, légèrement attendries au four; les légumes cuits à l'eau comme pour des anachorètes; les petites assiettes de métal contenant la rognure des grosses pièces, présentées une à une au dos des voyageurs, qui gardera mémoire de la sauce ou du jus, à défaut de l'estomac, qui les eût pris peut-être pour de la houille; enfin les vins du cru germain, ou ceux de France modifiés, servis avec deux verres, dont un à pied, mais dans des conditions de pique-nique et de parcimonie tellement étroites, qu'il serait injurieux pour une dame, votre voisine à table, que vous fussiez son échanson. Ces fantaisistes en matière conviviale, ces infidèles voués au culte du veau d'or, ont tellement exalté les passions anglomanes dans les hôtels bien fréquentés, qu'avant peu il y sera impossible de dîner, et que les chefs de cuisine français s'y gâtent la main à tout jamais. La France elle-même, faut-il le dire? menacerait de devenir anglo-américaine sur ce point important, si les gens de goût n'y prenaient garde. Il est temps, selon nous, de mettre un frein aux prétendus progrès qui sacrifient le fond à la forme, l'esprit aux phrases, le sens et l'idée à la rime, la vraie bouteille aux carafes de cristal. La seule chose peut-être à garder de tous ces progrès d'outre-Rhin, en ce qui regarde la vie d'hôtellerie, ce sont les robes de linge blanc, qui font presque un autel et comme un petit reposoir de la Fête-Dieu, constamment renouvelé, du lavabo dressé auprès du lit. Le reste est une théorie superflue, trop coûteuse et surtout fort gênante. Trop de cérémonie fait honte hors de chez soi à qui n'en a pas l'habitude, et celui qui en a le faible ne quitte guère sa maison que pour s'en délasser. Vive l'ancienne auberge embellie, ayant la cuisine pour entrée, le maître de la maison pour chef, et des bonnes accortes pour ministres! J'ai fait cinq fois le voyage d'outre-Rhin, et je n'ai jamais su dîner qu'en revenant, à l'*hôtel du Commerce*, de Valenciennes! La vieille maison Leduc, au *Cheval blanc*, à Montmorency, demeure une célébrité grâce au maintien des meilleures traditions et du caractère national. Le luxe de création moderne n'a d'accès chez Leduc qu'à bon escient ; il en prend, il en laisse.

C'est le quatrième Leduc, de père en fils, qui dirige la maison depuis sa fondation, en 1739, du temps du maréchal Charles-François-Frédéric de Montmorency-Luxembourg. Leduc, deuxième du nom, était le grand agent-voyer du prince de Bourbon-Condé, tout en tenant l'auberge, grosse d'avenir, qui comportait alors le four et l'étalage de pâtisserie. Ce second chef de la dynastie portait d'une manière topographiquement invariable le bonnet de coton au nord, c'est-à-dire sur la tête, la culotte de peau au midi. Vieux avant la révolution, il ne vit pas la moindre épée de Damoclès suspendue sur sa coiffe, dont la mèche et dont la couleur n'avaient rien du bonnet phrygien, quand la Bastille s'écroula à Paris. Bientôt les nobles eurent à se cacher, et ceux qui ne furent pas servir dans l'armée de Condé, prirent des déguisements pour n'être pas justiciables de la révolution. Un des innombrables cochers qui connaissaient le père Leduc eut l'imprudence de prononcer son nom en le rencontrant dans Paris. On le prit aussitôt pour un ci-devant déguisé, pour *le duc de Montmorency*, et on arrêta bel et bien un homme qui avait été l'officier de bouche des encyclopédistes, des philosophes et des déistes, autant que celui de l'ancienne cour. Un calembour involontaire lui valut de la sorte une incarcération momentanée.

Quels que fussent les gouvernements, la table du *Cheval blanc* est demeurée le caravansérail du monde entier. Mirabeau et Cambacérès, Rostopdchin et Walter Scott, Ledru-Rollin et Berryer, Fenimore Cooper et le baron Taylor, Gavarni et Alfred de Musset s'y sont assis avec prédilection à des époques qui tiennent l'une à l'autre. Le reste de l'univers connu y est venu dans un incognito plus ou moins transparent.

La renommée du *Cheval blanc* ne date pas seulement d'un jour que cinq ou six jeunes gens, entre autres Isabey et Gérard, y ont passé vers 1792. A cette visite, seulement, remonte la consécration purement artistique de la réputation d'une maison qui avait déjà pris des proportions assez considérables. Comme cette aventure a été racontée de diverses manières, nous allons rapporter les faits tels qu'ils se sont passés. C'était sous Leduc II. Nos cinq ou six jeunes gens, au surplus coutumiers du fait, avaient passé quinze jours dans la maison, et leur carte à payer s'élevait à 1,800 fr. — Tu nous sales, dit Gérard au père Leduc, deuxième du nom. Oublies-tu donc que nous sommes la jeune France ?... (Gérard et Isabey, d'immortelle mémoire, ne se doutaient pas encore qu'on les traiterait un jour de perruques en matière d'art!) » Les éminents artistes finissent par obtenir un rabais de cent écus sur la note totale, en demandant deux planches pour y peindre une enseigne. — Ton cheval blanc, poursuivent-ils, n'était pas même une enseigne peinte, nous allons justifier l'invocation écrite qu'a prise ta maison.

Le Cheval blanc de Gérard a été refait par lui seul en 1815. Louis-Philippe, duc d'Orléans, a visité alors l'atelier du grand peintre, et il a demandé à soulever le rideau qui cachait une toile inédite ; Gérard s'est opposé à ce que le prince eût les prémices de cette œuvre populaire. — Ce tableau, monseigneur, dit-il, a été fait, il est vrai, pour un duc, pour celui de Montmorency. — En ce cas, répond le prince avec la meilleure grâce du monde, j'assisterai chez Leduc à l'inauguration qui en sera faite.

Henri Leduc, second fils et troisième enfant de Mme veuve Leduc, qui a longtemps tenu le Cheval blanc pendant un interrègne, avant de vivre de ses rentes, est le filleul de la baronne Gérard. Lorsqu'il a pris les rênes de la maison actuelle, il a acheté l'enseigne à la succession paternelle. On lui en a offert depuis, mais en vain, 12,000 francs.

L'hôtel, quoique embelli et agrandi, conserve ses anciennes chambres, confidentiellement historiques, ses cabinets particuliers dans lesquels, sans indiscrétion, plus d'un bâtard d'aujourd'hui est chez lui ; mais les mémoires justificatifs n'en seront jamais publiés. On trouve une foule de noms, la plupart inconnus, écrits avec des chatons de diamant sur les vitres et sur les glaces. C'est à ne plus pouvoir se faire la barbe, dans les chambres, sans le secours d'un miroir pendu à la fenêtre. Nous avons remarqué, parmi ces légendes singulières, ces mots qui, après tout, sont bien écrits sous les yeux du public : *Adélaïde et Caussidière, Alexandre Dumas et Isabelle Constant à gorge plate, Louis Blanc et son Adèle, Cico et Schey*, etc., avec des dates commémoratives, qui parviendront à la postérité. Un jeune homme, Henri Labattut, qui a trop tôt fini de bien vivre et de vivre, a été une fois surpris, par un garçon, en flagrant délit d'inscription, à l'aide d'un diamant, sur une glace ; il a été forcé de payer le dommage en remplaçant la glace.

Ce nom de feu Labattut rappelle une grande époque du *Cheval blanc*. Lord Seymour, Roger de Beauvoir, Charles de Boignes, Bertrand, etc., à la fin de la Restauration, faisaient leur rendez-vous de chasse accoutumé de cette hôtellerie privilégiée ; des meutes de jolies femmes s'y abreuvaient de champagne, à défaut de cerf, sous les ordres de piqueurs riches, élegants, infatigables. Un jeune homme, Gustave Froment, qui lui aussi est mort en cavalier désarçonné, était contemporain de Labattut. Un jour il demande à la bonne un immense chaudron qu'il remplit d'eau-de-vie et de rhum, et un pain de sucre entier pour faire du punch. Survient le père Leduc, au moment où tout s'enflammait : — Que faites-vous ? leur dit-il, vous allez brûler ma maison. — Mettez-la sur la carte, répond Gustave Froment, en continuant ses apprêts homériques.

Une autre fois, dit-on, vers le même temps, un auteur, bien connu ensuite comme préfet, attendait chez Leduc un artiste distingué de l'Odéon, où il avait fait jouer des pièces, et le rendez-vous était pris pour dîner tout bonnement en tête-à-tête, dans le salon commun. Une rencontre imprévue fit changer les dispositions à l'improviste, et une partie carrée s'organisa dans une des chambres particulières. Les deux dames invitées n'étaient nullement égales en beauté ; le champagne et la nuit tombante firent le niveau. Celui des deux amphitryons qui avait adressé ses hommages à la plus jolie, commença, sous les riants auspices du *Cheval blanc*, le roman d'une passion durable : c'était l'artiste. Mais celui que l'occasion avait seule séduit fit dire à l'autre dame, le lendemain matin, par une servante, que sur l'ordre exprès du ministre, il était obligé de rejoindre sur-le-champ son poste de consul à Alep. Huit mois et demi plus tard, notre futur préfet, qui était demeuré bien tranquille à Paris et qui avait oublié tout à fait la bonne fortune de Montmorency, recevait la lettre suivante : « Monsieur, mes prévisions ne m'avaient point trompée; » je suis enceinte, et c'est jouer de malheur que l'être » des œuvres d'un homme qui ne fait que de mauvaises » comédies. Dites à ma femme de chambre, qui est char- » gée de vous remettre la présente, quels noms vous » donnerez à l'enfant. » — C'est ta faute, dit l'auteur à son ami le comédien, qui précisément était là. Tu gardes l'endroit des médailles, et tu me laisse les revers. Vois un peu ce qu'il en résulte. — Tout au moins, risque l'autre avec timidité, sois honnête homme, et reconnais l'enfant, si la mémoire te rappelle qu'il soit bien de toi. — Va-t-en au diable, pour le coup, fit l'auteur. Je serais fort en peine de reconnaître même la mère.

En 1838, il est mort une bonne femme, la mère Meunier, âgée de 103 ans et 4 mois, qui comptait 76 années de service dans la maison Leduc, après avoir servi Jean-Jacques. Les plus vieux Parisiens, près d'elle, se croyaient jeunes. Jusqu'au dernier moment, la bonne femme travaillait, ratissait des légumes, assise près de la porte, elle qui avait été la plus alerte fille d'auberge. Les habitués de la maison, tels que MM. Véron et Jouslin de la Salle, n'eussent jamais oublié, il y a quinze ans, de la faire monter au dessert, pour boire un verre de champagne. On a acheté à la mère Meunier, par gratitude, un terrain à perpétuité, auprès de la sépulture de la famille Leduc ; son portrait au crayon reste à sa place dans l'hôtel, et il y a plus d'un vieux dîneur qui, en passant, vient sourire à la centenaire, dont la ressemblance est parfaite. La mère Meunier avait connu l'époque des incroyables, et mis la nappe pour les beaux du Directoire ; elle savait par cœur plus d'une chanson du Caveau, que lui avaient apprise le chevalier Piis et Désaugiers ; elle avait vu passer aussi la turbulente génération de 1830 qui, une fois, avait fait monter un âne avec des cordes, par la croisée, dans le grand salon du premier.

Aussi bien on ne dresse pas que de petits couverts au *Cheval blanc*, on y célèbre des noces véritables, tout comme on cache les amours qui s'en passent, et la littérature y vient prendre ses ébats, de même qu'autrefois ; Alexandre Dumas, Amédée Achard, Émile Augier, et une illustre tragédienne, y ont des habitudes déjà prises. Le dîner politique se produit quelquefois lui-même sur cette scène : M. Lefèvre-Duruflé, étant ministre de l'agriculture et du commerce, y a dîné avec M. Véron et d'autres membres du Corps législatif, gracieusement servis par Pauline. Le prince de Joinville était, sous Louis-Philippe, fréquent dans la maison Leduc, le duc de Montpensier y venait également à cheval. De plus, étant déjà l'arbitre des destinées de la France, mais avant d'être empereur, le prince Louis-Napoléon a honoré Leduc de ses visites réitérées.

ENGHIEN-LES-BAINS.

Origines d'Enghien. — Les Condés avaient fait transporter sur Nogent-le-Rotrou et puis sur Issoudun le titre de leur baronnie d'Enghien, originaire du comté de Hainaut, avant que les lettres patentes de Louis XIV, en 1689, donnassent légalement ce nom à l'ancien duché-pairie des Montmorencys, transféré aux Condés en 1633 par Louis XIII. Telle a été l'importation, en l'Ile-de-France, d'une dénomination, venue des Pays-Bas, qui a été longtemps commune à Montmorency et à Enghien, avant d'appartenir exclusivement, sous le règne de Napoléon Ier, à la succursale de Bagnères. Il s'agit donc d'un village bien moderne, car ce n'est pas tout à fait une ville. La voie romaine de Paris à Pontoise traversait l'emplacement d'Enghien à peu de distance du chemin de fer et puis se continuait où sont aujourd'hui des marais : on a trouvé des médailles de fer, un Antonin parfaitement conservé, en jetant les fondements de la première des maisons Lequesne, et les cailloux de la voie romaine ont servi à bâtir la seconde ; on a également rencontré, grâce à des fouilles, dans la propriété Vincent, un glaive romain dans le meilleur état et des débris de poteries. Au temps où le père Cotte fut appelé à la cure de Montmorency, c'est-à-dire tout près de 1760, la future ville thermale n'avait absolument qu'un habitant, et c'était un meunier. Il n'y avait encore qu'une douzaine de maisons aux environs du lac, lorsque la fusillade des journées de juillet, dont l'écho retentit parfaitement dans la vallée, releva un moment le drapeau tricolore, qui était lui aussi un des emblèmes de la gloire française. Révolution prévue, à ce qu'il semble, par notre vallée pacifique, puisque bien avant l'ordonnance de 1832, et malgré celle de Louis XVIII, les habitants de la localité restituaient déjà par l'usage son ancien nom à l'ancienne ville et appelaient Enghien la nouvelle.

Le lac, je vous dirais qu'il remonte au temps du déluge, si je ne savais pas qu'on le met à sec une fois tous les trois ans, pendant l'automne, et qu'il se remplit assez vite, grâce aux ruisseaux qui lui apportent sans cesse de l'eau de source encore plus que de l'eau de pluie. Le corps du martyr saint Eugène, au Ve siècle, a été jeté dans le lac; Ercold, riche seigneur, propriétaire du lac et de ses alentours, a retiré de l'eau le corps du saint, comme nous le dirons plus au long dans la notice consacrée à Deuil, qui a été le théâtre du martyre. On apprend par Lebeuf que l'étang servait de lavoir, à son époque, aux femmes des villages voisins; « mais, ajoute l'historien » diocésain [1], les enfants de Deuil sont exacts à les empê» cher d'y laver leurs linges le 15 novembre, jour de la » fête de saint Eugène. » Dans la suite on l'appelait l'é-

---

[1] *Histoire du diocèse de Paris*, tome III, page 160.

tang du Marchais, et le Marchais était un fief enclavé dans la terre de Groslay, situé pourtant sur la paroisse de Deuil, et relevant de la seigneurie de Montmorency; l'étang était alors un grand carré, entouré de saules et rempli d'eau. Dans les années de sécheresse, le lac du Marchais se vidait; mais une nuit souvent le remplissait.

Matthieu le Bel possédait, en 1225, des terres à Saint-Gratien; Guillaume Cornillon, qui les tint de Matthieu, en fit hommage à l'abbaye de Saint-Denis. Le moulin à eau de l'étang échut ainsi aux religieux de l'abbaye. Les seigneurs de Montmorency, alors propriétaires du lac, empêchaient quelquefois les eaux, en les détournant, de faire aller la roue du moulin. En 1247, il fut convenu par acte que la dame de Montmorency, stipulant pour l'avenir et obligeant ses futurs héritiers, ne pourrait plus détourner l'eau du lac. Quatre siècles plus tard, l'emplacement d'Enghien et son étang faisaient partie, comme dépendances, du château de Saint-Gratien.

Découverte des Eaux Minérales. — Si le célèbre médecin qui a fermé les yeux de Louis XV a donné, au XVIIIe siècle, une impulsion immense à la médecine, c'est en réconciliant, pour leur faire deux parts de sa gloire, l'école de Montpellier, dont il était l'élève, avec celle de Paris, dont il est resté un des maîtres. Ses traités sur le pouls, sur les glandes, sur les crises, sur les maladies chroniques, etc., ont renouvelé entièrement la médecine, que Molière et Lesage venaient de décrier peut-être à juste titre; de plus, son génie pénétrant a été arracher des secrets thérapeutiques jusque dans les entrailles de la terre. Avant Théophile de Bordeu, la médecine thermale, dont l'origine était gallo-romaine, noyait pour ainsi dire la science dans des applications sans théorie ; grâce à ses ouvrages immortels, dont l'esprit et l'excellent style n'excluent pas le mérite savant et abstractif, il y a une boussole pour naviguer en quelque sorte sur ces ondes curatives, malgré la terre avare qui en recouvre la surface. Bordeu a publié d'excellentes recherches sur les eaux de Barèges, de Cauterets, etc.; puis, une fois qu'il a eu toute la cour pour clientèle, il a encore été en correspondance assidue avec son père, avec son frère, auxquels il adressait ses malades, dans les Pyrénées. Le médecin de Louis XV et de Mme du Barri n'a pas été sans relations avec cette vallée si brillante au XVIIIe siècle : outre qu'il soignait la maréchale, il avait pour ami Diderot, il était encyclopédiste. Jean-Jacques Rousseau, qui, lui aussi, a plus d'une fois médit des médecins, était au mieux avec Bouvart, le rival de Bordeu, et avec le modeste Lorry. L'auteur du *Père de famille* dit un jour de Bouvart, lequel avait une cicatrice au front : — Cette blessure lui vient sans doute d'avoir maladroitement porté la faulx de la mort. Pour Enghien, par malheur, Bordeu n'a constaté que la découverte pure et simple des eaux minérales sulfureuses ; hélas ! il n'a pas eu le temps de reconnaître qu'il avait sous la main des sources parfaitement capables de servir de rivales à celles de Saint-Sauveur et de Luchon. La mort, qui avait peur de Théophile, l'a surpris pendant son sommeil, le 23 novembre 1776.

On avait remarqué *un ruisseau puant* qui sortait par les interstices des pilotis, près du moulin, lorsque le P. Cotte, oratorien et curé de Montmorency, soupçonna l'existence d'une source d'eau minérale. Bien en prit à ce savant père, occupé d'ordinaire d'observations météorologiques, d'avoir fait autrement que l'astrologue de la Fontaine, et d'avoir vu clair à ses pieds : s'il avait laissé perdre le petit ruisseau qui sourdait derrière la digue du lac et qui coulait dans les canaux de décharge, c'en était fait de bien des guérisons, de beaucoup de maisons, de force argent pour la vallée, c'en était fait de la gloire qui rend impérissable le nom d'un émule de Saussure. L'idée d'utiliser pour les malades un médicament naturel qui se perdait depuis des siècles poussa notre naturaliste à étudier cette veine d'eau minérale et à adresser une lettre, en 1766, à l'Académie royale des sciences ; l'abbé Nollet, professeur de physique, se fit l'intermédiaire des idées du père Cotte près de cette savante compagnie ; Macquer, chargé de l'analyse, reconnut dans la nouvelle eau la présence d'un foie de soufre terreux [1].

A la demande de Macquer, l'auteur de la précieuse découverte reprend son examen, et il constate le dépôt sulfureux que l'eau forme lorsqu'elle est exposée à l'air. Le Veillard, propriétaire des eaux ferrugineuses de Passy, se livre à de nouvelles recherches sur la source, l'an 1771 [2]; Deyeux, trois ans plus tard, rédige son *Mémoire sur la nouvelle eau minérale découverte dans la vallée de Montmorency par le P. Cotte, en 1766* [3]. Le prince de Condé, seigneur d'Enghien-Montmorency, concède quelque terrain et la source nouvelle, en 1781, à Le Veillard, qui fait construire un bassin en pierre pour la recevoir et une voûte pour la protéger.

PÉRIODE FOURCROY. — Sous le règne de Louis XVI, il fut mis au service du public, à Paris, de nouvelles voi-

---

[1] *Histoire de l'Académie royale des sciences*, 1766, page 38.

[2] *Mémoires de l'Académie royale des sciences, Savants étrangers*, tome IX, page 673.

[3] 1774, in-4º.

tures avec arc et ressort, dites *Angloises*, à 30 sols par heure, que prenaient fréquemment ceux qui n'avaient pas de carrosse pour se rendre à Enghien et dans toute la vallée ; des *guinguettes*, appelées *guimbardes* par onomatopée, *vinaigrettes* par les beaux d'alors, et *coucous* à cause des maris qui y laissaient leurs femmes dans l'intérieur, pour monter eux-mêmes en *lapin*, servaient au transport en commun, hors de Paris, à raison de 10 sols par place et par lieue ; d'autres voitures encore, *carrosses faisant messageries*, et qui allaient d'un train plus affairé, tout en partant sans heure fixe à la commodité des voyageurs, coûtaient 12 sols, également par place et par lieue, et une lieue de cette époque valait presque deux lieues de la nôtre. En 1786, une augmentation survenue dans le prix des fourrages fit momentanément élever le tarif, consenti par l'autorité ; mais dès l'année suivante, il y eut retour aux conditions normales. Tels étaient les moyens ordinaires de locomotion, pour les buveurs des eaux d'Enghien, au début de l'exploitation. On buvait à la source ; toutefois on commençait à prendre des bains dans le peu de chaumières qui, une à une, se groupaient autour du bassin.

Des cures merveilleuses eussent dû attirer, dès le principe, l'attention publique sur la découverte du P. Cotte. Mais le monde est ainsi fait, surtout en France, que les beaux noms sont les seuls qui le frappent. On ne croit aux plus grandes choses, en général, que sur une parole, une caution, un endos connu. La révolution n'eût elle-même réussi qu'imparfaitement, si l'encyclopédie ne se fût érigée pour ainsi dire en ordre chevaleresque de la philosophie, dont le baron d'Holbach était grand-maître, et si une partie des noms de l'aristocratie n'eût contresigné de longue main le passeport des idées nouvelles. Les eaux d'Enghien, bien que déjà fréquentées par les bons bourgeois de Paris et par les paysans de la localité, ne durent leur réputation qu'à la guérison bien constante de quelques malades haut placés, et un grand nombre de résultats acquis à petit bruit, au profit de personnes moins connues, passaient à l'état de visions. Parmi les miracles reconnus se plaça, de la sorte, le prompt retour à la santé du colonel anglais, sir Hyde-Park, blessé en Amérique dans la guerre qui fonda la république des États-Unis.

On lit d'une autre part, dans le *Journal de Paris* du 24 mai 1787 :

Les eaux sulfureuses connues se trouvant à une grande distance de Paris, nous nous empressâmes, il y a deux ans, d'annoncer la découverte et les analyses avantageuses de la fontaine sulfureuse d'Enghien dans la vallée de Montmorenci, à une lieue au-dessus de Saint-Denis ; mais l'expérience seule pouvant assurer les vertus que promettent les analyses les mieux faites, parmi plusieurs observations qui prouvent l'utilité de ces eaux pour les dartres, les maladies de la peau, de poitrine, les ulcères internes, etc., nous choisissons la suivante, dont l'authenticité nous paraît hors de doute :

« A la suite d'une maladie accompagnée des accidents les plus gra-
» ves, qui duroient depuis six ans, M. Lambert, secrétaire des com-
» mandements de S. A. S. Mgr le prince de Condé, se trouvant dans
» l'état le plus fâcheux, nous appela, M. Duchanoy et moi ; nous
» fûmes effrayés du marasme et du dépérissement du malade ; la fiè-
» vre hectique, les déjections purulentes, les coliques atroces, une
» douleur fixe avec un gonflement sensible entre les régions iliaque
» et hipogastrique, etc., nous firent juger qu'il y avait aux intestins un
» ulcère invétéré ; et l'extrême foiblesse du malade nous fit tirer le
» prognostic le plus fâcheux. Nous prescrivîmes les eaux de Barège,
» coupées avec le lait de chèvre ; mais leur usage dans lequel le ma-
» lade persista trois jours, ayant occasionné de violentes coliques, il

» leur substitua, sans que nous le sussions, les eaux sulfureuses d'En-
» ghien. La fièvre et tous les accidents ont promptement disparu ; le
» malade a repris ses forces, son embonpoint et ses couleurs ; il est
» parfaitement guéri, à un reste de ténesme près, qu'il est probable
» qu'un nouvel usage des eaux d'Enghien dissipera, ou qui tient
» peut-être à l'état particulier dans lequel la longueur de la maladie
» a mis l'intestin ; de sorte que nous pouvons certifier que M. Lam-
» bert a obtenu des eaux sulfureuses d'Enghien tout le succès qu'on
» pouvoit espérer des eaux de Barège prises sur le lieu. » A Paris,
» le 10 mai 1787, signé Antoine Petit, D. M. P., Duchanoy, D.
M. P.

N. B. Les eaux d'Enghien sont très-sulfureuses, et on est souvent obligé de les couper avec du lait ou d'autre eau ; elles ont eu plusieurs succès prises en bain, et vraisemblablement elles réussiroient en douches.

Le comte de Fourcroy, d'illustre mémoire, survient l'année d'après ; aidé de son élève, le chimiste Vauquelin, et de Delaporte, il publie l'*Analyse chimique de l'eau d'Enghien*[1]. Dans cet écrit cité comme un modèle, Fourcroy compare à un regard, autrement dit à un jour d'aqueduc, la construction en plâtre élevée par le propriétaire, et dans laquelle les buveurs d'eau ne pouvaient tenir qu'inclinés ou assis. Il avait découvert, à quatre-vingts pieds de la source, un écoulement peu abondant d'une eau également sulfureuse. Mais la révolution, et puis la réorganisation de l'instruction publique en France, absorbent tout le temps de Fourcroy, et le progrès s'arrête pendant vingt ans, pour tout ce qui concerne Enghien-les-Bains. La mousse et les dépôts terreux viennent combler le bassin de Le Veillard, qui tombe dans l'oubli.

Les époques révolutionnaires font trop peu de cas, en général, de la vie isolée d'un homme, pour que les soins

[1] 1788, in-8.

de leur santé préoccupent ostensiblement le petit nombre de ceux qui n'y perdent pas tout loisir. Les armées de la république tenaient sur les fonts, en face de l'Europe coalisée, la gloire d'une patrie nouvelle ; mais c'était un baptême de sang, et l'eau lustrale de la révolution, distribuée sur tant de champs de bataille mémorables, faisait germer bien des idées nouvelles, pour changer la face des empires. En France, les croix d'honneur ferment les cicatrices plus vite que l'appareil qui sert au pansement de la plaie, et la lecture d'un beau livre, élargissant le domaine de l'esprit, ferait oublier, à défaut de la guerre, jusqu'aux ravages de la peste. Les hécatombes de la guillotine contribuaient, en même temps que les bulletins de nos quatorze armées, à faire très-bon marché de la vie humaine, et les chants de victoire, écho venu des frontières, étouffaient les plaintes des victimes. L'instrument de supplice, substitué au gibet de l'ancien régime, et dressé dans les villes pour faire place nette aux éléments nouveaux, était pour ainsi dire un champ de bataille portatif, avec cette différence, que l'ordre du jour s'en rédigeait la veille ; on en attribuait l'invention, mais faussement peut-être, à un médecin, au trop célèbre Guillotin. La médecine était impuissante à prévoir, à prévenir les maux prédominants de cette époque meurtrière ; la peur et la disette y venaient en aide, comme furies déchaînées, à la mitraille des armées et aux exploits de l'échafaud, qui décimaient les hommes à l'envi. Le père Cotte, vieux savant attaché à son œuvre, voyait donc avec amertume la fontaine sulfureuse, sa précieuse découverte, la seule innovation à laquelle il eût travaillé, couler en pure perte, à l'ombre du moulin attristé, auquel, dans les angoisses de la disette, les populations d'alentour demandaient uniquement du pain. La richesse minérale de l'eau d'Enghien, quoique démontrée par Fourcroy, qui avait si bien appelé, avant 89, l'attention des médecins sur l'utilité qu'elle pourrait leur offrir dans un grand nombre de circonstances, n'était plus qu'un souvenir et une salutaire espérance, mise en réserve pour des temps plus heureux. Le beau nom de Fourcroy n'en domine pas moins cette première époque de l'histoire des Eaux d'Enghien. L'illustre Antoine Petit, qui avait constaté, avec Duchanoy, son confrère, la prompte guérison du secrétaire du prince de Condé, avait bien jeté les bases d'une table d'expériences qui pourra un jour donner lieu à une publication analogue à celle de l'ancien *Journal de Baréges*, pour servir à la fois de memorandum et de guide ; mais, Petit l'a avoué lui-même, comme on l'a vu, c'est par l'effet de sa propre inspiration et malgré l'avis doctoral, que son malade, envoyé dans un état désespéré à Baréges, en 1787, a eu le bon esprit de prendre les Eaux d'Enghien qui l'ont sauvé. Ainsi, pour commencer, les plus grands médecins n'osaient pas envoyer leurs malades à Enghien, si près de Paris, bien qu'il fallût alors plus de quinze jours pour se rendre à Barèges : on ne se guérissait à petite distance que par surprise. Le docteur Delaporte, collaborateur de Fourcroy, a envoyé, un des derniers, ses malades à Enghien, avant les mauvais jours de la révolution. C'est lui qui a signé effectivement l'ordonnance à laquelle le colonel Hyde-Park a dû son rétablissement.

Cotte, bien qu'il fût veuf, continuait son séjour à Montmorency, comme pour épier l'instant heureux et incessamment attendu, où cesserait l'état d'abandon qui avait succédé aux premiers jours de la célébrité et de la réussite. On l'aimait et on l'estimait : il était en effet le génie familier de toute la vallée; et depuis que les prévisions de toute sa vie se sont réalisées, la mémoire de ce bienfaiteur est honorée de ceux-là même qui ne l'ont pas connu. Il avait pris à son service une bonne vieille fille, appelée Marguerite, au bras de laquelle il venait quelquefois, comme une ombre, ou plutôt comme une espérance invincible, saluer le bassin de pierre tout désolé de Le Veillard. Il en faisait le tour, comme pour l'exhorter à la patience et à compter sur l'avenir.

Quelque peu animés que fussent alors ces parages, S. M. l'impératrice-reine et régente, en l'absence de l'empereur Napoléon I*er*, y vint se promener, le 15 mai 1813, avec la reine de Westphalie. La tradition a gardé la mémoire de cette visite rendue à la vallée par l'impératrice Marie-Louise. C'était précisément le jour où l'on recevait la nouvelle à Paris de la victoire de Lutzen, remportée sur les Prussiens et sur les Russes. Quant à S. M. la reine Hortense, son château de Saint-Leu était trop près de là pour qu'elle n'honorât pas très-fréquemment de sa présence l'emplacement futur d'Enghien, situation délicieuse et vantée. Seulement le lac attirait en ce temps-là tout autant de chasseurs, après la belle saison, que de pêcheurs toute l'année. Il était riche en plantes aquatiques, et on y tuait force canards, judelles, plongeons, poules-d'eau et martins-pêcheurs.

Quel malheur pour l'ancien oratorien, pour le père Cotte, de n'avoir pas vécu jusqu'en 1821 ! Il eût vu Péligot, cet administrateur en chef de l'hôpital Saint-Louis, homme de bien et homme riche, quitter une position qui n'avait rien d'aléatoire, pour mettre sa fortune et une prodigieuse activité d'initiative au service de la découverte de 1766. La paix de 1815 a donné aux esprits le temps de se remettre ; de toutes parts l'industrie fonde des spéculations nouvelles sur les données que la science a silencieusement amassées pendant l'épopée en action de la République et de l'Empire. M. Péligot donne d'abord au bâtiment de la source Cotte une disposition plus convenable et assez élevée pour que les buveurs puissent s'y tenir debout : c'est le vœu de Fourcroy qu'il réalise là, pour commencer.

Mais il n'y a encore qu'un petit nombre de cabanes dans les environs du bassin, entre autres la cahute de Rosalie Manceau, femme du garde, située près du moulin, où se trouve aujourd'hui la maison de Mme la marquise de Malleville. Péligot veut que cent villas élégantes s'élèvent bientôt, comme par enchantement, au milieu de la riante vallée de Montmorency; et de même que Moïse a frappé la mer Rouge avec sa baguette, pour sauver les Hébreux, de même le successeur de Le Veillard, pour peupler un charmant désert, s'adresse premièrement au lac, en lui disant : — Tu n'iras pas plus loin ! L'étang d'Enghien est encaissé et entouré d'une large avenue. Ce qu'il perd en largeur, lui est aussitôt restitué en profondeur et surtout en limpidité. A ces ruisseaux de Soisy, d'Eaubonne et d'Ermont, qui l'alimentent concurremment avec plusieurs sources voisines, dites *Abîmes*, qui sourdent dans les prairies, sont ajoutées successivement les eaux de dix puits artésiens, forés dans les environs. Cette nappe d'eau, ordinairement claire, est d'une longueur d'environ 1,000 mètres du sud au nord, d'une largeur moyenne de 500 mètres, et sa superficie mesure 35 ares. La profondeur varie de 1 à 4 mètres au temps des basses eaux ; le niveau s'élève de 0^m,70 pendant les crues extraordinaires. Le pourtour est garni par un revêtement en pierres de taille, de 300 mètres de long, par des bordages en madriers de chêne, et le surplus seulement se trouve bordé de fascinage.

On n'a que trop insinué, jadis, qu'il s'exhalait de cette belle pièce d'eau des effluves malsaines qui rendaient ses bords dangereux à habiter. Pour noyer ce vieux préjugé, qu'a voulu exploiter la concurrence, nous croyons de notre devoir de recourir, sans aller plus avant, au témoignage de plusieurs médecins qui ont élucidé cette question victorieusement, avec l'autorité de la bonne foi et du savoir. « Sans doute il faut recon» naître, dit M. Pierre Bouland [1], que l'air passant sur » une nappe de cette étendue, entraîne de la vapeur » d'eau, qui donne une certaine fraîcheur à l'atmo» sphère, sensible surtout à la fin des journées chaudes ; » mais Enghien-les-Bains, abrité des vents du nord par » la haute barrière des Champeaux, et de ceux du sud» ouest par les buttes d'Orgemont et de Sannois, ne re» çoit que les vents d'est et d'ouest, direction qui permet » le mieux la purification de l'air par son renouvelle» ment. » M. Perrochet dit ailleurs : « Un lac aux eaux » vives et courantes, auquel cinq ou six ruisseaux ap» portent constamment des eaux de source ou de pluie, » et dont le trop-plein s'épanche constamment par une » décharge, n'a rien de commun avec un étang à eau » stagnante. Enfin, et il n'est pas que je sache de meil» leure preuve en faveur de la salubrité du pays, on » ne voit régner endémiquement ni fièvres, ni scrofules,

---

[1] *Études sur les propriétés physiques, chimiques et médicinales des Eaux d'Enghien*, in-8°, 1850.

« affections communes aux lieux marécageux. » Feu Reveillé-Parise a dit aussi, en parlant de l'étang [1] : « Rien » n'annonce sur ses bords un *detritus* végétal ou ani- » mal en fermentation. » La parole est maintenant, et pour conclure, à M. Salles-Girons [2] : « Quant à l'erreur, » dit-il, de l'endémicité des fièvres paludéennes, elle » est la conséquence naturelle de l'erreur qui nous fait » encore appeler *lac* la pièce d'eau qui fait l'attrait et » le charme de ces lieux. Mais cette pièce d'eau n'est » nullement un *lac* sans issue ni origine, c'est plutôt » un étang alimenté par trois sources perpétuelles et » perpétuellement épuisé par un canal animant un » grand moulin; ou pour mieux dire encore, le pré- » tendu *lac* d'Enghien est une petite rivière que la na- » ture d'abord et ensuite l'art font passer pour un grand » vase de 500 mètres de diamètre. » Enfin, voici l'avis qu'a exprimé Fourcroy, dans son rapport, antérieur cependant à l'endiguement du lac : « Les effets salu- « taires ou thérapeutiques des eaux sulfureuses d'En- » ghien seront merveilleusement secondés par les in- » fluences physiques de ce pays. » L'académie royale de médecine a ajouté à ces paroles, en 1835 : « A cet égard, » Fourcroy ne s'était pas trompé. » Aujourd'hui l'expérience et l'esprit d'examen ont fait bon marché des méfiances que s'était plu à propager la malveillance, au début de l'entreprise. Péligot, premier doge d'une Venise à créer, a répondu aux préjugés injustes en épousant lui-même la lagune, comme les doges d'autrefois avaient de tradition la mer Adriatique pour fiancée.

---

[1] *Une saison aux Eaux d'Enghien*, in-12, 1842.
[2] *Étude médicale et historique des Eaux minérales sulfureuses d'Enghien-les-Bains*, in-18, 1851.

A l'œuvre donc, architectes et maçons ! Il faut d'abord un vaste établissement pour recevoir les malades, au lieu des deux baignoires par trop modestes qui sont dans une cahute à côté de la source. La plus grande partie du terrain dont on a fait choix est achetée à Jean-Honoré Émery, de Deuil ; les sources sont cédées à l'administration par Le Veillard, et puis le lac par le comte de Luçay, propriétaire du domaine de Catinat. Qui sait si cette première pierre ne sera pas un jour celle d'une grande ville ? A l'œuvre, bienfaisant et hardi Péligot ! Cet édifice thermal, qui subsiste encore de nos jours, et dont la grande façade regarde le lac, a devant lui une large chaussée. Il est divisé en plusieurs corps de logis, séparés jadis par des cours, aujourd'hui par de beaux parterres. Des allées droites traversent ces jardins, dans lesquels toutes les jolies fleurs, elles aussi, se donnent rendez-vous. L'air ne trouve aucun mur qui arrête sa circulation, et il n'est pas, je crois, une seule croisée de la maison, sur deux cents qu'on y peut compter, d'où la vue ne retrouve les magnifiques arbres, derrière lesquels se dissimulent si bien les larges haies qui servent discrètement de clôture. Des galeries à jour, mais couvertes, sur lesquelles ouvrent les chambres du premier étage, règnent à l'intérieur, dans les deux corps de bâtiment latéraux ; toutes ces petites portes, qui sont peintes en blanc, comme la balustrade des galeries, comme les persiennes du rez-de-chaussée, donnent à l'établissement quelque chose de l'aspect d'un riche et d'un coquet couvent de nonnes. Des géraniums grimpent, comme ailleurs le lierre, pour faire de tout ce que domine la galerie une corbeille pleine de fleurs. Aussi bien la période Fourcroy est dépassée, et si l'histoire d'Enghien était divisée en chapitres, celui-ci n'aurait pas un autre titre que le nom propre PÉLIGOT.

Les thermes de Péligot se composaient déjà de vingt robinets de bains et de huit cabinets de douches. Mais la disposition de ces cabinets était peu commode, et les appareils incomplets. De notables améliorations ont été introduites, à cet égard, depuis la fondation. Chaque cabinet a été revêtu de feuilles de zinc qui se recouvrent, par la décomposition de l'acide hydrosulfurique, d'une couche blanche de sulfhydrate et de carbonate de zinc. D'ailleurs on n'avait pas autrefois de quoi s'habiller, et les habits semblaient, quand on voulait s'en revêtir, avoir pris un bain comme le corps ; on a remédié à cet inconvénient en dotant chaque cabinet d'une loge où se fait la toilette. Il y a actuellement 24 cabinets de bains, 11 cabinets de douches ordinaires, et puis un cabinet de douches ascendantes. Les douches sont à Enghien l'objet d'un soin spécial. Leur réservoir est de 20 mètres au-dessus du sol, ce qui leur donne une grande puissance. Un *Manuel des eaux minérales* [1] assure qu'en 1837 ces douches étaient les plus élevées de France, et aujourd'hui encore elles figurent parmi les plus efficaces. Des robinets placés à portée du malade, et des ajutages bien disposés permettent de graduer la force de la chute et de la modifier à volonté.

En fouillant le sol, à quelques mètres de distance de la source Cotte, Péligot trouve une autre source identique, qui est encore plus abondante et qu'il fait enfermer dans une rotonde couverte en chaume. Elle s'appelle aujourd'hui la source Péligot. Le réservoir dans

---

[1] Par MM. Patissier et Boutron-Charlard, 1837.

lequel furent amenées les eaux des deux sources principales était d'abord placé au pied d'une tour carrée, faite avec du bois et du plâtre, et qui contenait les appareils de chauffage; cette tour a été réédifiée plus tard en pierre et en briques par les soins de M. Janiard, ingénieur-architecte. En 1841, on a construit un réservoir plus vaste pour réunir l'eau sulfureuse des trois sources de la Pêcherie, avec les sources Cotte et Péligot; c'est dans cette cavité que les pompes puisent l'eau minérale pour la distribuer dans les cuves.

Dès que M. Péligot a attaché son nom à l'œuvre du père Cotte et de Fourcroy, M. Constantin, riche architecte, ouvre un établissement rival, avec le concours du colonel Brault, du colonel Trobriant et du colonel Braque, sur un terrain acheté également au comte de Luçay, à l'extrémité sud-ouest de la chaussée du lac; c'est l'établissement de *la Pêcherie*. Il est alimenté par trois sources sulfureuses dont le produit est évalué à 25,000 litres en 24 heures. Les petits thermes de M. Constantin sont prêts à recevoir le public; mais M. Péligot, à l'aide d'un procès, en retarde d'une année l'exploitation. *La Pêcherie* n'est réunie à l'établissement principal que par le successeur de M. Péligot.

Ce qui manquait alors, ce qui manque encore à Enghien, c'est une piscine, et cependant la question des piscines est encore quelque peu controversée : plus d'un médecin tient à ce que ses malades prennent un bain d'immobilité en même temps que d'eau minérale ; d'autres veulent, au contraire, que la statue de l'immersion s'anime. Aux eaux de Loueche, en Suisse, on joue aux dames en prenant le bain en commun. Il suffit d'adopter le costume de laine brune usité dans les bains de mer, pour satisfaire pleinement aux exigences de la pudeur. La mer, grâce à cette laine, ne distingue plus les sexes l'un de l'autre, à Biarritz : la fontaine sulfureuse d'Enghien pourra faire, à coup sûr, comme l'Océan, sans déroger. Camerarius, recteur de l'Université de Leipsick, a publié naguère un poëme latin, en vers phaleuces, sur les eaux de Plombières, où il parle de la piscine moins en médecin qu'en peintre à la manière de Callot. Les hendecasyllabes du grave recteur nous montrent tout un peuple immergé en même temps dans l'onde bienfaisante :

> Adsunt. Fœmina, vir, puer, puella,
> Pauper, nobilis, eruditus, infans,
> Et tardus senio, et levis juventâ,
> Quique est integer, et cicatricosus,
> Quique et saucius est et ulcerosus,
> Sanus, morbidus, universi eodem
> Undæ membra fovent lacu calentis.
> Hic clamat, canit ille, ridet alter,
> Alter mussitat, alter acquiescit.
> Hic tussit, screat ille, ructat iste,
> Iste emungitur, aut spuit, scabitve
> Squammosum è cute corticem strigosâ.

Nul doute que l'expérience de la piscine ne soit bientôt faite à Enghien ; mais l'administration thermale réalisera avant peu ce progrès, sans qu'il y ait besoin pour elle de viser à l'économie de l'eau. D'une part, je me suis laissé dire qu'il se perd dans le parc d'Enghien une cinquième source qui ne tardera pas à être captée ; de l'autre, on est certain de retrouver dans la partie nord du lac de très-nombreux filons d'eau minérale sulfureuse. Lorsque Cotte fit sa découverte, l'étang fut mis à sec, et *le ruisseau puant* ne tarit point, et il est permis de prévoir que l'hydraulique augmentera prochainement le trésor médical dont l'administration dispose si utilement. Louons donc l'établissement thermal, qui par bonheur a sous la main les 52 hectares du lac, et qui vient d'acheter tout récemment le parc. L'hydrométrie d'Enghien n'a pas encore dit son dernier mot. Puisse un jour l'onde curative couler à flots pour les malades! C'est déjà une rivière, plutôt qu'un regard, comme l'appelait Fourcroy. Les spéculations de la science interrogent de nouveau le lac, dont le lit va être exploré; que si, par impossible, il ne résultait rien de ces tranchées, de ces perquisitions nouvelles, il serait obvié à cet inconvénient par l'établissement de réservoirs. Et puis, qui sait? nous pourrions imiter un fantasque tyran d'autrefois, qui, par dépit, faisait donner le fouet à la mer. Mais il suffit de savoir prendre le lac par la force ou par la douceur, pour qu'il soit riche, pour qu'il soit généreux. On l'accuse quelquefois d'être une pièce d'eau artificielle, datant à peine du XV° siècle; on lui conteste ses quartiers de noblesse; Deuil revendique, pour le petit lac limpide que cette commune vient de vendre à Groslay, l'ancien titre de lac du Marchais; Ormesson, qui dépend de Deuil, pourra vous exposer, également à juste titre, que son étang *de Coquenard*, desséché par M. de Sommariva, il n'y a pas longtemps, a lui-même changé de place et de nom, en passant à Enghien. Qu'est-ce à dire? la terre seule vieillit et s'use, mais l'eau est toujours jeune. On a pourtant retrouvé à Enghien une médaille de l'empereur Othon, qui a dû assiéger la forteresse de Montmorency en 978, avant de marcher sur Paris. Voilà une

invasion bien antérieure aux invasions anglaises du
XIV° et du XV° siècles. Mais il n'y a aucune preuve écrite
que les Feuillants et que les Templiers, religieux habitant
jadis Montmorency, aient pêché dans le lac à l'endroit
même où il est de nos jours. Les romantiques pêcheurs
du XIX° siècle peuvent se rassurer : le délicieux vivier
de la vallée n'est pas du tout près de finir. L'eau sulfureuse d'Enghien ne gèle jamais ; ce qui n'empêche nullement de patiner sur le lac chaque hiver. Jamais il
n'y aura assez d'eau minérale sous roche pour en faire
une vaste piscine. Toutefois notre recteur allemand,
maître Joachim Camerarius, dit qu'il y avait ancienne-
ment à Plombières un bassin de l'étendue d'un lac,
dans lequel 500 malades étaient à l'aise.

Sans Péligot, où serait la ville d'Enghien ? Avant lui
la fontaine de Cotte n'était qu'une des anciennes dépendances du domaine seigneurial des Condés. La maison de
Rosalie Manceau, qui s'appelait *la Maison de la pêche*,
servait de marché au poisson, où les communes voisines
venaient pour s'approvisionner. Le père Lambert, meunier du comte de Luçay, était à la tête du moulin. Il
y avait entre le moulin et Saint-Gratien une Allée-des-
Soupirs, chère aux promeneurs, qui conduisait du lac
à Ormesson.

Près de l'établissement thermal, Émery fait bâtir une
maison, la première, et cela devient l'*hôtel du Solitaire*,
nom tiré d'un roman du vicomte d'Arlincourt et d'un
drame qui a été joué au théâtre de la Porte-Saint-Martin,
sous la direction de M. Lefeuve. Émery est le gendre de
M. et de Mme Daunay, que le père Cotte a longtemps honorés d'une affection toute particulière, par suite de
services réciproquement rendus. Dans la petite maison

qu'habitait à Montmorency l'ancien oratorien vers la fin de sa vie, et qui était attenante à la maison Sedaiges, rue de la Poterne, Daunay, un ancien cuirassier, beau-frère d'Émery, a reçu l'hospitalité, ainsi que sa famille, pendant qu'on travaillait aux réparations de sa maison, après les événements de 1814; ce Daunay, pendant les Cent jours, a servi comme lieutenant, et il a eu à Douai pour sous-lieutenant Foulon, le neveu du père Cotte. Lorsqu'en 1815, les Cosaques sont venus s'emparer de Montmorency, la famille Émery s'est réfugiée chez le savant; trois Cosaques tout à coup ont escaladé le mur, et ils ont demandé avec menaces, dans leur langue inconnue, du fourrage, des poules et de l'argent, au grand effroi de Marguerite-Victoire, la gouvernante, des autres femmes et des enfants. L'ancien curé de Montmorency était alors un petit vieillard, assez gros, mais dont le corps seulement avait vieilli, et il avait vu de trop près tous les périls de la révolution pour être de suite accessible à la peur. A force de présence d'esprit, et en leur livrant quelque argent, il a su se défaire des Cosaques de 1815, hôtes qui n'étaient guères de son choix. Ennemi des Bourbons, le savant avait envoyé à l'armée, pendant les Cent jours, son neveu et un Daunay, déjà père de famille, sans avoir prévu Waterloo. Mais le père Cotte n'est déjà plus, lorsque les Émery viennent ouvrir un hôtel à Enghien, à vingt pas de sa source, et Victoire-Marguerite est mercière à Montmorency.

Les maisons ne s'érigent qu'une à une, et autour des établissements de Péligot et de Constantin. Mlle Parent, aujourd'hui Mme Chevillard, ouvre la première un bureau de tabac et un café, pourvu de son billard, ce qui est alors d'un grand luxe, dans la nouvelle ville thermale. On danse bientôt, tous les dimanches, au café de la Pêcherie, tenu par Bernonville, et avant qu'il soit peu les paysannes d'alentour n'y viennent pas en plus grand nombre que les dames dites de la ville. Il s'élève un *hôtel du Lac*, un peu plus important que l'*hôtel du Solitaire*, mais encore dans des conditions qui paraîtraient maintenant des plus modestes ; cette seconde hôtellerie, exploitée par M. et Mme Crosnier, est placée près de la première, à l'endroit où sont de nos jours une ferme et une boutique de fruitière. Péligot, quant à lui, se fait bâtir une fort jolie maison, à peu de distance de l'établissement, qui s'appelle aujourd'hui l'*hôtel de la Paix*. Ainsi l'excellent restaurant tenu par Charles Bourlier, depuis quinze ans, au beau milieu de la commune, a été préalablement la demeure du fondateur d'Enghien-les-Bains. Péligot y a eu l'insigne honneur de traiter Brillat-Savarin, spirituel écrivain de succulente mémoire, auteur de *la Physiologie du goût*, et magistrat sous la restauration. Le bâtiment du fond de la cour a été édifié pour l'administrateur ; Mme Péligot et Mlle Émery, de l'*hôtel du Solitaire*, en ont posé la première pierre ; mais le corps de logis qui se loue par appartements, est de la création du restaurateur d'à présent. Ce beau jardin, sous les ombrages duquel se dressent des couverts et se balancent des escarpolettes, a été dessiné en même temps que le jardin anglais attenant à la maison thermale. On dirait que l'ombre de Brillat-Savarin revient de temps à autre prendre des glaces ou bien dîner dans l'ancienne salle à manger de Péligot ; du moins le professeur y retrouverait, dans Charles Bourlier, un de ses plus studieux élèves, et la plupart du temps bonne compagnie.

Une nouvelle analyse de la source Cotte est faite par M. Ossian Henry [1], et la science constate de nouveau les propriétés chimiques et les vertus médicinales des sources sulfureuses, pendant que l'industrie transforme peu à peu le désert et le marécage en une ville de plaisance.

Le baron Alibert, un des médecins de Louis XVIII, est nommé inspecteur des eaux d'Enghien dès l'origine de l'établissement. Eût-il été possible de mieux choisir? Non pas que nous sachions. Alibert, né dans l'Aveyron, c'est-à-dire dans une région où ne manquent pas les eaux minérales, était l'élève de Cabanis, l'ami de Bichat et de Richerand, ce commentateur de Bordeu, médecin de l'hôpital Saint-Louis, auteur d'un grand ouvrage sur les maladies de la peau. De plus, c'était un aimable homme du monde, un peu poëte et ami de tous les poëtes, recevant à sa table non-seulement Brillat-Savarin, mais encore le somptueux prince de Talleyrand, qui ne reculait pas devant un dîner à quarante-huit entrées. Il avait, rue de Varennes, un petit théâtre de société sur lequel se donnait tous les dimanches une représentation. Un fameux avocat général, M. de Marchangy, était le directeur de ce théâtre; Mlle Fleury, grande princesse tragique, qui avait débuté au Théâtre-Français du temps où le colonel Hyde-Park prenait les eaux d'Enghien, et qui était retirée depuis 1807, était chargée de la mise en scène. Or il est très-utile qu'un médecin d'Enghien, à quatre lieues de Paris, soit homme du monde, car l'école du monde est aussi une école de clinique morale, et qu'il ait étudié tout particulièrement ces affections de l'âme dont Bordeu parle ainsi : « Poison subtil, auquel

---

[1] *Journal de pharmacie*, tome IX, page 491.

» bien des mortels, principalement les gens de lettres,
» sont en proie ; leur esprit s'égare et semble rompre son
» lien physique ; ils ne digèrent point ; et comme si leur
» savoir s'était changé en stupidité, ils ne savent pas seu-
» lement respirer, ni maîtriser l'impétuosité de leurs
» entrailles qui leur suggère tant de folies. » Laurent
Biett, inspecteur adjoint, également nommé au début,
est un médecin français, mais né en Suisse ; cet élève
d'Alibert, comme lui médecin titulaire de Saint-Louis,
avait l'esprit sévère, mais juste et d'une rare netteté.

Louis XVIII, d'après les conseils du baron Portal, son premier médecin, et d'Alibert, fait usage des eaux d'Enghien ; il est atteint d'une goutte constitutionnelle chronique ; et, privé de l'usage de ses jambes plusieurs années avant sa mort, il ne quitte plus son fauteuil mécanique. On vient prendre trois fois par semaine de l'eau de la source Cotte, qui alors s'appelle source du roi, pour imbiber les linges qui recouvrent les ulcérations des jambes de l'auguste malade. Ce traitement a duré depuis 1821 jusqu'au 16 septembre 1824, jour de la mort de Louis XVIII, qui a jusqu'à la fin gardé la plénitude des facultés intellectuelles. L'heureux emploi des eaux d'Enghien a ainsi permis au monarque de dire pendant toute sa vieillesse : — Un roi de France peut mourir, mais il ne doit jamais être malade.

Or c'en est fait, Enghien est à la mode. Que de malades veulent suivre l'exemple du roi ! Il est de bon goût de se rendre à Enghien, même sans autre maladie à guérir que l'ennui, petite peste qui décime Paris tous les étés. On parle de tous côtés des miracles opérés par les nouvelles eaux ; tel y a retrouvé l'usage de ses jambes, tel autre l'appétit, un troisième la voix, celui-ci l'espérance de la paternité, celui-là de l'esprit. Aussi bien d'innombrables célibataires des deux sexes ont pour motif caché quand ils vont prendre les eaux, en général, l'envie de guérir, en même temps que le leur, un mal du même genre; leur dernier bain, c'est l'hyménée. L'abondance des plaisirs est souvent en rapport, aux eaux, avec celle des principes minéralisateurs; voilà pourquoi il s'y guérit des maux dont le siége n'est qu'une idée ou n'est qu'un sentiment, en même temps qu'il s'y traite un plus grand nombre d'affections qui ont un nom en médecine, et il est naturel qu'un jeune malade, une fois convalescent, essaie ses forces, par précaution, tout près des sources qui les lui ont rendues, et qu'il danse ou qu'il se marie, par gratitude de baigneur, avec celui ou celle selon son cœur qui l'a accompagné ou rencontré aux bords mêmes de la source. L'amour médecin est un remède usité, bien que les ordonnances doctorales ne le prescrivent jamais; mais l'amour, après tout, quoi de plus propre à provoquer une réaction de la force vitale? Comme nous parlons ici de toutes les eaux minérales, il faut par exception constater que les princes ont traité les ambassadeurs aux eaux d'Enghien, pendant que Louis XVIII en était le client. Le docteur Alibert comparait Enghien à Baréges, et il disait : « Baréges donne l'idée de la des» truction; quand on y arrive on se croit au lendemain » d'un orage qui a tout ravagé; le fracas des eaux fait » croire qu'il dure encore [1]. » D'autre part, Voltaire a écrit à Mme du Deffand : « J'ai attendu que j'eusse repris » un peu de santé pour m'aller guérir à Plombières. » Enfin il y a un axiome en médecine d'après lequel :

---

[1] *Précis sur les eaux minérales*, in-8°.

« Comme toute espèce de médicaments, les eaux miné-
» rales trouvent leurs indications à des périodes déter-
» minées des maladies. » Les moribonds ne prennent presque jamais de bains, et le monde des grandes villes doit voir dans les eaux minérales un purgatoire beaucoup mieux qu'un enfer. La mode a donc pu mettre, sans nul péril pour leur bonne renommée, les sources d'Enghien sous son haut patronage, pendant toute la restauration. La duchesse d'Angoulême est venue les visiter plusieurs fois à cheval, comme protectrice plutôt que comme malade, et le duc d'Orléans en char à bancs, avec sa belle famille. S. A. R. la duchesse de Berry et Monsieur, comte d'Artois, regardaient en ce temps-là leur cousin, le duc d'Orléans, comme un prince beaucoup plus bourgeois que grand seigneur, dont ils n'avaient rien à redouter. C'est à cause de ce prince, pourtant, qui a été plus tard roi des Français, que l'auguste client du docteur Alibert disait : — Quoiqu'ils ne marchent pas, ces d'Orléans avancent toujours.

Le *Moniteur* du 23 juin 1823 raconte ainsi un voyage à Enghien que Mme la duchesse de Berry a fait le jeudi 19 du même mois :

« Le chevalier Cadet de Chambine, maire, a, dans un discours improvisé, exprimé l'allégresse de ses administrés. Dix jeunes filles ont présenté un bouquet et des cerises à S. A. R.

» Ces jeunes filles au pied léger, vêtues de blanc et parées de fleurs, ont été admises à l'insigne honneur d'accompagner S. A. R. dans sa promenade à âne. Mme la duchesse de Berry les appelait sa petite escorte, se complaisait à causer avec elles, à goûter les fraises qu'en cheminant elles lui cueillaient dans les bois.

» S. A. R. a parcouru avec satisfaction les sites variés qu'offrent les montagnes, les bois, la vallée et l'étang de Montmorency, dont le mouvement presque magique fait que l'œil ne perd un point de vue enchanteur que pour aller se reposer sur un autre plus admirable.

» Mme la duchesse de Berry a visité l'Ermitage où elle a vu avec intérêt le monument du célèbre Grétry.

» S. A. R., après avoir navigué sur l'étang, est venue visiter l'établissement des bains d'eau minérale sulfureuse, élevé comme par enchantement au milieu de la vallée de Montmorency.

» Mme la duchesse de Berry a donné, dans la maison des eaux d'Enghien, un repas de soixante couverts environ à Mgr le duc d'Orléans, à Mme la duchesse et ses enfants ; elle avait daigné y inviter le maire de Montmorency, en lui témoignant sa satisfaction du bon ordre et du bon esprit qui avaient régné dans cette fête champêtre. S. A. R. lui a remis 200 francs pour les pauvres, et elle a donné elle-même 100 francs aux jeunes villageoises qui l'avaient escortée ; elle leur a fait servir un dîner où la joie a présidé.

» Les habitants de Montmorency et des contrées voisines accouraient de toutes parts pour jouir de la présence de Mme la duchesse de Berry. La forêt retentissait de ces cris d'allégresse des Français : Vive le roi ! vive la duchesse de Berry ! vive le duc de Bordeaux !

La duchesse d'Angoulême voyageait pendant ce temps-là aux Pyrénées, et M. de Villèle était président du conseil. Mais le *Moniteur* a oublié ce point, que le chevalier de Piis a dit des vers de sa façon à Mme la duchesse de Berry, lors de sa visite à Enghien. On a omis aussi de raconter que S. A. R. est tombée du haut de sa monture, empanachée de cerises et de roses, à l'entrée de *l'hôtel des Quatre-Pavillons*. Ce vaste établissement, bâti par l'architecte Moreau, aux frais de MM. le colonel Brault, Simon Laurières, le colonel de Braque et le colonel Trobriant, avait été inauguré l'année précédente ; la maison de M. le baron Devaux, qui est attenante, appartenait alors au colonel Brault, et la femme du colonel Brault en avait posé la première pierre, accompagnée encore de Mlle Émery, de *l'hôtel du Solitaire*. La comtesse de Lacoste, personne qui n'était pas douée d'une très-grande beauté, mais très-bonne musicienne, a été préposée à la direction des *Quatre-Pavillons* jusqu'en l'an 1827.

Comme le colonel Brault s'appelait Marie, on fêta le 15 août avec magnificence : il y eut profusion de fleurs, aux quatre coins de la maison neuve, musique de même et bal champêtre, avec feu d'artifice de Ruggieri ; mais le gouvernement ne vit pas d'un bon œil que cette solennité tombât juste le jour de la fête de Napoléon, et on en reporta l'anniversaire, dès 1824, au jour de la Saint-Louis, fête de Louis XVIII et depuis lors fête d'Enghien.

L'hôtel des Quatre-Pavillons est encore debout ; il appartient depuis plus de vingt ans à l'établissement thermal ; tout le monde connaît donc et le joli jardin anglais dont il est entouré, et la vue magnifique dont on jouit de toutes ses croisées, et ses splendides salons dans lesquels sont donnés les magnifiques bals de l'administration des bains. M. Le Seaulnier, ancien maître-d'hôtel à Blois, fermier du restaurant et du café de l'établissement, est également chargé de la direction de *l'hôtel des Quatre-Pavillons*, depuis un an.

Mme de Lacoste avait composé la musique et les paroles d'une fort agréable romance sur les eaux d'Enghien, qui est aujourd'hui oubliée. Quelques vers, qui ne font pas un tout, sont les seuls que nous ayons su en retrouver. C'est pourquoi un jour en dînant aux *Trois-Mousquetaires*, près l'Ermitage, nous nous sommes permis d'arranger ainsi les *Eaux d'Enghien*, romance de Mme de Lacoste.

> Femmes d'humeur mélancolique,
> Aux grands yeux bleus mouillés de pleurs,

D'Enghien la cité romantique
Vous offre un lac, des bois, des fleurs.
Dans ces beaux lieux l'âme est ravie.
Là, près d'un nouveau Galien,
Voulez-vous doubler votre vie?
Allez prendre les eaux d'Enghien.

Le bouton, avant que d'éclore,
Souffre, hélas! et paraît languir;
Il attend les pleurs de l'aurore
Et les caresses du zéphir.
Fille et bouton sont mêmes choses.
Nymphes, cherchez-vous le moyen
D'échanger vos lis pour des roses?
Allez prendre les eaux d'Enghien.

Enfants de Mars, dont les blessures
Nous rappellent tant de hauts faits;
Auteurs, dont les pâles figures
Des chutes marquent les effets;
Maris d'infidèles épouses,
Qui souffrez d'un fâcheux lien,
Renoncez aux terreurs jalouses....
Allez prendre les eaux d'Enghien.

Bouland, Deyeux, Péligot, Cotte
Aux sources ont laissé leur nom;
C'est pourquoi leur ombre en despote
Règne sur ce joli vallon.
Chacun d'eux nous dit à l'oreille
Que la santé c'est le grand bien.
Pour que sur nous leur ombre veille,
Allons prendre les eaux d'Enghien.

Il n'y avait alors aucun succès, que la poésie n'y prît part, et si un chemin de fer avait dû être inauguré à cette époque, quelques vers spirituels eussent servi de tender à la locomotive. Pendant que Mme de Lacoste chante si bien aux *Quatre-Pavillons*, on joue au Vaudeville, rue de Chartres, un vaudeville en un acte, *Polichinelle aux Eaux d'Enghien*. La pièce est de MM. Francis, Dartois et Xavier; sa première représentation a eu lieu le 8 juillet 1823. Le théâtre représente tout bonnement la salle commune de l'établissement thermal; sur la toile du fond est reproduit l'étang, avec le pavillon qui se dresse alors au milieu. Fontenay remplit le rôle de Semouille, fabricant de fécules de pommes de terre; Mme Guillemin, celui de Mme Semouille; Mme Dussert joue la baronne de Kerkorkirmann, et Minette, la servante Chonchon. En somme, c'est une jolie bluette, avec des couplets ingénieux, qui rendent justice aux eaux d'Enghien. C'est le *Polichinelle-Vampire*, mimé par Mazurier au théâtre de la Porte-Saint-Martin, qui a fourni l'idée de cet ouvrage. Au surplus, les théâtres eux-mêmes prennent les eaux, en juillet, du moins dans leurs fictions, pendant que leur public ne les prend que trop réellement pour les intérêts des auteurs et des directeurs aux abois. Le Vaudeville n'est pas la seule scène qui exploite les bains, en 1823, attendu que l'on joue au théâtre de Madame une pièce du même genre, intitulée les *Eaux du Mont-dOr*.

Ici notre étude historique va entrer, comme souvent l'Iliade, dans un dénombrement à perte de vue. Outre les restaurants dont nous avons déjà parlé, il s'en ouvre plus d'un, pendant la direction de Péligot. Le père Canard, ancien cuisinier de l'empereur, allume des fourneaux, qu'il met au service du public, en face de *l'hôtel des Quatre-Pavillons*. Mallet, propriétaire de l'hôtel de l'Europe établi à Paris, rue de la Paix, fait de même sur le bord de l'eau, dans une maison dite *de la Bonde*, et Bussières, successeur du père Canard, prend la maison *de la Bonde* en échange de la sienne, où il a pourtant fait quelquefois 3,000 francs de recette par jour. Le transfuge Mallet, qui plus est, frète un grand bâtiment, maison sur pilotis, peinte en blanc avec des raies vertes, qui jette l'ancre au milieu du lac, et dans laquelle il tient un grand salon et une galerie, avec douze cabinets particuliers : on y sert les dîners, au moyen de bateaux garnis de fourneaux, qui mettent incessamment le restaurant du continent en relation avec l'annexe nautique, et parfois le dîner est commandé à raison de 100 francs par tête. Il y a toujours, pour mener jusque-là, une jolie goëlette à la voile, dont le pilote est un manchot, vieux militaire, et sur le pont de laquelle il peut tenir cinquante passagers. La maison *de la Bonde* et celle sur pilotis ont été démolies, la première vers 1832, l'autre vers 1838, et il ne subsiste aujourd'hui qu'un ancien *Restaurant des Quatre-Pavillons*, fondé avec ce titre par Canard, maintenant *hôtel de France*, et qu'a tenu longtemps Mme Desmares, d'heureuse mémoire pour les baigneurs gourmets. Cet établissement comporte un jardin, des bosquets, de belles salles à manger et des appartements meublés. Le chef actuel en est Guerbette, élève de Bussières, et qui est demeuré pendant quatre ans fermier du restaurant des bains et pendant une année en la même qualité au parc. Feu Bouffé, directeur du Vaudeville, était son hôte fréquemment, et cet assez gros homme passait pour une des fortes fourchettes de notre époque. Lorsque ce gastronome dînait tout seul, il lui arrivait de commander, pour commencer, du melon et un grain de sel : le garçon savait bien que cela signifiait un melon entier de belle venue, et une livre de jambon, pour être mis par tartine sur chaque tranche. Mais le directeur du Vaudeville se piquait avant tout d'être l'homme du monde qui buvait le plus de Champagne, et on le surnommait Bouffé-Champagne. Dans ses jours de détresse, les dettes le soutenaient; mais n'en pouvant plus faire, au commencement de mars 1848, il dut garder le lit, pour cause de diète, pendant près de huit jours. Comme il se réfugiait à Bruxelles, quelques semaines plus tard, chaussé de bottes avariées qui n'étaient comparables qu'à son chapeau devenu mou, il rencontra dans cette ville l'acteur Ravel, son ancien pensionnaire, et David, l'ancien premier-rôle du Théâtre-Français, alors directeur à Bruxelles; ceux-ci prièrent le gros Bouffé à souper avec eux après le spectacle, et il trouva sous sa serviette un petit billet de 1,000 francs, produit de la représentation qui venait d'être donnée à son profit, sans que l'affiche l'annonçât. Ce valeureux viveur n'en est pas moins mort à Paris, l'année dernière, au moment où il venait de vendre, et assez cher, la direction du Vaudeville.

Le *Restaurant de la Pêcherie, hôtel du Cygne,* aujourd'hui *Pavillon Talma,* est fondé par le nommé Delavigne, au milieu de la chaussée du lac, en face de l'île, entre l'établissement de Constantin et celui de Péligot. Une partie du parc actuel d'Enghien est exploitée, non loin de là, sous le nom de *Tivoli,* pendant une saison, et on y donne de jolies fêtes; mais cette entreprise n'a pas de suite. La maison Delavigne est fermée, comme restaurant, mais habitée par Mme Scipion Périer, belle-sœur de Casimir Périer, avant de servir de retraite à Talma, que ses médecins envoient aux eaux d'Enghien. Le grand acteur venait de créer Danville de l'*École des Vieillards*; c'était un tour de force que de jouer dans la comédie, et surtout en habit de ville, pour Talma, qui avait si heureusement perfectionné sur notre première scène le costume historique, inventé par Lekain et Mlle Clairon; mais il s'était tiré glorieusement de la difficulté, lorsque la maladie dont il devait mourir l'avait surpris au milieu du triomphe, et il était venu de Brunoi à Enghien, dans un état qui laissait peu d'espoir, accompagné de ses enfants et de sa femme, née Vanhove, qui assiste encore de nos jours aux premières représentations. L'*hôtel du Solitaire* fournissait le bouillon, seul aliment de l'illustre malade. Un jour qu'il recevait à demi-couché la visite de David, il arriva que ce beau bras, dont Talma était fier à juste titre et qui sortait si bien de la tunique des anciens, auguste à force de noblesse, pathétique comme la passion même, se découvrit à l'improviste, et l'éminent artiste, au lieu de rabattre lestement la manche de sa robe de chambre, répondit au jeune camarade, qui s'informait de l'état de sa santé, en lui montrant silencieusement ce bras amaigri, déprimé, défiguré à tout jamais, qui aurait pu servir autrefois de type admirable à Praxitèle et à Phidias. Toutefois les amis éloignés se bercent encore d'espérances; les eaux d'Enghien ont fait tant de merveilles, qu'elles peuvent bien rendre son idole au public, leur modèle aux artistes, leur raison d'être à nos chefs-d'œuvre tragiques. *Le Courrier des Théâtres* du 21 juillet imprime des vers de Brazier, assez mauvais, mais messagers de bonnes nouvelles :

> Il est sauvé, notre premier tragique,
> Il est sauvé le Roscius français,
> Celui qui poursuivant le cours de ses succès
> Doit nous charmer encor par son talent tragique, etc.

Brazier s'était trompé : Talma meurt le 19 octobre ; *le Courrier des Théâtres* paraît le lendemain encadré d'une bordure de deuil. Un jeune prince alors exilé, mais qui a reconquis depuis la place auguste à laquelle sa naissance lui donnait de souverains droits, en un mot Napoléon III, à l'âge de 18 ans, apprend de loin la mort du tragédien, que le chef de la dynastie s'est plu à honorer en l'admettant dans son intimité, et le jeune prince s'écrie avec une douleur qui lui rappelle toute la patrie absente : — Ainsi moi, et je suis Français ! jamais je n'aurai vu jouer Talma.

Ce *Pavillon Talma* est derechef un hôtel, depuis 1840 ; de riants cabinets de verdure et une vue admirable sur le lac en font une maison d'élite par la situation, et M. Leblond, qui y exerce une hospitalité très-lucrative, compte parmi les pêcheurs les plus habiles, les plus persévérants ; il tient l'établissement sur un pied qui le fait un des meilleurs de la vallée. De même qu'il y a à Westminster l'*hôtel Garrick*, de même l'étranger peut descendre à Enghien au *Pavillon Talma*. Alexandre Dumas est un des familiers de la maison. Dans le prologue d'un roman sur la Californie, qui a commencé à paraître le 15 avril 1852, l'inépuisable romancier raconte qu'il a trouvé l'hôtel du *Pavillon Talma* plein jusqu'aux bords, et qu'il a été obligé de monter à Montmorency, pour souper et trouver un gîte. Le voyage en Californie que rapporte Alexandre Dumas, sans désigner nominalement le voyageur, est écrit sur les notes d'un frère de M. Henri Leduc, propriétaire de l'*hôtel du Cheval blanc*, qui venait de rentrer justement à Montmorency après une périlleuse et longue pérégrination atlantique.

A cette époque remonte également l'ouverture de la *Maison blanche*, sur la route ordinaire de Saint-Denis à Ermont. Ce tourne-bride figure avec sa dénomination sur toutes les anciennes cartes de la vallée. A présent, c'est un vaste hôtel, tenu par Gorau, le fils du fondateur, et de nouvelles constructions ont amené Enghien jusque-là.

On a lu dans la *Quotidienne* du 21 juin 1826 :

Aimez-vous les lieux féconds en souvenirs? allez visiter Enghien et le lac qui vit souvent errer sur ses bords Catinat et Jean-Jacques Rousseau. Aimez-vous de frais ombrages, des sites riants et pittoresques? faites-vous ordonner les eaux d'Enghien. Joignez-vous le goût d'une chère délicate aux plaisirs plus simples des champs? le cuisinier d'Enghien le dispute aux Robert et aux Beauvilliers. Voulez-vous guérir des maux que vous n'avez pas, au milieu d'une société choisie parmi ce que Paris a de gens de bon ton? courez prendre un appartement dans la maison des bains d'Enghien. Mais avez-vous des maux très-réels, des infirmités douloureuses? surtout alors courez aux bains d'Enghien. Les suffrages des plus célèbres docteurs ne laissent plus le moindre doute sur leur efficacité. Eh! quel bonheur de trouver la société à deux lieues de Paris sans annuler ses affaires, ni ses amis, ni ses plaisirs!

Comme vous voyez, Enghien est déjà une grande ville thermale. Que si les cures merveilleuses s'y succèdent sans interruption, il se groupe en même temps une colonie d'été, élégante, spirituelle et riche, autour de l'établissement. Horace Vernet amène aux eaux sa fille, qui arrive presque laide, et qui, après une courte saison de bains, devient pour toute sa vie une des plus belles personnes du monde; Paul Delaroche demande, obtient sa main. Horace Vernet rend de fréquentes visites à l'illustre tragédien, qui se meurt au *Pavillon Talma*, et il fait à Enghien, dans l'orangerie des bains, son magnifique tableau de *Mazeppa délivré par un Turc*, qu'a acheté plus tard le prince Demidoff. Ce prince lui-même, ayant à peine treize ans, a habité les *Quatre-Pavillons*, et il a pris les eaux, amené par son gouverneur. Horace Vernet c'est la gaieté d'Enghien-les-Bains, pendant les années qu'il y passe; il donne du cor, matin et soir, et il grimpe souvent, comme Mazurier, qui joue alors *Jocko* à la Porte-Saint-Martin, dans les arbres déjà grands du parc, où s'exploite momentanément un *Tivoli*. La princesse Bagration se baigne également à Enghien, vers 1825. Isabey, qui l'habite douze ans, a pour atelier une chaumière, puis une charmante villa pour résidence; le marquis de Lagrange a demandé pour lui à Péligot, en 1822, une maisonnette à bâtir en huit jours; sur ce, on a coupé des peupliers à double hauteur d'homme, dont les pousses ont donné plus tard de vigoureux rejetons sous le chaume, et on a disposé sa chaumière sur le bord du lac. Les canots d'Isabey, presque aussi bon canotier que grand peintre, ont longtemps égayé la pièce d'eau de la vallée. Ce brillant marquis de Lagrange donne de grands bals à Enghien, et ses trois filles s'en trouvent l'ornement, ainsi que la femme du général Lacroix, bonne musicienne et pétillante d'esprit. Les soirs où manquent le bal et le concert, il s'ouvre constamment, dans le jardin des *Quatre-Pavillons*, une espèce de salon d'été, à demi éclairé, et qui attire bravement tous les cousins du lac; là viennent s'asseoir à poste fixe M. et Mme de Villefranche, le général de Laboullaye, l'amiral Sidney-Smith, le comte de Fienne, le marquis de Lagrange, Horace Vernet, le vicomte de Narp, le baron Louis, le prince Labanoff, qui habite Montmorency, et puis tant d'autres. Dans un monde différent, il fourmille alors à Enghien des notabilités incontestables, qui reviennent tous les ans avec le mois de juin, telles que Véry fils, lord Seymour, et l'inimitable comédienne Mlle Mars, qu'accompagne souvent le colonel de Braque, et la sublime Mlle Duchesnois, et la pimpante Jenny-Vertpré, qui n'épouse que plus tard le vaudevilliste Carmouche, et la chanteuse Jenny-Colon, et enfin, et surtout Mlle Déjazet, qui apporte toujours sa paire de draps de batiste brodée, lorsqu'elle vient coucher *hôtel du Solitaire*. En ce temps-là il n'est pas rare que la seule rue d'Enghien soit traversée par de beaux équipages à quatre chevaux, avec chasseur et hussard par derrière, qui arrivent en droite ligne de Paris. Les baigneurs de la bourgeoisie ont pour voie de transport l'entreprise des *Célérifères*, exploitée par Touchard, à l'entrée du faubourg Saint-Denis.

Aussi bien, à la mort de Louis XVIII, les plaisirs tout à coup changent d'allure, et l'administration des eaux sulfureuses d'Enghien a souffert, tout compte fait, du voisinage bruyant des hôtels, des villas de nouvelle création ; la ville de plaisance se trouve avoir vécu un peu trop, comme enfant prodigue, aux dépens de la ville thermale qui l'a fait naître. Le docteur Alibert, sous Charles X, remplace par des sermons les représentations du théâtre de société qu'il a tenu ouvert, tous les dimanches, sous le règne précédent.

Les analyses de Longchamp et Frémy [1] ont beau re-

[1] *Analyse de l'eau sulfureuse d'Enghien, faite par ordre du gouvernement,*

nouveler les données de la science, il semble que le séjour d'Enghien soit plutôt une affaire de mode qu'une résidence prescrite par des médecins. Ce qui prouve que l'excès en tout est un défaut.

En résumé, Péligot a fait plus pour la fortune de la vallée que pour la sienne propre. La révolution de juillet donne le dernier coup à une direction qui, de cette façon, se trouve avoir payé trop cher l'immense prospérité artificielle de ses dix années d'exercice. Péligot laisse un déficit, il a pour créancière la caisse hypothécaire, et il meurt dans la gêne, après avoir enchâssé un diamant dans la riche parure qu'on appelle la vallée de Montmorency.

La Caisse hypothécaire. — La Caisse hypothécaire succède naturellement à M. Péligot ; elle offre, en 1835, la direction de l'établissement thermal à M. le docteur Bouland père. Une somme de 300,000 francs est consacrée par fractions, dans une période de dix ans, par le conseil d'administration de la Caisse hypothécaire, pour la reconstruction des bains, etc. Un rapport de l'Académie royale de médecine, entièrement favorable aux eaux d'Enghien, est le point de départ de la nouvelle direction; celle-ci, se retournant vers la médecine, devra sacrifier beaucoup moins que sa devancière aux vains caprices de la mode. De plus, M. Bouland découvre une nouvelle source, à laquelle son nom est resté ; cette source porte à quatre le chiffre total de celles de l'établissement, si l'on ne compte pas le groupe de la Pêcherie.

La renommée scientifique d'Enghien prend des pro-

par M. Longchamp, Paris, 1826, in-8°, page 42. — *Analyse des deux sources de la Pêcherie, à Enghien*, par M. Frémy. (Journal de pharmacie, tome II, page 61.)

portions nouvelles. Les études médicales se multiplient et elles commencent à se produire ; quelques ouvrages spéciaux sont publiés, et notamment celui du docteur Réveillé-Parise, facile prosateur, et membre, pendant plusieurs années, de la commission des eaux minérales de l'Académie de médecine. L'oisiveté élégante n'est plus qu'au second plan ; de véritables malades, qui ne se bornent pas à être atteints de spleen, recouvrent la santé tour à tour. Il est vrai que les progrès d'une école littéraire nouvelle mettent en vogue, dans un monde rajeuni, ce fatalisme, ces doutes et ces airs désolés, qui tiennent de l'hypocondrie, et le don Juan de lord Byron succède partout à celui de Molière. Les plaisirs à Enghien n'en paraissent que plus calmes, et cet esprit français, qui a l'air de se repentir d'avoir porté des mouches et du rouge, s'enfarine de mélancolie ; les plus beaux yeux semblent rouler des larmes, et les quadrilles fouler aux pieds la cendre ; les plus hardis prient les eaux de leur donner cette même pâleur, qu'ordinairement elles font perdre ; enfin la joie du cœur, c'est-à-dire l'amour, et la joie de l'esprit, c'est-à-dire la littérature, se germanisent à l'envi.

Voyez pourtant ces villas qu'on comptait ; elles sont devenues innombrables. Tous les jeunes princes, fils du roi Louis-Philippe, viennent apporter successivement à Enghien, bouquet de la vallée, le tribut de leur admiration ; le duc et la duchesse d'Orléans arrivent fréquemment en tilbury. En 1838, il y a déjà près de l'établissement cent cinquante âmes de population, sans compter une immense population qui flotte.

Virey, attaché tout d'abord à l'établissement de Constantin, a déjà sept enfants vivants, nés tous, pour ainsi dire, dans ce qu'on nomme aujourd'hui le Parc, lorsqu'il réunit deux hôtels, celui *du Lac*, celui *du Solitaire*, pour les mettre sous sa direction. En 1835, il fait l'acquisition de matériaux de toute sorte, provenant de la démolition du château de Saint-Leu ; ainsi lui est bâtie tout près de son premier établissement une maison où se trouve maintenant l'*hôtel d'Enghien*, toujours tenu par la famille Virey, dont le chef est mort il y a peu d'années. Toutes les persiennes de la maison ont été détachées telles quelles des fenêtres du château historique, et on certifie même, avec infiniment de vraisemblance, qu'à la croisée du bureau de l'hôtel est attachée l'espagnolette si fatale au dernier Condé. La cheminée de marbre qui garnit, au premier étage, le grand salon, est bien celle de la chambre du prince. Dans ce salon commun, nous avons vu un jeune homme d'Espalion, envoyé à Enghien par un médecin aveyronnais, commettre une méprise assez rare. Il avait lu les livres de George Sand et d'Alphonse Karr ; mais il avait entendu dire que l'un de ces deux noms était un pseudonyme derrière lequel se cachait une femme. Il attribuait cette modestie à l'auteur de *Sous les tilleuls*, donc il croyait à l'existence d'une Mme ou d'une Mlle Karr, circonstance d'autant plus piquante que cet auteur écrit presque toujours, sous divers titres de roman, le prospectus, l'annonce de sa personne. Un beau matin, le jeune homme se trouve à table, chez Virey, où, du reste, la chère est bonne, non loin d'une autre table occupée par une jeune personne qu'une dame très-âgée menait au bain tous les matins ; et la jeune personne, après le thé, demande de quoi écrire, afin de corriger une épreuve qu'elle a dans les mains. L'Espalionnais de descendre au bureau et de demander aux demoiselles Virey quel est le jeune bas-bleu, leur locataire. Comme il ne s'imprime pas encore aux eaux d'Enghien une *liste d'étrangers*, ainsi qu'à Bade, on lui montre le livre de police, et il lit : Mlle *Karr*. Le provincial est donc parti content, et il est allé rapporter aux habitants de Rodez et d'Espalion que l'écrivain *des Guêpes* a justement la taille de cet insecte, et pousse l'art de la cosmétique jusqu'à ne paraître que vingt ans. Depuis il a fait parvenir plusieurs déclarations d'amour à M. Aphonse Karr, dans les bureaux du *Siècle*; M. Sougère, gérant, les refusera dorénavant, bien qu'elles arrivent affranchies. Seulement l'Espalionnais, nous l'avons su depuis, a pris la fille pour le père. Mlle Karr, conduite par sa grand'mère, qui est la belle-mère de l'auteur, a corrigé aux eaux l'épreuve d'un article signé par elle, et que nous avons lu dans un journal de demoiselles.

N'allez pas croire, malgré tout, que Mlle Émery, dont nous avons eu à parler, ne soit plus à la tête d'un bon hôtel, comme son père. Cotte a élevé Mlle Émery, et elle a assisté aux séances de physique qu'il donnait à toute sa famille; elle a vu le savant, qui maîtrisait l'orage à l'occasion, faire tomber le tonnerre dans une auge placée dans sa cour. L'*hôtel du Solitaire* n'est plus, vive le restaurant *du Chalet!* Lequesne, pêcheur en grande réputation, a fondé ce dernier, qui est en même temps un hôtel bien meublé, tout près de la station du chemin de fer; et Mlle Émery, petite-fille de Mme Daunay, n'est autre que Mme Lequesne. Dans un jardin anglais, qu'ombragent de superbes peupliers, et qu'égaie une petite pièce d'eau, des couverts se dressent à toute heure, et il y a deux maisons, dans l'une desquelles se carre un vaste salon à manger ; c'est là qu'est établi Lequesne, d'abord restaurateur à Paris, place de la Madeleine. Mais le propriétaire du *Chalet de la station* est aussi un artiste : il modèle et il sculpte sans avoir appris la statuaire.

Tous ces hôtels sont comme un camp d'honneur, où, sans mot d'ordre et sans ordre du jour, est passé en revue tout Paris. Mais il y a un état-major qui, comme celui des armées qui défilent au théâtre du Cirque, traverse plus d'une fois la scène. Il est cité une saison dans laquelle on compte à la fois dix généraux, aux bains d'Enghien, MM. Schramm, Baraguay-d'Hilliers, le maréchal Gérard, Galbois, Bedeau, etc. M. Cunin-Gridaine et M. Duchâtel, ministres, sont également fréquents dans la ville thermale. M. Louis Blanc écrit son *Histoire de Dix Ans* dans la maison de M. le baron Devaux, c'est-à-dire à dix pas des meilleurs serviteurs du gouvernement qu'il attaque; mais M. Louis Blanc, homme du monde, était fort bien avec M. Berryer ; M. Delangle, M. Baroche rendent souvent visite, de nos jours, dans la maison qu'a habitée le rédacteur du *National*. Mme la marquise de Boissy, sous le règne de Louis-Philippe, pendant que le marquis fait du bruit à la chambre des pairs, l'attend sous les ombrages qui encadrent le lac. Dom Pedro et dona Maria, de Portugal, viennent de même attendre une couronne, au centre de la vallée de Montmorency. La reine Christine, propriétaire de la Malmaison, passe un été à Enghien, accompagnée par don Munoz. Une autre fois, l'infant d'Espagne, François de Paule, prend les eaux ; un jeune Polonais, qui est l'hôte de M. le marquis de Custine, est bientôt distingué par une des filles de l'infant, qu'il enlève pour l'épouser. Voilà bien des mœurs espagnoles ; car, en France, au contraire, le mariage précède l'enlèvement, et le nouveau mari s'enfuit après la messe, comme s'il avait fait un mauvais coup.

Au docteur Alibert succède, vers 1840, comme inspecteur des eaux, M. Rayer, qui, aujourd'hui encore, est une des lumières de la science, et l'un des membres les plus illustres de l'Institut ; trois ans plus tard, M. Donné remplace Biett, comme adjoint. Mais M. Bouland père meurt le 21 août 1844 d'une inflammation aiguë des gros vaisseaux occasionnée par l'épuisement ; des obstacles sans cesse renaissants n'avaient été vaincus par ce sage administrateur qu'au prix de continuels efforts.

La Caisse hypothécaire confie les rênes de la direction aux mains de M. Bouland fils. Depuis 1847, l'affluence est si grande à l'établissement thermal que le service des bains, au fort de la saison, est suspendu chaque jour pendant quatre ou cinq heures, faute d'eau.

La grande rue d'Enghien n'est alors qu'une route départementale, et deux départements limitrophes (Seine et Seine-et-Oise), dont c'est la ligne de démarcation, se partagent le territoire de la nouvelle ville thermale. Quatre communes voisines, Deuil, Épinay, Saint-Gratien et Soisy, possèdent les quatre coins d'Enghien, qui n'est à cette époque encore qu'une commune *in partibus* ; les conseils municipaux et d'arrondissement, en pareil cas, craignent de se faire des galanteries mutuelles, et les affaires les plus simples nécessitent des traités de paix. Les indigènes pressent le gouvernement de les constituer en commune ; mais Deuil, Soisy, etc., résistent.

En juin 1848, l'embarcadère du chemin de fer du Nord est entièrement dévasté à Paris, les bâtiments de la station de Saint-Denis sont incendiés peu de temps après, et la nouvelle arrive qu'au milieu de la nuit il en sera de même de celle d'Enghien-les-Bains. Les communications avec Paris sont suspendues; le chef de gare d'Enghien cherche du moins à sauver du pillage les marchandises qui ne peuvent aller plus loin, et il confie à M. Lequesne, restaurateur du *Chalet de la station*, une caisse remplie de valeurs dont le destinataire est M. le baron de Rothschild. Des bandes d'insurgés investissent le pont du chemin de fer; Lequesne et beaucoup d'autres habitants de l'endroit vont au-devant des rebelles, ils parlementent, et, grâce à leur sang-froid, grâce à leur énergie, les projets incendiaires avortent. En reconnaissance de cette résistance, le général Cavaignac érige les gardes nationaux d'Enghien-les-Bains en compagnie particulière.

M. LE VICOMTE DE CURSAY ET L'ADMINISTRATION NOUVELLE. — La Caisse hypothécaire cesse d'être propriétaire de l'établissement d'Enghien, en janvier 1849; le docteur Pierre Bouland, qui a succédé à son père comme mandataire de la caisse, est nommé inspecteur des eaux, à la place de M. Rayer; et dans l'année qui suit, M. de Puisaye passe inspecteur-adjoint au lieu de M. Donné, actuellement recteur de l'académie de Strasbourg. Le nouveau propriétaire de l'établissement thermal est M. le vicomte de Cursay.

Au mois d'août 1851, Enghien est constitué en commune; M. de Cursay est élu maire. Mais depuis cette victoire, d'immenses commotions politiques sont déjà venues modifier la composition du nouveau conseil municipal; diverses opinions ont motivé des refus de serment. M. Robin, le maire actuel, a pour adjoint M. Trézel, déjà adjoint à M. de Cursay. Une grande partie des terrains qui séparaient Enghien du bois Jacques, appartient à

M. Robin, ainsi que le joli château gothique, à peine fini, qui regarde la façade de l'établissement. Mais la propriété particulière fait infiniment moins pour la localité que l'administration de l'établissement thermal. La première cerne le lac, tout en assainissant les parties qui le touchent ; elle déboise tous les environs, et elle détruit une à une des promenades que les malades les moins ingambes ne sont pas seuls à regretter. L'autre, au contraire, c'est-à-dire la maison des bains, continue à ouvrir ses délicieux jardins à tout venant. Depuis qu'Enghien a cessé de dépendre des communes environnantes, de notables améliorations ont déjà été introduites qui font beaucoup d'honneur à l'administration municipale; mais un vaste jardin public, propriété de la commune, et entretenu sur un bon pied, est un besoin pour l'avenir. Les villes thermales de Bade et de Bagnères ont de charmantes promenades, dont la localité est fière, et qui ne font contracter, à l'étranger qui ne prend pas de bains, aucune obligation particulière. M. Robin et son conseil sont trop pleins de lumières et de bonne volonté pour ne pas faire que ce vide soit comblé. Enghien n'est pas tellement une ville de repos que les gracieux jardins de ses villas, qui, la plupart, sont très-petits, lui suffisent. Les bois de Montmorency sont encore loin pour un piéton, pour un convalescent. Raison de plus pour que la commune s'enrichisse d'un parc, ou d'un jardin anglais, habilement dessiné, du côté d'Argenteuil, de Saint-Gratien ou de Soisy. Pensez-y vite, car cent villas nouvelles vous auraient bientôt morcelé et enchéri les terrains disponibles.

Mais, dira-t-on, Enghien est une commune naissante, et qui n'a pas encore d'église ! Le spirituel avant le temporel; Dieu d'abord, les piétons ensuite. Répondons à cette objection en annonçant qu'une liste de souscription met déjà une somme d'environ 60,000 francs à la disposition de qui de droit, principalement destinée à la construction d'une église, dont l'emplacement pourrait être déterminé. De plus, un temple protestant va être ouvert incessamment sur la route de Soisy, qui appellera pour les besoins de leur culte, au centre de la vallée, c'est-à-dire à Enghien, les familles protestantes de Soisy, d'Andilly, etc. En attendant l'église catholique-romaine, il y a une petite chapelle, sous le vocable de sainte Appoline; bâti il y a vingt ans, l'édifice déjà menace ruine; des poutres en supportent la toiture crevassée. Mme la marquise de Malleville a d'abord consenti à avancer l'argent nécessaire à la construction de la chapelle provisoire; c'était alors le moyen âge d'Enghien. Puis le prêt s'est généreusement changé en don. Sans la gracieuse initiative de Mme de Malleville, la commune eût pu être plus prompte à faire bâtir l'église définitive. Il y a eu une chapelle à Enghien, beaucoup avant une mairie. M. l'abbé Mercier, curé, était précédemment vicaire à Montmorency; avant lui, la chapelle était desservie par M. le curé de Deuil.

M. le vicomte de Cursay, qui n'a été propriétaire de l'établissement que pendant cinq années, a prouvé sa sollicitude pour l'avenir de cette entreprise en faisant mettre à l'étude des travaux d'amélioration, par M. François, ingénieur en chef des mines et inspecteur général des eaux minérales de France. M. le docteur Bécourt, connu par ses travaux sur les eaux minérales et sa participation à diverses grandes entreprises, a succédé à M. de Cursay; cette administration nouvelle est appelée à donner aux thermes d'Enghien le développement préparé par les études de M. François; elle en fera certainement, grâce aux moyens d'action et de perfectionnement dont elle dispose, un établissement de santé du premier ordre.

Aussi bien la situation n'est-elle pas des plus florissantes? On distribue, au fort de la saison, deux cent cinquante bains par jour, et on vend, par année, cinquante mille bouteilles d'eau. Puisqu'avec les moyens actuels, si restreints, on obtient de tels résultats, où n'arrivera-t-on pas avec l'intelligente impulsion qui préside aujourd'hui aux destinées de la découverte de Cotte? 450 habitants ont pour unique domicile, pendant tout le cours de l'année, la petite ville qui s'est élevée à l'ombre de l'établissement.

Le lac d'Enghien, décrié autrefois comme s'il avait senti son marécage, a aujourd'hui pour cordon sanitaire une guirlande de villas aussi gracieuses que celles du lac Léman. C'est le front de bandière d'un camp, où cent pianos qu'accompagnent des voix de sirènes, remplacent tous les soirs le tambour qui bat la retraite. Tentes, pavillons, chalets, kiosques, maisons carrées, châteaux gothiques et villas italiennes s'y succèdent, comme les perles dans un collier de femme, dont le fermoir serait l'embarcadère. Que dis-je! il y a plus encore d'embarcadères et d'embarcations que de propriétés riveraines. L'escale de l'établissement n'a qu'une flotte de douze bateaux à mettre au service des promeneurs; cette miniature d'escadre, qui mouille dans le port, est réduite, quant au nombre des bâtiments qui la composent, depuis le jugement qui a interprété certaines dispositions d'un bail; mais ce bail expirera en 1855 pour une partie des intéressés, et pour les autres en 1860. La direction des bains est la propriétaire du lac. Comme les habitants de l'eau ont à redouter les amorces journalières des habitants qui ont pignon sur rive, la direction s'est réservé tous les trois ans un grand coup de filet. Elle met le lac à sec.

De cette petite île qui surnage au milieu du lac, on a des points de vue sans pareils. L'amphithéâtre de Montmorency semble celui d'une salle de spectacle gigantesque, dont les gradins seraient de pierre. Alors la scène, les coulisses, seraient Enghien, et les hauts peupliers dressés tout debout près du lac, figureraient le manteau d'arlequin. O cher lac, où se mirent tant de maisons coquettes ; ô broderies de fleurs bleues, roses et blanches, qui en sont l'ourlet merveilleux ; ô cygnes radieux, que toutes les femmes craignent d'approcher parce qu'ils ne sont comparables qu'à l'hermine, ne seriez-vous qu'un décor d'opéra ? Grâce à Dieu ! cette verdure est bien celle dont Danton disait du fond de sa prison : — Ah ! si je pouvais voir un arbre !

Salut, *Jardin des Roses*, annexe de l'embarcadère ! Puisse le soleil d'août laisser des feuilles pour l'automne à cette jolie allée de tilleuls fastigiés qui ne sont guère plus haut que nous, et qui bordent le *Jardin des Roses!* Au mois de mai, qui nous empêchait de l'appeler le Jardin des Lilas ? Au bout de l'allée, voici les saules et les trembles, qui se penchent sur l'onde transparente, comme le lecteur sur notre livre ; voici l'estrade d'où partent les concerts qui, plusieurs fois toutes les semaines, empêchent les marquises de l'Espagne de faire la sieste à Enghien. Comme toutes les villes thermales, celle-ci a bien raison d'aimer la musique en plein vent ; la sérénade, l'aubade, la fanfare, l'air de chasse n'ont rien à faire dans ces jolies maisons, dont les glaces à l'intérieur reflètent le lac en se le partageant; les arbres sont un buffet d'orgue qui ajoute des échos et des effets à la musique des cuivres, et la romance elle-même, que les rues d'une grande ville font lamentable, se complaît à respirer l'air délectable du *Jardin des Roses*. Très-souvent, le matin, il y a aubade dans l'autre jardin qui est attenant aux bains, et les peignoirs des dames peuvent s'ouvrir en cadence, près des baignoires discrètes, pendant que les dormeuses, qui se sont oubliées au lit, étendent les bras pour battre la mesure. Le roi Saül, étant malade, n'a eu que la harpe de David pour le guérir de ses noires maladies; l'effluence musicale a devancé, comme agent curatif, les émanations des fluides.

La villa italienne de Mme la baronne de Montalleur n'est séparée que par une haie du jardin de l'embarcadère. Plus loin, près du château de M. Robin, habite Mlle Darcier, qui très-souvent use de son droit de pêche sur le lac, et qui s'est retirée du théâtre, pour se marier, comme autrefois Mlle Sontag. Mme Darcier, qui depuis lors porte son nom de dame, était bien la plus riche perle de l'écrin des théâtres lyriques. Comment ne pas regretter que cette perle soit tombée à la mer, ou pour mieux dire dans un lac? La jeune cantatrice fait absolument comme les cygnes qui sont devenus ses voisins : ces oiseaux aquatiques, qui sont à coup sûr d'ancienne race, ne se font plus jamais entendre depuis que leur chant est en réputation. Un peu plus loin encore, c'est un joli castel en briques, flanqué de deux petites tourelles; on y donne du cor et des feux d'artifice dont la fusée d'honneur est tirée par une jolie femme. Dans cette maison des deux tourelles, que son propriétaire, M. Gomond, cède à des locataires, est venu se retirer M. Armand

Marrast, après avoir quitté le fauteuil de la présidence de la Constituante, en 1849; Mme Marrast, très-belle personne, avait été précédemment la locataire de Mme Daval, à Montmorency.

La rive occidentale compte encore plus d'habitations que l'autre. L'une de ces maisons, qui appartient à M. et à Mme de Reiset, a l'honneur de recevoir fréquemment la visite de la princesse Mathilde. S. A. I. fait souvent le voyage de circumnavigation dont nous venons de donner une idée à notre bien-aimé lecteur. L'empereur des Français, portant alors le titre de président de la république, a pris terre chez M. de Reiset, au mois d'août 1852, après avoir accompli le même voyage dans un charmant canot couvert; des maréchaux de France ramaient près de S. M. Au surplus, l'empereur des Français a daigné honorer plus d'une fois Enghien de sa visite.

Mais la Grand'Rue d'Enghien compte, elle aussi, de ravissantes villas; le commerce n'y déploie ses étalages qu'à distance l'un de l'autre. Nous n'avons pas cité tous les officiers de bouche qui s'y sont mis au service du public; mais il y en a deux encore qui peuvent être distingués. Un pâtissier de la rue Saint-Denis, Billard, est venu à Enghien, il y a onze ans, pour y guérir sa femme d'une sorte de cécité; les eaux ayant rendu la vue à son épouse, le pâtissier Billard tient maintenant l'*hôtel de Paris*. Sur l'emplacement de cet hôtel, Foulon, loueur d'ânes sous la Restauration, sellait et harnachait ses quadrupèdes. Mitais, autre traiteur, a, comme le précédent, un jardin derrière sa maison, laquelle porte pour enseigne : *Au Gros-Marronnier*; malgré la modestie de ses allures, les roux de Mitais sont très-louables, et ses gibelottes de lapin ne miaulent pas du tout sous la dent. Le pont du chemin de fer, sous lequel il passe très-souvent soixante trains par jour, fait partie de ladite Grand'Rue.

Près de la station et de ses deux entrées, est un quartier encore plus neuf. On y élève, en général, des maisons plus vastes qu'ailleurs, destinées à la location par appartements et par chambres, à la saison, au mois ou à la semaine. Hervet, glacier de la rue Royale, y a une propriété dans laquelle il exploite l'été sa profession avec un amour-propre d'artiste. De l'autre côté de la station, en face de l'entrée principale, rivalisent deux cafés, celui du *Nord* et le *café Français*, où les étrangers sont chez eux. Près du second de ces établissements, il y a un bal champêtre qui ne manque pas d'entrain, tous les dimanches.

Les piétons traversent la voie de fer, un peu plus loin, en face le restaurant Lequesne; un moulinet à quatre bras, qui tourne horizontalement, livre passage à ceux qui le font jouer. Par un chemin de traverse qui fait suite, on se rend en droite ligne à l'établissement thermal. C'est aussi le chemin par lequel on commence le tour du lac par terre, et où trouver une plus jolie promenade? On passe sur un pont qui retranche à l'étang, dirait-on, une espèce de petit golfe; la vue domine à gauche les belles pelouses, parsemées de kiosques et de tentes, de M. Marty-Mamignard. L'entrée de ces châteaux, qui ont déjà une façade sur le lac, est par derrière, sur une route toute neuve, après laquelle trouvent place encore des maisons importantes, des jardins superbes, des serres, et la belle ferme de M. Robin. Puis vous laissez à droite la route de Saint-Gratien; vous êtes alors dans l'avenue opulente, large et riante en même temps, sur laquelle ouvrent, sans grand mur qui les cache, les maisons de MM. de Reiset, le baron Amyot, etc. Sur ce boulevard de Gand donne l'établissement villageois d'Étienne-Alexandre, un traiteur, qui improvise le dimanche tant de tables, sous les arbres touffus qui tiennent sa maison à l'ombre.

L'année dernière encore, le parc d'Enghien, dont l'entrée est sur la grande avenue, vis-à-vis le lac, appartenait au prince de Bauffremont. Une société particulière s'en était rendue locataire et y avait organisé des fêtes dansantes, des soirées musicales, sous la direction de Haumann, le célèbre violon. Ces réunions du soir ont eu leur beau côté ; elles ont attiré à Enghien un monde jeune et alerte qui, jusque-là, ne connaissait pas la vallée ; mais ce n'était pas toujours le plus beau monde. Si les restaurateurs en portent le deuil, c'est qu'à la fin des bals il y avait toujours medianoche. *Mabille* et le *Château des Fleurs* avaient trouvé une concurrence là où elle ne devait pas être redoutée. Après quelques succès dans ce genre brillant, mais à part, on s'est bien aperçu qu'Enghien, si le tapage nocturne et si la foule allaient croissant, risquait fort de se déclasser comme ville thermale, comme séjour aristocratique, comme lieu d'asile de la bonne compagnie ; et la bise de la défaveur a soufflé en même temps sur les innombrables becs de gaz de ce jardin public, qui était devenu trop public. Les danseurs, ceux-là même qui avaient tant brillé, grâce aux danses d'invention nouvelle, pendant les beaux soirs de ces fêtes, furent prompts comme l'éclair à déserter la place, dès qu'une galerie complaisante leur manqua, et Enghien, quant à lui, n'applaudit qu'au départ de ces cohortes tumultueuses.

La nouvelle direction des bains vient d'acheter le parc d'Enghien, aux longues allées sinueuses, aux bosquets mystérieux, aux belles corbeilles de fleurs, dont les vives couleurs rappellent les vitraux des rosaces d'une église gothique. On y trouve également des statues et de l'eau ; mais l'ancienne salle de danse a été transformée en un joli théâtre, sur lequel se placent des artistes qui donnent tous les dimanches un grand concert vocal et instrumental ; M. Bernard-Latte est l'ordonnateur de ces concerts, tout comme de ceux du jardin de l'embarcadère. D'étranges évolutions chorégraphiques ne conseillent plus, par conséquent, à ces statues du parc, blanches apparitions pudiques, de se voiler ou de tourner la face. Grâce à cette restauration, les châtelaines d'Enghien ont repris possession du parc, et elles n'y rencontrent plus, sous des parures plus voyantes que les leurs, toutes leurs anciennes femmes de chambre. M. le docteur Bécourt y habite le beau chalet du prince de Bauffremont.

Des essais de pisciculture ont été pratiqués dans une partie du parc ; par les résultats obtenus, il est maintenant prouvé qu'avec une grande diminution de frais on peut empoissonner, par la fécondation artificielle. Dans les rigoles en bois, disposées du côté de la source de la Pêcherie, se sont multipliés à l'infini tous les poissons déjà acclimatés dans l'eau du lac, tels que la carpe, la perche, l'anguille et le brochet. Mais il reste permis d'espérer que d'autres espèces s'y acclimateront. L'eau du lac ne déplaît aucunement à la truite ni au saumon ; mais il leur faut le courant vif et droit qui renouvelle l'eau sans relâche dans les petites rigoles de bois.

Ce n'est pas que la ville thermale ait jamais cessé d'être un rendez-vous de gens du monde, en même temps que de malades; notre dernière révolution a été impuissante à modifier les goûts et les convenances, elle qui s'est bornée à multiplier les besoins; le monde est resté ce qu'il était, et par suite la tempête s'est bientôt changée en bonace. Parmi tous ces malades d'Enghien-les-Bains ont figuré dans les dernières années le savant professeur Orfila, artiste et ami des artistes, et le docteur Meslier, de l'Académie impériale de Médecine, et le docteur Gautrot, et M. le comte de Nansouty, et la famille Villemain, et l'amiral Mackau, et M. Varin, vaudevilliste, auteur des *Saltimbanques*, grande comédie, et M. Eugène de Mirecourt, auteur des *Contemporains*, suite de biographies pleines d'esprit, et le général Parchappe, et le général de Montholon, et M. le baron de Heeckeren, et le docteur Adde-Margras, et M. Blondeau, professeur de droit, et le général Mézières, et M. Dupin aîné. S'il avait été imprimé une *liste des étrangers*, on y eût remarqué les noms de la princesse Surossoff, de Mme de Karneff, de Mme la comtesse Adbrberg, de Mme la comtesse Arméro, et j'en passe qui ne brillent pas moins par l'élégance et par l'esprit des grandes dames qui les portent. Le soir on entendait, en petit ou en grand comité, soit Mlle Nau, soit Mme Allard-Blin, soit Alexis Dupond, venu aux bains pour la santé à venir de sa voix toujours fraîche, soit encore Dancla, Verroust, Haumann et Ropicquet, soit Obin et Chapuis de l'Opéra, établis pour l'été comme Alexis Dupond. Que d'artistes éminents sont venus et viennent encore interroger les sources, depuis Talma ! Pradier, Kalkbrenner, Mlle Poinsot, Mlle Araldi et Mlle Sarah Félix, ont été au nombre des baigneurs. De plus, Enghien reçoit fréquemment la visite des meilleurs médecins de Paris, qui viennent suivre les progrès de la médication qu'eux-mêmes ont conseillée à leurs clients. Un cabinet est réservé dans l'établissement pour les consultations des médecins du dehors : on y trouve un *Napoléon*, tête d'étude du peintre David. Ces docteurs, tout en s'acquittant des devoirs sacrés de leur état, mettent à toute heure le village en communication avec la grande cité; ils tirent de leur poche, comme par hasard, en prenant une prise de tabac, les plus récentes dépêches de l'Orient, et le dernier cours de la Bourse.

Que vous dirai-je des beaux salons, plus éclatants et plus grands que jamais, de l'*hôtel des Quatre-Pavillons*, qui ont été inaugurés le samedi 22 juillet dernier? La fête était donnée par lettres d'invitation toutes personnelles, au nom de M. le directeur de l'établissement thermal. Il y a eu d'abord un concert; M. Eugène Mathieu dirigeait l'orchestre; Mᵐᵉ Dorigny disait la populaire romance de Marie Stuart; M. Gilette jouait un morceau de harpe; M. Crambade chantait des grands airs d'opéras; Mᵐᵉ Elvire Pedemonte, née de Lagoanère, exécutait une valse de grand maître, sur le piano; et enfin M. Dubouchet disait plusieurs romances comiques; tous ces artistes ont été écoutés et applaudis par une assemblée nombreuse, quoique choisie. Mais la dernière note a été le signal d'une autre fête, à laquelle tout Enghien avait été convié par contre-coup. Sous les fenêtres du grand salon, il y avait trois bateaux sur le lac, et nous avons à faire, sans sortir de la vérité, un récit merveilleux que Pierre Corneille lui-même n'a osé mettre que dans la bouche du *Menteur*. Après le concert, disons-nous, il y a eu feu d'artifice sur l'eau; un temps propice et la rare habileté d'Aubin, l'artificier, s'étaient donné le mot pour présider aux jeux hydropyrotechniques. L'eau du lac répétait et doublait les effets produits par les pièces d'artifice ; et les gerbes, ces épées gigantesquement flamboyantes, déchiraient sans pitié le ciel, qui, lui aussi, avait une robe de bal. Du haut de leur balcon, dont la balustrade, point d'appui, disparaissait entièrement sous des fleurs, les dames invitées prenaient leur part de reines dans ce festin des yeux, servi pour elles, et dont le reste de la population se partageait si avidement les miettes. Les cavaliers de ces dames les avaient laissées presque seules, et ils étaient montés sur l'audacieuse terrasse qui, dominant l'hôtel, se mesurait avec les gerbes. La dernière fusée ne s'était pas encore pudiquement noyée dans le lac, comme une jeune baigneuse surprise tout à coup par des milliers de regards téméraires, que déjà le piano et ses instruments auxiliaires, par le prélude d'une valse, rappelaient à leur devoir les cavaliers de la terrasse. Le bal s'est prolongé jusqu'à trois heures du matin, et il a ressemblé, à s'y méprendre, au bal d'une préfecture de grande ville. Parmi toutes ces danseuses rayonnantes de jeunesse et de grâce, et parmi les dames plus timides qui se contentaient du coup d'œil et qui formaient le corps de la galerie, devant laquelle circulaient tant de glaces, il ne s'en trouvait pas une seule dont la position dans le monde pût être effleurée du soupçon. Cette composition irréprochable est un rare, un précieux progrès, que la nouvelle direction vient enfin de réaliser, pour purifier Enghien du souvenir de ces *fêtes des loups*, données dans le parc en 1848. Si bien qu'on s'est quitté, en laissant échapper la louange de l'ordonnance de cette fête musicale et dansante, qui doit se renouveler tous les samedis suivants.

S. A. I., la fille du roi Jérôme, princesse qui à coup sûr peut servir de modèle aux reines, a pris les eaux d'Enghien, il y a deux ans. Cette année, le 25 juillet, la princesse Mathilde, revenue depuis la veille à Saint-Gratien, a pris son premier bain, à dix heures du matin. S. A. I. a trouvé quelques strophes sur une tablette, tout près de sa baignoire. Ces vers sont inédits, nous allons les transcrire :

A son Altesse Impériale la princesse Mathilde.

Enghien, 25 juillet 1854.

A l'orient d'Enghien se lève
Une autre aurore après le jour ;
Quand le soleil n'est plus qu'un rêve,
Elle éclaire encor ce séjour.

Un palais, roi de la Vallée,
Règne de là sur cent châteaux ;
Chaque route n'est qu'une allée
De son parc, sous des noms nouveaux.

Autant que Venise eut de doges,
Autant la mer vit tour à tour,
Prodiguant l'or et les éloges,
Ces galants lui faire la cour ;

Mais si votre château, Princesse,
Daigne épouser les eaux d'Enghien,
C'est le lac qui prie et qui presse,
Qui tremble aux pieds de Saint-Gratien.

Lorsque votre regard embrasse
Les contours que Dieu lui donna,
Ce beau lac déride sa face,
Car vous en êtes *la Donna*.

> D'ailleurs, les bains du voisinage,
> Qui de tant de maux sont l'espoir,
> Lorsque vous en faites usage,
> Sont guéris de ne plus vous voir.

Enghien est abrité des vents du nord par les Champeaux, et du sud-ouest par Orgemont et par Sannois : cette situation favorable empêche que Saint-Gratien, qui sépare Sannois d'Enghien, soit réellement l'orient de cette dernière localité. C'est pourquoi, dans les vers que nous venons de citer, *l'orient d'Enghien* n'est qu'une figure. Avis aux géographes.

On pourrait presque dire, en vertu de la même licence poétique, qu'Enghien-les-Bains est l'orient de Paris. Le lac et ses pirogues à voile latine, ses youyous, et ses baleiniers, et ses régates, ce n'est pas tout encore ; il y a en dehors des fashionables nautonniers, beaucoup de gens que leurs manières, leur conversation, leur esprit font supérieurs au commun des martyrs, et qui passent l'été aux bains d'Enghien, par la même raison qu'on doit être à Paris l'hiver. Ces personnes d'élite ne font pas elles-mêmes d'œuvres d'art ; leur nom n'est pas du domaine du feuilleton ; mais elles font des artistes, dont la réputation, dont le talent presque dépend d'elles. Ne dites pas qu'elles vont aux eaux parce qu'elles sont un peu malades ; seulement elles tomberaient dangereusement malades, si elles n'y allaient pas. Il leur revient d'organiser l'été ; mais cette année, dans la vallée, elles en ont été empêchées par les deux mois de pluie qui ont commencé la saison, et qui ont bien fait perdre la recette de près d'un million à la petite commune d'Enghien.

La femme, surtout la femme du monde parisien, excelle à faire estimer son suffrage, un peu plus encore qu'il ne vaut; elle veut qu'on la mérite, tout en jurant qu'elle ne se donnera pas. *Les jeux de l'amour et du hasard* sont une pièce qui se représente incessamment sans rampe ni rideau, pendant la saison, à Enghien; les femmes commencent, dit-on, par y jouer le hasard, parce qu'on est aux eaux, et c'est justice qu'il nous reste l'autre rôle. Les manières, les mœurs et la mode s'établissent par les femmes, dans la ville thermale du département de Seine-et-Oise; les hommes ont bien assez de faire les lois et les gouvernements, sans l'aveu de ces dames, dans le département voisin. Après tout, qu'appelez-vous la société? C'est une communauté de biens et de maux, en quantité absolument égale; la femme apporte la grâce, c'est-à-dire la force invisible, l'attrait qui ne se raisonne pas, l'influence qu'on subit d'instinct; ainsi penche la balance de son côté, qui est celui du bien. Or l'empire de l'amour et de la politesse, ayant déjà fait naître les arts, peut fort bien de nos jours n'être pas inutile à la science.

Les maladies morales, les maladies imaginaires, quelles eaux réussiraient à les guérir, sans le concours d'une passion nouvelle? Est-ce qu'un homme, marié ou non, n'est pas toujours assez malade pour vouloir une garde-malade? Puis, lorsque la santé a été altérée passagèrement, la jeunesse ressuscite bien vite, car toute convalescence est une adolescence nouvelle. Supposons, si l'on veut, qu'une jolie femme d'esprit, comme nous en voyons à Enghien, se baigne pour s'entretenir douces la peau, l'haleine et la voix; si toute femme est actrice, tout homme est directeur privilégié de son théâtre, et l'une joue au profit de l'autre forcément. En somme, les médecins ne prescrivent la solitude que pendant l'heure que dure le bain. La bonne compagnie n'est pas un mal pour les personnes valides ; elle est indispensable aux gens malades, qui vont boire de l'eau hors de leur résidence accoutumée, et dont le goût n'est pas entièrement dépravé.

Cela posé, ajoutons que, sans aucune femme, une réunion d'hommes peut être une société savante et grave, une Académie des quarante, mais qu'elle a beaucoup de peine à rester de bonne compagnie. La présence, l'entretien de quelques jolies femmes, fussent-elles coquettes, nous semblent un complément très-impérieusement nécessaire à une bonne médication thermale. Que s'il est indiscret de demander à une dame pourquoi elle va boire à la source, c'est que la modestie est à Enghien-les-Bains à la hauteur du dévouement. Serait-il bien modeste à elle de publier dans quelles vues charitables, d'application présente ou à venir, elle a loué une villa ou un appartement près de la source Cotte? Par malheur Pope n'avait pas deviné tout ce qu'il peut y avoir de louable, pour une jeune femme, à participer aux plaisirs, aux bals et aux concerts, aux promenades et aux douces causeries de toute une saison thermale. — Pourquoi donc prenez-vous les eaux? demandait Pope à une baigneuse. — Par pure fantaisie, lui répondait la dame. — Eh bien ! les eaux l'ont-elles guérie? répliquait l'écrivain anglais avec la cruauté de l'ironie.

Les conseils hygiéniques que le docteur Pierre Bouland donne aux baigneurs, dans son ouvrage sur la spécialité, comportent les distractions. « Je ne parle pas, dit-il (page
» 172), du repos d'esprit, des distractions, etc. ; chacun
» en sait là-dessus autant que le médecin, et ne fait que
» ce que bon lui semble. » Sans vivre comme un épicu-

rien, on peut avoir l'esprit vif et osé ; la société des femmes est encore d'un grand secours à l'homme du monde, pour rester dans les bornes de cette sobriété à table, qui est indispensable au succès du traitement thermal. En résumé, fi du matérialisme ! L'extrême proximité de Paris fait que les habitants de la vallée s'y transportent aisément, pour leurs affaires, et que les habitantes, en revanche, vont donner à la grande cité des nouvelles de l'été, de la campagne, des plaisirs et du monde, avec des espérances pour la saison des frimats. On cause si bien à Paris, lorsqu'on n'y doit passer qu'une heure ou deux, et il est si recommandable de s'occuper, dans le discours, plus de son prochain que de soi-même ! L'été d'Enghien prépare l'hiver là-bas.

Les médecins de la saison, puisqu'ils conseillent comme régime l'usage des viandes rôties et grillées, devraient bien ordonner, sous peine de fièvre, à messieurs les restaurateurs, d'avoir un gril et une broche, que par malheur le four a remplacés dans une ou deux des maisons où l'on mange. Si ces habiles restaurateurs servent des cailles en toute saison, c'est un peu plus que la loi n'autorise ; mais le code et le *codex* approuvent que le gigot aille à la broche. Les fruits acides, les légumes féculents, par exemple, sont mis à l'index par M. l'inspecteur des eaux. M. le docteur C. de Puisaye, inspecteur adjoint, proscrit les boissons spiritueuses, « à l'exception, toute-
» fois, du vin dont on doit faire un usage modéré (voir son
» livre, page 390). » Les médecins des eaux d'Enghien se prononcent ailleurs pour le lait, comme très-propre à couper l'eau sulfureuse de la buvette ; mais à table ils tolèrent le vin, et ils renient l'école qui, autrefois, faisait de la table d'hôte des baigneurs une lactation continue. La

diète lactée ne peut avoir qu'un temps. Théophile de Bordeu, au surplus, a écrit les quelques lignes qui suivent :
« Rappelons entre mille exemples qu'on pourroit citer,
» celui des vieillards dont parle Fioravanti dans ses *Cap-*
» *pricci medicinali*, et à qui il demandoit avec curiosité,
« comment ils s'étoient conduits pour devenir si vieux,
» et être toujours sains et vigoureux ; ils répondirent
» tous que la règle dans leur repas, la sobriété, quel-
» ques purgations, et surtout quelques verres de bon
» vin de temps en temps les avoient conduits au point
» où ils étoient, il n'y en eut pas un qui dit avoir eu re-
» cours au lait [1]. »

DES MALADIES QUE TRAITENT LES EAUX D'ENGHIEN. — On lit vers la fin de l'ouvrage de MM. C. de Puisaye et Charles Leconte :

« En résumé et comme conclusions générales de ce
» travail, les eaux d'Enghien conviennent :
» 1° Dans les affections diathésiques, et notamment
» dans les diathèses scrofuleuse, tuberculeuse, rhuma-
» tismale et herpétique ; elles sont nuisibles, ou pour
» le moins inutiles, dans les diathèses goutteuse et can-
» céreuse. Dans la diathèse syphilitique, les eaux d'En-
» ghien agissent sur l'ensemble de la constitution, soit
» que celle-ci ait été profondément lésée par la maladie
» elle-même, soit par les moyens employés pour la
» combattre. Quant aux syphilides proprement dites,
» les eaux sulfurées ont sur elles une action analogue
» à celle qu'elles ont dans les autres dermatoses.
» 2° Les eaux d'Enghien doivent être classées au pre-

---

[1] *Dissertations sur les eaux minérales du Béarn*, ouvrage d'Antoine de Bordeu. En tête de l'ouvrage il y a un avertissement, œuvre de Théophile, fils d'Antoine.

» rang dans le traitement des affections catarrhales,
» telles que la bronchite, la laryngite et les diverses
» espèces de pharyngite chronique. Elles ont une ac-
» tion efficace sur la sécrétion morbide, qu'elles tendent
» d'abord à modifier, puis à faire disparaître.

» Dans d'autres affections catarrhales, telles que celle
» du tube intestinal, de l'utérus, de la vessie, du
» vagin, dont la sécrétion, par son abondance, porte
» atteinte à la constitution, c'est sur les fonctions géné-
» rales et principalement sur les phénomènes de nutri-
» tion, que les eaux sulfurées dirigent toute leur action.

» 3° La médication sulfurée convient dans ces troubles
» fonctionnels généraux que déterminent la chlorose,
» l'anémie, et dans certains autres états pathologiques
» où prédomine l'élément scrofuleux ou lymphatique.

» 4° Dans les engorgements chroniques du corps ou
» du col de l'utérus, les eaux sulfurées ne sont appli-
» cables qu'autant qu'elles sont administrées sous forme
» de douches révulsives.

» 5° Les eaux d'Enghien ne sont efficaces que dans
» les névroses qui attaquent les fonctions de nutrition,
» et qui, par conséquent, réagissent d'une manière
» fâcheuse sur l'état général; quant à celles qui portent
» spécialement sur la sensibilité ou le mouvement, on
» n'obtient de résultats favorables qu'en les attaquant
» par la méthode perturbatrice.

» 6° Les eaux d'Enghien trouvent encore leur appli-
» cation dans certaines maladies locales où une stimu-
» lation est indiquée; dans celles aussi qui, par leur
» durée, retentissent sur la santé générale, et dont la
» cause initiale peut être rapportée à une des diathèses
» précédemment indiquées. »

RÉSUMÉ des analyses des EAUX sulfureuses d'ENGHIEN rapportées à 1,000 grammes d'eau.

SUBSTANCES trouvées DANS L'EAU D'ENGHIEN.		FOURCROY. SOURCE DU ROI.	M. HENRY FILS.		M. FRÉMY. SOURCE DE LA PÊCHERIE.		M. LONGCHAMP. SOURCE COTTE ou DU ROI.	OBSERVATIONS.
			SOURCE DU ROI.	SOURCE de la PÊCHERIE	POUR BOISSON.	POUR BAINS.		
		gr.	gr.	gr.	gr.	gr.	gr.	(a) Calculé d'après les nombres de Fourcroy.
Substances volatiles.	Azote......	»	0,017	0,040	0,02	0,026	0,0088	(a) Fourcroy regardait l'hydrogène sulfuré comme libre.
	Acide hydrosulfurique libre....	0,037 (a)	0,018	0,016	0,039 (d)	0,057 (d)	0,0160	(b) Cette analyse fut faite en 1822 et 1823, à l'époque de
	Acide carbonique..	0,202	0,248 évalué.	0,254	0,260	0,462	0,0904 (c)	la création de l'établissement des bains, et alors on avait
Substances fixes.	Hydrosulfates { de chaux...	»	0,016 } 0,117	»	0,104	0,079 } 0,184	0,0920 } 0,1017	placé beaucoup de conduits et d'ouvrages en maçonnerie qui ont probablement donné
	de magnésie..	»	0,101	0,119	»	0,105	»	lieu à la quantité de sulfate de chaux trouvée.
	de potasse. .	»	»	»	»	»	0,0097	(c) M. Longchamp a porté les sous-carbonates à l'état de
	Muriates { de soude....	0,027	0,050	0,0205	»	0,017	»	carbonates, comme cela doit être pour la composition na-
	de magnésie..	0,054	0,040	»	0,028	0,100	0,0107	turelle de cette eau; aussi les quantités de ces sels sont-
	de potasse..	»	»	»	»	»	0,0423	elles plus grandes dans son analyse, et la proportion d'a-
	Sulfates { de magnésie. .	0,082	0,105	0,073	0,130	0,024	0,0470	cide carbonique libre plus faible, ainsi qu'on le pense
	de chaux....	0,372	0,450 (b)	0,061	0,290	1,280 (e)	0,1210	bien, puisqu'une partie se trouve alors combinée.
	de potasse...	»	»	»	»	»	0,0423	(d) M. Frémy donne ici tout l'hydrogène sulfuré qu'il a
	Sous-carbonates { de chaux...	0,239	0,330 } (c)	0,400	0,340	0,322	0,4686 } (c)	trouvé, soit libre soit en combinaison.
	de magnésie..	0,018	0,038	0,030	0,060	0,169	0,0525	(e) La proportion de sulfate de chaux, très-forte ici, provient
	de fer.....	»	»	»	0,003	0,035	»	aussi des conduits en maçonnerie que M. Frémy a fait
	Silice.	des traces.	0,040	0,054	0,060	0,030	0,0524	remplacer dans l'établissement par d'autres en zinc.
	Alumine.	»	»	»	»	»	0,0408	
	Matière végéto-animale...	des traces.	quantité indéterminée.	0,025	0,030	0,045	quantité indéterminée.	
		Hydrogène sulfuré libre, en tout 0,0376 en précipitant le soufre par les acides nitreux ou sulfureux.	Hydrogène sulfuré, en tout 0,063 par les sulfures de plomb et d'argent.	Hydrogène sulfuré, en tout 0,064 Idem. 0,0066	Hydrogène sulfuré, en tout 0,039 par le sulfure de cuivre.	Hydrogène sulfuré, en tout 0,057 idem.	Hydrogène sulfuré, en tout 0,0533 par le sulfate de cuivre en précipitant à l'aide du deuto-sulfate acidulé.	

Suite du Résumé des analyses des eaux d'Enghien. — MM. de PUISAYE et LECONTE.

SUBSTANCES TROUVÉES.	SOURCE n° 1, OU COTTE.	SOURCE n° 2, OU DEYEUX.	SOURCE n° 3, OU PÉLIGOT.	SOURCE n° 4, OU BOULAND PÈRE.	SOURCE n° 5, OU DE LA PÊCHERIE
	gr.	gr.	gr.	gr.	gr.
Eau	1,000,024,819	1,000,131,197	1,000,116,035	999,977,116	999,995,680
CORPS GAZEUX.					
Azote.	0,019,560	0,021,260	0,023,290	0,022,640	0,014,790
Acide carbonique libre. .	0,119,580	0,117,680	0,139,550	0,121,300	0,181,540
» sulphydrique libre. .	0,025,541	0,029,410	0,015,695	0,024,755	0,046,281
COMPOSÉS FIXES.					
Carbonate de potasse. . .	»	»	»	»	0,016,750
» de soude. . .	»	»	»	»	0,067,747
» de chaux. . .	0,217,850	0,181,110	0,189,580	0,228,200	0,297,772
» de magnésie. .	0,016,766	0,058,204	0,007,482	0,058,333	0,087,232
Sulfate de potasse. . . .	0,008,903	0,006,362	0,009,108	0,010,493	»
» de soude. . . .	0,030,310	»	0,042,777	0,031,904	»
» de chaux. . . .	0,319,093	00,354,200	0,276,964	0,358,228	0,176,129
» de magnésie. . .	0,090,514	0,013,089	0,091,848	0,022,214	»
» d'alumine . . .	0,039,045	0,033,017	0,033,320	0,045,443	0,022,098
Chlorure de sodium. . .	0,039,237	0,032,157	0,036,527	0,060,989	0,043,003
» de magnésium . .	»	0,007,240	»	»	»
Acide silicique.	0,028,782	0,015,104	0,017,924	0,038,385	0,030,978
Oxyde de fer.	traces.	traces.	traces.	traces.	traces.
Matière organique azotée .	indéterminée.	indéterminée.	indéterminée.	indéterminée.	indéterminée.
	1,001,000,000	1,001,000,000	1,001,000,000	1,001,000,000	1,001,000,000

Épilogue. — Mais, grâce aux citations, nous venons de nous élever, que Bordeu nous pardonne, jusqu'à la science qui est sienne : les dernières questions que notre plume a effleurées intéressent la santé publique, la vie humaine, c'est à n'en pas douter. La littérature ferait très-bien de ne pas même poser de tels problèmes, elle qui est si souvent mise en question, trahie, reniée, considérée comme un moyen, depuis qu'elle conduit aux honneurs. Muse de la vallée, reprends tes allures de touriste ; l'amazone est ta robe, le binocle ton observatoire, le *riding-stick* ton sceptre. Ton cheval unique, mais il est bien à toi, piaffe d'impatience sur le pont de fer d'Enghien, et il lui faut changer de place, tout au moins de commune, c'est-à-dire de chapitre. Muse nouvelle, tu n'as fait qu'une visite à la science, divinité locale, gracieusement hospitalière ; la médecine est à même, quand tu l'appelleras à ton aide, de te rendre cent visites pour une. Les naïades d'Enghien-les-Bains sont retournées à leurs fontaines, après avoir fait ronde autour de toi ; il y a eu place pour tes chants, grâce à elles, entre la coupe d'eau minérale et les lèvres sur lesquelles elles rappellent jeunesse et sourire ; Dieu merci, tu as fait provision de santé, toi aussi, en buvant avant d'être malade. Maintenant que nous avons dit adieu aux sources curatives dont la vertu tant éprouvée l'emporte, comme utilité, sur celle de la poésie, *paulo* minora *canamus*.

La chronique officielle de la localité est grosse de bonnes nouvelles. L'eau de la Seine va être amenée jusqu'à Enghien, jusqu'à Montmorency, et dans toutes les communes voisines ; un contrat vient d'être signé à cet effet avec une grande compagnie, et les travaux du sous-sol se préparent. Il y a bien des difficultés, quant à l'emplacement de l'église nouvelle ; les uns la veulent au milieu de la grande rue, les autres là où est la chapelle ; mais nous désirons ardemment que pas une expropriation pour cause d'utilité publique ne vienne diviser ces charmantes, ces coquettes propriétés actuelles, auxquelles Enghien doit d'être une commune. Nous nous en rapportons, d'ailleurs, aux sentiments de convenance et d'équité du premier magistrat municipal. La mairie provisoire n'est qu'une location ; la commune va avoir une mairie à soi, c'est bien le moins. L'instituteur d'Enghien, M. Gustave Thomas, qui a été d'abord maître d'écriture à Paris, compte cinquante élèves ; mais école et mairie, avant d'être installées près du pont du chemin de fer, ont eu pour domicile l'orangerie de l'établissement thermal, puis celle du restaurant Bourlier. Le jeune instituteur d'Enghien, nommé au mois de septembre 1851, sur la demande de M. de Cursay, n'a vu improviser le mobilier qu'il faut à une école qu'en 1852, grâce à une souscription ; les encouragements de M. Robin, maire actuel, n'ont pas manqué aux écoliers ; il en est résulté, en somme, un grand succès pour la nouvelle commune.

Si le commencement de la dernière saison a été pluvieux et maussade, le soleil a été splendide les mois suivants ; c'est une de ces années où l'automne hérite du printemps. La fête locale d'Enghien a été fort jolie ; elle avait décimé à son profit le Paris élégant. Quant à l'affiche signée *Trézel, adjoint*, qui annonçait la fête, elle était un chef-d'œuvre du genre, non-seulement par son ampleur, deux mètres sur un mètre et demi, mais encore par sa rédaction, résumant en peu de lignes tous les éloges dus à Enghien. L'esprit mis en affiche n'était pas tout ; car le feu d'artifice, les illuminations et la musique étaient dignes de l'assemblée. Parmi les assistants, il y avait un des membres de cette famille Rothschild, à laquelle Lequesne a sauvé, en juin 1848, comme nous l'avons dit plus haut, environ deux millions et demi.

De prodigieux embellissements vont encore être apportés à Enghien. Le parc et le jardin de l'établissement thermal, avant peu, ne feront plus qu'un : des daims et des chevreuils y seront élevés, comme dans un parc de chasse, à côté de la pisciculture. De l'autre côté du lac, si le bois Jacques ne se rapproche pas d'Enghien, de belles allées iront jusqu'au bois Jacques. Les salons dans lesquels se donnent de si beaux bals, et qui toute cette année ont eu pour hôte M. Haussmann, préfet de la Seine, qui s'y connaît en fait de réceptions comme en matière d'administration, ces salons vont encore être enrichis, l'année qui vient ; leurs murailles blanches fraîchement enduites auront, comme un palais, leurs fresques. Si M. et Mme Bécourt, qui font si noblement, si joliment les honneurs du salon, avec l'aide incessante de M. Batailler, directeur de l'établissement, n'avaient pas sous la main d'excellents chefs d'orchestre, Eugène Mathieu et le pianiste Henry, ils seraient capables d'enlever Strauss à Vichy, Musard aux bals de l'Opéra, Dufresne au palais des Tuileries.

Quant au lac, son avenir n'est pas moins un objet de sollicitude paternelle pour la nouvelle direction. Des embarcations plus nombreuses, pavoisées brillamment, le sillonneront pendant l'été, et les fêtes nautiques s'y succéderont avec moins d'intervalle. L'hiver même ne sera plus pour la pièce d'eau une saison de mort : il sera organisé des réunions de patineurs, lorsque l'épaisseur de la glace offrira la sécurité indispensable. Gracieux lac, tout voisin des réservoirs de la santé, n'engloutis personne, prends-y garde ; souviens-toi que voisinage oblige, et que tu dois l'impunité aux plaisirs, même dans l'imprudence ; tu n'es pas une piscine : les bains sont défendus, hiver comme été, dans le lac.

Aussi bien que d'éloges sont dus, pour le passé, à ce cher lac d'Enghien, visité, aimé, admiré par Catinat et par Jean-Jacques ! Qui n'a pas fait le tour du lac ? Que dis-je ! les louanges du lac ont été chantées au salon, le jour même de la fête, par Mme Allard-Blin, la spirituelle chanteuse, sur un air fait exprès par Ropicquet, de l'Opéra. Cette première audition en petit comité n'a pas nui au succès de l'autre romance, *Les eaux d'Enghien*, qui est devenue la Marseillaise locale, et que Mme Allard-Blin a dite au concert du *Jardin-des-Roses*. Voici les stances nouvelles intitulées *Le lac d'Enghien* :

> Le soleil, chaque matin,
> Sur de brillants coteaux saute,
> Avant d'aller prendre un bain
> Dans le lac, amoureux hôte.
> Le soleil veut qu'aux beaux jours
> Sa toilette s'y refasse,
> Quand le rêve aux alentours
> Au réveil livre la place.
>   Sur l'eau toujours
>   Voguez, amours.
>
> Midi met sa nappe d'or
> Sur le lac, table mutine,
> Dont les plis tremblants encor,
> Font trembler plus d'une ondine.
> En revanche, ses contours,
> Pleins d'images irisées,

Sont de gracieux séjours,
Où chaque heure a ses rosées.
    Sur l'eau toujours
    Voguez, amours.

Tous les cygnes, en volant
Plutôt qu'en nageant sur l'onde,
Sont des flots de marbre blanc,
Bien plus blonds que la plus blonde.
Nos cheveux des derniers jours
Sont leur duvet de jeunesse ;
Et pourtant, grâce aux amours,
L'eau répond de leur espèce.
    Sur l'eau toujours
    Voguez, amours.

D'où vient, lorsqu'on quitte Enghien,
D'où vient que l'on se rappelle
Ses beaux peupliers, si bien,
Mâts de plus d'une nacelle ?
C'est qu'un cœur avec détours,
Chaque soir, d'un coup de rame,
Pour un cœur y fit des jours,
D'un filet rompant la trame.
    Sur l'eau toujours
    Voguez, amours.

N'en déplaise aux puits forés,
Croyons-en les sources pures
Qui, plus haut et dans les prés,
Ont pour seul chant des murmures.
L'eau du lac, aux premiers jours,
Des larmes d'amour est née ;
Ces pleurs donc ont pris le cours
Qu'eût dû prendre l'hyménée.
    Sur l'eau toujours
    Voguez, amours.

NAPOLÉON-SAINT-LEU.

Nous aurions bien voulu inventer un itinéraire qui permît aux explorateurs de parcourir toute la vallée, sans jamais revenir sur leurs pas. Mais nous n'avons reculé que devant une tâche impossible. D'un côté, il est difficile de marcher un quart-d'heure dans cette jolie contrée sans trouver un village, ou du moins un hameau; de l'autre, il n'y a que la vue, prise des coteaux qui la dominent, qui puisse en relier les parties. N'y a-t-il pas, d'ailleurs, vingt manières de voir la même localité ? Ces variétés d'aspect permettent à tous les regards d'en faire le tour, pour ainsi dire, sans la reconnaître. Quels yeux exercés ne s'y tromperaient ! Nous avons dû prendre au hasard, l'une après l'autre, les communes dont les noms composent le sous-titre de ce livre. Dans cette loterie d'expédient, Napoléon-Saint-Leu a tiré le numéro 3. De la station de Franconville, il part un omnibus qui, se dirigeant vers le nord, traverse le Plessis-Bouchard, avant d'arriver à Saint-

Leu ; mais le chemin de fer du Nord n'est pas le seul qui desserve, par correspondance, cette localité ; la concurrence d'un service régulier la met incessamment en communication avec le chemin de fer d'Argenteuil. Les voitures particulières prennent par Enghien et par Eaubonne, pour se rendre à Saint-Leu ; c'est une route départementale. Enfin, on court vers l'est, en allant de Saint-Leu à Saint-Prix, à Montlignon, à Andilly, à Margency et à Montmorency, par une route et par des chemins qui sont à mi-côte.

Le saint dont la commune qui nous occupe a pris le nom s'appelait saint Loup ; on ne lui a donné que plus tard le nom de saint Leu, probablement pour qu'il fût distingué de saint Loup, l'évêque d'Auxerre, prédécesseur de saint Germain l'Auxerrois. Saint Leu, pour lui, était fils de Betton, allié à la famille royale ; Austregilde, sa mère, avait pour frères saint Aunaire, évêque d'Auxerre, et Austrein, évêque d'Orléans. Les oncles de saint Leu pourvurent à son instruction ; il se fit prêtre. Après la mort de saint Artème, on l'élut évêque de Sens. Clotaire II, roi de Neustrie, voulant se rendre maître de cette ville, en fit faire le siége par Blidebod, son lieutenant ; il profitait d'un interrègne pour risquer cette expédition : Thierry, roi de Bourgogne et d'Austrasie, venait de mourir. La ville de Sens résistait mal ; saint Loup fit sonner le tocsin, pour appeler le peuple à l'église ; le son des cloches à toute volée jeta l'alarme parmi les assaillants, qui prirent la fuite. Clotaire cependant parvint à s'emparer de la Bourgogne, et il accrédita à Sens, comme gouverneur, Faroul, au-devant duquel l'évêque, dans la fierté de son patriotisme, ne voulut pas se rendre. Aussi le roi Clotaire exila-t-il saint Leu à Vimeu, en Picardie. L'évêque, avant de quitter la ville, jeta son anneau pastoral dans ces fossés pleins d'eau, qui n'avaient pas été une défense suffisante; en même temps il déclarait qu'il ne reviendrait jamais si la bague ne se retrouvait pas. Par bonheur un barbeau fut pêché près de Melun, dans les arêtes duquel fut justement trouvé l'anneau du saint; et le roi, revenu à de meilleures idées, lui restitua tous les insignes de la dignité épiscopale, en présence du clergé de Sens, venu à Rouen au-devant de son prélat. Nous ne savons rien de plus sur le compte du grand personnage que nous rappelle le village de Saint-Leu, qui lui-même est en train de devenir une ville.

Au commencement du XII° siècle, l'église de Saint-Leu, dit également Saint-Loup, était donnée par Fulchard de Montmorency, seigneur de Banterlu, fils de Thierry, à l'abbaye de Saint-Martin de Pontoise. La seigneurie de Saint-Leu appartenait depuis deux siècles aux Montmorencys. Jean, le fils de Bouchard, grand panetier de France, « rendit aveu de la maison et châ-
» teau de Saint-Leu, en 1368, à Charles, sire de Mont-
» morency, son cousin; » et à Jean succéda Guillaume en 1379, qui mourut six années après. Au reste, ces deux derniers habitaient à Paris un hôtel sis dans une rue dite *Au Seigneur de Montmorency*, près celle Saint-Martin, et cet hôtel avait appartenu à Charles de Montmorency, grand panetier et maréchal de France en 1363; l'un et l'autre, grâce au voisinage, furent inhumés à Paris, à Sainte-Catherine de la Couture (Culture-Sainte-Catherine), devant le grand autel. L'an 1398, messire Gautier, sieur d'Argilliers, était le seigneur de Saint-Leu. Au siècle suivant, Jean de Cramailles épousait une

dame de Thorote, fille d'une Montmorency; il possédait la terre de Saint-Leu, de moitié avec Guillaume Desprez, bailli de Chartres, grand fauconnier de France; ces deux propriétaires en firent hommage à Jean, bâtard de Luxembourg, seigneur de Montmorency. Confisqué ensuite par Louis XI, en 1474, le domaine est donné à Regnaud le Turc. Plus tard, en 1527, il est vendu par Joseph de Montmorency au connétable Anne; déjà le roi François Ier en a fait don au vaillant capitaine, qui par conséquent pourrait bien se dispenser de le payer à Joseph; mais Philippe de Montmorency, baron de Nivelle, porte au même temps le titre de seigneur de Saint-Leu, ce qui ferait croire qu'il y a division.

Mais si, dès 1430, la branche de Luxembourg se greffe sur la tige de Montmorency, l'année 1484 voit Pierre d'Orgemont donner à Guillaume de Montmorency cet admirable domaine de Chantilly, dont les Condés bientôt seront si glorieux. Il ne faut pas confondre l'endroit appelé Saint-Leu, qui est situé non loin de Chantilly, avec notre commune de la vallée de Montmorency; tous deux ont cependant appartenu à la maison de Condé, depuis la donation que lui a faite Louis XIII, en 1661; les princes de Condé ont été les seigneurs de notre Saint-Leu, à nous, le jour où ils ont succédé à l'infortuné Henri II, duc de Montmorency, sous le même règne. Les Condés, pendant plus d'un siècle, y reçoivent foi et hommage; néanmoins cette terre est divisée en plusieurs fiefs. Le sieur de Lesseville, conseiller au parlement, a le titre de seigneur censier, vers 1690, et Lorieul de la Noüe, dix ans plus tard. Dufort, maître des comptes, et puis son fils, introducteur des ambassadeurs, habitent le château de Saint-Leu, celui du connétable, au commencement de la seconde moitié du XVIII° siècle, et ils en sont bien les seigneurs.

Pour l'église, elle avait reçu le dépôt des dépouilles mortelles d'Aiglantine de Vendôme, femme de Matthieu de Montmorency. De plus, elle possédait des reliques de sainte Ursule, enfermées dans une châsse de cuivre. Mais le XVII° siècle finissant, l'édifice religieux menaça ruine; il fallut le renouveler. A la place de l'ancienne église, c'est-à-dire quelque peu en dehors du village, fut bâtie une chapelle; et une église nouvelle s'éleva au milieu de Saint-Leu. Charles Mangot, curé du lieu, prieur de Sainte-Marie, chapelain de la Sainte-Chapelle à Paris, seigneur d'Orvilliers à Chambly, opéra cette translation, et sa nouvelle église fut dédiée le 7 novembre 1690. La nomination à la cure appartenait toujours à l'abbaye de Saint-Martin. Les deux bancs du seigneur censier passaient d'un édifice dans l'autre; en revanche, rien n'était perdu des 500 livres de rente que la chapelle Saint-Jacques, également conservée dans la nouvelle église, possédait à Soisy depuis 1474.

Or, il y avait aussi à Saint-Leu une maladrerie, qui devait recevoir les malades des onze villages environnants. Bouchard de Montmorency avait légué, par testament, en 1237, 10 livres à cette léproserie, dite de la Chaumette, *Calmeta*. Près de cent ans plus tard, Jean de la Chaumette, chancelier de la cathédrale de Meaux, fondait une chapelle au dit lieu, aux titres de Notre-Dame et de Saint-Jean-Baptiste. L'acte de confirmation donné en 1343, par l'évêque de Paris, Foulque de Chanac, ajoutait que Jean, abbé de Sainte-Geneviève, hypothéquait la grange de Boissy, pour l'entretien de cette chapelle, donnée à l'abbaye de Sainte-Geneviève de Paris. Bouchard II, seigneur de Saint-Leu et de Montmorency, avait également amorti, dix ans plus tôt, « des héritages assiz en la rue du Moustier-Saint-Leu et » autres fiez, pour la fondation d'une chapellenie que » Jean de la Chaumette, chancelier de l'église de Saint-» Étienne de Meaux, entend fonder en accroissement du » divin service. Ces maisons lui appartenant. » A la chapelle de la Chaumette était adjointe une communauté dont Jean de Borret fut le premier prieur, à l'époque où Jean de Saint-Leu, prieur de l'abbaye de Sainte-Geneviève, était élu abbé par les genovéfains. Jean de Borret, en quittant la Chaumette, fut appelé à succéder à Jean de Saint-Leu, comme abbé de Sainte-Geneviève. Tant et si bien que la maison religieuse de la vallée de Montmorency finit par disparaître dans celle de Paris, dont elle était l'annexe. Il n'y eut plus qu'un sieur, à la place d'un prieur de la Chaumette; ce fut tout simplement un fief. Dès 1517, un procès relatif aux eaux de ce domaine était vidé par un arrêt du parlement, entre Frolo, le sieur de la Chaumette, et Philippe de Montmorency, le haut-baron. Au XVIIIe siècle, Hugues Mauduit, sieur de la Chaumette, vendit son patrimoine à une Bernardine, Anne de la Rivière, qui avait obtenu la permission d'établir, avec choix du lieu, dans le diocèse de Paris, un prieuré de Bénédictines, ou de religieuses de l'ordre de Citeaux. Après quelques années de tentatives malheureuses, cette pieuse dame dut renoncer à son projet. Aujourd'hui la Chaumette n'est qu'une habitation très-remarquable, propriété de M. Moulin du Fresne; vaste parc, planté à l'anglaise, prairies et vues, rien ne lui manque. Le bâtiment actuel date du règne de Louis XV.

Les religieux de l'abbaye du Val, près l'Ile-Adam, s'ils n'avaient pas de succursale à Saint-Leu, y possédaient des vignes, dès le XIII° siècle; Guillaume de Cevrent, écuyer, en avait été le vendeur. En 1288, Jean d'Argenteuil avait libéralement ajouté un clos de vignes à celles dont l'abbaye du Val était propriétaire, sur le territoire de Saint-Leu. Le collége de maître Gervais, qui était un des petits colléges de Paris, avait eu pour élève boursier Denis Le Hepteur, devenu au XV° siècle chancelier de l'église Notre-Dame de Paris; Le Hepteur eut la gratitude de donner, une fois enrichi, divers biens, situés à Saint-Leu, au collége qui l'avait instruit et élevé. Ces biens furent englobés probablement dans les confiscations légales qui réunirent au collége Louis-le-Grand les boursiers de tous les petits colléges, bien avant la révolution; celle-ci n'eut plus qu'à faire biens nationaux les petites fortunes qui constituaient les bourses, et de cette sorte le jansénisme, qui avait chassé les jésuites de leur collége Louis-le-Grand et ensuite obtenu l'arrêt du parlement y réunissant les boursiers, se trouva avoir travaillé réellement pour la révolution.

Aussi bien il y avait deux châteaux à Saint-Leu à la fin du XVIII° siècle. Pendant que le père Cotte découvrait des sources sulfureuses près de l'étang d'Enghien, en 1776, Delaborde, directeur de la monnaie de Bordeaux, était propriétaire d'un château qu'il s'était construit, qu'on appelait château d'en bas, et qu'on trouvait à droite, en entrant à Saint-Leu, quand on arrivait de Paris. La famille d'Orléans en fit bientôt l'acquisition, et les enfants du duc, appelé depuis Philippe-Égalité, furent élevés à Saint-Leu par la marquise de Genlis; ce séjour faisait les délices de la marquise. On trouverait encore, dans la commune, des vieillards qui se rappellent avoir rempli un rôle dans des comédies enfantines, jouées par le duc de Chartres, plus tard roi des Français, et par la princesse Adélaïde, sa sœur. Que si la grande révolution excepta de ses proscriptions la personne du duc d'Orléans, toute la fortune du prince dut contribuer du moins aux frais de l'érection de la liberté en culte, et d'avides créanciers s'emparèrent de son château. Un gentilhomme, M. de Giac, en fit l'acquisition; mais la propriété devint domaine national, quand ce nouveau seigneur eut été retranché, sur l'échafaud, du nombre des vivants. Un négociant du Havre, nommé Imbert, s'en rendit adjudicataire. Or le village de Saint-Leu s'appelait Clairefontaine en ce temps-là.

Pendant que Philippe-Égalité disposait du château d'en bas, le président Drouin, seigneur du grand fief de Saint-Leu, avait le vieux château, celui d'en haut, et qu'avait habité le connétable Matthieu de Montmorency. Ce seigneur de Saint-Leu vivait, dans son domaine, avec une femme qui n'était que sa maîtresse, sans que S. M. Louis XVI s'inquiétât de cette infraction au décorum de la magistrature; mais lorsque Clairefontaine prit momentanément la place de Saint-Leu, la même liberté ne fut pas laissée à Drouin, bien qu'alors il n'eût plus de fonctions à remplir, par le peuple souverain de 1793. Un jour, on entraîna cet ancien président, à l'improviste, devant un représentant du peuple, soldat qui revêtait l'autorité municipale, et il fallut se marier au tambour. Le bonhomme ne mourut de ce mariage forcé qu'un certain nombre d'années après. Sa veuve hérita du château.

Non loin de là, en 1804, le sieur Imbert rendit une

visite à la veuve, en lui annonçant son projet de se débarrasser d'un fardeau dont il était las ; c'est-à-dire qu'il lui proposait de lui vendre le château d'en bas, afin que ce dernier fût réuni à l'ancien fief. Mme Drouin, adoptant parfaitement les motifs que le châtelain faisait valoir pour abdiquer, lui offrit, au contraire, de renoncer elle-même à tous ses droits, pour que la réunion eût lieu ; les projets de retraite qui avaient amené la démarche du voisin, étaient une raison majeure pour que la voisine fût modeste, quant au prix qu'elle avait à demander de son château. Puis, on n'était encore qu'au Consulat, et le gouvernement, ayant déjà changé de forme plusieurs fois, allait encore se modifier ; c'était peu rassurant pour la propriété : raison de plus pour en faire bon marché. Après avoir trouvé extravagant et onéreux l'expédient de la veuve, Imbert, par galanterie, par dévouement, et en faisant abnégation de ses propres goûts et projets, lui offrit d'un air détaché une somme inférieure à celle de la demande qu'elle avait hasardée. Crainte de dédit, ce chiffre fut accepté de suite, et le contrat fut signé sans délai. Le lendemain seulement, Mme Drouin apprit que Louis, troisième frère du premier consul, avait traité d'avance des deux châteaux avec son acquéreur, et qu'elle avait été la dupe des airs mélancoliques et désintéressés de celui-ci. C'est ainsi que feu Drouin, l'époux par ordre, venait d'être vengé en quelque chose par le voisin Imbert.

Il fallait à Saint-Leu des princes, au lieu de bourgeois retirés des affaires, pour y continuer la tradition des Montmorencys, des Condés : Louis-Napoléon Bonaparte et sa femme, Hortense-Eugénie de Beauharnais, fille de l'impératrice Joséphine et d'Alexandre, vicomte de Beauharnais, premier mari de l'impératrice, comblaient avec honneur ce vide réel. Celle que la comtesse Fanny de Beauharnais appelait sa céleste filleule, n'avait pas attendu que l'empire la fît princesse pour avoir un courage et une bonne grâce augustes; car elle avait intercédé vivement en faveur d'un des membres de la famille illustre dont s'était vendu l'héritage, et le premier consul, avant de condamner à mort le duc d'Enghien, avait eu à subir les prières et les larmes de sa jeune bru, bien qu'il fût resté inflexible. La princesse, au surplus, avait naturellement horreur de tout ce qui lui rappelait qu'à onze ans l'échafaud lui avait pris son père avec son frère, et que, gardée elle-même à vue, elle n'avait dû la liberté de sa mère qu'à la chute de Robespierre. Bien qu'elle eût été l'ornement de la cour consulaire depuis le 18 brumaire, et que la machine infernale de la rue Saint-Nicaise l'eût légèrement blessée près du premier consul, Hortense passait d'abord pour royaliste; mais l'empire l'en guérit, elle et bien d'autres, notamment Joséphine elle-même, qui, dit-on, pensait comme sa fille. A l'époque du couronnement, le second fils du prince Louis et de la princesse Hortense était baptisé par Pie VII. D'ailleurs, Louis Bonaparte fit exhumer de Montpellier le corps de Charles Bonaparte, son père, et père de l'empereur, pour lui disposer une place dans le parc de Saint-Leu; et ainsi ce village, si peu distant de Saint-Denis, fut destiné de bonne heure à être le lieu de sépulture de la plus illustre famille des temps modernes.

Louis Bonaparte était colonel-général des carabiniers et grand connétable de l'empire français, lorsque son frère le fit proclamer roi de Hollande, le 5 juin 1806. Mais celui que l'empereur appelait plus tard le roi-préfet, eût mérité plutôt le surnom de roi malgré lui. Napoléon disait aussi que la lecture de Jean-Jacques avait fait un enfant gâté du mari de sa belle-fille. A coup sûr, il gardait un air contraint dans tout ce qu'il faisait, il n'avait pas beaucoup d'initiative, et les faits accomplis semblaient avoir surpris son libre arbitre. Il était poëte et philosophe ; mais il semblait jaloux de la reine elle-même, bien meilleure musicienne que lui, artiste presque universelle, chantant bien, composant des airs par vocation, et dessinant comme elle chantait, dansant avec esprit, écuyère distinguée, aimant les fleurs avec passion, et jouant la comédie à merveille à la Malmaison. On peut faire remonter jusqu'à cet auguste ménage la querelle littéraire des classiques et des romantiques : Louis Bonaparte était de l'ancienne école, les vers qu'il a publiés à Lausanne en sont une preuve authentique ; Hortense, par contre, avait pour ainsi dire deviné l'école littéraire qui a d'abord voulu remettre en honneur le gothique. Leur mariage, après tout, n'avait été qu'une affaire de convenance, et la mélancolie enjouée de cette reine contrastait presque avec la noblesse du caractère un peu malingre de ce roi. Là aussi il y avait eu, en quelque sorte, mariage forcé. Tous deux étaient pourtant d'accord sur ce point, qu'une couronne était d'un poids immense. La reine eût préféré, pour capitale, Naples à Amsterdam. Lorsque Cambacérès, archichancelier de l'empire, la traita de *Votre Majesté* pour la première fois, elle ne put se tenir de rire. — Selon toute apparence, lui disait-elle, je serai reine de Hollande à Saint-Leu.

Et effectivement, n'avait-on pas érigé en palais le château habité naguère par la famille d'Orléans? Celui du connétable Matthieu était rentré, comme son maître, dans la terre. Le domaine princier avait pris volontiers des proportions royales. Chacune des dames d'honneur y avait son appartement particulier. Les rivières et les pièces d'eau renouvelées y doublaient la fraîcheur de l'ombre, y renvoyaient les ardeurs du soleil aux arbres séculaires de la rive. Ces fleurs qui aimaient tant la reine à force de s'en voir aimées, bordaient une partie des allées et quelquefois s'attroupaient comme une foule, en formant une large corbeille où chacune d'elles, pour voir et être vue, cherchait à dépasser les autres. Puis il y avait une riche orangerie, et, à la place de la mairie actuelle, on admirait une serre à ananas. La reine qui, à l'âge de quatre ans, avait été menée à la Martinique, avait rapporté du voyage toute la gracieuse nonchalance d'une créole : elle avait une chaise à porteurs. Des Basques, à culotte courte, coiffés de bérets, chaussés d'espadrilles bleues brodées en or, la portaient quelquefois jusqu'aux bateaux de la rivière anglaise; plus souvent elle allait à pied, et ils la suivaient sur la rive. La fille de l'impératrice avait pour la promenade un grand char-à-bancs découvert, garni de coutil, dont les bancs faisaient canapé, et dans lequel ses visiteurs pouvaient se rendre en nombreuse compagnie au château de la chasse, à Montmorency, à Écouen. Ces visiteurs, c'était toute la cour, généraux, conseillers d'État, sénateurs, diplomates, laissant à l'entrée de la vallée la représentation et le décorum officiels qui embarrassent si fort les cours nouvelles; Napoléon en personne, à Saint-Leu, lorsqu'il y venait, répudiait l'apparat; on voyait sa voiture s'engager dans l'avenue, la grille s'ouvrait, Saint-Leu savait à peine que l'empereur était au palais. Il y avait une jolie petite salle de spectacle, dans laquelle jouaient quelquefois les acteurs des divers théâtres de Paris, et il y tenait encore quatre cents personnes. La reine Hortense, toujours si charitable, avait fondé une bonne œuvre à Saint-Leu : elle faisait distribuer tous les jours de la soupe aux pauvres, dans la maison même du curé, qui lui appartenait. Un jour, entre autres, elle voulut présider à la distribution, et le peintre Dabos reproduisit cette scène sur la toile. Toutes les figures de ce petit tableau sont autant de portraits parfaitement ressemblants; il a été donné à M. le curé d'alors, l'abbé Déchard, à la condition qu'il resterait après lui au presbytère, où nous l'avons vu récemment. Laurent Dabos, élève de Vincent, était un peintre d'histoire, de portrait et de genre, né à Toulouse; il avait fait *Louis XVI* dictant son testament, et un portrait de Louis XVII; il fut plus tard l'auteur d'une peinture allégorique sur le second mariage de l'empereur; sa femme, Mlle Jeanne Bernard, peignait également, c'était l'élève de Mme Guiard. Dabos était logé dans le château, en qualité de peintre ordinaire de Son Altesse impériale; mais il avait son atelier dans une ferme qui en dépendait : il y prenait la nature sur le fait. Un portrait de femme, qui est son œuvre, se trouve chez le facteur de la commune... Grand chagrin dans toute cette famille que la princesse s'était faite à Saint-Leu, quand celle-ci dut la quitter, pour s'asseoir sur un trône lointain !

C'est précisément en Hollande que le nouveau prince royal, Charles-Napoléon, fils aîné de la reine Hortense, mourut du croup, le 5 mai 1807, dans les bras d'une mère désolée : c'était le premier-né de la dynastie napoléonienne. On ne meurt pas de chagrin, puisque la reine de Hollande survécut à son fils aîné, dont le corps fut amené de La Haye à Saint-Leu, pour y être inhumé. Cette perte inopinée amena l'idée du divorce dans l'esprit de l'empereur des Français. Hortense revint en France ; il lui restait un second fils, et elle se fit près de Napoléon l'avocat de l'impératrice. On ordonna, la même année, à la fille de Joséphine un voyage dans les Pyrénées ; le roi Louis l'y joignit, et elle revint enceinte. Mais ce rapprochement momentané et politique ne fut, faut-il le dire? qu'une fâcheuse expérience de plus : d'incompatibles humeurs séparant de nouveau les deux époux, la reine voulut revoir Saint-Leu.

Lætitia Bonaparte, mère de Napoléon Ier, voyait de mauvais œil ce dépit conjugal, et elle imagina, pendant que l'empereur était à Fontainebleau, de faire publier dans le *Journal de l'Empire*, organe semi-officiel, une nouvelle prématurée qui parut en ces termes, le 17 octobre 1807 : — « On assure que la reine de Hollande re-
» tournera bientôt dans ses États. »

Hortense, à cette lecture, de courir en carrosse chez le ministre de la police, pour le déclarer responsable de l'inadvertance malveillante d'une feuille dont il passait pour corriger tous les soirs les épreuves. Par malheur, le ministre lui fit voir, pour excuse, de quelle main émanait la note insérée parmi les nouvelles. La reine en fut réduite à faire paraître, dans le même journal, une sorte de bulletin de sa santé, lui interdisant tout voyage, et signé par ses médecins.

Son troisième fils naquit à la reine de Hollande; mais l'existence du second fils faisait peser des doutes, dès le berceau, sur l'avenir du jeune prince qui un jour devait être chargé glorieusement des destinées du trône et de la France. La mère de Napoléon III, ne pouvant empêcher la répudiation de Joséphine, eût désiré du moins que le divorce, réunissant leur sort, fût prononcé pour elles deux ; elle eût renoncé à une couronne, pour être de moitié dans le veuvage anticipé d'une mère. Mais un statut, à la date du 30 mars 1806, interdisait le divorce aux membres de la famille impériale. La séparation de corps, seul recours qui lui fût laissé, fut demandée en 1809 à l'empereur par les deux époux ; l'avis du conseil de famille fut d'ajourner. Hortense rejoignit donc le père de ses enfants, à Amsterdam ; mais, en 1810, Louis abdiqua, il demeura avec les titres de comte de Saint-Leu et de grand-duc de Berg ; il lui fut constitué un revenu de deux millions, dont 500,000 fr. sur les bois de Saint-Leu et de Montmorency, et dont 500,000 autres payables en Hollande. La séparation de corps fut prononcée alors entre le roi, retiré à Gratz, et la reine, revenue à Saint-Leu. Quant au second mariage de l'empereur, Hortense eut la douleur filiale d'être forcée d'assister à la cérémonie ; elle dut porter, en qualité de première princesse impériale, un des pans de la robe de la nouvelle impératrice. Mais les rois et les princes ont souvent à remplir des obligations politiques dont ils ne sauraient s'affranchir, comme le font sans entraves ceux qui n'ont à penser qu'à soi. On eût dit que la fille de l'impératrice répudiée comprenait, avertie par Dieu, que si l'aigle impérial avait deux ailes, l'une d'elles protégerait toujours l'enfant dont elle était la mère. L'impératrice Marie-Louise vint plus tard lui rendre visite, avec la reine de Westphalie ; des hussards de la garde escortaient ce jour-là la voiture impériale. Notre reine honoraire fit admirablement les honneurs de Saint-Leu à ses augustes belles-sœurs; une contribution de fleurs et de fruits d'élite se leva d'elle-même dans le village, pour être présentée par des jeunes filles à Leurs Majestés; puis le gracieux char-à-bancs des promenades prit la route de Montmorency, pour descendre ensuite à Enghien; les trois reines visitèrent ainsi une vallée tout aussi riante que celles de Campan et d'Argelès, mais peuplée de châteaux et de villas plus riches. C'était avant la mort de l'illustre Grétry, chez lequel la famille impériale en promenade fit une station à l'Ermitage, et auquel le lendemain la reine Hortense écrivit une lettre que nous avons déjà citée. La semaine suivante, Hortense la passait chez sa mère, à la Malmaison.

Les cheveux blonds de la reine de Saint-Leu rappelaient toujours celle du Nord; ses yeux d'azur lui prêtaient un pouvoir dont l'angélique douceur faisait l'ubiquité. Elle n'était d'aucun parti, parce qu'elle avait des obligés dans tous ceux que la fortune pouvait appeler tour à tour au gouvernement des affaires. Il suffisait de l'avoir vue, de lui avoir parlé une fois, pour lui devoir une sorte de gratitude, et la grâce de sa bienveillance, qui jamais n'était exclusive, frappait à la première vue. MM. de Ségur et Molé, qui étaient souvent à Saint-Leu, avaient beau être prévoyants, ils n'osaient deviner, en parlant politique chez elle, ni ce que redoutait la reine, ni l'avenir de ses consolations. Ses salons de la rue Laffitte, nommée alors rue Cérutti, passaient pour être de l'opposition, lorsque l'impératrice et reine Marie-Louise était régente, en l'absence de l'empereur; néanmoins l'esprit consolait de l'éloignement du génie, et c'était grâce à la présence d'Hortense que la cour, gouvernée par Marie-

Louise, était aussi française que celle de Marie-Antoinette.

Ses dames d'honneur étaient pour elle comme des sœurs cadettes, rien de moins. L'une d'elles, Adèle Auguié, baronne de Brock, tombe sous ses yeux dans un précipice, en Savoie, pendant un voyage aux eaux d'Aix ; Hortense fonde en sa mémoire un hôpital à Aix et une chapelle dans l'église de Saint-Leu. Mme de Boubers, Mlle Élise Courtin, Mlle Cochelet, plus tard Mme Parquin, ont été ses compagnes fidèles, malgré les changements politiques. La comtesse de la Ville et la maréchale Ney, toutes les deux nées Auguié, n'étaient pas attachées à la maison de la reine, mais ces deux sœurs de la baronne de Brock s'honoraient de son amitié. L'année qui vient de s'écouler a vu placer le corps de la maréchale Ney, princesse de la Moskowa, à Saint-Leu, près de celui de l'ancienne dame d'honneur, qui attendait en paix sa sœur depuis plus de quarante années.

Si elle eût été Marie-Louise, Hortense n'aurait jamais rendu Paris qu'à l'empereur, et sans le quitter; mais Talleyrand prend sa défense lorsque les Bourbons rentrent, et on lui laisse la garde des deux enfants, qui pour elle sont un autre empire, et on reconstitue son apanage en duché de Saint-Leu, en restituant toutefois au prince de Condé, duc de Bourbon, une partie des bois de Saint-Leu. Que lui importe, après tout, la fortune qui sert à racheter l'exil, auquel sont condamnés les autres membres de la famille déchue? Cette famille qui tombe de dix trônes ne sert pas tout entière d'otage à l'étranger; il est heureux que la France réussisse à garder, en 1814, deux jeunes héritiers du nom de Napoléon, pour la sûreté de ceux qui partent.

On continuait à dîner à Saint-Leu, comme si rien n'eût été changé aux Tuileries; seulement on y traitait à son tour d'ancienne cour celle qui venait de quitter la place. Le ton et les manières de cette cour commençaient vite à être une tradition, justement dans un temps où les gens du pouvoir parlaient de respecter toutes les traditions. Mme Campan, ce maître dont la duchesse de Saint-Leu se glorifiait d'avoir été l'élève, Mme Campan, se trouvait libre depuis la suppression de la maison d'Écouen, château restitué aux Condés; elle se rencontrait à Saint-Leu avec MM. Molé, Lavalette, Flahaut et Garnerey, le peintre. Mme de Staël, condamnée à l'exil sous le régime précédent, mit vraiment à la mode le pardon des injures, ou du moins l'exception en faveur de la fille de l'impératrice Joséphine, et le pèlerinage à Saint-Leu; c'était le Chanteloup de la Restauration. Chez Hortense, l'auteur de *Corinne* s'occupa beaucoup des deux princes, neveux de l'exilé de l'île d'Elbe, avec lesquels elle s'arrêta près d'un plant d'arbres en échiquier, en face de la grande pièce d'eau, et elle questionna avec intérêt, sur leur compte, l'abbé Bertrand, leur précepteur. Un orage éclata, non plus au figuré, mais au réel; le prince Auguste de Prusse, qui parut sortir de la nue, fut annoncé; on rentra au salon. Mme de Staël, le soir, dînait au château de Saint-Leu avec Mme Récamier, la duchesse de Frioul, MM. de Latour-Maubourg et le général Colbert. L'empereur Alexandre, quant à lui, ne vit Hortense qu'à la Malmaison, où il fut reçu plusieurs fois; mais MM. Pozzo di Borgo, ministre de Russie, et Bioutakin, vinrent s'asseoir à la table de Saint-Leu; seulement le colonel Labédoyère et le colonel Lawœstine oublièrent de se contraindre devant leurs commensaux, diplomates exercés, et la conversation de ces deux officiers était bonapartiste sans réticence.

— Si c'est ainsi, dit le ministre de Russie, que se compose le salon de la reine Hortense, je n'ai que faire d'y revenir.

Néanmoins les salons de la reine furent, à n'en pas douter, les coulisses de la politique, pendant toute la première restauration : des rencontres dramatiques, des reconnaissances, des transactions, des récriminations, des excuses et jusqu'à des menaces s'y produisirent dans une forme acceptable, grâce au demi-jour de la scène; et, sans ces intermèdes, il aurait manqué quelque chose aux drames politiques joués par les mêmes personnages. On eût pu retrouver en effet, dès cette époque-là, des anciens pages de Joséphino parmi les courtisans des princes légitimes. Toutes les nations, toutes les coteries avaient leurs députés, pour ainsi dire, chez Hortense; mais ses salons, loin d'être un terrain neutre, gardaient un peu l'allure d'un champ de bataille, le lendemain ou la veille de l'action. En un mot, la faveur n'avait jamais été plus active, plus intéressante pour la femme de Louis Bonaparte, que ne lui était la disgrâce; et celle-ci semblait lui aller, grâce à sa modestie, aussi bien qu'une vraie couronne; mais on ne saura jamais si sa résignation était sincère ou feinte : elle était femme. Ce caractère et ces talents d'artiste font déjà d'un homme ordinaire un être si charmant, si distingué, si digne de toutes les faveurs, qu'une femme, et qui plus est une princesse, pourvue de ces mêmes avantages, devait en rendre l'empire exorbitant, inexplicable et surhumain. Aller chez la duchesse de Saint-Leu, ce n'était pas prendre couleur, c'était subir un charme, souverain quand même. Louis XVIII ne se fit pas faute de se rendre en personne, un jour, dans l'ancienne seigneurie des princes de Bourbon-Condé, qu'habitaient la belle-sœur et la belle-fille de Napoléon. Le matin même, la duchesse de Saint-Leu avait été à Bessancourt, à cheval, porter des secours et des consolations à de pauvres paysans malades. Le village de Saint-Leu, prévenu à temps, alla au-devant du roi, et les fleurs, les fruits qu'on offrit, les compliments qu'on récita, donnèrent à la duchesse tout le temps de se préparer à l'honneur d'une visite royale. Au surplus, Louis XVIII, ordinairement peu enthousiaste, avait de l'admiration pour l'ancienne reine de Hollande, et il fut même question sérieusement aux Tuileries d'arranger un divorce avec la cour de Rome, pour que le roi pût faire reine de France la mère de l'empereur actuel.

Aussi bien, à la Malmaison, meurt l'impératrice Joséphine, pendant cette première restauration. A cette nouvelle, tout Paris gagne Saint-Leu, afin d'y faire à la princesse, sa fille, des compliments de condoléance. Les voitures les plus élégantes dépassent, sur la route, les modestes coucous ; royalistes ou bonapartistes, petits ou grands, tout le monde s'honore de prendre part à la douleur de l'infortunée reine. Quelle prédilection générale, quelle sympathie, déjà, il y a en France, pour cette partie de la famille de l'empereur, dans laquelle n'entre en rien l'élément étranger! Hortense partagera avec Eugène la succession de sa mère ; seulement M. de Blacas revendique les tableaux de la Malmaison comme propriété de l'État. La duchesse de Saint-Leu emprunte 100,000 francs, qu'elle distribue en gratifications à la maison de celle qui n'est plus; et de sa propre maison elle ne conserve auprès d'elle que trois de ses anciennes dames d'honneur.

Cependant l'ancien roi de Hollande est à Lausanne; dans sa noble résignation, il ne regrette ni sceptres ni splendeurs; mais il veut adoucir l'amertume de l'exil en surveillant lui-même l'éducation de ses fils bien-aimés, que les Bourbons n'ont pas proscrits. La duchesse de Saint-Leu, sur la foi des traités qui constituent son apanage et qui lui laissent la garde de ses enfants, résiste aux prétentions de celui qui ne porte que le titre de comte de Saint-Leu; mais l'ancien roi réclame le bénéfice de l'autorité paternelle, que ne peuvent ni prescrire, ni infirmer des conventions passées en son absence. Bref, il y a procès entre époux. L'avocat du père est M. Tripier; la mère choisit les siens, par excès de précaution, dans ce que le royalisme a de plus pur; elle prend MM. Bellart, Bonnet, Chauveau-Lagarde et Roux-Laborie. Le marquis de Sémonville, qui a été ambassadeur à Amsterdam justement sous le règne de Louis, remplit les éminentes fonctions de grand référendaire au Luxembourg, et il est assidu, pendant l'instruction du procès, aux Tuileries comme à Saint-Leu. Au reste, on a trop critiqué ces marquis de tous les régimes, dont la persévérance à réclamer leur part de chaque victoire, dégoûte des révolutions : M. de Sémonville, né en 1754, a été conseiller au parlement à l'âge de 24 ans; il s'est montré républicain ensuite, puis il a fait partie du conseil des Cinq-Cents; et, avant de siéger à la Chambre des pairs, il a été, jusqu'en 1813, un des serviteurs de l'empire, en qualité de conseiller d'État.

Tout semblait annoncer, en somme, que la duchesse de Saint-Leu resterait longtemps la reine de la vallée de ses prédilections. Le village avait célébré très-cordialement sa fête le 15 novembre, sans prévoir que ce pût être pour la dernière fois; M. de Lavalette, la duchesse de Frioul, Mme Rioux, etc., étaient présents à cette fête de famille. Les deux jeunes princes avaient joué leur rôle dans un petit proverbe de circonstance composé par Desprès, qui s'entendait à ces jeux-là : Desprès, cet ancien secrétaire du roi, leur père, avait été nommé depuis conseiller de l'Université, et il avait traduit *le Moine,* de Lewis, *les Mystères d'Udolphe,* d'Anne Radcliffe, tout en faisant jouer des vaudevilles avec Piis et Barré pour collaborateurs. Le lendemain, la duchesse se réinstallait à Paris, pour suivre les phases de cette procédure qui menaçait de lui enlever ses enfants. Triste partie, hélas ! qu'une partie dont l'enjeu était son reste, sa seule fiche de consolation ! Était-ce donc tant la peine de sacrifier en apparence ses autres affections de famille, d'imposer silence à ses regrets, de dévorer ses larmes, de risquer sa sécurité, si un père, à la fin, n'hésitait pas à prononcer lui-même le bannissement de ses enfants, pour lesquels son orgueil de reine avait plié ?

Somme toute, elle ne perdit son procès qu'à demi, puisque les juges n'ordonnèrent que la remise du fils aîné entre les mains de l'ancien roi de Hollande, habitant Rome depuis peu ; mais le jour même où elle perdait sa cause, elle apprenait le débarquement du prisonnier de l'île d'Elbe au golfe Juan.

Napoléon lui reprocha, s'il faut en croire les *on dit,* d'être demeurée à Paris et d'avoir accepté des Bourbons et de l'étranger le titre de duchesse de Saint-Leu. Néanmoins, le 21 mars, ses deux fils furent montrés au peuple, du haut du balcon des Tuileries, par Napoléon en personne, qui, en l'absence du roi de Rome, avait bien raison de voir en l'un des deux son héritier futur. Hortense, après s'être chargée de rappeler par une lettre l'impératrice Marie-Louise, fit d'instantes sollicitations pour que l'empereur permît à la duchesse douairière d'Orléans et à la duchesse de Bourbon de demeurer dans leur patrie ; ce succès obtenu, elle offrit au duc d'Orléans, plus tard roi des Français, et qui lui-même avait été élevé à Saint-Leu, de se charger de ses deux jeunes enfants. Saint-Leu, toujours Saint-Leu ! Il était impossible à la princesse de croire que l'on connût ce village de Saint-Leu, devenu sien par des bienfaits, et qu'on pût être encore pour elle autre chose qu'un ami dévoué.

La seconde restauration et le gouvernement de Louis-Philippe n'en ont pas moins laissé vivre en exil la fille de Joséphine, jusqu'à sa mort, en 1837. Les restes de la reine Hortense ont été rapportés à Rueil, où elle repose près de sa mère. Elle a laissé un testament dans lequel elle s'exprime ainsi sur le compte du seul de ses fils qui lui ait survécu, aujourd'hui Napoléon III : « Je n'ai
» point de conseils politiques à donner à mon fils ; je
» sais qu'il connaît sa position et les devoirs que son nom
» lui impose. »

Le prince de Condé a racheté le château de Saint-Leu plusieurs années après la seconde rentrée de Louis XVIII. Le père du duc d'Enghien n'a pas pu conserver, au milieu de son parc, pour en être le gardien, les cendres de Charles Bonaparte, père de Napoléon Ier, et celles d'un de ses petits-fils. Il les a donc fait enlever la nuit ; mais Son Altesse royale n'a nullement empêché le digne curé Déchard de les faire placer secrètement dans les caveaux de l'église de Saint-Leu.

Le prince, qui avait eu des armées sous son commandement, n'était plus qu'un chasseur dans les bois de Montmorency; les échos ne tardèrent pas à reconnaître un Condé, en lui renvoyant ses fanfares, et, en un seul aboi, les cris innombrables de sa meute. Monsieur, comte d'Artois, n'était lui-même qu'un élève de ce grand chasseur. Les belles écuries qu'il fit bâtir un peu avant sa mort, et dont les bâtiments existent toujours, étaient tenues à l'anglaise, et aussi propres, par ma foi, que la salle à manger de Son Altesse royale; ses chiens n'étaient pas moins traités que ses chevaux, avec tous les égards dus à des notabilités. En véritable veneur, il ne dédaignait pas, à l'occasion, de se charger de l'office de piqueur, car il aimait à *faire le bois* lui-même. Une fois, en tuant de sa main un sanglier, le malheur veut qu'il se blesse aux deux jambes; ces blessures n'ont jamais pu être cicatrisées.

Il suivait, pour le reste, les errements de la reine Hortense. Tout comme elle, il avait fondé une institution de charité; c'est pourquoi, à ses frais, quatre sœurs et une supérieure faisaient l'école, distribuaient de la soupe aux indigents et allaient secourir les malades. La salle de spectacle ne restait pas déserte : on y jouait la comédie bourgeoise. La baronne de Feuchères, qui était une Anglaise, s'attribuait les grands rôles, en qualité de directrice de cette petite scène de société; mais ce n'était ni une mistriss Siddons, ni une Anna Thillon; elle eût été sifflée impitoyablement en paraissant sur d'autres planches. Enfin, les habitants de Saint-Leu avaient leur entrée libre dans le parc, et il ne se passait pas de jour sans qu'ils y amenassent des étrangers; on en faisait le tour, et on se promenait sur l'eau dans les bateaux amarrés sur le bord.

Or, le duc de Bourbon était encore prédestiné à voir une révolution. Celle de 1830 le chagrina beaucoup, mais sans l'abattre : son âge lui amortit le coup. Puis il aimait surtout le duc d'Aumale, ce fils du roi nouveau que s'étaient donné les Français, et il l'avait nommé par testament son héritier, sans préjudice d'un legs considérable fait à la baronne de Feuchères. D'un célèbre procès il résulte, comme chose jugée, que toutes ces précautions ont été prises par le prince en vue d'attenter à ses jours; et, en effet, le 28 août 1830, il a été trouvé pendu à l'espagnolette d'une croisée; mais l'opinion publique a cru d'abord qu'*on l'avait suicidé*.

M. Leduc père, adjoint au maire d'alors, était venu voir Son Altesse royale le 24 août, jour de sa fête, et tous deux avaient pris une glace, dans un salon. La veille de ce jour, Sa Majesté la reine et la princesse Adélaïde, accompagnées du petit duc d'Aumale, étaient venues voir leur oncle, et elles avaient trouvé auprès de lui la baronne de Feuchères, qui leur avait quitté la place; elles avaient annoncé au vieillard la visite du roi. Enfin, crime ou malheur, mais il y a toujours crime devant Dieu, l'événement a eu lieu dans la nuit du 27 au 28 août. C'est encore le brave M. Leduc qui, en entrant dans la chambre, le matin, vit le prince pendu à sa fenêtre. La chaise grâce à laquelle le dernier des Condés avait pu s'exhausser jusqu'à l'espagnolette, gisait renversée près du corps; les deux pieds de ses jambes grêles et malades n'étaient qu'à peu de distance du parquet; deux cravates blanches de batiste empesée avaient été l'instrument du supplice ; le jabot tuyauté de la chemise du malheureux prince n'était presque pas déplissé. M. Leduc, avec l'aide de Manoury, premier valet de chambre, a bien vite décroché ce corps qui, par malheur, ne donnait plus signe de vie.

Au milieu de la consternation et de la stupeur générales, la justice informait. L'enterrement avait lieu, et les ducs d'Orléans, de Nemours et d'Aumale, cruellement contristés, suivaient de près le cercueil et conduisaient le deuil de leur grand'oncle. La baronne de Feuchères accusée, puis absoute, vendait ensuite à M. Fontanille, un bijoutier, ce beau château en possession duquel elle avait été envoyée, et M. Fontanille le revendait à M. Vidal.

MM. Bonnet, Leduc fils, Broussin et Morisset achetèrent enfin le domaine de Saint-Leu, pour en morceler le parc et pour démolir le château ; mais, avant de consommer cet acte de vandalisme, ils firent de louables efforts pour trouver acquéreur du tout ; ils ne trouvèrent malheureusement que des spéculateurs, disposés tout comme eux à diviser et à abattre. Le ministre de la guerre songea bien, un moment, à en faire une caserne ; puis il trouva que Saint-Leu était trop éloigné d'une route royale. Par conséquent, le sort en fut jeté, le marteau de la spéculation fit tomber le palais en 1835, condamné en dernier ressort à disparaître de la commune qui lui doit son nom historique. Pour nous qui avons pu, n'étant qu'enfant, naviguer sur les deux rivières serpentant au pied du château, nous avons eu grand plaisir à le revoir, dans un cadre, chez M. Leduc. En démolissant pierre à pierre ce très-regrettable palais, on découvrit, dans une croisée murée, un joli buste de l'empereur, en porcelaine cuite au four ;

une mèche de cheveux était fixée sur le petit piédestal du buste. Les quatre acquéreurs de Saint-Leu tirèrent au sort cette trouvaille, et M. Leduc eut le bon numéro. L'édifice une fois jeté bas, les propriétaires partagèrent les trois arpents et demi qui n'avaient pas été vendus d'avance. Les matériaux de cette maison princière avaient déjà servi à élever et à garnir une vingtaine de maisons bourgeoises dans la vallée. Pour ce qui est de la croisée fatale de la chambre où le prince a rendu le dernier soupir, il y a diverses versions sur ce qu'elle a pu devenir. La première, c'est que l'hôtel Virey, à Enghien, pourrait bien en être possesseur; la seconde, c'est que plusieurs Anglais sont venus pour acquérir cette garniture de fenêtre unique, et que les quatre démolisseurs n'ont pas craint d'en livrer chacun son exemplaire à quatre insulaires différents. On nous a dit encore que la fenêtre a été murée avant la fin du procès criminel.

L'idée vint, peu de temps après l'événement, d'élever un monument à la mémoire de cette grande famille éteinte si déplorablement. L'emplacement de la chambre du prince de Condé faisait partie du lot de M. Morisset; on choisit ce terrain néfaste, moins pour honorer un beau nom qui occupe sa place dans l'histoire de la monarchie, que pour perpétuer le souvenir d'une protestation énergique : on protestait contre l'idée qu'un descendant du grand Condé eût pu attenter, comme un lâche, à sa propre vie. La souscription, ouverte et organisée par M. le vicomte Walsh dans le parti légitimiste, a facilement produit la somme nécessaire à cette déclaration publique, rédigée, pour plus de clarté, en style lapidaire français. Le monument consiste en une colonne de pierre, sur un socle de marbre blanc, ayant pour chapiteau une couronne de fleurs de lys, et une croix également en marbre, dues au ciseau du sculpteur Fauginet; sur le soubassement sont des figures allégoriques et les noms des héros qui ont appartenu à la famille de Louis-Henri-Joseph de Bourbon-Condé. Mais on ne lit dans tout cela qu'une date seule et unique, celle du 27 août 1830. Un petit jardin planté de cyprès et de buis, et bordé d'un fossé, entoure cette colonne funèbre. *Hic cecidit.*

Revenons à l'église de Saint-Leu; mais elle n'est déjà plus celle de 1690, dont nous avons admiré les ogives, réminiscence gothique s'il en fut. Fin octobre 1851, on a inauguré une nouvelle église, bâtie à la place de l'ancienne, et qui est aujourd'hui le plus beau temple de construction moderne que puisse envier une petite ville. Ce monument fait grand honneur à M. Eugène Lacroix, architecte de l'Élysée. La fine aiguille du nouveau clocher semble rivaliser avec celle de Montmorency; mais l'or et les peintures qui enrichissent déjà le nouvel édifice, nous font espérer des merveilles de la décoration intérieure, qui n'est pas finie. Il manque, notamment, un buffet d'orgue et une chaire qu'on attend. Quand tout sera terminé, l'État aura contribué aux frais pour la somme d'environ 80,000 francs, et le reste sera dû à la munificence et à la gratitude de Napoléon III. Un caveau pratiqué sous l'église renferme les tombeaux de Charles Bonaparte, père de Napoléon Ier, et celui de son petit-fils, prince royal de Hollande; les cendres de l'un et de l'autre ont été tirées de la cachette où les avait placées le prévoyant curé Déchard, aussitôt que le prince de Joinville, en ramenant aux Invalides les restes de l'empereur Napoléon Ier, eut prouvé que la proscription prononcée contre les vivants n'était plus applicable aux morts de cette famille. Non loin paraît une autre tombe, sépulcre de Louis Bonaparte, ancien roi de Hollande, décédé à Livourne le 25 juillet 1846, et inhumé également à Saint-Leu, en exécution d'un des articles de son testament, le 29 septembre 1847. Un quatrième membre de la famille Bonaparte a également sa sépulture dans cette église, c'est Napoléon-Louis, second fils du roi de Hollande, décédé à Forli, en Italie, pendant l'année 1831, et à l'âge de vingt-sept ans. La baronne de Brock, malgré le renouvellement de l'édifice, est restée à la place que lui a assignée la reine Hortense; et la maréchale Ney, morte cette année, repose près de sa sœur. C'est le colonel Letellier qui a été nommé, le premier jour de l'an 1852, conservateur des sépultures de la famille de l'empereur. Mais, au-dessus des tombeaux, il doit être érigé prochainement un monument commémoratif, dans un autel spécial, que l'on a réservé derrière le maître-autel; ce travail est confié à M. Petitot. Quatre services par an sont célébrés pour le repos des âmes des membres de la famille impériale. Le 17 mars, la messe est dite pour Charles-Napoléon, un des frères de l'empereur actuel; le 24 avril, pour Charles Bonaparte, son grand-père; le 5 mai, pour Napoléon-Louis, son frère aîné; et le 25 juillet, pour Louis-Napoléon Bonaparte, son père.

L'empereur Napoléon III, qui a appris à marcher à Saint-Leu, y est revenu plus d'une fois, depuis que les dernières volontés de son oncle ont été glorieusement remplies, par la grâce de Dieu et la volonté des Français. Toutefois il n'a pas attendu que la proclamation nouvelle de l'empire lui restituât le trône, pour veiller par lui-même avec une pieuse sollicitude sur le dépôt sacré confié à ce village, que Sa Majesté affectionne. Le fils d'Hortense, la reine bien-aimée, prouve admirablement chaque jour que si jamais il n'a porté le titre modeste de comte de Saint-Leu, ce n'est pas faute de mémoire. Il a assisté au service pour le repos de l'âme de son frère, en 1849. Deux fois il est venu également au service de son père; la première fois en 1850, et puis en 1853, accompagné de S. M. l'impératrice. Qui plus est, Louis-Napoléon a daigné présider à l'inauguration de la nouvelle église, il y a trois ans. Cette cérémonie avait lieu peu de semaines avant le coup d'État du 2 décembre, et il est évident que les souvenirs réveillés par Saint-Leu ont raffermi encore l'héroïque courage de celui qui, alors, n'a pu sauver la France qu'en ayant Dieu de son côté. Le président de la république a déjeuné, le jour de l'inauguration, chez M. le curé. Bien des acclamations de bon augure l'ont fêté et suivi à la sortie du presbytère. Parmi ceux qui cherchaient à le voir remonter en voiture, un treillageur de Taverny, qui peut-être avait trop fêté le vin du crû, s'approchait le plus possible du président, en criant à tue-tête : — J'veux l'voir, laissez-moi l'voir. — Tu veux l'voir, dit le prince en prenant cet homme par la main, pour lui glisser une pièce d'or. Eh bien! regarde-le sans te gêner.

La commune n'est plus la même, depuis qu'elle est veuve du château habité par la reine Hortense. Mais les eaux de la rivière anglaise de l'ancien parc servent à alimenter des bains publics, et il reste du verger bien des arbres fruitiers dans divers petits clos. La vue est toujours magnifique, la bande noire n'y a rien changé; et les charmantes maisons de campagne que compte

Saint-Leu se sont toutes arrangées pour avoir de la vue. On appelle actuellement château la villa de M. Olry, dont les magnifiques dépendances sont traversées par la grande rue de Saint-Leu. L'institution de charité de la reine Hortense n'est plus qu'un souvenir ; mais elle est devenue beaucoup moins nécessaire depuis qu'il y a dans le pays une société de secours mutuels, présidée par M. Olry ; celle-ci s'est modelée, quant aux statuts, sur une autre société, dont M. Caubert, de Soisy, est le président. L'association du haut de la vallée est établie pour les communes suivantes : Saint-Leu, Taverny, Ermont, Bessancourt, Saint-Prix, Franconville, le Plessis-Bouchard, Chauvry et Béthemont. Le vice-président de la société est M. Berg ; le trésorier, M. Leduc ; le secrétaire, M. Ledru ; le vice-secrétaire, M. Mervoyer, instituteur. On nous a dit aussi que MM. Fizanne et Pigny remplissent les fonctions, l'un de maître des cérémonies, et l'autre de porte-bannière ; mais on a cru bon d'ajouter, comme si c'était une circonstance digne de passer à la postérité, que, par hasard, de ces deux membres titrés, celui-ci est le plus grand de la commune, et celui-là le plus petit.

Saint-Leu, au XVe siècle, comptait 50 feux ; en 1825, le nombre des habitants était de 1,185 ; aujourd'hui la population s'élève au chiffre de 1,312. Saint-Leu est à une lieue et demie au N.-O. de Montmorency, et à cinq de Paris. La fête locale a lieu le premier dimanche de septembre.

Louis, mari de la reine Hortense, a réuni jadis, par décret de l'empereur, Saint-Leu à Taverny, qui en est tout voisin ; mais l'une et l'autre communes, après douze années de mariage, ont demandé à divorcer ; la désunion a été prononcée sous la Restauration. Un décret du 10 juin 1852 a autorisé Saint-Leu, sur la demande des autorités municipales, à s'appeler Napoléon-Saint-Leu. M. Duport, et puis M. Fabert, ont été maires sous le gouvernement de Louis-Philippe; puis est venu M. Laiguillier, auquel a succédé le maire actuel, M. Dubois. La mairie nouvelle de Saint-Leu est située sur une place superbe, terrassée, garnie d'arbres, flanquée de deux fontaines. On trouve dans la salle du conseil deux petits portraits de Louis-Napoléon, roi de Hollande, comte de Saint-Leu, connétable de l'empire français. L'un de ces portraits a été donné par le père de Napoléon III à M. Caan, auditeur du roi, sous-préfet à Rotterdam, qui depuis a été présent aux funérailles de Sa Majesté; on lit au bas les lignes suivantes : *Louis-Napoléon Bonaparte, né à Ajaccio le 2 septembre 1778. Proclamé roi de Hollande le 5 juin 1806. Juste, éclairé, philanthrope, attaché à ses sujets, n'hésitant pas entre sa conscience et sa couronne, abdiqua le 1ᵉʳ juillet 1810. Décédé à Livourne le 25 juillet 1846. Inhumé conformément à son désir, à Saint-Leu, le 29 septembre 1847.*

Les étrangers ne trouvent plus à Saint-Leu ces hôtels confortables qui les retiennent à Enghien et à Montmorency. Mais il est deux maisons que leur ancienneté recommande, et qui ont résisté, bien mieux que le château venu après elles, aux catastrophes politiques. L'*Écu de France*, tenu par Bouillier, date d'environ cent cinquante ans; le père Mazurier, bisaïeul de Mᵐᵉ Bouillier, en a été le fondateur. L'*hôtel de la Croix-Blanche*, dont le propriétaire s'appelle Chassain, ouvrit ses portes, il y a deux siècles, grâce à l'initiative des ancêtres de Mᵐᵉ Chassain, née Bontemps. La mère Bontemps, qui vit toujours, y servait souvent à dîner, dans le petit cabinet du fond, au prince Cambacérès, archi-chancelier de l'empire et duc de Parme, du temps de la reine Hortense : Cambacérès, qui était grand, se baissait un peu pour entrer. Du vivant du prince de Condé, le prince de Rohan laissait ses nombreux équipages à *la Croix-Blanche*. Plus tard, Edmond Galland, acteur du Cirque, et Alexandre Dumas, étaient ses hôtes, quand ils allaient chasser à l'Ile-Adam. Mme Chassain, d'ailleurs, a ses fidèles ; plus d'un habitant de Paris vient se mettre en pension chez elle pendant l'été. C'est elle qui a servi le déjeuner que l'empereur a daigné accepter au presbytère, en 1851. Dernièrement encore, dans une circonstance douloureuse, elle a eu l'honneur de servir M. le comte Edgard Ney et le prince de la Moskowa.

TAVERNY.

La grande rue de Saint-Leu devient tout à coup celle de Taverny, un peu avant la maison du notaire; c'est, à cause de sa longueur, la rue Saint-Honoré de la vallée. Le notaire de nos jours siége donc à Taverny; mais, depuis le XVIᵉ siècle, il n'en a pas toujours été ainsi. Les tabellionages de Saint-Leu et de Taverny ont été tantôt confondus, tantôt divisés; dans les moments où ils ne faisaient qu'un, le siége s'en trouvait aussi souvent dans l'un que dans l'autre village. Par exemple, les deux communes ont les mêmes moyens de communication avec Paris, et le même bureau de poste, à la résidence de Saint-Leu. Comme ces frères siamois, phénomène visible à Paris, qui n'étaient séparés que depuis la tête jusqu'au cœur, Saint-Leu et Taverny se bifurquent seulement pour l'histoire. Si ces deux belles communes, qui à elles deux feraient une ville, sont étroitement jumelées, comme dirait la langue héraldique, ce n'est pas une raison pour les considérer comme sœurs jumelles. L'une des deux est plus ancienne que l'autre ; du moins les documents qui sont venus jusqu'à nous confèrent le droit d'aînesse à la plus septentrionale. Toutes proportions gardées, l'église de celle-ci est à l'église de celle-là à peu près ce qu'est Notre-Dame à la Madeleine, dans la capitale de l'empire. La première est déjà classée, et l'autre le sera bientôt, comme monument historique. Mais il n'est rien de tel que les temples catholiques d'avant l'époque de la réforme, pour donner une couleur poétiquement dévote, en quelque sorte, aux habitations mêmes qui sont groupées à l'ombre de l'édifice. Taverny a des maisons blanches, des maisons grises, des maisons rouges, et la plus ancienne doit dater tout bonnement du règne de Louis XVI ; toutefois, au lever du soleil, l'église gothique qui domine la joyeuse et riche bigarrure des toits et des murailles, inégalement échelonnés sur la côte, leur donne l'air de pèlerins vivants qui s'agenouillent. Les jeunes femmes de Paris, qui l'été viennent habiter là, semblent, comme dans *Robert le Diable*, les nonnes d'un ancien couvent, aimant la danse malgré elles ; mais la formule d'évocation n'est chaque année, au mois de mai, que la chanson d'amour des rossignols. Tous les chemins par lesquels on va entendre la messe sont naïvement rustiques ; tous les parcs ont une porte ouvrant sur ces chemins. Par une rampe qui n'a rien d'escarpé, on peut se diriger vers l'église, en passant au-dessus du village ; ce très-joli chemin, qui court déjà à travers bois, est parallèle à la Grand'Rue d'en bas : on y trouve une petite chapelle, toute solitaire, défendue par une grille en bois, et on croirait que cet autel, échappé du temple voisin, a eu des ailes pour voler jusque-là. C'est la chapelle *Ecce Homo*.

L'église, bien moins ancienne que le village de Taverny, date pourtant du XIIIe et du XIVe siècle; elle s'appelle Notre-Dame. L'enthousiasme de l'abbé Lebeuf, qui la trouve la plus belle de tout le diocèse de Paris, n'a rien d'exagéré, s'il entend ne la comparer qu'aux autres églises de campagne. Le site justifierait encore l'éloge du père Lebeuf, s'il nous fallait le prendre dans un sens absolu. Quoi de plus admirable, en somme, que les dix lieues de champs et de jardins, de châteaux et de villages qui, de là haut, semblent obéir à l'église ! Ne croirait-on pas que ce sont autant de vassales prévenantes et suppliantes qui présentent sans cesse d'immenses bouquets de verdure et d'imposantes corbeilles de fleurs à cette aïeule fêtée, à cette reine du bout de la vallée? La vallée est un cirque, et les hauteurs de Taverny figurent très-bien une des estrades d'honneur; les derniers gradins qu'on découvre du haut de la plate-forme de Notre-Dame, sont, en allant de droite à gauche, Bessancourt, Pontoise, Sannois, le Mont-Valérien, Paris, Montmartre, Saint-Denis et Montmorency. Mais si le moyen âge a gardé ce balcon, c'est afin de voir passer de là, lui qu'on oublie, toutes les générations d'hommes nouveaux qui viennent successivement se reposer, dans la contrée, du mouvement de rotation qu'ils ont contribué à imprimer à la fortune, aux honneurs, au pouvoir.

Lebeuf dit de sa chère église : « Les dehors sont
» peu de chose; mais les dedans en sont charmants par
» les délicatesses du gothique; celles des galeries qui
» règnent tout autour et dans la croisée, et au sanctuaire
» qui est en forme d'abside ou de rond-point. » Autour de la clôture du chœur, on voit encore, en dehors, la

représentation en relief de l'histoire de la Passion. On y lisait jadis du côté droit :

> Orgueil, diligence trébuche ;
> Paresse, sobriété trébuche ;
> Gloutonnerie, chasteté trébuche.

Et du côté gauche :

> Luxure, charité trébuche ;
> Envie, patience trébuche ;
> Ire, largesse trébuche.

Trébucher n'était pas un verbe neutre en ce temps-là ; il venait de *trabuccare*, latin du moyen âge, et ce mot voulait dire : *faire tomber, faire faire un faux pas.*

Le clocher, au dire de Lebeuf, avait été construit avec du bois de châtaignier. Un Burchard de Montmorency avait légué à la fabrique, en 1237, dix livres pour les vitraux ; d'autres membres de la même famille, comme seigneurs de la contrée, avaient pourvu aux dépenses principales. Aujourd'hui, tous les vitraux manquent à la rosace de la façade, qui n'est que dessinée au crayon noir ; nous devons en conclure que les réparations de Notre-Dame de Taverny ne sont pas encore terminées. L'historien diocésain admire aussi la statue de la sainte Vierge en marbre blanc, sur le retable du maître-autel, et les deux colonnes du sanctuaire, auxquelles tenaient jadis les grands rideaux qui, selon l'usage, servaient de séparation alors. Ἀπλανός brillait à la voûte, comme dans l'église de Montmorency ; c'étaient deux édifices frères. Des reliques de l'apôtre saint Barthélemy et d'un saint Constantin appartenaient déjà à Notre-Dame. On y lisait enfin très-distinctement, sur deux tombes, le nom de Mahiu de Montmorency, chevalier, sire d'Avresmenil, mort en 1300, et celui de Jehan de Montmorency, fils de Charles, mort en 1352.

La cure était à la nomination de l'abbé de Saint-Martin, abbaye de Pontoise ; il y avait d'ailleurs un prieuré, bénéfice attaché à l'église. En 1215, Matthieu de Montmorency avait donné au prieuré attenant à la paroisse, douze arpents de bois. Lorieul de la Noue, seigneur de Saint-Leu au commencement du XVIII° siècle, augmenta d'une rente perpétuelle ce bénéfice ecclésiastique, pour prix de la vente à lui faite de deux pièces de vigne par le prieur, nommé Begon.

Notre-Dame de Taverny n'avait aucun rapport avec une chapelle de Saint-Cristophe située au lieu dit Mont-à-Bois, et qui est aujourd'hui la ferme de Montubois, sur le territoire même de la commune, de l'autre côté de la forêt, entre Bessancourt et Béthemont. Les seigneurs de Montmorency présentaient à cette chapelle ; le connétable Anne y nomma le 29 janvier 1541. En 1620, Michel Sonnius, fameux libraire de Paris, donnait la ferme de Montubois au collége des Jésuites, aujourd'hui lycée Louis le Grand ; Sonnius contribuait de la sorte à faire des environs de Montmorency, à son époque, la maison de campagne des abbayes et des colléges. Pierre de Cromère ou de Croneaux, curé de Bessancourt, était le titulaire de Saint-Cristophe en 1652 : il compléta l'œuvre du libraire en traitant, moyennant échange, du titre ecclésiastique, avec le procureur des jésuites de Paris, sous le bon plaisir du patron, seigneur de la contrée, le prince de Condé, successeur des Montmorencys. Ce prince avait été élevé par les jésuites ; raison de plus pour compter sur son assentiment. Donc André de Saussaye, le vicaire-général, put donner un décret d'union, le 10 juin 1653, et la chapelle de Saint-Cristophe fut réunie à la ferme du collége, dite aussi ferme de Montebois.

Quant au village, il tire son nom, dit-on, d'un certain nombre de tavernes fameuses dans lesquelles on servait à boire aux soldats de César, le conquérant des Gaules. Le fait est que la voie romaine, nous le prouvons ailleurs, n'était pas loin. Un ancien camp de César, au-dessus du Haut-Tertre, domine le village. Il y avait eu précédemment un autre lieu, appelé les Trois-Tavernes, *Tres Tabernæ*, en Italie; les voyageurs s'y arrêtaient; c'était entre Rome et Capoue, sur le grand chemin d'Appius, qui était aussi bien celui de Brunduse pour aller en Grèce. Il est parlé des trois tavernes de l'antiquité aux *Actes des Apôtres*, chapitre XXVIII, et dans Cicéron, *Lettre* XII *à Atticus*.

Les tavernes gauloises se trouvaient déjà un village, lorsque le roi Pepin déclara par une charte, en 754, que ce *Taberniacum*, en d'autres termes Taverny, avait été légué à la basilique de Saint-Denis, par un seigneur nommé Guntauld, propriétaire du territoire. Depuis lors, disait la même charte, un nommé Jean avait joui par précaire de ce village en Parisis, à la recommandation d'Ébroïn, maire du palais, et puis un seigneur Frodoïn et un seigneur Géronte l'avaient possédé au même titre. En ce temps-là, jouir précairement, c'était posséder une terre en vertu d'une concession en de certains cas révocable; c'était même quelquefois un droit qu'on exerçait par pure et simple tolérance. Nos documents, comme on le voit aussi, prennent l'avance, par leur date, sur celle des pièces de Molière, pour naturaliser gaulois ce même nom propre de Géronte, rendu impépérissable par le génie; la gérontocratie a commencé pour ainsi dire avec la monarchie française. Sous le règne de Pepin, les députés de l'abbaye de Saint-Denis avaient prouvé que Guntauld, Jean, Frodoïn et Géronte s'étaient bornés à jouir leur vie durant; ils s'étaient prévalus d'exemples de restitution aux propriétaires antérieurs, fournis par le roi Childebert III et puis par Grimoald, maire du palais, que Pepin appelait son oncle. Les revenus de Taverny avaient perdu beaucoup de leur importance, en passant par les mains de ces divers usufruitiers; c'est pourquoi les religieux de l'abbaye demandaient, en 754, que cette terre leur fût rendue dans l'état même où ils l'avaient donnée antérieurement en bénéfice à Teudbert, un de leurs vassaux. Ils réclamaient les vignes, les bois, les prés, les bestiaux d'autrefois, avec les dépendances éparses dans la vallée jusqu'à Herblay. Le roi Pepin, dans la charte précitée, entérinait la demande des religieux de Saint-Denis, et ainsi Taverny fut remis entièrement à la disposition de leur abbé, Fulrad.

Une grande partie de la terre de Taverny appartenait, au XIIe siècle, à la famille des Montmorencys, qui avaient succédé, dans la vallée, comme seigneurs, aux religieux expropriés. Toutefois, le prieuré de Saint-Martin-des-Champs, de Paris, avait par là des vignes et des rentes foncières, dès l'année 1119. Le sire de Montmorency ayant voulu réunir ses vassaux, à Montmorency même, sous le règne de Philippe le Bel, le titulaire du bénéfice de Saint-Martin-des-Champs prétendit avoir seul des ordres à donner à ceux qui habitaient des lieux appartenant au prieuré antérieurement à la reconnaissance des barons de Montmorency, comme seigneurs de la localité. Le prévôt de Paris et puis le parlement, par un arrêt, se rangèrent en effet de l'avis du prieur ; c'est que les prétentions de celui-ci ne pouvaient qu'être fortement appuyées par le crédit des moines de Saint-Denis, encore soupçonnés de garder secrètement rancune aux conquérants de la vallée voisine. En revanche, Matthieu de Montmorency était au mieux avec les religieux de Notre-Dame-du-Val, plantureuse abbaye fondée près de Villiers-Adam, et dont il reste encore quelques traces à notre époque. Ce monastère tout voisin reçut du connétable Matthieu de belles vignes, avec un verger, sur la côte. Vingt-quatre années plus tard, Guibert de Taverny se faisait moine à l'abbaye du Val, en même temps que Ingelran son fils, et que Guillaume son neveu ; c'est en entrant dans ce couvent, que Guibert lui donnait encore, comme pour payer sa bienvenue, des vignes situées à Taverny, et Burchard approuvait, comme seigneur, la donation.

Notre-Dame-du-Val, si elle n'était pas une abbaye royale comme celle de Saint-Denis, avait du moins servi de lieu de retraite à Thibaud de Montmorency, fils de Matthieu Ier et frère aîné de Matthieu, fondateur de la branche des Montmorencys de Marly.

En 1193, cela résulte de preuves suffisantes, Matthieu II, de Montmorency, avait un maire à Taverny et un manoir où s'expédiaient les actes publics. De plus, il est prouvé que le Burchard dont nous venons de parler un peu plus haut, avait en propre le parc de Taverny. Matthieu II, pendant la première année du XIIIe siècle, faisait une concession à l'abbaye de Saint-Denis, qui généralement n'était pas insensible à cette espèce de marque de déférence; Matthieu lui donnait, par contrat, un muid de châtaignes de son parc, à prendre à Taverny à l'octave de la Toussaint. Aussi bien ce village avait déjà de précieux titres à la reconnaissance des religieux de l'abbaye royale, puisque le successeur d'Odon, de Deuil, abbé de Saint-Denis, mort vers 1162, n'était autre que Eudes de Taverny.

Mais, bien qu'ici l'histoire doive se contenter d'inductions, l'ancien château de Taverny passe pour avoir été une maison royale. Du moins il existe des chartes du XIII° siècle et du suivant, signées par Philippe le Bel et par Philippe le Long, qui sont datées parfaitement de cette résidence en Parisis. La tradition ajoute que le roi Jean a fait bâtir là un château, en exécution d'un vœu qu'il a formé pour le rétablissement de son fils dangereusement malade. Dans tous les cas, pour que Philippe le Bel et Philippe le Long n'y aient pas eu, pendant quelque temps, un palais, il faut que l'intimité ait été bien étroite entre la famille de nos rois et celle de leurs connétables; il faut alors que les Montmorencys aient eu pour hôte, dans la personne royale, beaucoup plus un ami qu'un maître. D'ailleurs, comment douter de la prédilection des anciens rois de France pour cette localité? Un Adam, de Taverny, se trouve grand'queux du roi Philippe de Valois, c'est-à-dire son premier maître-d'hôtel, en 1328. Jean, duc de Normandie, fils du même monarque, tombe malade au château au mois de juin 1335; les religieux de Saint-Denis s'en émeuvent; ils viennent trois fois pieds nus au lieu qu'habite le malade, pour obtenir sa guérison au prix de leur propre pénitence; ils laissent au château pendant quinze jours leurs plus précieuses reliques, dans l'espoir que les saints dont elles émanent intercèderont de même auprès de Dieu. Enfin le duc de Normandie revient à la santé; le roi, son père, se rend à pied de Taverny à Saint-Denis, pour s'y répandre en actions de grâce.

Cette famille des Montmorencys, comme chacun sait, s'est divisée tellement, du vivant de Matthieu et après, qu'il nous serait difficile de dire quels ont été les héritiers directs, à Taverny, de Matthieu II et de Burchard. En 1461, Jean de Montmorency était propriétaire du parc et de l'hôtel. Quatre ans plus tard, Louis XI donnait à Antoine de Chabannes, comte de Dammartin, ce qu'il avait encore à Taverny : il est presque certain que c'étaient les restes du palais, résidence royale des deux siècles précédents. Nous pouvons inférer de cette donation qu'il y avait ou deux édifices ou deux domaines principaux, sur le territoire du village. Ce village, qui était déjà vieux de sept siècles, comptait 60 feux. En 1580, le grand prieur de France y exerçait quelques droits seigneuriaux.

Le fief de Taverny fut distrait du duché d'Enghien, par le prince de Condé, en 1675, en faveur de M. le Clerc de Lesseville, un conseiller au parlement. Armand de Saint-Martin, conseiller en la grand'chambre, en était le seigneur un peu plus d'un demi siècle après; le fils de celui-ci, lieutenant au régiment des gardes-françaises, lui succéda. Un sieur Juillet, receveur général des finances de Lyon et secrétaire du roi, avait le fief en d'autres temps. Outre cela, Alexandre, comte de Longaulnay, marquis de Beauvoir en Bourbonnais, est cité parmi les seigneurs de Taverny. Une très-noble personne, Marie de Limagne, dame de Pollalion, a été non plus châtelaine, mais pénitente au même endroit, sur la lisière du bois, où la chapelle *Ecce Homo* nous rappelle la vie solitaire que cette femme du monde et de la cour, sous des habits de paysanne, vint embrasser à Taverny, au milieu du XVIII° siècle. La population du village était en ce temps-là de 994 habitants, divisés en 220 feux.

En cette année, 1854, Taverny compte 1,210 âmes; c'est 15 de moins que l'année précédente. Les dépendances de la commune sont aussi vastes aujourd'hui qu'autrefois; son territoire, à cheval sur la montagne, tient en même temps à la vallée proprement dite et au val qui en est l'annexe, tout en faisant partie du canton de Montmorency et de l'arrondissement de Pontoise. Accouplé à Saint-Leu durant un petit nombre de lustres, Taverny est rentré, en 1821, dans l'isolement qui fait la liberté autant pour les communes que pour les autres individualités. La fête locale de la commune a eu lieu, cette année encore, le 27 août; les chevaliers de l'arc, confrérie toujours renaissante, y ont lutté d'adresse, comme à la fête de Saint-Leu, en se disputant divers prix. Le maire actuel est **M. Auguste Bontemps**.

De délicieuses maisons de campagne se partagent l'ombre de la colline boisée, sur laquelle elles se suivent de près, comme feraient des sœurs. La Tuyolle, riche habitation, était, pendant la première république, le séjour modeste d'un vigneron; elle domine à présent, comme luxe tout autant que comme site, la plus grande partie des maisons du village. La rare bienveillance et l'esprit de M. Guntzberger, le propriétaire de ce fief, sont devenus proverbes dans la vallée : il est toujours tout prêt à faire plaisir, à rendre service, à répondre par le dévouement aux avances de la politesse, et à tenir compte avec délicatesse d'un honneur qu'on s'est fait en voulant le lui faire. La villa Bourjolly, d'un aspect tout original, attire également l'attention ; on sent que son propriétaire d'il y a un certain nombre d'années, s'est ruiné au passage pour la rendre plus digne du propriétaire d'aujourd'hui. M. Godard, quant à lui, possède une belle propriété dans les mêmes parages enchantés, non loin du Haut-Tertre.

M. Julien Lemer a signé une belle brochure, intitulée *Enghien, Montmorency, etc.* [1]; nous y avons remarqué des descriptions remplies d'exactitude. Mais notre devancier nous permettra sans doute de lui faire observer qu'il s'est trompé une fois. Où trouver le château que, selon lui, le prince de Rohan s'est fait construire à Taverny? Même avec une longue-vue, nous ne parvenons à découvrir que celui de M. Rouen des Mallets, à l'extrémité de la commune. M. Rouen des Mallets, il est vrai, est le prince des châtelains du voisinage; mais il n'en porte pas le titre. Ancien préfet de l'empire, il a pour fils M. le baron Forth-Rouen, ministre de France à Athènes ; Mme la baronne Forth-Rouen, née à Lisbonne, est naturalisée Française par tout ce dont une femme est fière en France; Mme la vicomtesse Terray de Vindé a pour père également M. Rouen des Mallets, dont la famille habite Taverny depuis près de deux siècles.

[1] Brochure in-8. Boizard, éditeur. 1848.

EAUBONNE.

Au XIIIe siècle déjà, Eaubonne s'appelait en latin *Aqua bona*. Mais ce nom, francisé ou non, n'était-il pas une épigramme? Eaubonne a toujours manqué d'eau, et la plupart de ses maisons recueillent encore l'eau de la pluie dans des citernes, pour la boire. Il est vrai qu'avant peu cette commune, comme toutes celles de la vallée, verra venir à elle les eaux de la Seine, dont il est difficile aux Parisiens de se passer, même en voyage. Matthieu de Montmorency, en 1193, mettait son seing au bas d'un acte, dans lequel on écrivait le nom du village dont s'agit, de la façon singulière que voici : *Yauebonne*.

L'église du village, dédiée à la sainte Vierge, et dont la cure était à la collation de l'évêque de Paris, avait en 1325 un curé qui se nommait Astorge; en même temps ce savant prêtre était prieur en Sorbonne.

Plusieurs seigneurs du fief d'Eaubonne ont laissé traces de leur passage. Ainsi la dame du lieu, Eustache de nom, a engagé la dîme d'Eaubonne aux chanoines de Saint-Victor, de Paris, vers l'année 1180. Radulfe, seigneur d'Eaubonne, a été bienfaiteur de l'abbaye d'Hérivaux, près Luzarches. Philippe d'Eaubonne a figuré comme témoin dans divers actes dont nous avons parlé, signés par Matthieu de Montmorency, en 1193 et en 1199. Enfin Charles de Montmorency porte le titre de seigneur d'Eaubonne, au XV° siècle. Or ce Charles de Montmorency, le savez-vous? est un grand personnage, chambellan et maître d'hôtel d'Artus de Bretagne, connétable de France. En ce temps-là on écrit *Aubonne* et non *Eaubonne*. Un acte qui émane de Jean, baron de Montmorency, en 1469, rappelle que ce fief relève de Montmorency.

Puis le collége Fortet, qu'a fondé à Paris, rue des Sept Voies, en 1391, Pierre Fortet, prêtre né en Auvergne, et qui réunissait sur sa tête nombre de bénéfices ; ce collége, disons-nous, a eu très-bien à lui une partie du territoire d'Eaubonne. Maître Jean Beauchesne, prêtre et grand vicaire de l'église de Paris, a légué au collége Fortet, où il avait fait autrefois ses études, une ferme appelée le Moulin-Martinot, consistant en plusieurs maisons et autres édifices, et en une assez grande étendue de terres labourables et autres possessions, situées principalement sur les terroir et paroisse d'Eaubonne, et puis dans le pays environnant, à Montlignon, à Andilly, à Margency, etc. Cette donation posthume est faite, notamment, pour fonder trois bourses au dit collége. Deux boursiers jouiront du revenu des 2/3 du bien légué ; mais ils seront tenus de prélever sur la rente 25 livres tournois par année, destinées au troisième boursier. De plus, les dits boursiers sont obligés, aux termes du testament, à célébrer trois messes par semaine, à l'intention du bienfaiteur, plus une le lundi, jour des Morts, une le mercredi, jour de la fête de saint Jean-Baptiste, et une le samedi de la Sainte-Vierge. Le procureur-gérant du collége Fortet touchera, pour la maison, le seul tiers disponible du revenu des biens légués, mais à la condition de fournir tout le luminaire et les ornements pour ces messes, et de faire célébrer à perpétuité l'anniversaire de la mort du prêtre donataire. Or maître Jean Beauchesne, qui a testé le 12 janvier 1556-1557, passe de vie à trépas le 17 septembre suivant. L'établissement de la rue des Sept Voies reçoit les trois nouveaux boursiers en les faisant participer à l'association des anciens; tous ont droit aux mêmes chambres, aux mêmes places dans les salles, aux mêmes dans la chapelle, au même linge, à la même vaisselle, à la même cuisine, « et » autres aisances, » dit le cahier des charges.

Ce legs ayant de l'importance, l'idée vient au seigneur d'en contester la possession paisible aux boursiers du collége Fortet; M. d'Eaubonne veut forcer cette maison à lui payer des droits d'amortissement et des indemnités considérables. Le collége n'en peut mais; il se décide, le 26 février 1561-1562, à échanger ces biens contre 350 livres de rente sur l'Hôtel-de-Ville de Paris, et le contrat d'échange est passé sur ce pied avec messire Claude Patrouillard, lequel promet de fournir sans retard les lettres de constitution des 350 livres de rente, outre qu'il en garantit le paiement à perpétuité. Malgré ces précautions, il est dû, quarante ans plus tard, 4,000 livres d'arrérages au fondé de pouvoirs des boursiers. Le collége prend des lettres en rescision de l'acte d'échange, sur lesquelles une instance est introduite au parlement en 1603, contre Jean le Bossu ou le Bonu, tenancier du domaine appelé le moulin Martinot. Grâce à de telles mesures de rigueur, la régularité a fini par être rétablie dans le service des intérêts du legs Beauchesne. Le collége a donc joui de ses 350 livres de pension, jusqu'en 1681. Mais en 1720, le taux de l'intérêt de l'argent se modifie; un arrêt en retranche un quartier; d'autres réductions viennent ensuite, et les rentes de l'Hôtel-de-Ville sont converties en rentes sur les aides et gabelles. Bref, en 1720, le revenu du prix de vente du moulin Martinot s'arrête modestement au chiffre de 65 livres, 12 sols, 6 deniers. C'est le contraire d'une fable de la Fontaine, puisque le bœuf lui-même n'est plus qu'une grenouille à la fin.

Eaubonne, néanmoins, qui ne comptait guère que 12 feux, et d'aucuns disent 12 habitants, en 1470, renferme déjà dans son sein 26 familles; en 1764, au dire de l'abbé Expilly, auteur d'un *Dictionnaire géographique, historique et politique des Gaules*.

Justement cette partie du XVIII° siècle voit Eaubonne prendre des couleurs que le badigeonnage moderne a été impuissant à faire passer. Eaubonne, sous Louis XV, devient la petite maison de la vallée. Le financier Mézières achète la terre seigneuriale et le titre de comte, pour que rien ne manque à son faste. Il va ensuite en Italie, pour se perfectionner le goût, avant de mettre à l'œuvre architectes et maçons, autrement dit avant de se tailler plusieurs châteaux, manteaux de grand seigneur, dans le velours d'un nouveau domaine. A son retour, il commande à l'architecte Ledoux trois châteaux, qu'aujourd'hui habitent le lieutenant-général Merlin, M. Billard, et la famille de M. le comte d'Argens, lequel a hérité de la famille de Mézières. Puis, pour faire disparaître à tout jamais le bourg du moyen âge, le financier fait bâtir un village, c'est-à-dire vingt maisons pour ses fermiers. « Ce qui surprendra » peut-être, dit un de ses contemporains [1], c'est de » trouver au centre des campagnes, des habitations aussi » symétriques, et des maisons de paysans tirées au cor- » deau. » Mais cet écrivain peu célèbre, qui a nom Le Prieur, nous induit ici en erreur ; car nous cherchons en vain à Eaubonne cette espèce de rue de Rivoli, dont il voudrait déranger l'ordonnance. Cet ancien professeur de grammaire française à l'École-Militaire, écrivait avant tout pour faire sa cour au comte d'Albon, seigneur de Franconville, et nous verrons plus tard que ce comte d'Albon n'était pas tout à fait un homme de bon sens ; puis il y avait alors rivalité entre Franconville et Eaubonne. Si ce dernier village, neuf et coquet, avait l'air d'une *petite maison*, l'autre, à cette époque-là, eût fait mettre le mot au pluriel.

Le château du comte de Mézières, qui a été démoli après la révolution, servait de rendez-vous aux plaisirs ; mais celui de l'esprit, qui est toujours de force à réhabiliter les autres, avait le pas comme l'aîné. Le Prieur, malgré ses préférences pour le château d'Albon, vante l'architecture et la distribution intérieure du château d'Eaubonne.

Le rôle de bienfaiteur de la contrée a été joué, d'ailleurs, avec beaucoup d'intelligence, par le seigneur

---

[1] *Description d'une partie de la vallée de Montmorenci.* 1784.

du centre de la vallée. Il n'a fait élever un petit château, à l'entrée du village, près de Soisy et du bois Jacques, qu'en le destinant à un homme de lettres. Charles-François, marquis de Saint-Lambert, poëte et philosophe, pourvu d'un siége académique le 23 juin 1770, est venu composer dans cette jolie résidence le poëme des *Saisons*, ouvrage qui, après coup, a justifié l'élection de son auteur, et puis le *Catéchisme universel*; or, ce dernier travail philosophique, contemporain de la révolution, a obtenu, en l'année 1806, un prix de morale qui a surpris la cour autant que la ville, et qui a fait tomber du coup l'institution des prix décennaux. Ce gentilhomme sans fortune a servi, comme militaire, tout en faisant état de son esprit; attaché au roi Stanislas, il a été quelque temps, à Nancy, exempt de ses gardes-du-corps et maître de sa garde-robe; colonel au service de France, il a fait après cela les campagnes de Hanovre. Il passe pour avoir eu l'estime de cette marquise de Boufflers, chantée sous le nom de Thémire; mais Voltaire, avant tout, lui a fait les honneurs de la marquise du Châtelet, et le dépit de Voltaire était plus généreux que celui de Jean-Jacques Rousseau. L'illustre amant trompé (qui se plaindra ensuite de l'être?) se contentait de dire à Saint-Lambert :

C'est ta main qui cueille les roses,
Et les épines sont pour moi.

Eaubonne rapproche Saint-Lambert de sa maîtresse célèbre, Mme d'Houdetot, et cette passion dure jusqu'à la mort de l'aimable auteur des *Saisons*. Le monde trouve des excuses à cette liaison d'un demi-siècle qu'il accepte;

d'ailleurs Mme d'Houdetot a sa maison, comme Saint-Lambert la sienne, séparées l'une de l'autre par un pré bordé d'arbres fruitiers, que remplacent en partie aujourd'hui des maisons nouvelles. Avant de se fixer à Sannois, Mme la comtesse habite le château de Meaux, sis à Eaubonne, propriété actuelle de Mme veuve Perrignon; mais cette habitation n'est pas encore de son temps ce que nous voyons aujourd'hui; la maison occupée par Mme d'Houdetot, dans le château de Meaux, est le pavillon du jardinier à notre époque. Saluons, dans ce que ce beau domaine a gardé d'un temps déjà loin, le berceau des amours malheureuses de Jean-Jacques, qui nous ont valu un grand homme.

« Il y a, dit Rousseau, près d'une lieue de l'Ermitage
» à Eaubonne; dans mes fréquents voyages, il m'est
» arrivé quelquefois d'y coucher; un soir, après avoir
» soupé tête à tête, nous allâmes nous promener au
» jardin, par un très-beau clair de lune. Au fond de ce
» jardin était un assez grand taillis par où nous fûmes
» chercher un joli bosquet orné d'une cascade dont je
» lui avais donné l'idée, et qu'elle avait fait exécuter.
» Souvenir immortel d'innocence et de jouissance ! Ce
» fut dans ce bosquet, qu'assis avec elle sur un banc de
» gazon sous un acacia tout chargé de fleurs, je trouvai,
» pour rendre les mouvements de mon cœur, un lan-
» gage vraiment digne d'eux. Ce fut la première et l'uni-
» que fois de ma vie; mais je fus sublime, si l'on peut
» nommer ainsi tout ce que l'amour le plus tendre et le
» plus ardent peut porter d'aimable et de séduisant
» dans un cœur d'homme ! Que d'enivrantes larmes je
» versai sur ses genoux ! que je lui en fis verser malgré
» elle ! Enfin, dans un transport involontaire, elle s'é-

» cria : — Non, jamais homme ne fut si aimable, et
» jamais amant n'aima comme vous! Mais votre ami
» Saint-Lambert nous écoute, et mon cœur ne saurait
» aimer deux fois. — Je me tus en soupirant, je l'em-
» brassai... Quel embrassement! Mais ce fut tout. »

Nous avons exploré les charmilles de ce parc, pour y retrouver le bosquet célébré dans *les Confessions*. Mais les traces de Jean-Jacques sont, pour chacun de nous, dans toutes ces allées frémissantes, sous tous ces arbres séculaires dont la feuille semble palpiter, et leur ombre est diaphane comme les souvenirs d'amour qui s'y tapissent. La cascade du parc était du côté du bois Jacques; un acacia, debout près du lavoir qui traverse le village, faisait partie du bosquet dégrossi, heureux témoin des adieux de Rousseau à la châtelaine de céans.

Le château qui remplace l'ancien château de Meaux a été bâti par Goupy, architecte du duc de Bourbon, créateur du Palais-Bourbon; Mme Goupy l'a habité. Mme Perrignon et son gendre, feu le vicomte maréchal Dode de la Brunerie, l'ont acheté en 1823. Voici donc un domaine dont le souvenir se rattache désormais à la gloire des armes, comme à celle des lettres françaises. Des pièces d'eau, le dessin admirable des allées et une magnifique terrasse qui longe la route de Margency, et qui s'ouvre comme une large fenêtre sur les brillants coteaux d'Andilly et de Montmorency, en font une des merveilles de la vallée; Mme la maréchale et sa mère, Mme Perrignon, en font les honneurs à ravir. Grand capitaine, assurément, que ce maréchal Dode! Ne retrouve-t-on pas en lui quelque chose de ces connétables qui ont porté le nom de notre si noble vallée? Guillaume Dode, vicomte de la Brunerie, maréchal de France, ancien pair, ancien président du Comité des fortifications, directeur supérieur honoraire des travaux de fortification de Paris, grand'croix de la Légion d'honneur, commandeur de Saint-Louis, grand'croix de l'ordre de Charles III d'Espagne, chevalier des ordres de Saint-Alexandre-Newski de Russie et du Mérite-Militaire de Bavière, est né le 30 avril 1775. Son père, notaire et contrôleur de l'enregistrement, à Saint-Geoire, dans le Dauphiné, l'a vu sous-lieutenant en 1794. Ainsi a commencé l'une des plus belles carrières militaires que nous connaissons. Nous renvoyons, pour les détails, à une intéressante brochure : *Notice sur le vicomte maréchal Dode de la Brunerie*, qu'a publiée, il y a deux ans, le général Moreau, membre du Comité des fortifications. Ce vaillant capitaine est mort à Paris, rue Caumartin, dans les premiers mois de l'année 1851, après avoir passé son dernier printemps à Eaubonne, et l'été dans sa terre de la Brunerie, en Dauphiné. Le testament du maréchal a ordonné que son portrait en pied, peint par Larivière, et son buste en marbre, exécuté par Jouffroy, fussent remis au Dépôt des fortifications, comme preuve de son attachement au corps du génie, auquel il a appartenu pendant cinquante-quatre ans. Le vicomte Dode, qui est mort sans enfants, a fait le nécessaire, dès 1847, pour assurer son titre à son neveu, Lucien-Guzman Dode de la Brunerie. Mme Perrignon et Mme la maréchale ont fondé la chapelle de Saint-Guillaume, dans l'église de notre village, en mémoire de l'illustre Dode.

Pour la maison de Saint-Lambert, elle était l'hôtellerie des philosophes de l'encyclopédie. Dès que l'ancien colonel eut succédé à l'abbé Trublet, comme académicien, il s'attacha à faire entrer dans l'illustre compagnie ses deux amis, Suard et Laharpe. Dans cette maison d'Eaubonne, devenue le rendez-vous des aspirants à l'immortalité, il donnait des dîners somptueusement délicats, dont le parfum était encore relevé par celui de mille fleurs, dressées autour de la salle à manger. Marmontel n'en appelait pas moins l'auteur du poëme des *Saisons* le sage d'Eaubonne. Sagesse d'épicurien. Mme du Deffand, moins indulgente, l'accusait d'être froid et fade. Walpole le trouvait prétentieux, et le traitait d'arcadien de l'encyclopédie. Mme Suard, avec plus de ménagement et de justesse, disait de Saint-Lambert qu'il ne plaisait dans la société qu'à ceux qui lui plaisaient à lui-même; qu'il avait pour tout ce qui lui était indifférent une froideur qu'on pouvait quelquefois confondre avec le dédain. Il montrait certainement à table tout ce que l'usage du monde peut ajouter au mérite de l'homme de lettres. Si Laharpe, devenu religieux, le traitait de matérialiste, ce n'était pas toutefois sans de bonnes raisons. Cet amant si tendre, si fidèle, déclarait volontiers, dès qu'il avait bu du champagne, que la pudeur n'était qu'un préjugé. Dans ses publications philosophiques, l'*Analyse de la femme* est un chef-d'œuvre sophistique et matérialiste. On dirait que la femme, chef-d'œuvre de ce Dieu qu'il appelle la nature, est pour lui un cheval de bataille. L'adultère n'a trop rien qui contriste ce philosophe, dont la maîtresse se trouve la femme d'un autre; mais Rousseau, le jaloux Rousseau, promet d'abord à son ami de ne jamais lui laisser la sécurité de son innocence dans un pareil état. Un peu plus tard, le philosophe de Genève érigea en vertu courageuse cet adultère, que ne goûtait Saint-Lambert qu'à l'état de fruit défendu. Lui, dix-huitième siècle incarné, il ne parlait, et même il n'écrivait qu'avec l'arrière-pensée que ses idées n'iraient pas jusqu'au peuple ; et, dans le cercle d'amis pour lequel il tenait la plume et il parlait, il ne craignait pas d'afficher un athéisme, débauche de sa raison. Jean-Jacques Rousseau se récriait alors contre l'extrême audace de son esprit.

La licence des principes de Saint-Lambert n'empêchait pas son siècle, qui le traitait comme un enfant gâté, de croire, comme Marmontel, à sa sagesse. Au surplus, il était l'ami du prince de Beauveau, et, pour dire encore plus, de presque toute cette aristocratie que l'encyclopédie prenait à tâche de pervertir, avant que le peuple eût son tour. Le charme de son débit, son rare sentiment des convenances, ses brillantes qualités d'homme du monde tenant maison ouverte, lui conservaient entière, inexpugnable, son influence au sein de l'Académie, dont il était le directeur.

Quand celle-ci fut fermée, en 1793, il s'enferma étroitement à Eaubonne, et c'est alors qu'il fit paraître son poëme, ses *Mémoires sur la vie de Bolingbroke*, etc. La vieillesse d'abord, puis aussi la révolution, forçaient trop notre poëte à regretter le passé, pour qu'il n'eût pas en ce temps-là l'humeur difficile, acariâtre. Sa santé chancelait ; son esprit, lui aussi, supportait des infirmités aussi cruelles que celles du corps ; en un mot, le vieillard ne voulait pas tomber en enfance sans lutter. Au mois de janvier 1803, l'Académie était reconstituée comme section de l'Institut, et c'était un projet dont, depuis trois années, Saint-Lambert et quelques collègues avaient courageusement tenté l'exécution. Le poëte des *Saisons* mourut, mais douze jours après qu'il eut été nommé membre de l'Institut, à l'âge de 86 ans. Il rendait le dernier soupir, en recevant un dernier baiser mouillé de pleurs, de l'excellente amie qui avait prolongé tendrement sa vieillesse à force de maintenir avec sévérité le régime prescrit au malade par ses médecins. Dans les derniers temps de sa vie, ce pauvre Saint-Lambert appelait M⁰⁰ d'Houdetot le ministre de ses privations. Un point à remarquer, c'est que Maret, duc de Bassano, qui lui a succédé comme académicien, n'a pas prononcé son éloge comme c'est de tradition quand un fauteuil change de titulaire. Le *Moniteur* du 1ᵉʳ septembre 1804 a donné une notice sur Saint-Lambert, par Fayolle.

Le comte Regnault de Saint-Jean-d'Angély, conseiller d'État, procureur général près la Haute-Cour et membre du corps législatif, habita, après Saint-Lambert, la maison de plaisance bâtie pour cet auteur. C'était un orateur élégant, clair, facile, bien qu'il eût paru faible en d'autres temps, auprès de Mirabeau, qu'il attaquait. Il avait proposé à la tribune nationale de prendre des mesures de rigueur, lors de la fuite du roi Louis XVI; c'est pourquoi les Bourbons, en 1814, le privèrent de tous ses emplois. Il resta uniquement membre de l'Académie française, et son éloge de Campenon, prononcé pendant la première restauration, fut un véritable monument d'adresse, d'esprit et de talent. Ministre d'État pendant les cent jours, Regnault de Saint-Jean d'Angély, recevait à Eaubonne, au mois d'avril, le comte François de Neufchâteau, républicain et agronome, devenu poëte et bonapartiste du même coup, qui chantait la sobriété dans cette même salle à manger où le XVIIIᵉ siècle avait si bien fait la débauche:

Quiconque aux jeunes gens verse du vin sans eau,
Dans un brasier ardent jette un brasier nouveau.

Le châtelain d'Eaubonne, au reçu de la nouvelle du désastre de Waterloo, prenait la plus grande part à la proclamation de Napoléon II, et il lui en coûta d'être proscrit le 24 juillet 1815. Lorsque le ministère Decazes lui eut permis de rentrer en France, il en mourut de joie, dans la nuit même de son retour à Paris. Mᵐᵉ la comtesse Regnault de Saint-Jean-d'Angély, si elle n'habite plus la Vallée, en a gardé du moins les traditions : elle aime et elle protége les lettres.

M. Habert, que l'auteur de ce livre s'honore d'avoir eu pour grand-oncle, a longtemps fait sa résidence d'été du château mignon de Saint-Lambert. Eaubonne n'avait pas cessé d'être un village très-mondain : il y avait alors réunion tous les soirs, dans un de ses salons hospitaliers, et la maison académique, sentinelle avancée d'Eaubonne, donnait à merveille le mot d'ordre ; elle éclairait souvent son rez-de-chaussée historique, pour y faire danser la vallée du xixᵉ siècle. On en sortait après minuit, qui en voiture, qui à pied, et des caravanes de piétons, avec une lanterne pour tout phare, gagnaient dans l'ombre l'extrémité d'Eaubonne, quelquefois même Margency et Soisy. M. Habert laissait loin son devancier, auteur du poëme des *Saisons*, en ce qu'il restait maître de son esprit à table, grâce à une tempérance qui n'était imposée que par l'exemple à ses convives ; il avait de l'esprit même à jeun ; mais ceux qu'il invitait n'étaient tenus qu'à tendre à la même fin, ils avaient le choix des moyens. Le soir, le matin même, des accords mélodieux retentissaient dans le salon : le maître du logis était un des élèves de ce Gatayes qui avait joué de la guitare avec S. M. la reine de Saint-Leu. L'élève de ce grand maître s'accompagnait en chantant des romances, entre autres *Je suis Lindor*, cette cantilène de Beaumarchais, et plus d'une Rosine, qui n'avait pas encore d'Almaviva, promenait ensuite son doigté virginal sur le piano, en attendant. C'est que M. et Mme Habert aimaient autour d'eux la jeunesse. Toutes les allées du parc, malgré le râteau qui efface, ont gardé quelques traces du passage de bien des jeunes filles, aujourd'hui femmes ou veuves, n'ayant plus à deviner que les grandes choses d'un autre monde; l'*allée des soupirs* est toute pleine de ces adorables vestiges, pour qui sait bien les reconnaître. Il est doux d'oublier l'oubli, et de jouir encore, par imagination, de ces belles nuits d'été, fêtes partagées, où le cœur apprenait à battre! L'absence est muette, mais les échos d'Eaubonne répètent longtemps non-seulement les paroles, mais encore les pensées qui ont effleuré en souriant les lèvres de la première jeunesse. Des ombres blanches reviennent la nuit; leurs formes gracieuses surgissent d'abord sous le platane séculaire qu'entoure une pelouse toujours nouvelle; tous les sentiers sont familiers à ces fantômes de jeunes filles; les feuilles tremblent sous leur haleine, chaque fleur des bordures les salue. Chères ombres, souvenirs timides et palpitants, ô mes bonnes étoiles du passé, n'allez plus cette fois-ci vous évanouir, comme tout ce qui est ombre et poésie; restez et reprenez l'auréole des premiers aveux, le nimbe virginal des premiers serments échangés. Mais hélas! ce ne sont plus les héroïnes de ces rêves juvéniles qui manquent de mémoire, c'est moi-même qui oublie céans.... que je n'ai plus du tout l'âge de ce coquin de Chérubin.

M. Coutant, un peu plus tard, a laissé la maison de Saint-Lambert, comme héritage, à Mme Auguet, et c'est

M. Billiard qui en a fait, depuis, l'acquisition. Comme elle tombait en ruines, M. Billiard l'a remise à neuf, et il a profité de la circonstance pour l'agrandir. Les dispositions intérieures la font, plus que jamais, pleine d'agréments. La vue est admirable de presque toutes les croisées du premier et de la terrasse qui domine l'édifice. Il reste des consoles, des chaises, une causeuse et une colonne en marbre, qui ont appartenu à l'amant de Mme d'Houdetot. Quelques lithographies et des gravures sont dans les chambres d'amis; elles datent d'avant l'époque où nous étions pour ainsi dire élevé dans cette jolie résidence. Un mur a remplacé la haie vive qui servait naguères de clôture unique au jardin; mais des plantes grimpantes dissimulent heureusement le plâtre et le moellon, si bien que le bois Jacques a l'air, comme autrefois, de faire partie de la propriété. Le grand platane, les pins, les peupliers de notre connaissance sont restés debout; nous vous saluons, parterres charmants, bouquets d'arbres liés par des allées; mais nous ne trouvons plus cette petite cascade traditionnelle qui servait de centre au petit parc de Saint-Lambert. Le verger est toujours très-bien tenu et très-productif; seulement on y chercherait en vain de gros brugnons fermes et rubiconds, moitié pommes et moitié pêches, dans lesquels ont mordu à si belles dents les encyclopédistes; chacun de ces fruits, cueilli à l'espalier, était tout un festin pour nous, enfant; mais ce n'était qu'une bouchée pour les gourmets du siècle précédent, dont le nôtre a toujours utilisé les restes.

Madame d'Houdetot, cette gloire de la Vallée, a rendu mémorables les villages d'Eaubonne et de Sannois; ses illustres amis, Saint-Lambert et Jean-Jacques, avaient droit de cité dans son parc, où elle avait placé leur buste. Son hôtel à Paris était rue de l'Université ; elle y reçut pendant quelque temps, comme à Eaubonne, son amie Mme de Blainville. Une autre célébrité, Guinguené, ambassadeur et écrivain, se fixa dans le même village, après avoir séjourné à Saint-Prix ; lady Morgan l'y visita ; sa destinée fut d'y mourir. Plusieurs auteurs citent aussi Franklin comme ayant habité notre campagne sentimentale ; mais cet illustre voyageur a laissé plus de traces de son séjour à Franconville que là. Il est possible qu'il y ait eu confusion. En tout cas, le coquet village de Saint-Lambert a été au, XVIII° siècle, la capitale d'été des beaux-esprits.

La propriété seigneuriale du lieutenant général Merlin, dont la mort toute récente a jeté le deuil dans la commune, vient d'être acquise par M. Tarbé des Sablons, ancien préfet, et qui lui-même avait déjà une autre maison de campagne dans la commune. Si cela fait double emploi, qu'importe ! Cicéron avait bien dix-sept maisons des champs, quand il a acheté celle du dictateur Sylla. Gohier, membre du Directoire, était beau-père du général Merlin, et il s'était rendu acquéreur du château d'Eaubonne, devenu bien national à la fin du siècle dernier. On se rappelle que l'obstiné Gohier, ce dernier président du Directoire, ne fit ni comme Sieyès et Roger-Ducos, ses collègues, habilement gagnés à la cause du jeune vainqueur de l'Egypte et de l'Italie, ni comme Barras, sybarite inconstant dont le laisser-passer était à vendre : Gohier et Moulins résistaient en républicains convaincus, ils étaient la minorité dans le gouvernement directorial. Bonaparte essaya de transiger avec ses grands projets, au moment même de les exécuter, et il fit proposer à Gohier, le 1ᵉʳ brumaire, jour où il vint dîner chez lui, au Luxembourg, de remplacer Sieyès comme directeur ; mais la constitution exigeait qu'on eût quarante ans pour être membre du Directoire, et cette difficulté de lettre coûta fort cher à la constitution de l'an III. Après le 18 brumaire, Gohier se retira à Eaubonne, et il n'a point cessé d'y résider jusqu'à sa mort, qui a précédé la révolution de 1830. Le général son gendre, fils du jurisconsulte Merlin, avait fait les plus belles campagnes, et notamment celle d'Egypte ; il a refusé de servir sous la restauration ; mais il a commandé sous Louis-Philippe la 18ᵉ division militaire, à Dijon. La comtesse et le comte Merlin, pleins de jours, d'honneurs et de souvenirs, ont cessé de vivre à un an de distance l'un de l'autre. A la munificence du général sont dus le percement d'une voie de communication, terrain que son parc a perdu d'un côté pour s'agrandir d'un autre par de nouvelles acquisitions, et puis l'établissement et la propriété d'un nouveau cimetière, à deux cents pas de la commune.

On dit encore maison d'Argens, lorsqu'on a à parler du riche et du brillant domaine qui appartient à M. Allégri. Les comtes d'Argens effectivement furent les seigneurs d'Eaubonne, en héritant du comté de Mézières, et ils y sont encore propriétaires depuis que le domaine est divisé. Un banquier, M. Allégri, a acheté de M. d'Argens une partie des terres de l'ancien fermier-général, et un beau bâtiment qu'il a fait de suite restaurer. Une famille grande comme une tribu, un nombreux domestique, d'opulentes écuries, c'en est assez pour répandre la vie, pour entretenir le mouvement, dans cette propriété fastueuse qui doit être la plus vaste d'Eaubonne.

On trouverait avec peine ailleurs un luxe extérieur plus complet, une grille de fer mieux peinte et mieux dorée, une façade de maison plus blanche et garnie de glaces plus épaisses, des voitures mieux conditionnées, des harnais non moins étincelants, une livrée aussi étoffée, des allées râtissées avec une rectitude plus constante, des gazons plus souvent tondus, des parterres de fleurs moins souillées par le contact des plantes parasites. Toutefois le financier Mézières écrase encore de son souvenir le commanditaire d'à présent : il ornait une habitation pour en faire présent et hommage à un homme plus lettré que lui ; nous ne pouvons que trouver cette attention du meilleur goût. Aujourd'hui, il est vrai, tous les parents au degré successible maudiraient la mémoire d'un banquier qui aurait donné dans ces travers d'une époque déjà loin. Heureusement M. Allégri est de son époque, et il s'entend fort bien à faire contribuer l'art et la nature au charme de tout ce qui l'entoure; par son ordre on a élargi le cours d'eau qui traverse le parc, on a semé des îles sur son parcours, et on a amarré des bateaux à ces îles. Des tourelles, des maisons rustiques, un petit bois et de grandes corbeilles, qui sont comme des pelouses de fleurs, varient à chaque instant le paysage.

Ce n'est quitter nullement la notoriété de la fortune et l'art de s'en servir avec honneur que d'enjamber la rue, afin de passer chez M. Henri Davillier, chez M. Samson Davillier, proches parents l'un de l'autre, voisins encore plus proches, dont les noms se rattachent à la régence de la Banque de France, à la magistrature consulaire et aux plus grandes affaires de ce temps-ci. Il y a des roses comme à Provins le long des murs de

M. Davillier. Si leurs allées ont des fleurs tout l'été, qui envoient leurs parfums par-dessus les murs de clôture, des serres magnifiques font en même temps des réserves pour l'hiver. L'heureuse exposition des espaliers, dans les vergers, produit une abondance de fruits dignes du paradis terrestre. De plus, la bienfaisance et l'obligeance de ces messieurs ont fait leurs preuves depuis longtemps, dans la riante contrée qu'ils habitent.

La poésie, nous dira-t-on, n'est plus de ce monde des affaires, et la vallée de Montmorency, naguère le rendez-vous des beaux-esprits, n'a pas absolument gagné au change. Aussi bien, que de vices ont disparu, ou se cachent aujourd'hui dans la pénombre des grandes villes, après s'être étalés jadis au plus grand jour, dans les châteaux mignons des environs! Si cette société actuelle, dont les jouissances plus régulières protestent contre d'anciens désordres, ne trouve pas, un de ces jours, son théâtre bien à elle, sa poésie et sa philosophie, elle passera comme une ombre muette, comme une petite halte entre deux décadences sonores, comme l'eau de cette écluse qui attend seulement pour s'ouvrir qu'une autre écluse soit fermée. Le grand-livre de la dette publique, les livres de commerce les mieux tenus, les registres à souche dont chaque feuillet baisse ou monte à la Bourse, tout cela ne constitue qu'une littérature tout à fait terre-à-terre, comme les rails de nos voies ferrées. Un fil électrique court plus haut, grâce auquel s'établissent des communications de siècle à siècle, et que les livres, uniquement écrits pour être lus, sont appelés seuls à faire mouvoir. S'il y a interruption, le fil se rompt. Pas de nouvelles, mauvaises nouvelles. Par conséquent, vive la littérature! *Vous n'avez pas de bons livres, donnez-m'en de médiocres, en attendant.* Ainsi parlent de tout temps les sages, surtout en France. L'auteur de l'ouvrage que voici a peut-être ses raisons particulières pour créer ce proverbe. Comme vous voyez, *Chacun pour soi*. Ce mot n'est-il pas, pour le coup, une devise entrée dans le domaine public? L'industrie, au milieu de ces progrès miraculeux qu'elle réalise de nos jours, a cela de littéraire par excellence qu'elle procure assurément à un bien plus grand nombre de lecteurs les moyens d'acheter un livre, de s'abonner à un journal. Les maréchaux de la finance n'en cèdent qu'à plus juste titre, après un intervalle de paix, à ces valeureux capitaines qui venaient se reposer, dans la Vallée, des luttes héroïques de la république et de l'empire.

M. le baron Silvestre de Sacy, conservateur de la bibliothèque Mazarine, rédacteur en chef des *Débats*, membre de l'Académie française, qui vient de le choisir pour chancelier, est chez lui, à Eaubonne, où son entrée date de vingt ans. Sa famille, qui plus est, habitait le pays depuis un temps plus reculé. Ce grand nom, qui se continue, est de toutes les manières inséparable de l'histoire locale, comme de l'histoire savante et littéraire de la France. La *Bible* de Sacy a fait époque. Quant au discours de réception prononcé récemment par le nouvel élu, au palais des Quatre-Nations, il a produit une telle sensation que la presse tout entière, se dégageant des divisions de partis, s'est associée au succès d'un confrère dont le caractère et le talent honorent à double titre la profession de journaliste. M. de Sacy, dont la plume est rationaliste de naissance, joint le mérite du style et de l'élégance des idées à la modération et au bon sens.

Mme la baronne de Stuttkly a une maison de plaisance qui dépend de la même commune, bien qu'elle paraisse toucher à Margency et à Saint-Prix. C'est une délicieuse résidence, qu'un moulin, de forme et de couleur qui tranchent, rend extrêmement originale et fait reconnaître de loin à tous les yeux : c'est la lanterne de Diogène du canton. Le comfort de l'habitation, le charmant dessin du jardin sont faits pour ajouter encore aux charmes d'une situation privilégiée. Cette propriété appartenait dans le temps au sieur Tétard, ancien directeur de Sainte-Pélagie. Ce même Tétard, nous a-t-on raconté, avait eu à garder Ouvrard, le célèbre prisonnier pour dettes, qui dépensait sous les verrous le revenu des vingt millions qu'il refusait de payer à son ancien ami Séguin.

Mme Auguet, bonne dame et vénérable, a gardé un cottage, colonie toute voisine dont la maison de Saint-Lambert était probablement la métropole : un petit chemin l'en sépare. L'aspect en est bizarre, bien que beaucoup d'autres maisons soient peintes comme elle, de différentes couleurs pâles et grises. Sa forme passée de mode rappelle un peu celle des robes à paniers, un peu aussi celle des anciennes voitures qu'on appelait des demi-lunes. Les dépendances n'en sont pas très-spacieuses; mais de hauts peupliers, qui tremblent à tous les vents, dissimulent à moitié la toilette architecturale qu'un siècle plein n'a pas par trop fanée. C'est comme un demi-voile vert, que rabattrait une lady sur le retour, en se rappelant soudain qu'on ne lui a pas mis sur la joue le rouge et le blanc de perle accoutumés. La maîtresse du logis, dont l'intérieur est une vraie bonbonnière, n'a pas fait édifier elle-même sa maison; pourtant elle a très-bien pu voir et connaître le poëte des *Saisons*, son devancier.

Dans la même partie d'Eaubonne et non loin de l'avenue Saint-Lambert, sur la route départementale que bordent deux rangées de cerisiers et de pommiers, place à la villa-Mazeppa! On ne devine pas tout d'abord comment un nom fatal, venu de l'Ukraine, a pu servir d'invocation à une demeure d'agrément. Mais il suffit de se rappeler Boizot et les fêtes du Jardin d'hiver, pour que le mot de l'énigme soit trouvé. La Mazeppa-Boizot est une composition nouvelle due à cet ingénieux maître à danser, dont les affiches popularisent le nom et dont la réaction habile lutte avec énergie contre la désolante manie d'emprunter aux nations voisines des danses monotones ou médiocres. La Mazeppa tient le milieu entre la chorégraphie scénique et la simplicité d'une sauteuse; elle imite le galop du cheval sauvage qui s'emporte. Cette onomatopée dansante pourra se nationaliser, et son succès, dans tous les cas, est un symptôme du retour des gens de goût aux traditions françaises, aux belles manières. Boizot, le Cellarius classique, est propriétaire à Eaubonne, d'où il va donner, en été, des leçons dans les châteaux voisins, avec une pochette en sautoir.

D'autres bourgeois, comme disent les paysans, ont pris leurs habitudes dans ces parages. Mme Dardel y passe la belle saison; M. Frottin, maire à Paris, y a pignon sur rue; Mme Gastellier, née Casanova, y reçoit l'été sa sa famille, de laquelle, au surplus, nous nous plaisons toujours à faire partie. M. le comte de Mirabeau occupe, sur la place, l'ancienne maison de M. Blerzy, dont votre serviteur est le neveu. Grâce à ce qu'il y a partout de l'eau qui coule et de l'air qui circule, Eaubonne est propre pendant les beaux mois de l'année; mais l'hiver, c'est presque un marais, à moins qu'il ne gèle, et nos élégantes Parisiennes ne s'y aventurent pas sans des galoches. On y vit vieux, donc le climat est sain. Les constructions elles-mêmes y durent longtemps, et il a fallu force pioches pour détruire dernièrement un vieux pigeonnier, très-curieux en ce qu'il était grand comme un donjon, bâti chez le comte de Mézières. Il y a bien un pavillon à signaler encore, si vous voulez; c'est sur la route qui conduit à Ermont; on lit au-dessus de la porte cette inscription : *Maison de la marquise*. M. Julien Lemer en fait la description en homme de lettres qui s'y est arrêté, et il explique la légende par la présence d'une marquise en zinc, faisant saillie sur la grand'rue; nos documents prouveraient, bien au contraire, qu'une *marchesa* espagnole a servi de marraine au logis dont elle s'est trouvée la locataire. M. Hess, qui a fait bâtir cette jolie petite maison et plusieurs autres, pourrait bien trancher la question; par malheur, cet ancien chef de cuisine n'est plus propriétaire, et il a dû reprendre ailleurs les fonctions qui, une fois déjà, l'avaient mis près de la fortune. M. Léopold Kœnigswarter habite également Eaubonne.

Il y avait autrefois un hôtel garni à Eaubonne, tenu par des dames fort convenables; plus tard, on a ouvert un restaurant, mais en pure perte, et aujourd'hui Bompart, aubergiste et marchand de vin, suffit très-bien aux besoins indigènes. Son enseigne, qui n'est pas d'hier, nous a rappelé Mme Lepreux, dont les petites voitures faisaient le service de Paris à Saint-Leu, en s'arrêtant là, chez Bompart. Le chemin de fer et les omnibus ont fait disparaître à jamais ces coucous partant à heure fixe, qui avaient pourtant leur mérite, et jusqu'à certain petit cheval gris, que Mme Lepreux louait quand on ne l'attelait pas en arbalète. Je lançais ce pauvre coursier à fond de train, le dimanche, pour escorter la voiture de ma tante : il fallait le triple galop du locatis pour suivre le trot des chevaux de la voiture.

En ce temps-là M. Arnoux, autrefois attaché au ministère de la guerre, était le maire de la commune. M. le baron de Lavenant, M. Coutant ont ceint également l'écharpe d'officier municipal. M. Plassan exerce la même autorité, depuis longtemps, et il a traversé, sans faillir à sa tâche, les époques les plus difficiles. L'administration de la commune s'est heureusement ressentie de l'impulsion qu'il a su lui donner. Les conseillers municipaux d'Eaubonne se réunissaient dans des bouges, sous les prédécesseurs du maire actuel; aujourd'hui il y a bel et bien une mairie, placée au centre, et à laquelle tient l'école. L'église, qui est desservie par M. le curé de Soisy, est d'une construction simple, mais ancienne; elle a son orgue, et à défaut de richesses une propreté irréprochable, qui l'a rajeunie depuis peu. M. Plassan est ancien imprimeur de la Légion-d'Honneur et chevalier de l'ordre. Il descend par sa mère de Jean Saugrain, issu de famille noble et imprimeur de Charles IX à Lyon, nommé par lettres patentes du 10 juin 1568. Henri IV, alors roi de Navarre, s'attacha ensuite Jean Saugrain, comme imprimeur, en le choisissant pour le libraire de son académie de Pau, par provisions expédiées le 16 mars 1581 ; le roi Béarnais en même temps lui faisait don d'une maison de son domaine, et il fut réputé commensal du château royal. L'imprimerie et la librairie ont été perpétuées avec une rare constance dans la famille des Saugrain, par une succession de huit générations qui n'a jamais été interrompue; le dernier libraire de ce nom est mort au commencement de la seconde restauration.

DEUIL.

Commençons la notice sur Deuil en faisant amende honorable. Nous avons confondu ailleurs le plus innocemment du monde le petit lac du Marchais avec la Méditerranée de la Vallée, nous voulons dire avec celui d'Enghien. Non-seulement il y a étang, mais encore il y a lac sur le territoire même de Deuil. *Cuique suum.* Groslay paie une contribution à la commune pour faire son lavoir public d'une pièce d'eau de 34 hectares d'étendue, qui ne lui appartenait pas, et à laquelle nous demandons pardon de l'avoir prise un moment pour une mare. C'est au lac du Marchais proprement dit, que se purifie la lingerie de la localité voisine; mais jadis le fief du Marchais, pour être situé sur la paroisse de Deuil, n'en faisait pas moins partie de la terre même de Groslay. Ces données étant rectifiées, rappelons que saint Eugène, disciple ou compagnon de saint Denis, cueillit les palmes du martyre à *Dioylum*, d'autres écrivent à *Diogilum*. Son corps fut jeté dans l'eau du lac. Ercold, seigneur du lieu, fut ensuite converti par une vision miraculeuse, et il alla pêcher le corps du saint, qu'il inhuma avec honneur en lui faisant construire une chapelle à l'endroit où est actuellement le chœur de l'église ; d'autres miracles suivirent le premier, et saint Eugène fut le patron de Deuil.

Depuis, il était défendu de troubler l'eau du lac, tout le jour de la fête du saint, et actuellement encore, chaque année, le mardi des Rogations, une procession, partie de Deuil, va chanter une antienne expiatoire au Marchais. Sous Pepin, premier roi de la seconde race, le seigneur Hectilon, parent et chambellan du roi [1], était malade au palais de Verberie, près Senlis ; il avait envoyé ses offrandes à l'église de Saint-Denis, sans que cette pieuse démonstration améliorât l'état de sa santé ; un songe lui conseilla alors d'aller en pèlerinage à Deuil, et les mérites de saint Eugène, dit-on, guérirent le mal dont il souffrait. Dame Rictrude était aveugle, à Rouen ; elle recouvra la vue en s'agenouillant dans la chapelle élevée par Ercold. Une autre matrone des plus nobles amena des environs de Lyon sa fille, âgée de dix ans, qui était *lunatique,* ainsi s'exprime la légende ; cet adjectif maintenant est le synonyme de fantasque, et il n'est pas de jeune fille qui ne le soit ; mais autrefois c'était une maladie qui consistait à être périodiquement soumise à toutes les influences des lunaisons ; en tous cas, le curé de Deuil, ayant nom Isambard, guérit la jeune personne lunatique. Ces faits ne sont pas les seuls du même genre, en vue desquels tomba l'idolâtrie dans la vallée qui devait prêter son nom au premier des barons chrétiens, et c'est ainsi que, de toutes parts, la

[1] *Princeps cubiculariorum.*

religion du dévouement s'est assise d'abord sur des tombes. Dussé-je être appelé janséniste, je crois que toutes les guérisons obtenues dans la petite chapelle de Deuil peuvent s'expliquer, et que l'intervention divine se trahit dans tout ce qui est beau ou salutaire, et jusque dans les cures opérées par les grands médecins de notre époque. En des temps moins instruits, on attribuait peut-être trop exclusivement à Dieu ce que des hommes plus pieux et plus savants que tous les autres produisaient réellement de bien en s'inspirant de la Divinité. De faire les parts bien justes, en pareil cas, c'était encore moins donné au moyen âge qu'au siècle où nous vivons. Passez en revue les mille cures merveilleuses rapportées par Bordeu dans son *Journal de Baréges*, et même, sans aller plus loin, ouvrez les livres sur les eaux d'Enghien, publiés par d'habiles docteurs, M. Bouland, M. de Puisaye. Impies seraient en médecine, et même en simple raisonnement, ceux qui voudraient douter des vertus médicamenteuses de la source Cotte, par exemple, car le nombre des bons résultats est évident, frappe tous les yeux ; mais on ignorera toujours, malgré les analyses chimiques, pourquoi le soufre et le fer agissent de telle façon sur telle disposition de l'organisme humain, car c'est le secret et c'est la part de Dieu. A lui les causes, et à nous les effets. L'athée lui-même traite de miracle le rétablissement de sa santé dû à la douche, au bain et au verre d'eau. Il y a beaucoup d'analogie, au fond comme dans la forme, entre les guérisons racontées dans la *Vie des Saints*, de Surius et des Bollandistes, et dans celles constatées par les médecins thermaux ; ce rapport seul donne à penser. La science humaine perd et gagne tour à tour, en jouant cartes sur table avec l'inconnu, l'infini. Tout ce qu'il est permis d'avancer, c'est que médecins et agiographes se complaisent à enregistrer les réussites remarquables, sans tenir compte des déconvenues. Mais il n'est pas possible de supposer que des faits présentés en si grand nombre et publiquement, aient été, soient jamais des inventions de comédie. Ce qui se passe de nos jours dans les localités thermales, avec notoriété incontestable, avait jadis des lieux saints pour théâtre et le peuple entier pour public; si la religion en profitait, c'était au nom de l'auteur souverain du bien. Le récit des miracles opérés sur la tombe de saint Eugène, à Deuil, nous prouve encore une autre chose, c'est que peu de cures du diocèse sont aussi vieilles que celle de cette paroisse.

Les moines de Saint-Denis tiraient déjà du vin des vignes de Deuil, sous le règne de Charles le Chauve. Un siècle plus tard, c'est-à-dire au xe, l'église paroissiale, ainsi que le village, appartient aux sires de Montmorency, Hervé de Montmorency s'en dessaisit en faveur de l'abbaye de Saint-Florent, à Saumur; celle-ci y établit des Bénédictins, auxquels l'approbation de l'évêque de Paris n'est donnée qu'en 1072. Au siècle XII, ils sont dotés par Bouchard, fils d'Hervé; toutefois le prieuré continue à servir au seigneur maintes redevances en nature, c'est-à-dire une portion des dîmes. En 1221 seulement, le connétable Matthieu gratifie les Templiers de Montmorency de la moitié de ce que lui doivent les moines d'en bas de la côte. Les seigneurs prennent ainsi d'une main, pour donner de l'autre; mais il en résulte bien des querelles dont les incidents font du bruit. Tantôt Matthieu empêche les moines de faire tranquillement leurs vendanges, tantôt ceux-ci incendient une maison. Plus tard, en 1294, le monastère abandonne aux Montmorencys la prévôté de Deuil, en échange de la terre de Saint-Marcel, située à Saint-Denis. L'évêque de Paris élève des réclamations, une saisie est opérée, et un procès instruit en parlement, dont nous ne savons pas le résultat définitif. Une autre fois, Bouchard-Montmorency renonce à avoir des garennes sur le territoire monastique, moyennant une redevance, convention que confirme le roi Charles le Bel. Aussi bien le Pouillé du XIII° siècle constate que la présentation à la cure de Deuil, dont avaient joui d'abord les barons de Montmorency, appartient au prieur du lieu.

Le premier supérieur connu de cet important monastère est Daniel, contemporain de la fin du règne de Louis VII, dit le Jeune. Le pape Alexandre III lui envoie une bulle qui place l'église de Saint-Eugène sous la protection de saint Pierre. Non-seulement le prieur présente, dès cette époque, à la cure de Deuil; mais encore il jouit du même droit sur les paroisses de Groslay, de Gonesse et deux ou trois autres. Si le successeur de saint Pierre a les regards fixés, de si loin, sur le petit village de Deuil, c'est que la cour de Rome n'a rien alors à refuser à Louis VII, dont le secrétaire est né au bas de la côte de Montmorency. La seconde croisade contre les infidèles a fait passer la mer au roi de France, et Louis le Jeune, en Palestine, au milieu du camp des croisés, fait écrire ses lettres par un moine de Saint-Denis, nommé Odon de Deuil. Cet enfant du pays, en revenant de la guerre sainte, compose une relation, divisée en sept livres, du voyage du roi en Orient, qui est restée une des sources de l'histoire.

Suger, abbé de Saint-Denis et ministre de Louis VII, qui a gouverné le royaume avec sagesse pendant l'absence du roi, est remplacé, en 1152, comme supérieur de l'abbaye royale, par Odon, dont le nom rappelle un des plus grands personnages de son temps. L'abbé Odon a cessé de vivre dix ans après avoir succédé à l'abbé Suger. Un autre enfant de Deuil, au commencement du XIIIe siècle, a été doyen de la cathédrale de Senlis, puis chanoine régulier de l'abbaye de Saint-Victor de Paris; on l'appelait Raoul de Deuil.

Renaud, prieur en 1241, consent à ce que le chapitre général de l'abbaye de Saint Florent, en Anjou, puisse inféoder une maison indépendante de son prieuré. La maison dont s'agit est donc donnée pour être tenue en fief; puis Renaud est élu par gratitude abbé de Saint-Florent, en l'année 1250. Quatre ans après, une partie des religieux de Saumur choisissent pour supérieur Aubert natif d'Angoulême; l'évêque d'Angers sanctionne son élection; mais divers obstacles naissent ensuite, et le pape Alexandre IV nomme Roger abbé de Saint-Florent, en donnant à Aubert le prieuré de Deuil, comme fiche de consolation.

Nous trouvons à la tête du monastère, après Aubert, les frères Jean d'Orléans, en 1266; Hugues de Doanac, en 1300; Jean d'Estang, en 1319; Bernard du Parc, en 1369; Pierre de Veuf, en 1398 (gérant les biens de la seigneurie, saisie par l'évêque, faute d'hommage); Jean de Bourbon, en 1414; Jean de la Faye, en 1425 (ayant gardé des prétentions sur les dîmes de Sarcelles); Émery de Cousdun, en 1450; Hector de Coquerel (licencié-ès-lois, conseiller au parlement de Rouen, maître des requêtes), en 1463.

Frère Jean Dugué, conseiller et aumônier du roi, dont l'élection comme supérieur date de 1477, permute avec Simon de Cambrai, prieur de Notre-Dame de Montdidier, ordre de Cluny, qui lui succède en 1486. Une justice à rendre à ce dernier, c'est qu'il entretient parfaitement le logis prioral; mais on l'accuse de personnalité, et frère Pierre Pinart est commis par Louis du Bellay, abbé de Saint-Florent, pour visiter le prieuré le 15 août 1495; il trouve l'église de Deuil dans un état fort pitoyable.

Jean du Mesnil, abbé de Bellebranche, est à son tour le supérieur des Bénédictins de Deuil, en 1506; Jean Poyet, en 1581. Pierre de la Jaille, protonotaire du saint-siége, est prieur commandataire en 1522; c'est-à-dire qu'il se borne à faire des vœux, de loin, pour la prospérité du monastère, en jouissant néanmoins de l'usufruit du bénéfice. Il a pour successeurs Nicolas Baudequin, chanoine de Paris, en 1531, et puis Martial Richevillain, élu en 1560, qui fait jeter par terre une partie du prieuré, mais une partie non conventuelle. Paul Cénami, prieur en 1616, consent à l'union de la cure d'Aubervilliers avec l'Oratoire de Montmorency. Annibal de Marais, Louis d'Agoult, Jean-Antoine d'Agoult, chanoine de l'église de Paris, sont les derniers prieurs dont nous ayons pu retrouver les noms. Le manuscrit que nous avons consulté s'arrête au même point que nous [1].

L'église, de construction romane, dans laquelle Odon et Daniel ont dû être honorés de la visite de Suger, a résisté en quelque chose au temps; elle a vu autour

---

[1] Extrait du cartulaire de Deuil, à la Bibliothèque impériale. *Collection Gaignières*, volume I, page 815.

d'elle se succéder bien des générations, démolissant autant que bâtissant. Mais cet édifice religieux a reçu des couches de plâtre, alluvion déposée par chaque siècle qui passait, au point qu'il ne reste presque plus de traces de son architecture primitive. La nef et les bas-côtés datent du x⁰ ou du xi⁰ siècle ; tout y est d'une simplicité et même d'une rudesse remarquable. Une rangée de colonnes est accouplée derrière les stalles du chœur ; on en vante le travail et la disposition, comme étant une rareté dans la France septentrionale. La petite chapelle, érigée par Ercold, a été remplacée par cette véritable église, sur l'ordre du pieux roi Robert, le même qui a donné raison aux religieux de l'abbaye de Saint-Denis, contre Burchard, surnommé le Barbu, chef de la race des Montmorencys. Quant à la châsse contenant les reliques de saint Eugène, on sait qu'elle a été grossir l'immense trésor de l'abbaye royale, et que les anciens moines du prieuré de Deuil en ont fait la gracieuseté à leurs voisins ; il est assez probable que c'est à l'occasion des faveurs dont Louis VII et son premier ministre, l'abbé Suger, avaient comblé le prieuré.

Que si l'église de Deuil a dû être souvent réparée, la faute en est sans doute aux assauts formidables qu'a essuyés, à différentes reprises, la forteresse de Montmorency. Le territoire toujours ouvert du village de l'abbé Odon était mal protégé par la domination topographique de ce voisinage fortifié ; lorsqu'il y avait tentative d'escalade, il servait tout naturellement de camp et de premier échelon à l'assaillant, en demeurant à portée de tous les coups rendus par la défense, tant que durait le siége. Cette neutralité désarmée n'avait rien de rassurant pour les maisons, pour les récoltes des paisibles habitants d'en bas. Déjà, en l'an 978, l'empereur Othon prenait Montmorency; puis c'était Louis le Gros qui s'emparait de ce lieu fortifié, en déployant l'oriflamme de Saint-Denis, pour venger l'abbaye des empiétements fréquents sur son domaine, dont Burchard IV s'était rendu coupable. En 1328, première irruption des Anglais, qui investissent la place et la saccagent. Même invasion et même désastre, en 1358. Le pays n'est pas délivré de la présence de ces ennemis avant 1436.

Passons au fief Becquet. Nous avons eu entre les mains, grâce à l'obligeance de M. Grivellé, des titres de propriété volumineux, mais mal en ordre et incomplets, qui nous ont permis de suivre à vol d'oiseau, pendant deux siècles, ce très-noble domaine dont il ne reste presque rien dans les livres, rien absolument sur le sol. Comme la plus ancienne date qui ait frappé nos yeux dans ces papiers et parchemins, est celle de 1621, nous avons dû chercher ailleurs des documents sur l'origine du fief. Le domaine de Becquet s'ouvrait sur la place même de l'église ; sur ses terres morcelées, plusieurs vastes maisons de cultivateurs sont à l'aise. Il résulte de nos recherches et des inductions personnelles que nous avons pu en tirer, que les Becquet, ancienne famille d'origine étrangère, tiennent à celle de l'illustre Thomas Becket de Cantorbéry. M. Becquet, juge à Paris, a les mêmes ancêtres que les Becquet qui ont habité Deuil. Pendant l'occupation anglaise dont nous disions quelques mots tout à l'heure, le roi Henri VI a donné, en l'année 1427, à Girard Becquet, écuyer, pour rémunérer des services, un hôtel, sis à Deuil, avec cens et droit de justice, confisqués sur Simon David, un chevalier. A force de se connaître, les conquérants de la veille peuvent être les amis du lendemain, et rien ne pousse à l'estime des peuples l'un pour l'autre comme de s'être vaincus tour à tour. Effectivement les membres de la famille Becquet, en temps de paix, se sont faits Français : la conquête, en changeant de côté et de caractère, est devenue bien plus durable. Par exemple, nous ne savons plus à qui Becquet a pu appartenir avant d'être à Louis de Compans, seigneur en 1621, devant et rendant hommage-lige au sire de Montmorency. Le seigneur de Cernay est acquéreur du fief par acte du 13 février 1651, et les droits des Montmorencys appartiennent alors, comme on sait, aux princes de Condé, ducs d'Enghien, dans toute la duché-pairie. Versoris, *contrôleur général de la maison de Monseigneur le duc d'Orléans, frère unique du roy,* achète le Becquet, et d'abord pour le compte du prince, en juin 1679. Louis de Bourbon, duc d'Enghien, en qualité de seigneur direct, et sur la requête de Boissier, *conseiller-secrétaire du roy,* qui représente les Versoris, accorde qu'une ruelle soit ajoutée au fief, par un titre signé de son bailli, qui est alors un des Le Laboureur. Procédure s'ensuit, la dite ruelle est revendiquée au nom des sieurs Godart et de Briou. L'année 1681, c'est messire Nicolas Testu, conseiller et contrôleur général de la maison du frère du roi, qui se trouve installé en lieu et place des sieur et dame Versoris. Le sieur Testu se fait faire une chapelle dans l'église de Deuil, sous l'invocation de Notre-Dame du Rosaire ; il porte le titre de seigneur, bien que le fief relève, par suite des divisions de la propriété et des priviléges qui la grèvent, du seigneur de Cernay, d'une part, du duc d'Orléans, d'autre part, sans préjudice des droits du duc et pair, suzerain d'Enghien-Montmorency. A la pieuse fondation de Testu se rattachent, au surplus, 20 livres de rente, dont M. Grivellé a presque tous les reçus, avec la signature des marguilliers de la paroisse. En 1690, le procureur Leleu succède au sieur Testu, en vertu d'un échange de biens. Louis-Auguste de Bourbon, en qualité de haut seigneur de tous les bourgs, villages et dépendances de Montmorency, date de Versailles, le 20 mai 1708, une *Défense aux salpétriers d'entrer dans la maison du sieur Leleu, procureur au parlement, secrétaire du roy, propriétaire à Deuil, sur peine aux contrevenans de punition corporelle; permission d'affâter les armes et pannonceaux des Condés sur la maison, pour que nul n'en ignore;* cette pièce est signée de la main du prince et frappée de son cachet. Le Clerc de Lesseville, conseiller honoraire au parlement de Paris, achète du sieur Leleu. Il y a ensuite, mais partiellement, ou revendication faute d'hommage, ou vacance pour toute autre cause dans l'occupation tenancière; la preuve, c'est que l'an de grâce 1732 voit la moitié de Becquet se vendre au nom de Henri de Bourbon, *prince de Condé, premier prince du sang, premier pair de France, duc d'Enghien et Châteauroux, et duc de Montmorency, maréchal de France.* Bedal, marquis d'Asfeld, maréchal de France, chevalier de la Toison d'Or, commandeur de l'ordre royal et militaire de Saint-Louis, gouverneur des ville et citadelle de Strasbourg, directeur général des fortifications de France, et gendre du conseiller au parlement Le Clerc de Lesseville, cède, sept ans plus tard, au sieur Dumas, bourgeois de Paris, la maison et la terre que son beau-père lui a laissées à Deuil. Becquet se compose encore, en 1741, d'un vaste bâtiment et de deux petits, avec dépendances à l'avenant. A quelques années de là, un nommé Barassy est tenancier du fief; Mme Barassy le vend, en 1574, au sieur Brion, ancien échevin de la ville de Paris, et à cette époque, les seigneurs de Cernay jouissent, comme avant, de leurs vieux droits d'hommage sur le Becquet. A Brion succède le sieur Quette, lequel passe contrat de vente à Mme de Saint-Sénoch. En 1767, cette dame veuve, dûment autorisée à faire son étrange procédure par Charles Buel, bailli de la duché-pairie d'Enghien, *assigne les manans et habitans de la paroisse de Deuil, dans la personne de Jean Gilles, menuisier, leur syndic et procureur, de comparoître, pour les pierres que les polissons et libertins d'enfans jettent dans sa maison, par-devant François Genuit, procureur fiscal.* Le chevalier de Marné, de Loménie, ancien officier au régiment Royal-Navarre, député des Colonies à l'Assemblée nationale, acquiert, en 1790, cette ancienne seigneurie, déjà veuve de ses priviléges, mais ne relevant plus que d'elle-même. M. Chauchat d'abord, qui a donné son nom à une rue de Paris, puis M. Lebrun, maire du 4e arrondissement, sont propriétaires du Becquet, dans les dernières années de l'Empire, sous Louis XVIII et jusqu'à l'avénement au trône de Charles X. Le baron Lecordier, maire du 1er arrondissement avant juillet 1830, est le cessionnaire de Lebrun. Le brave M. Grivellé, grainetier et épicier à Deuil, n'a ensuite acheté le château, isolé de ses dépendances, vendues par lots à d'autres amateurs de biens-fonds, que pour n'en pas laisser pierre sur pierre. Il est encore le propriétaire d'une maison dans laquelle son fils fait un commerce, récemment élevée à l'entrée de l'ancien Becquet.

Il y avait un autre fief à Deuil, dit fief de Thibaud de Soisy, dont relevaient le fief du Pressoir, sis à Villetaneuse, et un autre fief dont le nom est resté dans la localité, dit fief de la Fontaine des Oreillons. Nous retrouvons ce domaine habité, dans un temps qui se rapproche du nôtre, par la famille du très-célèbre prince de Talleyrand. On raconte même que ce dernier qui, malgré son pied-bot, a couru quelques bonnes fortunes, était du dernier bien, dans la Vallée, avec une jolie dame qui vit encore ; cette circonstance n'a rien pour étonner. Mais la dame faisait bien d'être riche et jolie, car elle passait pour avoir peu d'esprit, et ses fils, qui habitent toujours les environs, sont tout le portrait de leur mère. On ne comprenait guère que Talleyrand, dont Mme de Staël avait passé pour être la maîtresse, pût s'attacher en apparence à cette femme dépourvue de style et de conversation ; mais ce grand diplomate avait réponse à tout. — Ah ! Messieurs, disait-il à ses amis, il faut avoir été l'amant d'une femme d'esprit pour bien goûter le charme d'aimer une bête !... Plus récemment encore, le fief Thibaud s'est appelé tout bonnement, à Deuil, maison Divat ; ce dernier titre aurait déjà suffi, à cause des souvenirs qu'il évoque, à lui conférer le droit de bourgeoisie dans le présent recueil : tous les noms historiques sont pour nous sujets à reprises, comme dirait le notaire de Deuil. M. Divat a épousé la veuve du général Leclerc, qui a joué un grand rôle dans les événements du 18 et du 19 brumaire. Bonaparte, malgré les mesures prises, avait encore à redouter le hasard d'un poignard ou d'une balle de pistolet, et c'est Leclerc qui a paré le coup, en détournant une arme républicaine déjà levée, qui allait tout remettre en question.

Leclerc a partagé avec Murat le commandement du bataillon de grenadiers qui a fait évacuer la salle de l'Orangerie ; les députés ont d'abord protesté, pendant que les tambours battaient la charge. C'est alors que Murat, en s'adressant à sa colonne, a crié : — Halte ! Leclerc, qui avait pris la place du président, a ajouté : — Au nom du général Bonaparte, le Corps législatif est dissous. Que tous les bons citoyens se retirent !... Mᵐᵉ Divat, que l'empereur Napoléon Iᵉʳ a mariée lui-même à deux reprises, est maintenant pensionnaire du couvent des Petits-Oiseaux. L'ancien fief, sa propriété, a été divisé et vendu comme tant d'autres : son emplacement était la partie élevée de la commune, du côté de Montmorency.

Un libraire-éditeur, M. Boizard, ex-commandant de la garde nationale, a laissé également son nom à une villa, achetée depuis par M. de la Prévotais, et qui dépend de Deuil, bien qu'elle soit placée sur la route principale de Montmorency à Enghien. La brochure de M. Lemer s'est écrite dans la maison même de son libraire ; ces lettres patentes peuvent l'ériger en fief. Rien dans l'architecture, rien dans les dépendances ne justifie bien l'importance que la brochure Lemer lui a donnée.

Deuil n'est plus ce qu'il était ; il n'a plus de grands seigneurs, et il ne désire pas du tout que des bourgeois viennent les remplacer. La population s'y compose de plus de 1,600 habitants, au lieu de 1,168 que Dulaure y comptait naguère, et de 540, divisés en 140 feux, énumérés du temps de l'abbé Lebeuf. Presque tous ceux qui demeurent dans la commune sont des propriétaires dans l'aisance, mais ils n'ont qu'eux-mêmes pour fermiers, et chacun met la main à l'œuvre, je dirai même la main au sac, puisqu'ils s'en vont la nuit vendre à Paris les légumes et le fruit prodigués par une terre merveilleusement active. Le vin de Deuil était cher à Henri IV : a-t-il dégénéré? En tout cas, il est abondant et préférable au produit des autres petits crûs. Le département de Seine-et-Oise a pour meilleurs vignobles, à coup sûr, les terroirs d'Argenteuil, d'Épinay et de Deuil. Je sais des connaisseurs qui placent ces vignes-là dans leur estime au niveau des figues de Carrières et de Sannois, des fraises de Montlhéry, des cerises de Villaines et de Montmorency, et enfin des navets de Freneuse, le tout produit en Seine-et-Oise. Deuil est à 13 kilomètres de Paris, à 21 kilomètres de Pontoise, et à 1 kilomètre seulement de Montmorency. Ormesson et La Barre sont des hameaux qui en dépendent.

Ulmicio veut dire pays d'ormes; de là vient Ormesson. Un moulin sur l'étang, qui était comme le déversoir du lac d'Enghien, et qui appartenait aux religieux de Saint-Denis, fut l'origine d'Ormesson. L'accord passé en 1247 entre les Montmorencys et l'abbaye assura de l'eau à ce moulin que les seigneurs suzerains s'étaient plu à laisser souvent à sec en détournant le ru. L'abbé de Saint-Denis exerçait droit de justice, au XIIIe siècle, sur les alentours du moulin. Olivier Le Fèvre, président au parlement de Paris, chambre des comptes, possédait depuis longtemps, en 1559, la terre d'Ormesson, qui est restée, chose rare, dans la même famille jusqu'en 1764, date à laquelle Henri-François de Paule Le Fèvre était conseiller d'État et intendant des finances. M. de la Live de Bellegarde, père de la comtesse d'Houdetot, n'en a pas moins habité Ormesson, bien qu'il eût d'autres propriétés à La Briche ; seulement sa résidence n'était pas au manoir de la famille Le Fèvre. Les prêtres de l'Oratoire de Montmorency eurent également maison des champs à Ormesson, près du ruisseau des Presles, et sur la terre du même nom, qui appartient de nos jours à M. Roussel. Au reste, M. Roussel et son voisin, M. Maquet, frère de l'auteur dramatique de ce nom, peuvent encore entendre tous les jours la cloche de l'Oratoire, instrument de métal au son duquel s'est longtemps réveillé le père Cotte, à Montmorency, et qui a été transporté et utilisé à Enghien, dans la petite église qui est très-peu distante du hameau des Oratoriens. On croit même que ce nom *Les Presles*, doit être traduit par *Les Prêtres*, en mémoire des Oratoriens ou des prédécesseurs ecclésiastiques qu'ils auraient eus dans leur maison d'été. M. de Sommariva, dont les propriétés, terre ou maisons, embrassaient Épinay, La Briche, La Barre et Ormesson au commencement de ce siècle, a capté à son tour, au moyen d'un barrage, l'eau du ruisseau des Presles, qui, depuis lors, alimente des cascades ou des torrents de fantaisie dans les jardins environnants. Ainsi l'étang de Coquenard a été desséché ; des maraîchers y cultivent l'artichaut. Le marquis de Carabas de tout le midi de la Vallée a été, nous le répétons, M. le marquis de Sommariva. Presque toutes les terres d'Ormesson lui appartenaient. Ce fastueux Italien a été l'ami de Mme d'Houdetot, sous l'empire, époque où l'âge de cette femme célèbre ne laissait plus deux sens au mot « ami. » M. de Sommariva, riche Piémontais, avait été le président de la république cisalpine, lorsque le Directoire organisait partout des républiques ; puis il était venu en France. Un revenu de

600,000 francs lui permettait de protéger les arts. Il est mort peu d'années après la chute de Charles X, en laissant rue Basse-du-Rempart, en son hôtel, une galerie d'objets d'art extrêmement remarquable, dont faisait partie la Madeleine de Canova. D'ailleurs, on a remarqué parmi les habitants, exclusivement citadins et bourgeois, du pâté de maisons d'Ormesson, qui peut être appelé le faubourg Saint-Germain de Deuil : les Malus, famille du membre de l'Institut ainsi nommé; M. Hédée, boulanger de la couronne; M. et Mme Dudevant, chassés de Nohant par l'ennui, et locataires d'une maison d'Ormesson à peu près en 1830.

Le chemin de fer du Nord et la route départementale séparent de Deuil la jolie annexe d'Ormesson; des deux côtés de cette grande route et à 1 kilomètre de Deuil, se regardent philosophiquement deux rangées d'auberges délaissées auxquelles Fulton ne songeait guère quand il inventa la vapeur. Ces hôtelleries modestes, qui ne sont plus bruyantes que le dimanche, sont à proximité des maisons de plaisance de Mme Bonnet, de M. Soubrier et de M. Lachainé. De bons cultivateurs et quelques artisans, pour la plupart pourvus d'argent, sous des dehors qui sentent l'épargne plutôt que la rusticité, se partagent ce qui reste, le sol, de l'ancien château de La Barre. M. Rousseau, qui sait par cœur l'*Histoire de Paris*, de Dulaure, se la récite incessamment dans sa charmante villa, dite la Tourelle. Mme veuve Delattre, femme érudite, mais qui n'aime plus assez le monde pour s'en faire aimer, habite le pavillon de l'ancien jardinier de la Chevrette, sur le chemin qui va de La Barre au chef-lieu communal; son père, M. Le Camus, était l'avocat du clergé. Ce ne sont pas les

Camus qui manquent à La Barre, il y en a de tailleurs, d'autres sont marchands de vin ; la fille de M. Le Camus est la seule personne de ce nom que les gamins de l'endroit aient prise en grippe par excès de malice, comme autrefois Mme de Saint-Sénoch, et qu'ils aient pousuivie d'un refrain par malheur populaire ; on pourrait surnommer cette dame la *mère Camus* du pays. Mais il ne suffit pas d'esquisser le hameau actuel, écart de Deuil ; parlons des châteaux d'autrefois.

Nos pères ont qualifié tout bonnement hôtel de campagne plus d'un véritable château ; nous péchons à l'inverse peut-être. En ce temps-là tout La Barre, châteaux compris, était déjà de la paroisse de Deuil ; une seule maison, par exception, dépendait de la paroisse d'Epinay. Or, si nous conduisons l'ami lecteur, de prime abord, dans un village tout fait et tout bâti, c'est que son origine se perd un peu dans les ténèbres. Les religieux de Saint-Denis rendaient-ils la justice sur le territoire de *La Barre ?* Si le mot ne doit pas être pris dans l'acception d'intérieur d'une audience, il est permis de croire qu'il y avait un barrage, manière de péage, pesant sur cette partie des dépendances premières de l'abbaye, constamment exposée aux incursions du valeureux Burchard. Une troisième version, c'est qu'il y aurait eu là, dans le principe, une digue s'opposant à la crûe de l'ancien étang de Coquenard, auquel certains auteurs, le confondant sans doute avec le lac de notre époque, accordent une étendue de 40 arpents. Qu'il y ait eu d'abord lit de justice, droit levé au passage, ou rempart contre l'eau du lac et de l'étang, c'en était bien assez pour jeter les bases d'un village. Qui disait village, en ce temps-là, disait maison noble à l'appui. En 1465, le manoir de La Barre, avec terres, prés et saussayes, appartenait à Jacques Grandin, sieur d'Orvilliers, près Chambly. La famille du Vigean s'est établie à la fin du siècle suivant dans le château dont nous parlons. Le marquis de Fors, fils aîné de la baronne du Vigean, était l'ami du duc d'Enghien, du temps de Mme de Longueville. Voiture a fait une somptueuse description de la résidence de campagne dans laquelle Mme du Vigean, mère du marquis de Fors, recevait avec magnificence Mme la princesse et Mlle de Bourbon. La famille de M. le comte de Pontalba a été, mais plus récemment, propriétaire du château de La Barre, que la spéculation a fait abattre sous le gouvernement de Louis-Philippe. Ses proportions étaient grandioses; les beaux arbres de sa large avenue, ouvrant sur la route de Saint-Leu, eussent encore pu livrer accès à plusieurs files de carosses; ses fenêtres observaient au passage tout ce qui se rendait dans la Vallée, dont il avait été, sous l'ancienne cour, le pompeux vestibule. Mais on l'avait déjà abandonné; il avait l'air d'un condamné à mort dont la dernière toilette est faite d'avance. Cette victime, oubliée par la révolution de 1793, épiait réellement, sur la route, l'arrivée d'une charrette fatale.

La Chevrette, château plus heureux, a du moins gardé quelque chose d'avant 89 : grille, saut-de-loup, avenue et pavillon, sans compter Mme veuve Delattre. La maison a gardé son nom, d'où lui vient-il ? D'ingénieuses conjectures se croisent. Dans un pays de chasse, on pense naturellement à un chevreuil, dont la femelle traquée aurait pu être lancée hors des bois de Montmorency et recevoir le coup mortel près du manoir de noble homme Jacques Grandin. Mais on appelait aussi chevrette cette petite écrevisse de mer, qui est aujourd'hui la croix d'honneur des tables, sous le nom de crevette; et comme les écrevisses ne sont pas rares dans ces parages, il se peut que, par extension et anticipation, on ait voulu décorer la contrée. Une troisième étymologie se présenterait, à la rigueur, attendu qu'on nommait exclusivement chevrette, au temps passé, l'ustensile de foyer sur lequel on mettait le bois; la dénomination de chenet n'a été inventée qu'après, et elle dérivait du mot *chien*, parce qu'on donnait alors la forme d'un chien à ce petit meuble de ménage. Ces chenets étant laissés pour ce qu'ils sont, il n'y a plus qu'à pendre la crémaillère dans l'intérieur du château de la Chevrette; qu'on rôtisse le chevreuil, qu'on serve la crevette, et buvons du petit vin de Deuil, ou du champagne, à la mémoire du seigneur inconnu qui a posé sa première pierre !

En 1638, Pierre Pollalion était seigneur de la Chevrette. Louis de la Vrillière, secrétaire d'État, et Marie Particelli, son épouse, y demeuraient en 1667. Ce nom et ces dates parlent haut; ils prouvent qu'un écrivain publiera tôt ou tard l'histoire de la Chevrette, et qu'elle a été quelque chose avant que les philosophes du XVIII° siècle en fissent leur lieu de rendez-vous privilégié ! Le passé de la vallée de Montmorency est tout entier pour les esprits superficiels dans les agitations philosophiques et sentimentales que le génie de Rousseau a dominées de son vivant; mais cette circonscription, cette réduction étrange est une grosse faute. On veut voir là une seule école, une sorte de Port-Royal faisant débauche, un tableau, une époque, un moment de gloire; et selon nous, on a tort d'imaginer que le reste vaut l'oubli. La drôlerie rabelaisienne, le piquant des concetti du xvii° siècle ont été certainement les bienvenus, dans leur primeur, au château même de la Chevrette, avant que le bel-esprit et l'esprit fort y fissent *flores*. Il n'est pas jusqu'au romantisme qui n'ait demandé asile à la Vallée, dans la personne de plusieurs écrivains qui ont bien fait d'y composer leurs livres. Quant aux passions, quant à l'amour, chaque époque se charge d'y pourvoir; on a toujours cherché, on sait encore trouver les femmes aimables, Dieu merci ! Que serait-ce donc si nous nous mêlions d'opposer aux plus brillants noms de l'Encyclopédie tous les autres grands noms auxquels ce livre doit une place ! Pourquoi toujours restreindre et rapetisser ? Pourquoi prendre une lorgnette et la braquer sur un seul point, si nous ne sommes ni myopes, ni exclusifs ? Depuis près de trois siècles, sans solution, il y a alternative de philosophie et d'esprit, de sentiment et de rêverie, de travail et de conversation, d'étude avant l'action et de repos après la lutte sur tous les points de la Vallée. Chacun peut donc choisir, mais en rendant justice à tous les temps, la génération qu'il préfère et le genre de suprématie intellectuelle qu'il goûte le mieux. On joue aux bords du Rhin; Séville danse volontiers avec accompagnement de castagnettes; en Italie, c'est le chant qui domine; à Bruxelles, c'est la bière; les courses d'Epsom absorbent l'Angleterre; mais la vallée de Montmorency, avant tout, pense, écrit et parle. Ceux de ses hôtes qui sont lettrés peuvent se passer de titres et d'équipage, et pour eux seuls, sous quelque régime que ce fût, l'hospitalité s'est donnée; les autres ont beau la payer cher, il leur est imposé en outre de protéger, les yeux fermés, ce dont ils réussissent à se garder partout ailleurs, c'est-à-dire les travaux d'esprit, les tentatives nouvelles de l'art, les expériences des gens de goût, l'entretien des belles traditions et le retour aux bonnes manières.

Duclos ne venait jamais à la Chevrette, sans un livre dans son bonnet de nuit. Il y trouvait encore force volumes, sans compter les écrits dont la châtelaine était l'auteur. La marquise d'Épinay a fait *les Conversations d'Emilie,* des lettres, des comédies, des contes et des vers; un de ses ouvrages a remporté le prix d'utilité à l'Académie française, en 1783. C'est en buvant de la bière et en croquant des échaudés, que l'académicien Duclos fit une déclaration d'amour à Mme d'Épinay, qui n'y prit garde. Par exemple, elle ouvrit ses beaux yeux noirs sur les dangers qu'il y avait à recevoir un homme que Grimm n'estimait pas, et qui, d'accord peut-être avec Jean-Jacques, s'était permis de la dire éprise du marquis de Saint-Lambert, pour la brouiller avec Mme d'Houdetot. D'autres indiscrétions de même nature, que Diderot révélait à Grimm, comblèrent la mesure; Duclos fut disgracié, avant même que Rousseau, qui penchait de son côté, prît congé de l'Ermitage. L'auteur des *Confessions du comte de C.* n'eut plus qu'une maison ouverte, où il put rencontrer Mme d'Épinay et hasarder sa justification, c'était celle du baron d'Holbach; encore craignait-il bien d'y perdre pied. Justement ce dernier était en pourparler avec le marquis d'Epinay, pour se rendre locataire de la Chevrette. Diderot, Rousseau et Duclos cherchèrent une parade à ce coup imminent; ils tendaient au même but, quoique dans des vues différentes, et la coalition leur réussit. L'académicien exilé décida de la victoire, en frappant d'estoc et de taille. Il confia à Diderot que la baronne d'Holbach, dans un état de grossesse fort avancé, avait un accès de jalousie, et que si son mari emménageait à la Chevrette, c'était commettre un parricide. Le bruit ne tardant pas à s'en répandre, pour le coup Grimm prêta l'oreille, et il y eut brouille en partie double.

Le baron de Grimm, quel homme était-ce bien? Il n'a été connu et apprécié, comme écrivain, qu'après sa mort; comme gentilhomme, il était pauvre, mais il portait très-haut une indigence qui n'était qu'un reste de luxe. Son origine allemande se trahissait, en ce qu'il ressemblait un peu à ces étudiants d'outre-Rhin, qui passent leur vie entière à être jeunes d'une université à l'autre. Rien de plus Français que son esprit, pour tous ceux qui connaissent sa *Correspondance littéraire*. Mais il était susceptible d'enthousiasme, comme pas un autre philosophe de son temps, dès qu'on avait brisé la glace de ses défiances et de son quant à soi; on eût pu le comparer à ces coursiers encore sauvages, qui démontent plusieurs cavaliers avant de trouver qui les dompte. Amant de la marquise d'Épinay, il s'est battu pour elle en paladin. Ami et disciple de Diderot, il a poussé à son égard l'admiration jusqu'aux dernières limites. M. de Margency, qu'il honorait aussi de son affection, n'a jamais trouvé à se plaindre, soit d'un oubli, soit d'un excès de zèle, Carybde et Scylla de l'amitié. Grimm quittait son grenier, le soir, avec plus d'aisance et de gaieté que si c'eût été un palais; une fois sorti, il jouait son personnage. C'était une vie de galerie, qui attirait sur lui plus d'envie que de compassion; il y avait de quoi piquer au jeu les femmes. Le marquis de Saint-Lambert s'était trouvé avec lui en Allemagne; mais le philosophe de Genève s'était également emparé de la confiance du baron Grimm, lorsqu'ils avaient lié connaissance. L'admirateur de Diderot avait alors la qualité de lecteur du duc de Saxe-Gotha ; mais Jean-Jacques s'aperçut que son équipage délabré annonçait le pressant besoin d'un autre emploi. Le goût qu'ils partageaient pour la musique les réunit d'abord ; ils s'associèrent : car il y avait alors des Français et des Italiens, partis contraires, l'un et l'autre se passionnant fort à l'Opéra. Le coin du roi n'avait d'applaudissements que pour l'ancienne musique ; les deux amis, qui tenaient pour la nouvelle, étaient par conséquent du coin de la reine. Grimm, en mémoire de cette union, a plusieurs fois pris la défense de Rousseau, au château de la Chevrette. Aussi bien, quand est morte Mme d'Épinay, le baron possédait entre ses mains le manuscrit de ses *Mémoires*, qu'il a appelés un roman ébauché.

Mme d'Épinay, au début de ses relations avec Jean-Jacques, l'avait prié de puiser dans sa bourse ; mais chacun sait qu'il s'était contenté d'accepter l'hospitalité à l'Ermitage. Avant de s'y établir, le philosophe n'était venu voir que passagèrement la marquise, dans son riche hôtel de campagne. Un des amis de Rousseau, M. de Francueil, avait fait monter sa comédie, *l'Engagement volontaire*, à la Chevrette ; l'auteur et la comtesse y avaient joué leur rôle, ainsi que la maîtresse du logis. Elle se soucia de l'emménagement de son hôte, au point que Linant (d'Épinay fils) avait reçu lui-même à l'Ermitage la charrette contenant les effets, lorsque le carrosse arriva, dans lequel le grand écrivain et ses deux gouvernantes, dont l'une pleurait de joie, se trouvaient carrément assis près de la châtelaine. La marquise voulut l'empêcher de passer là l'hiver ; peine inutile ! Il est vrai qu'elle trouvait une douce récompense de toutes ses peines, en prélevant le droit du seigneur sur les fragments inédits de la *Nouvelle Héloïse*. Avant même que sa belle-sœur, Mme d'Houdetot, n'eût reçu à Sannois le manuscrit complet de ce roman, dont elle se trouvait l'héroïne, Mme d'Épinay en avait fait l'éloge et la critique a son point de vue : « Les person- » nages, écrivait-elle, ne disent pas un mot de ce qu'ils » doivent dire, c'est toujours l'auteur qui parle. » Francueil avait précédé Grimm dans le cœur de cette femme célèbre; c'était un gentilhomme poudré, à ne pouvoir faire un mouvement de tête sans aveugler quelqu'un, et portant le menton fort en l'air; il eût été très-fier alors de deviner que sa nièce, Mme Dudevant, serait un jour en littérature le représentant de l'école de Jean-Jacques. Les liaisons de Francueil avec le musicien Francœur, directeur du théâtre et des bals de l'Opéra, et avec Jélyotte, autre artiste que les grandes dames se gâtaient, firent qu'il tourna à la débauche; un de ses petits-soupers le conduisit à Saint-Germain, où demeurait Mlle Quinault, au lieu de le ramener à La Barre, et puis il retourna, avec des habitudes d'ivresse bien avérées, au château de Chenonceaux, chez Mme Dupin, sa mère.

Rousseau eut-il grand tort de croire qu'il pouvait être régent de l'interrègne, en attendant que l'amour de son ami Grimm fût majeur? En tout cas, l'amour malheureux fait pitié et détourne de celui qui en est victime. Tant que Mme d'Épinay ne trouva pas de prétexte à un éclat, le philosophe resta son hôte, et un jour même qu'elle écrivait un mot à Saint-Lambert, éloigné de France, elle s'exprima ainsi sur le compte de Jean-

Jacques Rousseau : « Je lui ai demandé la permission
» de vous écrire quatre lignes, afin que vous ne soyez
» pas inquiet de ma santé qui est bonne, il m'a témoi-
» gné le désir de rester pour voir ce que disent mes
» deux grands yeux noirs quand j'écris. Il est assis de-
» vant moi, il tisonne, il rit, il dit que je me moque de
» lui et que j'ai l'air de faire sa critique. Je lui réponds
» que j'écris tout ce qu'il dit, parce que cela vaut
» bien tout ce que je pense. » Une lettre de Rousseau
jusque-là inédite a paru dans un livre qui n'est pas
très-connu [1] ; cette lettre, écrite à la Chevrette, était
adressée à Mᵐᵉ d'Houdetot, à Paris ; elle nous apprend
que, ce jour-là, Jean-Jacques allait dîner chez Diderot,
où il désirait pouvoir embrasser Saint-Lambert ; puis
elle parle d'Eaubonne, où il trouvait si doux de penser
avec la comtesse qu'il en a perdu l'habitude de penser
seul. Tout ce monde-là s'aimait plus ou moins ; on
s'embrassait entre hommes à chaque instant, pour ne
pas perdre l'habitude d'embrasser. Les rapports d'amitié
de Jean-Jacques et de Saint-Lambert, malgré tout ce
qui les séparait, avaient du fond et pouvaient se définir.
« Voulez-vous, disait ce dernier, savoir la différence du
» sentiment d'amitié qui nous unit l'un à l'autre ? c'est
» que je chéris le besoin que j'ai de vous, et que vous
» êtes quelquefois embarrassé du besoin que vous auriez
» de moi. » La marquise tombe malade, on lui prescrit
d'aller prendre l'air en Suisse ; Diderot engage Rousseau
à l'accompagner à Genève ; celui-ci demande conseil
à Grimm, dont la réponse bien prévue est contraire à
ce déplacement, et une belle lettre de Jean-Jacques fait

---

[1] *Voyage aux environs de Paris*, par Delort, tome I, page 33.

le voyage sans fatigue à sa place. Mme d'Epinay s'en console en allant faire une visite à Ferney, et en recevant à Genève une députation d'horlogers qui la remercient de ce qu'elle a fait pour leur compatriote. La comtesse d'Houdetot, en l'absence de sa sœur et de son cher marquis, devient l'objet, plus que jamais, des assiduités brûlantes de l'auteur de la *Nouvelle Héloïse;* mais elle a la folie d'en rire comme toujours, et de le payer de raisons qui ne font qu'attiser la flamme. « Décidément, écrit-elle, il est fou. » En recevant ce pli, Saint-Lambert se contente de dire : — Il faut que ce soit bien fort, pour qu'elle s'en soit aperçue !

Malheureusement la bombe éclate. Bien des correspondances, bien des propos incriminés sont mis en regard, à la Chevrette ; on dévoile des manéges, on déjouera l'intrigue. M. Sainte-Beuve admire plus d'un auteur, tout en déclarant que la fille de cet auteur a une mauvaise vie, ou que son frère a volé des montres, si ce n'est lui ; à force de découvrir des taches dans le soleil, M. Sainte-Beuve, malgré son mérite, se fait mal voir de ceux qui aiment les lettres. Nous tenons trop à nos saints, comme fidèle de la littérature, pour affirmer que Jean-Jacques ait prétendu que les deux belles-sœurs l'aimaient secrètement, et que son ami Saint-Lambert eût trompé l'une d'elles avec l'autre. Des lettres anonymes ont réellement été écrites ; seulement Rousseau, ce sage de la Grèce, n'a aucunement trempé dans ces lâchetés. Croyons-en donc les *Confessions;* du moins ne reprochons au philosophe que d'avoir été amoureux, jaloux, enclin à tout contrarier, et d'humeur peu supportable par moment. La comtesse d'Houdetot s'est décidée à pardonner ; Mme d'Epinay, en femme plus raisonneuse, a laissé l'aigle de la Vallée transporter son aire à Montlouis. Les petites dettes restées derrière Jean-Jacques, lorsqu'il eut quitté l'Ermitage, coûtèrent quelques louis en cachette à la comtesse, qui, au surplus, ne cessa pas de rendre service à ce pauvre homme de génie, en obligeant Thérèse Levasseur.

Le dépit de Rousseau, qui a d'ailleurs arrangé sa justification avec beaucoup d'art et de talent, lui fit dire que, tout bien considéré, Mme la marquise était trop maigre. En revanche on reconnut qu'il y avait un fâcheux de moins dans les réceptions de la Chevrette; c'est l'oraison funèbre consacrée chaque fois qu'un cercle déjà trop plein est quitté par un de ses membres. Les petits-soupers n'en furent que plus galants, et les conversations philosophiques plus libres à La Barre; l'absent n'avait été, en général, que l'homme des matinées, le visiteur à jeun, l'amoureux transi en plein jour, le courtisan de la nature, le philosophe solaire de la maison. Le lendemain de son départ on l'appela vilain marabout, puis on s'occupa d'autre chose, on passa aux nouvelles de Versailles et de Paris.

Les familiers de la Chevrette étaient surtout d'Alembert, Mme d'Eaubonne, Saurin, Montbrillant, Dulaurier, Desbarres, Réné, Garnier, Volx, Jully, Desmahis, Bordeu, le marquis de Croixmare, Mme de Verdelin, Mme de Maleissie, le marquis de Tressan, Tronchin et l'abbé Galiani, sans compter ceux que nous connaissons déjà. Il y avait de quoi faire bien des livres dans les discours tenus chez M. et Mme d'Epinay. C'était une hôtellerie, et il fallait que la maison fût riche. Au reste, M. d'Epinay, introducteur des ambassadeurs, avait des millions bien à soi; la fortune de sa femme elle-même avait quelque importance; leur hôtel, à Paris, était situé rue Saint-Honoré, en face les Capucins ; on leur comptait seize domestiques; leurs propriétés s'étendaient aux environs de La Barre, depuis l'Ermitage de Montmorency, jusqu'à La Briche, en traversant ou en contournant Deuil, Ormesson et Epinay. La marquise résidait plus particulièrement à la Chevrette; le marquis, en tant que les devoirs de sa charge le lui permettaient, séjournait de préférence à Épinay, où ils avaient leur grand château. M. de Margency n'était pas le seul habitant de la Vallée qui fît commerce de visites avec les propriétaires de la Chevrette. M. le marquis de Mora, dont la famille habite encore Montmorency, allait chez M. d'Epinay. Une lettre de la marquise à l'abbé Galiani raconte précisément que, le 12 octobre 1771, M. le marquis de Mora soupait chez elle, en compagnie de M. de Sartines, de M. de Magaillon et du marquis de Croixmare.

Par ordre de M. de Belzunce, gendre du marquis d'Epinay, le corps de bâtiment principal de la Chevrette a été démoli, avant de devenir bien national, en vertu des décrets de la Convention. Les mauvais jours de la révolution n'ont pas trouvé M. de Belzunce en France.

ÉPINAY.

Spinogelum ou *Spinoïlum*, disait-on dans les premiers siècles. Frédégaire, au vii°, parlait d'Épinay comme d'une localité déjà vieille, déjà historique. Dagobert y avait reçu ces bons conseils de saint Éloi, qu'une romance populaire s'est chargée de consacrer en en parodiant la sagesse. Il y avait donc eu un palais des rois de la première race à Epinay, ou du moins une propriété très-importante appartenant à la couronne, ce trésor public d'autrefois, et régie par les officiers du fisc. Dagobert est venu s'y reposer des batailles gagnées autre part, et il y a remporté une victoire auguste sur lui-même, en pensant d'avance à la mort et en manifestant ses dernières volontés, dit-on, avec une pompeuse cérémonie : debout sur un trône d'or et la couronne sur le chef, ayant à ses côtés Sigebert et Clovis, ses deux fils, devant tous les grands du royaume, il a prononcé un discours, avant de lire son testament, puis il a fait promettre à ses deux fils de se conformer à ses vœux, en conjurant les évêques présents de prier Dieu pour lui.

Le bon roi, qui est mort, comme plusieurs empereurs romains, de la colique; le bon roi Dagobert a cessé de vivre à Epinay, au dire de plusieurs chroniqueurs; les plus timides, les plus flatteurs disent qu'il a eu seulement un flux de ventre dans cet antique village, et qu'averti à temps de sa fin prochaine, il a pu se transporter à Saint-Denis, à la dernière extrémité, pour y rendre l'âme décemment. Le fameux couplet de la culotte eût été de circonstance pendant ce laborieux trajet.

Un chevalier de la Touraine voyageant pour servir les intérêts de Frédégèse, abbé de Saint-Martin, était tombé de cheval sur le territoire d'Epinay, à une époque encore plus reculée. Mais on l'avait porté à Deuil, où les mérites de saint Eugène l'avaient promptement guéri d'une blessure grave.

Un acte de partage des biens de l'abbaye de Saint-Denis, en 862, atteste qu'on a donné à l'abbé Louis un clos de vigne, situé à Epinay et à Gassinville, en échange de Beaune en Gatinais. Or, qu'est-ce que Gassinville? La carte de M. Ponsin n'en souffle pas un traître mot, c'est qu'il n'y a plus trace de ce village, situé jadis au midi de Stains, près La Briche, et qui a porté également le nom de Saint-Léger. Les religieux de Saint-Denis ont pu garder cette vigne; toutefois les sires de Montmorency possédaient la terre d'Epinay au XIIe siècle : Hervé de Montmorency, nous l'avons vu, y a donné une terre de franc-aleu au prieuré de Deuil. Plus nous nous approchons de l'abbaye royale, plus nous rencontrons de litiges entre Montmorency et Saint-Denis, relatifs à la possession du territoire, et aux redevances et aux droits de toute nature prenant racine plus ou moins dans le sol. Des titres monastiques de 1200 et de 1205 parlent d'assemblées indiquées *ad ulmum quæ est inter Spinoelum et viam quæ ducit ab Argentolio ad Montem Maurentiacum.* Il est assez probable que l'orme sous le feuillage duquel se mettaient à couvert les arbitres que les seigneurs de Montmorency et les seigneurs religieux choisissaient pour régler leurs différends, était un arbre planté à Ormesson. Cette partie de la vallée était ce que les frontières du Rhin sont pour la France : tantôt on les avait, tantôt on les abandonnait, mais avec l'espoir de les reprendre.

En vertu d'un contrat passé l'an 1218, les moines de l'abbaye ont un bac, pour traverser la Seine, à Epinay, dont un pontonnier reçoit les droits; Matthieu de Montmorency fait arrêter cet homme, pour supprimer le pontonnage. Les religieux de se récrier. Pour obtenir prompte justice, l'arbre d'Ormesson ne leur paraît plus suffisant; l'eau, ce fief trop mouvant, n'a pas gardé, comme la terre, mémoire de leurs droits antérieurs. Ils portent leur doléance directement devant le roi Philippe-Auguste, à Gisors, dont l'esprit d'équité confirme à l'abbaye la liberté de la navigation fluviale. Ne pouvant lui retirer l'eau, Matthieu de Montmorency lui prend le pain, mais cette fois par des voies légales; il achète avec soin l'hérédité du chevalier Pierre d'Epineuse, qui se compose, entre autres biens, de deux moulins situés entre Saint-Denis et Epinay, et les moines s'en vont forcément faire moudre leur froment à Montmartre, vu l'insuffisance de leur petit moulin de Coquenard. Le même seigneur, Matthieu, ou du moins un Montmorency du même nom, qui suit les traditions de Burchard, le chef de sa race, en harcelant sans relâche l'opulent monastère voisin, élève des prétentions nouvelles. là où les limites font défaut, au sujet des atterrissements qui ont formé divers îlots sur la rivière, au-dessous d'Epinay. Ces sœurs cadettes de l'île Saint-Denis avaient des noms très-pittoresques : île aux Vaches, île des Estropiés, île Beau-Corps. Aujourd'hui elles ont disparu, et il faudrait se rendre à Argenteuil, au Pecq ou à Asnières, pour trouver un espace de terre entouré d'eau courante de tous côtés qui ne fût pas celui des grandes fritures et des matelotes. Le sire de Montmorency, qui en a été pour ses frais d'enquête, chercherait en vain ces Δῆλος de la Seine, si par une belle prosopopée à la manière de Jean-Jacques, nous le rappelions à la vie.

A père avare, fils prodigue. Il n'est pas de gracieusetés que ne se prenne à faire aux religieux Bouchard-Montmorency, en 1231, comme pour jeter un voile d'oubli et de résipiscence sur cette lutte incessante de la cotte d'armes contre le froc, dans laquelle, en se serrant de près pendant trois siècles, aucun des deux athlètes n'a pu terrasser l'autre tout à fait. Des terres et des moulins du chevalier d'Epineuse, il fait hommage à l'abbaye, comme présent de joyeux avénement, et il en consolide la donation par des garants, en méfiance de ses successeurs et de lui-même. Il persévère pourtant jusqu'à la mort dans ses bonnes intentions à l'égard de tous ses voisins, et il en laisse une preuve nouvelle aux églises et aux hôpitaux de la contrée en leur léguant 4,000 livres; homme de précaution jusqu'au bout, il hypothèque la somme sur son parc de Taverny, et dit qu'en cas d'insuffisance des revenus de cette propriété, on devra faire peser la dette sur le bois Raoul, *nemus*

Redulfi, appelé plus tard le Bois-Haut, dans la direction d'Épinay et du couchant. L'élan une fois donné, d'autres points incertains cherchent à se déterminer, d'autres procès en germe se concilient. Philippe de Puiseux, écuyer, fils du chevalier Jean de Puiseux, seigneur d'Epinay, dont le manoir s'élève joyeusement au milieu des vignes, et qui a pour autre avantage double pêcherie sur la rivière, s'est laissé gagner par l'exemple des libéralités de Bouchard, et l'occasion lui semble bonne pour se montrer lui-même généreux aux dépens de celui qui lui en a fourni l'exemple. Crainte de contestations pour l'avenir, il reconnaît, en 1262, qu'il tient en fief, relevant uniquement des religieux du monastère, tout ce qu'il a de bien sur Epinay ; seulement il y a réserve pour plusieurs servitudes et différents droits réciproques, qui sont déterminés par acte. Le cuisinier de l'abbaye, par exemple, et cet officier d'importance s'appelait alors le queux, paiera à Philippe de Puiseux 3 oboles de cens capital, à la charge pour cet écuyer de laisser faire une tranchée dans l'île qu'il possède sur la Seine. Il s'agit certainement ici d'une des trois îles citées plus haut; cette île faisait face à un port, dénommé *Port du Cuisinier*, où s'embarquaient chaque semaine les gens de la Garenne, près Gennevilliers, pour passer l'eau en se rendant au marché de Montmorency, et où débarquaient les religieux qui, au contraire, avaient affaire à Nanterre ou à Saint-Germain. Pour couper au plus court, on fit deux îlots d'une seule île, avec la permission du tenancier du fief. Quant à la seigneurie de l'île Saint-Denis, elle avait constitué, trente et un ans plus tôt, avec la seigneurie « d'Epineul-sur-Seine [1], » la dot de Jeanne

[1] On appelle ainsi Épinay dans quelques livres.

de Montmorency, sœur de Guy de Montmorency, dit de Laval, qui les tenait lui-même de son père.

Voilà donc l'abbaye royale feudataire d'Epinay, au préjudice des barons de Montmorency. L'orme des conciliations est jeté bas comme superflu, ou tombe lui-même de vieillesse; les rameaux de cette justice de paix du moyen âge servent aux feux de joie peut-être des représailles monastiques. Le seigneur de l'endroit n'a plus à exercer que sa justice particulière, sous le bon plaisir du supérieur des religieux, haut-justicier. Mais il y a d'autres fiefs, enclavés dans le principal, notamment le fief *Beatus*; bienheureux d'y garder ses droits, le seigneur de Montmorency aspire encore à recouvrer la suzeraineté dont une partie lui échappe. Jeanne de Paillard, femme du chevalier Guy de Gourlo, est tenancière du fief d'Epinay, pendant les premiers lustres du XV° siècle; elle asseoit une rente sur son droit de traverse et sur le péage des bateaux, au profit de Nicolas Baye, greffier au parlement. Déjà les parlements sont une puissance, et elle fait bien d'y chercher un appui, avant d'exécuter son petit coup d'Etat dans la Vallée. Ce que Philippe de Puiseux a pu faire, n'a-t-elle pas, après tout, les mêmes droits pour le défaire? Les moines, fait assez rare, ont perdu alors, par les femmes, ce qu'ils tenaient d'un gentilhomme d'épée : la cotte s'est révoltée contre le froc. Jeanne de Paillard, en l'année 1415, a fait hommage à la suzeraine de son choix, *Philippe de Melun, dame de Montmorency et d'Escouër, de toute la haute justice, en toute la ville et terrouër d'Espigneul et Espignollet.*

Espignollet, diminutif qui lui-même ne peut dériver que de *spina*, épiné, nous rappelle qu'il y a eu un grand et un petit Epinay. On avait établi une léproserie à l'extrémité méridionale du petit, assez près de l'ancien moulin de Coquenard, et presque en face de la belle maison de plaisance qu'occupe M. Carlier, maire de la commune. Une chapelle dédiée à saint Marc, puis sous l'invocation de saint Sylvain, confesseur du Berri, était attenante à l'hôpital ; elle avait même, dans l'origine, servi de paroisse aux deux localités, qui depuis se sont réunies. Détruite par les Anglais au siècle xv, elle fut rebâtie tant bien que mal ; comme elle jouissait d'un ancien droit d'asile, elle finit par servir de lieu de retraite habituel aux voleurs, que la maréchaussée, arrêtée sur le seuil pour y faire le signe de la croix, n'eût pas osé y dépister. En 1640, on songea bien à ensevelir le préjugé, sauvegarde des larrons, sous les décombres de la chapelle ; il fut question de la transférer ailleurs. Louis Girard, maître des requêtes, procureur général en la chambre des comptes, était établi tout près de là ; il proposa généreusement de subvenir aux frais de translation du temple ; le lieu qu'il désignait, avec approbation de l'archevêque de Paris, était à l'entrée du village, à l'endroit dit « la Croix-Bouïssée. » Mais le curé et bien d'autres habitants furent d'avis qu'on joignît l'annexe à la paroisse principale, et cette opinion prévalut ; on recula devant l'exécution, on laissa encore subsister pendant longtemps l'église du petit Epinay.

Il faut que les prédécesseurs de l'audacieux Cartouche, ce voleur de bonne compagnie, qui a tant fait courir M. d'Argenson, aient été eux-mêmes bien osés pour élire domicile champêtre sur une terre dont Jean Choart, lieutenant civil de la prevôté de Paris, était qualifié le seigneur en 1463. Par privilége du roi, messire

Jean Choart y levait un droit de gabelle que le prince confirma à Jeanne Le Clerc, sa veuve, gouvernante des enfants de France. Le fils du lieutenant civil, portant le même nom que lui, hérita du fief. Puis il échut, toujours par voie de transmission héréditaire, à François Choart, qui en opéra la division : il ne resta seigneur que de l'endroit appelé *Le Mont*. Un neveu de Jeanne Paillard avait revendiqué ou racheté l'ancienne seigneurie d'Epinay; il avait nom Jean d'Aunoy, dit Le Gallois, et il passa de vie à trépas en 1489.

Le seigneur d'Epinay-sur-Seine s'appelait Jacques de Chaune, en l'année 1640, et il était maître des requêtes; il y maria sa fille à François Rebours. Il eut évidemment pour successeur son collègue Louis Girard, déjà nommé. Du vivant de l'abbé Lebeuf, la terre et le manoir appartenaient au marquis de Beauvau; la veuve et les filles du marquis firent tout vendre par licitation en 1741. C'est alors qu'un fermier général, M. de la Live de Bellegarde, demeurant à Ormesson, et possédant aussi le château de La Briche, décrit par Diderot, prit possession de ce domaine, où furent célébrées les noces de la comtesse d'Houdetot, sa fille. Le marquis d'Epinay succéda au marquis de la Live.

Au reste plus d'une division nous fait perdre à la longue de vue quel est le véritable grand château d'Épinay. Beaucoup de propriétés ont, sur ce point, une importance et des prétentions seigneuriales, dont justement le nombre m'empêche de vous dire : — Le voilà ! Si j'allais prendre l'un pour l'autre, c'est une mauvaise affaire que j'aurais bientôt sur les bras. Ici, au bord de l'eau, est la maison de M. le baron Gautier d'Hauteserve, ancien député, et qui doit s'y connaître en fait de belle nature, puisqu'il a dans les Pyrénées un grand domaine appelé l'Escaladieu. Là, du côté de l'église, s'ouvre, par une avenue qui tourne, celle de M. Pinard, directeur du Comptoir d'escompte national. Sur la place, en face la mairie, M. le comte Dejean, dont la bienfaisance est citée, possède un hôtel remarquable, avec un jardin à l'avenant. De l'autre côté de la grande route, c'est la villa spacieuse de M. le comte de Lacépède; l'éminent naturaliste dont il porte le nom l'a longtemps habitée, au plus grand honneur du pays. MM. Blondel, Cogniet, Aubry, Rousseau, Pouillet, de l'Institut, Coupry, Bordeaux et le général Benailler; Mesdames Jullien, Zesseron, Clément, Duparc et Soccato figurent également comme propriétaires de belles terres ou de beaux hôtels. Je prie les amateurs de vouloir bien demander à ces dames et à ces messieurs s'il existe à l'époque actuelle un véritable seigneur à Epinay. L'égalité devant le dividende, devant l'incubation artificielle de ce qu'on nomme le positif, n'a pas détruit toutes les suprématies; elle a respecté celles qui n'avaient pas l'argent pour base unique, dans ce centre de villégiature qui, lui aussi, a une noblesse à garder; c'est un des refuges laissés, au milieu des plus belles cultures naturelles, à la culture incessante de l'esprit, qui affranchit notre imagination, qui ennoblit nos sentiments, mais qui fait de nos volontés les humbles serfs de la conscience. Pour moi, n'étant pas du pays, je remonte, en fait de château, jusqu'à celui de Dagobert, qui pouvait mériter le titre de palais. N'en est-il pas de même absolument de la maison achetée par Henri IV, qui s'était arrêté d'abord à Epinay, pendant les troubles de la Ligue, avant d'être maître de Paris? On dit bien que cette maison royale était petite; mais c'est sans doute qu'on la compare au château de Pau ou à Chambord; l'épithète doit être relative. Le Béarnais y buvait du vin de Deuil, et s'il y prenait goût, ce n'était pas faute de connaître à fond ce fameux vin de Jurançon, près Pau, dont une bouteille unique grise deux hommes. Il est vrai que le monarque appréciait également les vignes de Suresnes, qui ont pu perdre en vieillissant. Sous Louis XV, on traitait de grand château l'hôtel du marquis d'Epinay, mais surtout pour ne le pas confondre avec la Chevrette. Il y a même une autre version.

N'était-il pas important qu'on distinguât aussi l'une de l'autre deux maisons que M. le marquis avait à lui sur le territoire même d'Epinay? Ce n'était pas uniquement à cause de son moins d'importance, comme emplacement et comme dispositions, que l'une des deux était sa petite maison. Achetée bien après l'autre, elle servait surtout de boudoir. On y vivait la nuit, on y soupait. Deux jolies créatures, que M. d'Epinay y avait mises dans le luxe, faisaient partie du mobilier; elles répondaient toutes deux au nom de Rose. Ces deux inséparables étaient les sœurs Siamoises de ce temps-là; même âge, même corsage, même appétit, même instruction à faire, même reputation en ville, mais toute faite, même plaisir à chiffonner ensemble des billets sur la Caisse d'escompte et à en jeter ensuite la monnaie d'or par les fenêtres, mêmes yeux et même caractère; M. le marquis s'y méprenait toujours. Comédiennes honoraires, elles faisaient au théâtre leur surnumérariat. Pourtant leur protecteur très-attentif avait pris au sérieux leur vocation, et leur donnait des maîtres. Pendant qu'à la Chevrette la marquise d'Epinay tenait académie ouverte de gai savoir, son mari dirigeait à Epinay un singulier théâtre d'élèves au petit pied. Les libertés d'alors étaient si grandes qu'il ne lui serait jamais venu l'idée de se cacher, comme le font aujourd'hui tant d'autres gens en pareil cas. Mais à Athènes, cachait-on beaucoup ses plaisirs? Les Français d'alors voulaient être des Grecs modernes, et ils eussent plutôt renoncé aux vices de leur temps, quels qu'ils fussent, que de leur ajouter celui d'une continuelle hypocrisie, qui est de convention bien plus moderne. Loin de nous l'envie de sermonner; encore plus loin, celle de tout approuver. Seulement nous constatons, en passant, que la Chevrette était une école de bonnes mœurs, de retenue et même de pruderie, à côté de l'académie d'apprentissage dramatique d'Epinay.

C'est en 1709 qu'Epinay en totalité comptait 105 feux; dix-sept années plus tard, il y avait 432 habitants; puis, en 1745, pendant que les autres villages de la contrée gagnaient toujours, le nombre de ses feux descendit à 96. Depuis un siècle, assurément, sa population s'est accrue, surtout dans sa partie flottante; mais le recensement n'a plus lieu par ménages. Son commerce principal consiste modestement dans les voies d'eau que des tonneaux roulants distribuent dans les environs, partout où l'eau de Seine est préférée à l'eau de source. La vente du poisson et le blanchissage du linge font vivre aussi pas mal de monde. N'est-ce pas, d'ailleurs, une preuve de désintéressement que donnent les gens du pays, de laisser à bas prix leur vin de la côte d'Epinay, qui ferait presque un vin de désert? La situation de la commune sur la rive droite de la Seine, sur la route de Pontoise et de Rouen, et à une petite lieue de Montmorency, au sud, en eût fait une grande ville, si Saint-Denis n'avait pas été là. Par exemple, les châteaux mignons qui s'en partagent le territoire se fussent alors envolés à Pierrelaye. La Vallée ne sera jamais un corps assez robuste pour qu'une ville de commerce et de fabrication lui soit chargée sur les épaules; elle a déjà assez d'un chemin de fer sur la colonne vertébrale : tous les jours 60,000 personnes affairées lui passent sur l'épine dorsale; le lac d'Enghien s'en trouble, en frisonne, en murmure toujours, surtout lorsqu'un convoi oublie de s'arrêter pour diminuer sa charge de voyageurs.

Tout le monde pêche à la ligne tant à Epinay qu'à Enghien; or, ce passe-temps, quoi qu'on en dise, est des plus récréatifs et des plus salutaires pour ceux qui ont du temps à perdre; il entretient la fraîcheur des idées, il aguerrit contre les rhumes, il renouvelle la vigueur du biceps, il encourage l'élève de l'asticot, il favorise l'industrie du filet, beaucoup trop négligée dans les expositions universelles, et il donne de la liberté aux mères, aux épouses et aux filles, qui n'ont jamais fait de plaintes à cet égard. Depuis que les grandes routes sont moins bruyantes, elles deviennent des lieux de promenade où la rêverie à toutes ses coudées franches; rien n'est plus magnifique, en somme, que cette superbe allée à la française et donnant sur des plaines, qui touche aux deux bouts d'Epinay, et dont les arbres séculaires laissent toujours un des bas-côtés à l'ombre. Pendant que la pensée s'y déploie, au gré des espérances ou des souvenirs qui l'élargissent, la vue s'y délasse utilement des sentiers contournés, des taillis toujours jeunes et des plates-bandes brillantes de nos jardins. L'animation de la campagne est un charme de plus qui vivifie le paysage, et la nature du sol, la condition d'exposition, le degré de maturité en même temps que la nécessité de faire rendre à la terre un peu de tout ce qu'elle prodigue, varient à chaque instant l'aspect. Quand l'heure de la récolte approche, les plus vives couleurs s'ajoutent de tous côtés à la verdure, et on croirait qu'une pluie d'or tombe goutte à goutte sur l'épi à demi mûr; une pluie de rubis, sur les fruits déjà rouges du cerisier et du groseillier. Plante, arbre ou arbrisseau, tout ne peut être sous les yeux du passant qu'en demeurant ainsi à la portée de ses deux mains; ni muraille, ni haie ne défend les récoltes du cultivateur riche ou pauvre, qui ne peuvent tenter qu'un plus pauvre, et s'il est vrai, comme l'a dit Montaigne, que toute défense ait un visage de guerre, voilà le séjour de la paix. Le grand étang de Coquenard, nous le répétons, a été desséché par les ordres du marquis de Sommariva; ses émanations passaient pour entretenir, de ce côté, des fièvres pernicieuses; mais il faut remarquer aussi que les terres cultivées en marais valent plus d'argent que l'eau stagnante, où les chasseurs seuls trouvent une prise; les intérêts personnels des dessicateurs ont donc été de pair avec ceux de la santé publique. Ce que les environs offrent de ressource à Epinay, comme agréments de toute nature, n'a son pareil en aucun lieu du monde. Le grand fleuve qui lui sert de limites naturelles, pendant un assez long parcours, donne à cette résidence beaucoup d'attraits particuliers, et les points de vue que s'y sont ménagés les propriétés riveraines ont quelque chose de grandiose, en ce qu'ils s'étendent loin sur l'autre rive. On peut dire de ces bords, qui font durer longtemps la séduction qui leur est propre, qu'ils sont les bords du Rhin de la Vallée.

L'année dernière, pendant que Montmorency voyait mourir Emile Souvestre, romancier bretonnant, qui avait bien fini par être un homme de style, mais qui était resté, en vivant à Paris, un peu, beaucoup de sa province; l'année dernière, une volée de gens de lettres, plus jeunes et mieux portant que lui, s'abattait pour toute la saison à Epinay, après une station à l'hôtel du Grand-Cerf, à Saint-Denis, qui est maintenant un reposoir confortable et fréquenté. L'un avait mis cinq francs, l'autre vingt louis, et les autres, mille promesses dans la caisse de la société, et ils s'étaient pourvus d'un charmant hôtel de campagne. MM. Octave Feuillet et Paul Bocage étaient du nombre. Il s'y est dépensé beaucoup d'esprit et de gaîté, et si le luxe des réceptions y était inférieur au luxe traditionnel, du moins ces écrivains de notre époque n'étaient plus à la charge, comme leur devanciers, des financiers et des grandes dames de la Vallée. On ne se figure pas assez tout ce qu'il faut de bonheur aux gens de lettres, en sus du talent, pour se soustraire absolument à cet état de dépendance dans lequel ils ont été tenus depuis Ronsard et Malherbe jusqu'à nous, en qualité de parasites en pied, et en vertu de toutes sortes de pensions tirées de cassettes particulières plus fréquemment que de cassettes royales. Il est vrai que les pensions qui ne leur sont plus faites par les fermiers généraux de la Bourse, s'en vont grossir celles des filles entretenues, dont le nombre à Paris augmente en raison indirecte de la prospérité des rares maisons qui tiennent bureau d'esprit. La condition actuelle des gens de lettres, en général, leur impose de vivre isolés et de pousser sans relâche à la copie ; s'ils vont un peu dans le monde, c'est pour changer de profession, ou le lendemain matin c'en est fait d'eux. Nous pourrions vous citer des noms connus, qui rappellent des succès honorables et fréquents dans le roman et au théâtre ; ceux qui les portent vivent constamment chez eux, et ils y vivent des expédients qu'ils trouvent pour s'esquiver de toutes les réceptions, usuriers obligés de la somme supérieure d'intelligence et de savoir, que la copie toute seule prend à l'escompte. C'est ainsi que la conversation, cette admirable puissance nationale, qui a fait prendre naguères pour du patois tout ce qui n'était pas la langue française, menace de tomber à néant. Ainsi, s'est déjà abaissé et s'abaisse tous les jours, en France, le niveau de l'esprit dans la société élégante ; les plaisirs que cette société prend en commun, profitent d'une réputation qui autrefois était bien méritée, mais qui, à l'heure qu'il est, s'usurpe. La pléiade littéraire qui a lui au soleil d'Epinay, n'avait rien à craindre des ténèbres ; d'autres étoiles pareilles scintillent, nous le savons, au firmament de la Vallée. C'est à Paris surtout que la gent qui pense et écrit est comme un ressort pressé, plié, tendu, mais sans force d'impulsion directe. Il est même assez rare que des littérateurs puissent vivre entre eux, sans que leurs intérêts en souffrent ; ils ont trop à se plaindre ou à rire des grands airs de la société des gens de Bourse, et de la place qui est laissée aux lettres, pour aviser de concert et en famille à ranimer les forces vives que l'argent a tant affaiblies. Après avoir soumis à l'analyse du creuset le corps mixte du temps présent, nous ne trouvons pour résultat de cette opération chimique qu'une décomposition de ses substances ; le crédit domine tout, mais il s'y combine avec l'or, et les progrès de la science ne sont plus applicables qu'à les faire produits similaires et à les séparer de toute matière hétérogène. Il y a tant d'affinité entre les progrès matériels que le XIXe siècle met en avant et le progrès du luxe et des jouissances matérielles de tous ceux qui s'en préoccupent exclusivement, que la dissolution n'a pu s'en faire, et pourtant le poids n'en est le même que pour les initiés du laboratoire. Il reste au fond du vase une espèce de *caput mortuum*, qui faisait corps avec le reste avant les manipulations de notre époque ; ce résidu est la littérature. Elle développait les facultés de l'âme, elle était l'unique instrument du perfectionnement intellectuel, et la voilà qui attend patiemment qu'un nouveau Cicéron plaide sa cause, devant une société nouvelle et qui est encore inapprise ; nous attendons une harangue semblable à celle *pro Licinio Archiâ poetâ!* Ces messieurs d'Epinay prêchaient d'exemple, tout en participant aux fêtes radieuses dont cette contrée est l'éternel théâtre. Une très-piquante débauche de leur esprit à ajouté une suite toute locale à la chanson de Dagobert. Voici l'un des nouveaux couplets :

> Le bon roi Dagobert
> Habitait Épinay l'hiver.
> Le bon saint Eloi
> Lui dit : — O mon Roi,
> Votre Majesté
> Se croit en été.
> — C'est vrai, lui dit le Roi,
> J'ai chaud quand les autres ont froid.

L'église d'Epinay a été bâtie par le duc de Bourbon, prince de Condé; la dédicace en a été faite par l'évêque de Bethléem, le dimanche de la Quasimodo, 21 avril 1743. Saint Médard, saint Georges et saint Sylvain sont ses patrons, depuis sa réunion à la chapelle du petit Epinay. Quant à l'ancienne église, elle avait été saccagée à l'époque des troubles de la Fronde; le village tout entier avait alors été pillé. La cure [1] était à la collation de l'évêque ou à la nomination de l'abbé de Saint-Germain-des-Prés. Les religieux de Saint-Denis, qui ont été surtout décimateurs sur cette paroisse, ont soutenu plusieurs procès au sujet même de la dîme. Magdeleine Allégrin, veuve de David, sieur de la Fautrière, conseiller au parlement, a été condamnée par arrêt de cette cour du 7 juillet 1673, à payer la dîme de vin et de sainfoin de son enclos; cet impôt sur la vigne était de douze pintes par arpent, mesure de Saint-Denis.

Le chapitre de Saint-Thomas du Louvre, réuni à celui du Louvre, n'a été que propriétaire dans le village. Le bien dont il y disposait ayant mis ce corps de chanoines en relation avec Jacques Bourdois, curé d'Epinay en 1607, un accord fut passé entre tous deux relativement aux dîmes.

Nous avons déjà eu à parler souvent de La Briche; c'était un écart d'Epinay, qui avait avec son chef-lieu des traits de ressemblance frappants, quant au site d'abord, et puis sous le rapport des mœurs et de la vie. On y trouve, sur le bord de l'eau, de jolis restes d'architecture; mais nous n'avons pas visité la belle propriété qui s'honore de les conserver. La famille

---

[1] Cura S. Medardi de Spinolio supra Sequanam.

Delessert et M. Ginot ne sont pas les seuls qui aient de délicieuses habitations riveraines, touchant à la grande route, à peu de distance des fortifications. Il y a aussi des usines importantes dans le hameau; c'est un petit Saint-Étienne de plaisance. Avant M. de la Live de Bellégarde, le financier Bouret était propriétaire du manoir de La Briche. Pendant tout le XII° siècle, cette seigneurie avait appartenu à Guillaume Lormier, conseiller en la cour des aides, puis à Catherine Lemet, sa veuve, qui s'était mariée jeune et qui avait vécu nonagénaire. Située sur la route de Pontoise, son territoire avait eu à souffrir de toutes les incursions guerrières des Anglais, des frondeurs, des ligueurs, des premiers Montmorencys, etc. En 1436, La Briche était le théâtre d'une mise en déroute des Anglais entre Saint-Denis et Epinay. Mais trois années plus tôt, le roi d'Angleterre et de France avait confisqué son château, pour en faire présent à Pierre de Fontenay; la prise de guerre en était faite sur le monastère de Saint-Denis, attendu qu'un bourgeois de Paris, Guillaume Tois, l'avait légué à l'abbaye, en 1365, avec moulin, vignes, pressoir, vivier, terres et prés. Le château de La Briche s'appelait dans l'origine le *Jardin Boniface*. Le petit fief de Piscop, relevant d'une autre fief du même nom sur la paroisse de Groslay, avait été réuni à celui de La Briche, qui lui-même relevait en sous-œuvre du Piscop de Groslay, dans le principe. Seulement l'un et l'autre Piscop sont à ne pas confondre avec un troisième fief ainsi appelé, qui fait l'objet d'un chapitre de ce livre.

SAINT-GRATIEN.

Suivez la belle chaussée qui longe le lac d'Enghien dans sa partie méridionale ; vous voilà en plein sur la route qui relie Montmorency à Argenteuil en traversant la route de Pontoise au rond-point du *Cygne d'Enghien*. Vous avez à peine perdu de vue cet admirable ensemble des rives du lac, qui a de toutes parts, sur les hauteurs lointaines, un château élevé pour diadème, que vous trouvez à droite la ravissante avenue de Saint-Gratien. Mais vous êtes encore à Enghien ; ces villas à la mode napolitaine qui sont à gauche, et ces brillants chalets sculptés qui leur font face, séparés du chemin par des clôtures à claire-voie, se chargent de vous en avertir. De distance en distance, à travers les glaces d'un salon, ou par une éclaircie dans le feuillage des jardins, vous retrouvez un coin de la nappe d'eau, où se mirent arbres et maisons. Puis, la jolie route se bifurque ; d'un côté il vous est loisible de gagner le second port du lac, celui où les cygnes se rassemblent; de l'autre côté vous vous trouvez à Saint-Gratien. Le château de M. le marquis de Custine, dont la façade principale est d'un aspect si imposant, soutient merveilleusement les regards de la plus belle partie de la Vallée, en dominant lui-même le lac. L'entrée de ce domaine est sur la place de la commune; elle n'en annonce pas l'importance. M. de Custine est l'auteur d'un ouvrage, *La Russie en* 1839, qui a certainement contribué, par le succès de ses critiques, à détacher la France de l'alliance russe qui, naguères, a été au point de se conclure; le général Custine, célébrité militaire, est le père du littérateur. Cette famille, sous l'ancien régime, était alliée à celle de Brezé, et de toutes les façons son nom appartient à l'Histoire; M. Adam-Philippe de Custine, seigneur de Guermanches et autres lieux, est mort victime de la Révolution, le 28 août 1793; M. François de Custine, son fils, a subi le même sort; le 15 nivôse an II, laissant pour héritier unique Atolphe de Custine, son fils mineur ; ces malheureuses dates nous ont été fournies, à propos d'un procès, par le *Journal du Palais*.

Un peu plus loin, et toujours à main droite, mais à l'ombre des allées de l'ancien parc de Saint-Gratien, s'épanouit une plate-bande de petites maisons gracieuses dont la physionomie, en général, rappelle les décors du 4° acte de *Guillaume Tell*. Des belvédères de ces habitations, se découvrent encore à merveille l'établissement thermal dont l'accès ne paraît possible qu'à la nage, et sa tour qui de loin a l'air d'être un clocher, et les grands arbres qui lui servent de panaches, parasols et ventilateurs pendant les journées chaudes de l'été. Le quartier neuf de Saint-Gratien est un poétique paysage, où les fabriques se suivent de près; des haies uniquement les séparent, et on dirait que chaque propriété est une des dépendances de celle qui la précède; c'est le plus coquet phalanstère qu'une femme fouriériste ait jamais pu rêver. Par malheur, toute l'école de Fourier rêve constamment; par bonheur, ces petites Tuileries de la Vallée sont d'une réalité incontestable. La preuve, c'est qu'à l'heure du dîner, une quinzaine de cloches ou crécelles annoncent que le couvert est mis partout. Le plus ancien des professeurs du lycée Bonaparte, M. Valatour, y est propriétaire d'une jolie villa en briques; une autre, un peu plus grande, appartient à M. Terré, l'ancien agréé; plus loin, cet hôtel de campagne, qui a deux ailes comme pour s'envoler, est à M. Couture; un autre est à M. Saintex; et celui-ci, dont les proportions sont plus vastes, à M. Deschamps; et celui-là, dont les portes et les fenêtres sont ornées de charmantes moulures, à M. Meunier, le sculpteur.

En revenant au centre du village, pour nous rendre à l'ancien château de Catinat, nous trouvons la maison d'un ancien avoué de Paris, qui n'a pas oublié Virgile depuis qu'il a quitté les bancs du susdit lycée Bonaparte; M⁰ Duclos, au reste, est le beau-père de M. Bouland, inspecteur des eaux minérales d'Enghien. Mais il nous serait trop long de faire le dénombrement de toutes les maisons du village qui méritent d'être remarquées, soit à cause d'elles-mêmes, soit en raison de ceux qui les habitent. MM. Bauche, Vassel, Léonce, Trouiller, Catelin, Laiguillon, Couty, Mᵐᵉ Rosier, Mᵐᵉ Simon y ont aussi leurs droits de bourgeoisie. M. Léger est maire de la commune, et M. Parain l'a été. Le secrétaire de la mairie d'Enghien remplit les mêmes fonctions à Saint-

Gratien; sa petite maison touche à l'une et à l'autre communes, qui se le partagent comme deux sœurs : il en est comme le trait-d'union. Quant à la résidence de Catinat, elle est échue à M. Bisson ou Buisson, qui la néglige parce qu'il veut la vendre; d'autres feraient tout le contraire. Son territoire n'est plus, comme contenance, que d'un hectare 71 centiares; mais c'est encore trop pour le peu de soin qu'on en prend, en attendant le nouvel acquéreur, dont l'arrivée doit être très-prochaine, et qui prendra assurément à tâche de conserver une maison historique. Elle s'ouvre par un grand portail; l'édifice est en briques et passablement dégradé; mais jamais l'opulence n'en a été bien éclatante à l'intérieur; la simplicité des dehors, malgré leur caractère qui impose, rappelle parfaitement la modestie du guerrier philosophe. M. de Vergenne et sa famille ont habité ce vieux château pendant la révolution. Le parc était encore alors d'une immense étendue qu'on évalue à plus de 250 hectares; le lac d'Enghien en était la pièce d'eau; une majestueuse allée d'ormes le traversait dans toute sa largeur; une allée d'acacias partait aussi de Saint-Gratien et remontait du côté du hameau appelé encore *La Vache-Noire*. Aujourd'hui, ce qu'il reste du parc, séparé de la cour par une vieille grille en fer, ressemble à un jardin de pensionnat. C'est par trop délaissé pour une habitation; mais ce n'est pas encore assez pour une ruine. Si l'abbé Delille vivait toujours, il s'écrierait de nouveau :

On a trop parmi nous réformé l'opulence !

Nicolas Catinat était né à Paris en 1637, fils du doyen des conseillers au parlement et de Françoise Poille; il perdit sa mère en 1649. Après avoir essayé du barreau, il cessa de plaider parce qu'il avait perdu une cause juste; il entra dans la cavalerie. En véritable officier de fortune, il dut monter en grade pas à pas; mais le brillant chemin qu'il sut faire est une preuve frappante que, même sous Louis XIV, il n'était pas indispensable d'appartenir à l'aristocratie pour arriver aux premiers honneurs militaires. Ne voyons-nous pas en même temps qu'un Catinat devint maréchal de France, et que Molière, le fils d'un tapissier, était des mieux reçus à la cour? Ni l'un ni l'autre n'était de vieille noblesse; à peine si l'homme d'épée osait se croire gentilhomme, et l'homme de plume tout au plus était né dans la bourgeoisie. Maëstricht, Besançon, Senef, Cambrai, Valenciennes, Saint-Omer, Gand et Ypres, furent les premiers théâtres où Catinat déploya sa valeur et où l'autorité de son commandement se fit connaître par de bons résultats; puis il gagna les batailles de Staffarde et de la Marsaille, contre le duc de Savoie; et ces deux brillantes victoires mirent le comble à la réputation du grand capitaine. L'année 1693 lui apporta son bâton de maréchal. Or, jamais élu de la fortune n'en justifia mieux les faveurs, en restant abordable, modeste et sage dans les grandeurs. D'après sa relation de la bataille de Staffarde, tout le monde, excepté lui, avait sauvé la France. Ses soldats, qui l'appelaient le *Père la Pensée*, l'aimaient en effet comme un père, partageaient sa gaieté et sa mâle assurance la veille des plus grands engagements, et devinaient ses ordres au moindre signe. Mais sa modération pour les vaincus n'était pas toujours approuvée par Louvois. A son retour du Piémont, il était accueilli par Louis XIV avec tous tous les égards et toutes les prévenances que méritait l'éclat de ses services ; seulement il se bornait à entretenir le roi des opérations stratégiques, en homme qui sait à fond l'art de commander les armées. — C'est assez parler de mes affaires, lui dit le souverain. Et comment vont les vôtres? — Fort bien, répondit le maréchal, grâce aux bontés de Votre Majesté. — Voilà bien le seul homme de mon royaume, remarqua Louis XIV, qui m'ait tenu ce langage... A la fin d'une campagne, Catinat sollicitait une fois 2,000 écus de gratification ; il s'en excusait ainsi : « Les autres années, c'était de commodité ; cette » fois, il y a nécessité. » Au moment de son plus grand crédit, il refusa d'être chevalier des ordres du roi pour ne pas être forcé, en acceptant, de se prêter à un mensonge : il eût fallu qu'un généalogiste complaisant lui établît une suite d'aïeux appropriée à cette distinction, réservée à la vieille noblesse, et l'illustre maréchal tenait trop à sa propre gloire pour en vouloir une d'emprunt ; plusieurs de ses ancêtres étaient roturiers.

La seconde partie du grand règne fut malheureuse, nul ne l'ignore. Le maréchal de Catinat, appelé dans les Flandres, prit Ath en 1697. Mais placé de nouveau, quatre ans plus tard, à la tête des troupes du roi en Italie, il eut pour adversaire le prince Eugène, commandant pour l'empereur ; le sort des armes lui fut contraire à Carpi et à Chiari, où il servait d'ailleurs sous le couvert du maréchal de Villeroi. Comme autrefois les grands hommes de la Grèce, il dut aux revers une disgrâce, dont le souvenir des victoires antérieures adoucit pourtant l'amertume ; Villeroi prit sa place, et il se retira, nouveau Cincinnatus, à la campagne. Seigneur de Saint-Gratien, il emportait dans la retraite l'estime et l'amitié de tous ses inférieurs; et une partie de la cour tint à honneur de l'y suivre, de l'y visiter; MM. de Caraman, d'Herbeville, de Liancourt, de Villepion, de Xaintrailles, et le maréchal de Médavi, restèrent ses amis, à Saint-Gratien. Le financier Crouzat, propriétaire du château de Montmorency, fut chargé plusieurs fois de rendre visite au maréchal de la part du vieux roi; et quelque temps après, il fut demandé à Marly; d'augustes compliments de condoléances et des tentatives de rappel n'ont donc pas fait défaut à la disgrâce.

Le maréchal avait été négociateur habile et brave soldat; le seigneur de village administra parfaitement son domaine, sans préjudice pour la gloire acquise sur un autre théâtre. Sa franchise militaire n'excluait pas la politesse; la rectitude de ses idées, le calme de ses réflexions sentencieuses procédaient avant tout de la pureté de sa conscience; la gaieté de l'esprit, la bienveillance du cœur tempéraient, pour le monde, l'austérité constante de sa conduite et de ses mœurs. Il élevait lui-même un espalier à l'entrée de son parc, et souvent ses amis de cour le trouvaient l'arrosoir ou la serpe à la main. Un gros orme, qui ensuite a pris son nom, fut planté par le maréchal à l'endroit où il s'asseyait de préférence pour se livrer à des méditations et aviser au bien qu'il pouvait faire. Tel fut ce Catinat qu'on s'obstine à regarder, malgré l'extrême sagesse de ses discours et de sa vie, comme l'un des précurseurs de la philosophie du XVIIIe siècle. Le fait est que Jean-Jacques a toujours parlé de lui avec un respect tout filial; La Harpe, en 1775, a remporté un prix académique avec l'*Éloge de Catinat*; le poëte lyrique Marsollier a fait revivre sur la scène cet homme de guerre valeureux qui était aussi un penseur.

La terre du maréchal de Catinat, dont le lac d'Enghien faisait partie, était connue depuis le XIII° siècle; Guillaume Cornillon la tenait de Matthieu Le Bel, qui la possédait en 1225, et l'hommage en avait été fait à l'abbaye de Saint-Denis. Erard de Digoine avait été ensuite qualifié seigneur de Savigny et de Saint-Gratien, à une époque où les feux du village n'étaient encore qu'au nombre de quatre. Agnan de Cailly, vicomte de Carentan, seigneur de Saint-Gratien, était mort le 4 juin 1548, et avait été inhumé à Paris, dans l'église des Carmes-Billettes. Deux sieurs Jean et Agnan Lhuillier avaient porté le même titre au XVI° siècle; mais il y avait alors division du fief. D'ailleurs le prieuré de Conflans-Sainte-Honorine avait eu une censive en cet endroit, d'ancienne date; il avait obtenu, en 1562, sous Léonard Aiguillon, prieur commendataire, d'échanger contre une rente ces biens trop éloignés. Sur ce, le bisaïeul de Catinat, Jean Poille, conseiller au parlement sous Charles IX et Henri III, avait fait l'acquisition du domaine. Lui aussi, cet aïeul, avait été privé, à la fin de sa carrière, des bonnes grâces de la fortune; car il avait eu l'imprudence de se prononcer pour les Seize, au point d'avoir ensuite contre lui un arrêt du parlement, rendu le 19 mai 1582, sur la requête de Réné de Rouillé, son collègue. Guillaume Poille, fils de Jean, avait été prieur de Saint-Pierre d'Abbeville, vers 1626, et auteur de deux gros volumes intitulés : *Le nom de Christ contre les Antechrists*. Jacques Poille, frère de Guillaume et conseiller comme son père, avait fondé une chapelle à Saint-Gratien, très-probablement dans l'église ; c'est lui qui avait donné le jour à Françoise Poille, femme du conseiller Catinat, mère d'un des plus grands hommes du grand siècle. Toutefois il y avait eu un autre membre de cette famille, gendre d'un magistrat de la même cour, André Tirraqueau, sous le règne de François Ier; il s'appelait également Jacques. Cet Agamemnon de la race avait eu trente enfants et avait composé aussi trente et un livres estimables; par malheur, rien ne vient prouver qu'il eût fait tout ce travail-là à Saint-Gratien. Les voilà donc, pour la ligne maternelle, ces aïeux dont le philosophe ne pouvait pas s'empêcher d'être fier ! Sa seigneurie elle-même, est-ce qu'elle ne datait pas dans la famille? Mais l'arbre généalogique du côté paternel laissait peut-être un peu à désirer. En tout cas, la noblesse de robe ne suffisait pas autrefois pour entrer dans les ordres du roi. Catinat, au surplus, prouva une grande vénération pour ses ancêtres maternels, en leur faisant dresser des monuments dans l'église de Saint-Gratien. Les dépouilles mortelles de son grand-père, Jacques Poille, auteur lui-même d'un recueil de poésies, furent apportées dans la Vallée, de « Chaiz, en Poitou, » où il était décédé en 1623.

Le maréchal mourut dans sa terre, le 25 février 1712, léguant l'exemple de sa vie à tous ceux qui ont à gravir, puis à descendre la côte des honneurs. Diverses sommes étaient laissées par lui à l'église et aux pauvres du village. N'ayant jamais été marié, il n'avait d'héritiers que ses neveux, M. Pierre de Catinat, conseiller au parlement, et M. Pucelle, qui lui firent élever un mausolée dans la petite église. Le père Sanadon composa l'épitaphe :

 Hic jacet Nicolaüs Catinatus, Galliæ polemarchus,
  Avitam Themidem deseruit, imò Castris intulit.

Militiam à Victoriis exorsus, triumphis omnem transegit.
Hostem alienis inhiantem spoliavit propriis.
Quantus bello fuerit, testis Staffardia, testis Marsalia,
Allobroges subegit, Insubres repressit;
Non sibi, sed Patriæ vicit; nec plus vicit quam illa voluit.
Aulicas artes valere jussit, cum aptare se illis nollet, et illas
[sibi non posset.
Vixit, ut solent sapientissimi, et Christiani heroes debent.
Mortuus anno ætatis 74, Christi verò 1712.

Or, puisque nous en sommes à cette modeste église sur laquelle une page de l'histoire ne fût écrite que grâce au style lapidaire, disons qu'elle fut dédiée le deuxième dimanche de juillet 1555, par Charles Boucher, évêque de Mégare, en vertu d'une permission accordée aux curé et marguilliers par l'évêque Eustache de Bellay. Le prélat y trouva quatre autels à bénir. La cure était à la nomination du chapitre de Paris et du prieur de Conflans-Sainte-Honorine. Olive de la Chesnaye, femme de Jean Pille, fut enterrée à Saint-Gratien; c'était la fille de Nicolas de la Chesnaye, maître d'hôtel de Louis XI, et d'Étiennette Budé, sœur de Guillaume Budé, maître des requêtes et un des écrivains de son époque. Aussi bien il y avait une chapelle dans la localité avant l'année 1555; déjà, au XIII° siècle, la cure de Saint-Gratien avait sa place dans le Pouillé. Le nom de *Gailleville* était cependant joint, dans l'origine, à celui du village actuel.

L'église du XVI° siècle n'est plus en apparence que de la pierre calcinée, dont les formes indécises sont d'une architecture presque sans lignes. Les murailles s'en sont affaissées; on descend plusieurs marches pour pénétrer dans le sanctuaire; viennent trois autres siècles, et ce sera tout bonnement une tombe. L'intérieur en est néanmoins très-convenable; un Anglais a donné un *saint Bruno* et une *sainte Thérèse*, tableaux dont le mur est revêtu; d'autres présents encore commencent pour l'église un trésor, qui s'enrichira avec le temps; M. Meunier, dont nous avons parlé, a offert à M. le curé un *saint Gratien*, qui est son œuvre, et qui, comme objet d'art autant que comme sujet, nous a vivement intéressé. Nous n'avons pas été sans nous demander en quel temps vivait saint Gratien; jusqu'ici nous n'avons pas encore trouvé sa légende. Nous savons seulement que le nom de ce martyr, qui a vécu antérieurement au ve siècle, est inscrit au 23 octobre dans le martyrologe hiéronymique. On montrait jadis dans l'église quelques reliques du bras du saint, que sans doute la révolution a dispersées.

Pourtant l'ombre de Catinat paraît avoir veillé, en ces temps difficiles, sur son domaine bien-aimé, et le nom de *Saint-Gratien* a trouvé grâce dans un petit coin de la géographie, sinon dans le calendrier; le village n'en a pas eu d'autre, au moment où les saints et tout ce qui s'inspirait d'eux subissaient le sort infligé aujourd'hui à la mémoire de Babeuf, de Marat, de Pétion et de plusieurs autres anabaptistes. M. Pierre de Catinat, successeur de son oncle, avait cessé de vivre en 1745, laissant la seigneurie de Saint-Gratien entre les mains de sa femme, née Marie Fraguier, à ses deux filles, dont une seule fut mariée, Mme de Lamoignon-Morvault. Saint-Gratien avait eu vers ce temps-là, en 1764, une population de 225 habitants, divisés en 52 feux; c'est moins de la moitié de ce qu'on y trouve de nos jours. A l'époque révolutionnaire, comme on l'a déjà vu plus haut, la demeure de Catinat avait M. de Vergenne pour hôte. Alors les fleurs elles-mêmes de la Vallée baissaient la tête, laissaient passer l'orage.

M. le comte de Luçay était propriétaire de presque toute l'ancienne terre seigneuriale de Saint-Gratien, lorsque la chrysalide du Consulat à vie sortait de sa coque trop étroite avec les ailes de l'Empire. En qualité de préfet du palais, M. de Luçay était tenu parfois au courant des plus petits désirs de l'impératrice Joséphine et de sa fille, qui était la reine de la Vallée avant d'être la reine de Hollande. Il y avait, en ce temps-là, dans un salon du palais de Saint-Leu, des glaces tellement bien disposées qu'elles réfléchissaient toute la campagne à trois lieues à la ronde; la reine Hortense en profitait pour passer constamment en revue tous ses voisins. Sa Majesté tournait souvent les yeux du côté qu'avait habité le héros de Staffarde et de la Marsaille; elle y voyait l'eau bleue du lac, glace que répétait merveilleusement une autre glace; mais il n'y avait pas encore de blanches maisons tranchant sur la masse verte des arbres du parc et du bois Jacques; le château de Catinat disparaissait au fond de Saint-Gratien, sans qu'on le vît des hauteurs de Saint-Leu, dans le cristal de ce polyorama. Il manquait quelque chose, selon la reine Hortense, sur ce point-là du paysage, et surtout dans la partie haute de l'admirable parc de Saint-Gratien. Que pouvait être ce *quelque chose?* M. de Luçay y fit mettre un palais.

Une pensée de la reine Hortense avait pour ainsi dire posé la première pierre de l'édifice; une auguste visite, celle de l'empereur, couronna l'œuvre. En daignant accepter l'invitation du comte, Napoléon, qui devinait tout, prévoyait très-probablement que ce château serait un jour la résidence de quelqu'un de sa famille. Après une longue promenade dans les allées séculaires du grand parc, et autour de ce lac appartenant encore, comme la source Cotte, la source de la Pêcherie et presque tout le territoire de l'établissement thermal, à M. le comte de Luçay, une fête eut lieu dans les appartements. Il n'en fallait pas davantage pour que les sénateurs, les généraux, etc., vinssent demander tour à tour quelques heures d'hospitalité au nouveau seigneur. Celui qui y revenait le plus souvent, comme ami de la maison, était le maréchal Exelmans. M. de Luçay, au reste, avait des relations intimes avec la plupart des héros de cette Iliade, qui a duré dix ans, précisément comme le siége de Troie. Mme la comtesse de Luçay était la première dame d'atours de S. M. Marie-Louise ; la rougeole lui enleva rapidement une fille adorée, pendant que le général comte de Ségur, son gendre, faisait la campagne de Russie. On avait même caché, par raison d'État, à Mme de Luçay que sa fille courait des dangers, et quel était le nom de sa maladie ; elle voyait de trop près le roi de Rome tous les jours pour qu'on ne craignît pas la contagion. Tel était l'attachement de toute cette famille à la cause impériale que M. le comte, pendant toute la restauration, resta presque enfermé dans son château et dans son parc.

Le second propriétaire en fut M. Rebours. Puis, en 1853, S. A. I. la princesse Mathilde, qui avait déjà habité Enghien à une ou deux reprises, acheta le beau domaine où, si elle n'avait eu Saint-Leu, la reine Hortense se fût fixée sans doute. Mais la chaîne des temps est renouée encore mieux ici qu'ailleurs, puisque LL. MM. l'empereur et l'impératrice sont venus plusieurs fois rendre visite à la nouvelle reine de la Vallée.

Quoi de plus magnifique, en somme, que ce monument à colonnes qui défie qu'on ne le voie pas, mais qui tient à distance, grâce à un régiment de gardes gigantesques représenté par de beaux arbres, toutes les autres maisons ou groupées ou disséminées! Le lac est comme un plat d'argent démesuré, qui attendrait aux pieds de la colline les cartes de visite de l'élite du monde parisien. Il y a beaucoup d'appelés, mais il y a aussi des élus qui pénètrent dans le riant palais. Le bon goût des dispositions, la richesse des tentures, l'élégance noble de l'ameublement, les magnificences de la vue, la pureté de l'air qu'on y respire, et l'heureux choix des objets d'art qui en font aussi un musée, ne sont pas tout ce qu'on y admire. La fille du roi Jérôme ne se contente pas même d'être une princesse accomplie. Son règne n'aura eu ni commencement ni fin. Où la plume trouverait-elle des traits dignes du sujet, si l'étiquette de cour ne l'arrêtait pas à distance devant une personne dont la place est, sous tous les rapports, au quadrille de S. M. l'impératrice? La peinture, la sculpture sont bien heureuses d'avoir le privilége de reproduire, du moins en intention, partout où elles en trouvent le modèle, l'excellence de la grâce, le suprême de la distinction et ce que la beauté a de sublime! Jamais une Médicis n'a eu mieux que Son Altesse le sentiment des arts qu'a fait éclore le séjour d'Italie, et qui porte en deçà des Alpes des fruits dignes de son origine. A son esprit si fin, si délicieusement français, si fort au-dessus de l'esprit ordinaire, il n'a fallu qu'une seconde pour s'acclimater aux lieux mêmes où, depuis tant de siècles, il semble en circuler dans l'air. Aussitôt que l'ère actuelle aura trouvé sa jeune poésie, c'est à la porte du palais de Saint-Gratien que la nouvelle venue ira frapper. L'augure en est donné, si j'ose le dire, par le chant des oiseaux qui se complaisent en si grand nombre à voleter d'une branche à l'autre, dans toute l'étendue du parc ; leurs gazouillements sont un hymne de louange, qui trouve sa noble récompense dans l'abri qui leur est offert, et ils perfectionnent leurs ramages, sans craindre la fauconnière des temps passés, ni la gibecière des chasseurs d'aujourd'hui.

Et puis, c'en était fait peut-être de la contrée, si la princesse Mathilde ne fût pas venue lui prouver que sa famille n'est pas près de dégénérer ! C'est comme une maladie pour la Vallée que de n'être pas l'asile d'un prince ou d'une princesse du sang; dès qu'elle cesse d'être traversée par les voitures de la cour, l'ennui la prend : elle est en République. N'a-t-elle pas eu pour hôtes jusqu'à des rois? Son Altesse Impériale aurait été la fiancée du pays, qu'elle n'eût pas été attendue avec plus d'impatience et d'anxiété, preuves d'espérance en elle qui se justifie tous les jours. De simples paysans, qui avaient bien raison de saluer, comme bienfait du ciel, une arrivée fêtée comme un retour, ont tenu un propos qu'il nous plaît fort de rapporter. Le voici dans sa naïveté : — La reine Hortense n'est pas morte ! elle revient.

GROSLAY.

La commune dont le nom sert de titre au présent chapitre est située sur la pente orientale des hauteurs de Montmorency. Son territoire confine également aux territoires de Saint-Brice et de Montmagny. Un service d'omnibus qui conduit à Enghien-les-Bains et en ramène, plusieurs fois le matin et plusieurs fois le soir, met ce joli village en communication incessante avec le chemin de fer du Nord, dont il n'a ainsi à sa charge ni le bruit, ni la fumée, ni la monotonie assez fatigante. Le terrain de la commune présente beaucoup de variétés; ici vallons, et là coteaux; la vigne n'y manque pas, et les jardins y offrent les plus savoureux spécimens de la culture fruitière et maraîchère. M. Billaud, syndic de la compagnie des agents de change de Paris, y remplit les fonctions de maire avec une sagacité qui n'avait pas à faire ses preuves, mais qui l'invétère dans ce poste. Une fabrique de dentelle donne à cette partie de la contrée une légère teinte flamande, qu'un autre trait, dû sans doute au hasard, vient encore augmenter d'une nuance :

il y a majorité de blondes, de jolies blondes, à Groslay. Les mœurs locales sont des plus douces. Une partie des citadins se voient, et ils se passent les journaux. Je sais une dame qui en consomme quatre par jour, en n'étant abonnée qu'à un. Rarement les flâneurs du dimanche devinent un ravissant groupe de maisons bourgeoises dans le village qui s'étend au bas de la côte de l'Ermitage ; puis le chemin de traverse qu'on prend ordinairement afin de couper au plus court, est assez dangereux, non pour les ânes, mais pour ceux qui les montent. La mousse et le sable fin de la forêt sont d'une douceur, en cas de chute, qu'envie encore ce sentier inégal. Leur isolement précieux met fort à l'aise les paisibles habitants de la commune la plus voisine de Montmorency ; tout fiers d'être maîtres chez eux, ils en affectent, à la première vue, un petit air de bourgeois provincial ; hâtons-nous d'ajouter qu'une fois dans leur jardin, dans leur salon, ou au billard, ils quittent résolument le masque. Ce sont des Parisiens de la bonne roche, du moins pour la plupart, causant théâtre, sinon littérature, et laissant avec précaution le souci des affaires dans leur cabinet, à Paris. Les citadins de la commune sont MM. de la Chaussée, Lullin, Calon, Colas, Godard, Ducasse, Legrand, Chansard, Valon, Baude, Hurel, Henry, Crétu, Offroy, Moncouteau, Lamartinière, Perrière, Titel, Cruz, Manchez, Blanc, Comartin frères, Mme Rümler, Mme Thibaud.

Quant à la jeunesse féminine qui garde Groslay toute l'année, et qu'on pourrait appeler, par conséquent, les jeunes filles des quatre saisons, elles sont d'une coquetterie qui vient d'exemple ; mais elles ont le bon goût de préférer à des modes importées le coquet bonnet du pays, qui peut s'enrubanner richement, et qui leur va le mieux du monde. Le jour de la fête communale, M. d'Hardivillé, instituteur et secrétaire de la mairie, tire une loterie, sous les beaux arbres du champ de foire, et puis il distribue les fichus, les bonnets qui en composent les lots, et mirlitons d'aller leur train! Bientôt la danse commence, pour ne cesser que faute de danseurs, et assez avant dans la nuit, bien que la fête ait lieu en juillet, saison des grands travaux de la campagne. Les dames de Groslay se mêlent quelquefois à ces jeux, autrement que comme des témoins; mais la conscription militaire et celle des cabarets, qui compte également ses blessés, enlèvent une bonne partie des garçons du pays, et il manque bien des cavaliers aux jeunes filles parées pour le bal; des marquis, des fils de banquiers, des avocats, remplissent volontiers l'intérim. N'ai-je pas dansé, moi qui vous parle, avec Mme Henri Leduc, de Montmorency, pour partenaire, et avec M. le marquis de Harrenc, propriétaire du crû de Côte-Rôtie, et Mme de Bernis en vis-à-vis? La fête de Groslay a son lendemain, et les bals de Paris n'en peuvent pas dire autant. Les salons passent, les bals champêtres restent, car le calendrier les a pris sous sa protection qui éternise. Les paysannes coquettes, ou pour mieux dire les grisettes de Groslay, ont tellement l'amour de la danse qu'elles se déplacent et arrivent les premières, partout où deux ménétriers se donnent où se retirent l'accord, à plus de deux lieues à la ronde. Le dimanche soir, j'en ai vu, même l'hiver, qui revenaient *seules à minuit*, ces trois mots sont à souligner, heureuses d'avoir fait leur partie dans un quadrille, n'importe où. Le sieur Ménétrier, qui est à la fois musicien et marchand de vin à Deuil, fait danser toute l'année, sur divers points de son canton et au delà.

Que si l'orchestre ordinaire de Groslay n'est pas précisément celui des bals du Jardin d'hiver, c'est que notre élégant village se repose, on peut le croire, d'avoir bien mérité de la musique. N'inférez pas de ce discours que les clavecins d'avant la République, les harpes, les guitares et les *forté* du Directoire et de l'Empire l'aient emporté en nombre sur les pianos du village d'à présent. Au contraire, le doigté ne s'est en aucun lieu, en aucun temps, exercé sur les touches d'ivoire de manière à produire plus de trilles sautillants, plus de notes, perles blanches et noires, enfilées par colliers splendides, que dans l'académie estivale de Groslay. Ce genre de succès quotidiens fait pâlir ceux de la conversation, qui n'en deviennent que plus timides; il est vrai que la musique parle.

Elle parlait déjà très-bien, quand Porro habitait Montmorency et Groslay, c'est-à-dire de la Constituante à la Restauration. Porro, compositeur estimé, est le beau-père d'une des grandes cantatrices de l'époque à laquelle nous écrivons. Mme Delphine Ugalde, née à Groslay en 1830, n'est-elle pas une des *fortes chanteuses* de notre temps? Cette expression, tirée du lexique des coulisses, peut être prise ici dans son acception générale. Dix créations, merveilleusement heureuses à l'Opéra-Comique, ont signé, pour Mme Ugalde, le passeport de l'Opéra, où sa voix étendue et noble fera vibrer toutes les cordes du clavier dramatique, captivera l'âme en même temps que l'ouïe. *L'Étoile du Nord*, ce poëme absolument privé de poésie, dont la réussite prodigieuse n'est due qu'au nom déjà stellaire de Scribe et à la grande musique de Meyerbeer, vient de fournir à Mme Ugalde une occasion de débuter dans l'emploi qui l'attend à l'Académie impériale ; la puissance des ressources que son talent a déployées a fait une véritable création de ce qui n'était qu'une reprise. La femme de Porro, excellente musicienne aussi, a épousé en secondes noces M. Beaucé, père de la cantatrice. M. Henri Beaucé, frère de celle-ci, est lui-même un artiste recommandable, pour ne pas faire bande à part. Dans plusieurs circonstances, Mme Ugalde et M. Beaucé ont prêté le concours de leur talent à des fêtes religieuses, à des concerts de bienfaisance, qui ont eu lieu dans leur pays natal. Les semences dont cette famille parfaitement douée a si bien profité, avaient été jetées de main de maître sur le territoire de Groslay. Lully a habité momentanément le village, où il est arrivé malade, et qu'il a quitté bien portant. C'était, ma foi, une raison pour que la Vallée fût lulliste.

L'abbé Languet, curé de Saint-Sulpice, a aussi demeuré à Groslay. L'abbé Languet avait fondé à Paris, à peu près à l'emplacement de l'hôpital Lariboissière, la communauté des Filles-de-l'Enfant-Jésus, qui est devenue plus tard un hospice d'orphelins, et enfin, en 1802, un établissement pour la guérison des enfants malades.

L'église, qui étend son ombre dans la partie septentrionale de Groslay, est un monument assez vaste, dont les vitraux, bien conservés, posés en 1572, offrent une vivacité de coloris et une ingénuité, comme dessin, dignes de l'attention des artistes. L'antiquité de cette église, qui date pour le moins du siècle xv, est de nature à intéresser tout particulièrement l'archéologue.

Il faut encore nous faire paratitlaire, avec Lebeuf, pour remonter aux sources.

La paroisse de Groslay, bien antérieure à celle de Montmorency, a le même saint pour patron ; les chrétiens primitifs de la montagne y descendaient pour entendre la messe, avant qu'il y eût forteresse, temple, chapitre et communautés religieuses à Montmorency. Diverses couches d'architecture se sont superposées sur l'édifice, et il est très-probable qu'une partie en a été construite au xe ou au xie siècle. L'ancienne église finissait où est le lutrin aujourd'hui ; son agrandissement a été presque une reconstruction ; il y a eu consécration nouvelle. « En 1480, le dimanche 1er aoust, par révé-
» rend père monseigneur Guillaume Chartier, évesque
» de Paris, fust desdiée l'église de Monseigneur saint
» Martin de Groslai-lez-Montmorenci, et bénit et consa-
» cra cinq hostiaux d'autel, c'est-à-dire le maistre-au-
» tel, l'autel Notre-Dame, l'autel Saint-Michel, l'autel
» Saint-Jean-Baptiste et l'autel Saint-Nicolas, et bénit
» un peu de terre à faire cimetière : présents Jean Da-
» moiseau, chevalier ; Denis de Hersent, secrétaire de
» monseigneur l'évesque de Paris ; monsieur Philippe
» d'Oigni, maître-ès-arts et en décret..... Et ce fust par
» l'aide et conseil de Martin Guymines, laboureur ; était
» curé Jean Ollier. »

La nomination à la cure appartenait d'abord à l'évêque de Paris ; puis le prélat reconnut, du vivant de Suger et de son secrétaire, Odon de Deuil, et avec l'autorisation du Saint-Père, Alexandre III, en avoir transféré la collation au prieuré de Deuil. Mais Maurice de Sully, évêque de Paris, avait abandonné volontairement ses droits dès la fin du siècle précédent : une bulle d'Urbain III consacrait déjà, en 1186, la suprématie directe du monastère sur l'église de Groslay, *ecclesiam Sancti Martini de Groleyo*. Des conventions passées entre le prieur et Jean de Drency, chevalier, en 1202, eurent pour objet la perception des dîmes. Dame Isabelle la Mérelle avait donné à Benoit Bethe sa dîme de vin et de blé à Groslay, appelée la grande dîme des fiefs de Poissy ou de Roissy ; lequel Benoit la transporta à Jean Gillet, curé de Groslay. La cure fut ainsi dotée du revenu de douze muids et demi de vin, détaché d'une grande dîme prélevée par Groslay sur un fief éloigné ; mais elle était tenue d'en rendre hommage à Ésanville, comme aussi de renoncer à une année de cette rente au profit dudit Ésanville. La paroisse de Groslay se trouva être, au demeurant, une des plus riches cures du doyenné de Montmorency. Une fois, on dut saisir, en exécution d'un arrêt du Parlement, le temporel attaché à cette cure, qui s'élevait à plus de 400 livres, parce que M. le curé, depuis douze ans, avait cessé de résider au chef-lieu paroissial. Mais qu'on se garde de confondre ce pasteur, éloigné trop longtemps du troupeau qui lui était confié, avec Jacques Malende, natif d'Abbeville et reçu docteur en théologie l'année 1640, qui fut aussi curé de Groslay ; Jacques Malende fut cité parmi les approbateurs du livre janséniste *De la fréquente communion*.

Les chartes en latin écrivaient tantôt *Graulidum*, tantôt *Grolitium* et d'autres fois *Groleyum*, le nom du village qui nous occupe. Il y a toutefois plusieurs lieux du même nom, mais on n'en connut jamais que deux dans le diocèse de Paris. Le petit Groslay, dit l'abbé Lebeuf [1],

---

[1] *Histoire du diocèse de Paris*, tome III, page 362.

était « à l'extrémité de la paroisse de Bondies, à trois » lieux ou environ de Grolay-la-Paroisse. » Le vulgaire a toujours pensé que *Gros lay* voulait dire *Gros sanglier*, ce qui est assez acceptable pour une contrée giboyeuse. C'est sans doute à cause de cette interprétation, et sans y craindre un affreux calembour, que les maris n'aiment pas, à Groslay, que les femmes appuient trop, en les regardant, sur le nom du village.

Le titre le plus ancien qui se rapporte à la localité dit que Louis, abbé de Saint-Denis, accordait pour boisson quotidienne à res religieux, en 862, le produit de plusieurs vignes situées en Parisis, entre Groslay et Deuil. On a aussi trouvé les noms de plusieurs habitants de Groslay, signalés comme témoins dans des chartes des XIe et XIIe siècles. Un des sires de Montmorency qui se sont appelés Matthieu, avait des vassaux à Groslay en 1205 ; ce qui prouve que tout ou partie du territoire avait été antérieurement cédé à Burchard, lors de son établissement à Montmorency. Ce Matthieu exonérait lesdits vassaux de *toutes mauvaises coutumes, achoisons et corvées, taille et tolte*, moyennant certaines redevances assez modestes, savoir, cinq sols et un chapon. Or, les terres des Montmorencys étaient alors dans leur période d'accroissement; ils gagnaient du terrain, en affranchissant les vassaux des charges trop lourdes qu'ils trouvaient établies ; ils gagnaient donc aussi les cœurs. Mais toutes les dépendances de Groslay n'étaient pas de prime-abord sous la censive de ces seigneurs, qui approchaient déjà les rois. Une partie des gens et des terres devaient encore hommage à des seigneurs particuliers; des arrière-fiefs, distraits antérieurement, reconnaissaient d'autres suzerains, même dans la seconde moitié du siècle XIII.

Par exemple, l'abbaye de Saint-Denis avait des droits, revenus et fonds de terre à Groslay et à Nesant, qui était un hameau de la même paroisse, dans la direction de Saint-Brice. Dès 1218, le sire Matthieu défendait bien au supérieur de l'abbaye d'avoir un pressoir à Nesant, et il faisait incarcérer dans sa geôle, à Montmorency, les ouvriers chargés de le construire; mais il fallut compter avec les religieux, qui préférèrent les sacrifices d'argent à l'anéantissement de leur pouvoir local; c'est pourquoi, après maint échange, ils devaient encore 4,400 livres tournois au chambellan de France, nommé également Matthieu de Montmorency, en 1294. Il est vrai que Matthieu put mettre alors Nesant et Groslay, en vertu des traités consentis, dans le trésor du roi. D'autres domaines nobles étaient dans le même cas que Nesant (on écrit aussi *Nesans*). Le Marchais, quoique dès lors il dépendît de la paroisse de Deuil, peut être mis au nombre de ceux de Groslay, à cause de sa situation; il ne reste aujourd'hui que l'étang du même nom, qui sert de lavoir à cette dernière commune moyennant un tribut annuel payé à celle-là; il est arrivé à l'étang d'être à sec pendant des années, grâce à l'épuisement momentané des sources qui l'alimentaient, et de se remplir soudain jusqu'au débord, en une seule nuit. Piscop, fief de Groslay, avait été dénommé d'abord *le fief de Fleury fils*; son tenancier était dans la première partie du XVII° siècle, M. de la Fitte de Soucy, officier au régiment d'artillerie Royal-Vaisseau; M. le général comte de Fitte de Soucy a cet officier pour bisaïeul; de Piscot-Fleury relevaient les fiefs de La Briche et du petit Piscop, sur la paroisse d'Epinay. Les religieuses de la Saussaye, près Villejuif, furent également fieffées, pour nous servir de l'ancien terme, sur le territoire de Groslay; leur terre, appelée Bruyères, relevait du fief de Fleury fils, autrement dit fief de Piscop, dont nous venons de parler plus haut; on a même cru à l'existence d'un prieuré à Bruyères; seulement il est à présumer que ce n'était qu'une chapelle affectée à la dévotion de la communauté des dames de la Saussaye. L'ancien fief du Rocher, non loin de là, avait aussi ses coudées franches, avant d'être réuni au domaine des Montmorencys. Celui de Saint-Martin, dont l'emplacement était au-dessus de l'église, depuis l'endroit où est l'école jusqu'à mi-côte de Montmorency, appartenait à la fabrique de la paroisse de Groslay. Les noms de tous ces fiefs du XIII° siècle, qui sont restés usuels pour désigner leur ancienne place, se retrouveraient aussi, n'en doutons pas, dans une partie des titres de propriété que détiennent aujourd'hui les habitants de la commune, et dans les minutes des notaires. Mais une loi assez barbare empêche ces officiers ministériels de communiquer même les actes dont la validité a pour appui une prescription légale de plusieurs siècles, et il sera impossible d'écrire complétement l'histoire particulière des provinces et des villes de France, tant que cette loi ne sera pas abrogée au profit des recherches utiles. Les secrets des familles devraient relever enfin des investigation de l'Histoire, quand la cendre de plusieurs générations éteintes a soupoudré l'écriture qui les garde; les notaires y gagneraient de pouvoir se débarrasser d'un monceau de pièces inutiles, une fois que des gens lettrés en auraient pris ce qui n'est pas lettre morte. D'autre part, les bons paysans qui se sont partagé les terres seigneuriales d'autrefois, ne sont pas très-curieux de déployer devant un tiers les titres qui établissent leurs droits, et ils se soucient peu des profits littéraires qu'on en pourrait tirer de temps à autre : ils craignent, avant tout, les procès, et ils prennent volontiers un littérateur encore jeune pour un vieil avoué très-madré. Des bibliothécaires ne feraient pas mieux.

Que pouvait-il rester, je vous le demande, au milieu de tous ces domaines, au seigneur Hugues de Groslay, qui avait à payer, en 1235, cent sols par an à Jean, comte de Beaumont, pour être quitte de toute redevance à l'égard de la maison religieuse de Conflans-Sainte-Honorine? Le seigneur de Groslay devait avoir besoin d'utiliser, encore plus que les vilains, les bonnes intentions de son seigneur direct, le sire de Montmorency; il ne devait être par lui-même ni très-riche, ni très-sûr de résister aux empiétements des fiefs confinant à sa terre. En ce temps-là l'église de Reims avait un archidiacre nommé Henri de Groslay, qui contribua plus tard à l'édification de l'église Sainte-Catherine-du-Val-des-Écoliers. Quant à la seigneurie de Hugues, elle appartenait à Bertrand de Saux, sous le règne de Saint-Louis. La Pucelle de Groslay, cette notabilité de la Vallée au moyen-âge, était contemporaine de Bertrand de Saux; Jean le Boucher lui avait donné le jour, en 1271; les médecins de Louis IX la délivrèrent d'une excroissance de chair.

Depuis un temps immémorial, les dames jouent à Groslay le premier rôle, et les maris s'effacent tant soit peu. A une époque encore plus reculée que celle où vivait la Pucelle, je veux dire à la fin du xie siècle, Richilde ou Richolde fut la bienfaitrice de l'église et de toute la population, qui n'était comptée, disons-le par parenthèse, que pour cinquante feux en 1470 [1]. Plusieurs auteurs, n'ayant pu dire au juste quelle était cette femme de bien, dont la magnificence ne pouvait être révoquée en doute, se sont bornés à insinuer qu'elle avait vécu au plus tard vers le milieu du siècle XIV. Il appert de nos petites recherches, qui ont été couronnées de succès, que la bienfaitrice de Groslay a certainement vu finir le XIe siècle. C'était l'épouse de Geoffroy de Montmorency, sous le règne de Philippe Ier; on a nommé les deux époux, chaque fois qu'il s'est agi des pieuses libéralités qu'ils répandirent l'un et l'autre sur le territoire de Saint-Prix; mais on n'a désigné que l'épouse à la gratitude commémorative de Groslay, dont elle regarda les habitants comme une mère l'enfant préféré; il est seulement possible que la femme de Geoffroy ait été veuve avant que les effets de sa protection spéciale s'y fissent sentir. La dame dont nous parlons fonda une distribution de pain annuelle, qui eut lieu après elle le 3 février, jour où se célébrait à l'église son obit, après une vigile également solennisée.

Les principaux traits de sa vie recommandaient le nom de Richilde, non-seulement à la reconnaissance de la postérité locale, mais encore à l'estime de ceux qui voulaient le progrès, de ceux qui détestaient tous les abus, et des amis de l'humanité bien entendue. Une pauvre femme de Groslay allait porter ses cerises à

---

[1] L'abbé Lebeuf compte non pas cinquante feux, mais cinquante habitants à Groslay, pour l'année 1470. Cette dernière version nous a paru inadmissible, parce que le dénombrement des feux, fait par l'élection de Paris, mais plus tard, y trouve cent quatre-vingts feux. D'autres parlent alors de sept cent trente-neuf habitants. L'abbé dit lui-même qu'on lui a assuré qu'il y avait deux cents feux à Groslay, en 1742. La progression est déjà bien rapide, si l'on part de cinquante feux au XVe siècle. Il est vrai qu'il y a feux et feux; leur importance a du décroître.

Saint-Denis, pour les y vendre; mais l'octroi, qui s'appelait en ce temps-là barrage, lui réclama plus d'argent qu'elle n'avait, et les agents chargés de percevoir le droit sur les denrées exigé par les seigneurs religieux, punirent sa tentative de fraude en saisissant les cerises et celle qui les portait en ville. Pendant que cette justice étrangement sévère était faite à Saint-Denis, l'enfant de la malheureuse femme demeurait enfermé tout seul dans le réduit où elle l'avait laissé, et il s'en fallait de peu qu'il mourût de faim, emprisonné par contre-coup. Tous deux ne furent sauvés que par l'intervention de dame Richilde, qui n'hésita pas à donner quelques biens à l'abbaye, pour exempter à tout jamais les cerises de Groslay et ceux qui les portaient du droit de barrage à Saint-Denis. Aussi bien plusieurs autres charges pesaient très-lourdement sur les jardiniers de l'endroit. Outre ceux de barrage, il y avait toujours eu à acquitter des droits de bottelage, de place, de marché, et que sais-je! La femme de Geoffroy para à ces difficultés en consommant de nouveaux sacrifices, dont les générations suivantes profitèrent, mais non sans quelques inquiétudes. Jean Pastourel, conseiller au parlement et seigneur de Groslay, en 1378, dut résister à l'abbaye, dans l'intérêt de ses administrés, comme le ferait un maire d'à présent; il s'agissait de l'interprétation des traités que les religieux de Saint-Denis avaient passés avec la défunte dame Richilde. Plusieurs siècles plus tard, Marie d'Albon, veuve de Benigne Le Ragois, seigneur de Bretonvilliers, dame des fiefs de Groslay, soutint avec une telle vigueur la perpétuité des immunités achetées par sa devancière, que le conseil d'administration du temporel de la maison royale de Saint-Cyr, réuni à celui de la mense abbatiale de Saint-Denis, dut acquiescer encore aux mesures prises par la femme de Geoffroy, et ce le 19 octobre 1724. Quant à l'époque de la mort de cette excellente dame Richilde, on ne saurait bien la fixer. Du moins elle avait cessé de vivre depuis plusieurs années en 1214 ; à cette date, Matthieu de Montmorency donnait aux chanoines victorins du Bois-Saint-Père une certaine portion de forêt, pour accomplir un des vœux testamentaires de sa parente par alliance.

Des notes que nous avons recueillies relativement au passé de Groslay, une seule est restée sans emploi dans ce qui précède, et la voici en peu de mots : Dom Félibien [1] dit que Groslay fut pillé par des soldats en 1649. C'était l'époque des troubles de la Fronde, qui a été fatale à plusieurs points de la Vallée.

[1] *Histoire de l'Abbaye de Saint-Denis*, page 480.

SANNOIS.

Je vous salue, figueries basses, vignes hautes, sentiers sinueux qui entourez Sannois! Moulins et carrières de Montmartre, vous avez des rivaux qui vous regardent bien en face! Et en effet, quelle situation heureuse! Les sommets de Sannois, de Montmorency et de Montmartre, constellation terrestre disposée comme le sont plusieurs étoiles dans les cieux, forment un triangle élevé dont le centre est marqué par la basilique de Saint-Denis. Du faîte de Sannois se découvre un nouveau spectacle, que lui envient les deux autres collines : c'est comme une loge d'avant-scène, placée au-dessus de la rampe, entre une vaste salle et des coulisses admirables. Des décorations magnifiques se dressent d'un côté, représentant un pays enchanteur, trop beau pour que l'art n'y soit pas de moitié avec la nature, et dont Ecouen, Montmartre, Pontoise varient majestueusement la toile de fond; de l'autre, voici la foule des spectateurs, gradins échelonnés à perte de vue. De la butte d'Orgemont, et du point culminant dit Montrouillet, on peut contempler non-seulement le bassin de Montmorency, mais encore tout Paris, le Calvaire, Bougival, Marly, Mareil, le château de Saint-Germain et sa forêt, Maisons-Laffitte, Cormeilles-en-Parisis, Argenteuil, et la Seine brochant sur le tout, comme une chaîne de soie habilement passée sur la laine d'un tissu immense.

La grande route de Pontoise sert de boulevard à la commune. Des auberges nombreuses, mais encore plus changées quant aux allures, que celles de La Barre depuis l'ouverture du chemin de fer, s'y pressent l'une contre l'autre, sans que, pour elles, l'union fasse la force; les bruyantes voitures des laitiers s'y arrêtent pourtant nuit et jour avec une précieuse obstination, quelques-unes pour changer d'attelage, mais toutes pour augmenter ou diminuer leur charge de boîtes en fer-blanc, et aussi pour laisser le temps aux conducteurs de comparer leur marchandise avec l'eau-de-vie, autre aliment liquide nommé par les Anglais *crème de France*. Deux chemins de fer, armées rivales, envoient les omnibus qui leur servent de racoleurs, recruter tous les voyageurs qui attendent sur la route l'heure du passage ou du départ de ces voitures de correspondance. Sannois est à une distance moindre de la station d'Ermont, route d'Eaubonne (ligne du nord), que de la station d'Argenteuil (tête d'un embranchement de la ligne de Saint-Germain). Il y a rarement concurrence pour le prix, grâce à la bonne intelligence de leurs intérêts, qui rapproche les deux compagnies; toute la guerre d'escarmouche a lieu entre les conducteurs des omnibus, avec le pourboire pour butin; il en résulte que le touriste monte volontiers en wagon rue Saint-Lazare pour en descendre place Roubaix, afin de varier les charmes du parcours, s'il n'a voulu s'arrêter qu'à Sannois.

Les propriétés qu'on y peut remarquer à divers titres sont celles de M. Aumont, de M. David, de M. Dumont, de M. Jue et de M. Nanta ; celle de M. Chéron, littérateur et bibliothécaire ; celle du général Perrin-Solié, sur la route de Cormeilles, qui a appartenu à Mme Bégot et à M. Brindeau, ancien directeur du *Messager*, journal du soir ; celle de M. Dairaux, sur le chemin de *La Folie*, et dont les possesseurs ont été tour à tour M. Viennot, directeur du journal *Le Corsaire*, M. Hénault, parent par alliance de l'auteur de cet ouvrage ; Mme Ladreu, et, avant eux, l'illustre Boïeldieu. Ainsi Montmorency a eu Grétry, et Sannois Boïeldieu : c'est de quoi défrayer, si l'on veut, bien des concerts dans les salons de l'établissement thermal d'Enghien, sans que les artistes aient à sortir de ce que la Vallée a vu naître de mélodie et d'harmonie. Le génie des deux maîtres s'est inspiré différemment du même site, à la même époque ou peu s'en faut. La maison de l'auteur de *La Dame Blanche* était déjà plus grande que celle de l'auteur de *Richard-Cœur-de-Lion* ; mais le jardin n'en fut jamais très-vaste. Nous avons eu un troisième oncle sur cette pente de la Vallée, et c'était M. Gastellier, beau-frère de M. Habert, beaucoup moins riche que cet autre parent, mais catholiquement philosophe, libéralement légitimiste, chasseur l'hiver, flâneur l'été, faisant en toute saison la partie du curé, qui se trouvait alors être un ancien capitaine des cuirassiers de la garde, et, enfin et surtout, doux et bon comme l'enfant qu'on aime jusqu'à la dernière heure de sa vie. La maison de Mme Ladreu, qu'il habitait, avait en ce temps-là pour jardiniers le père et la mère Gillet, qui sont morts comme lui pleins de jours, et qui avaient servi le grand compositeur. Nous avons eu l'insigne honneur de manger des omelettes au lard préparées par les mêmes mains qui en avaient fait sauter dans la même poêle pour Boïeldieu, friand de ce mets peu luxueux.

La mairie de Sannois est aussi un édifice assez notable. M. Duhomme, vigneron et marchand de vin, comme la plupart de ses administrés, remplit les fonctions de premier magistrat municipal. Le village est le siége central d'une Société philanthropique fondée en 1840 pour Sannois, Argenteuil, Cormeilles, Franconville et Montigny, et qu'a autorisée une décision ministérielle du 26 octobre de l'année suivante; seulement, d'autres Sociétés de secours mutuels lui ont fait concurrence dans les localités voisines du chef-lieu; MM. Grégoire, Colas et Dulong, propriétaires à Argenteuil et à Sannois, et même dans toute la contrée, sont depuis longtemps agrégés à cette Association en qualité de membres honoraires, ainsi que M. Dumont et M*. Poidatz, le notaire; le bureau en était ainsi composé il y a un an ou deux: MM. François Hacquin, *Président*; Louis-Marie Mansion, *Vice-Président*; Michel Baudoin, *Orateur*; Hippolyte Jamot, *Trésorier*; Nicolas Mascrez, *Vérificateur-Trésorier*; Gervais Léguillier, *Hospitalier*; l'année dernière, ses membres étaient au nombre de cent cinquante-un.

L'église du lieu est un vieux monument gothique sans prétention, élevé à mi-côte, avec saints Pierre et Blaise pour patrons. La présentation à la cure était dévolue d'abord à l'évêché de Paris, puis au prieuré d'Argenteuil. On a dédié, en 1507, un édifice religieux dont le chœur et la nef ne sont restés debout qu'un siècle ou deux;

nous devons en rapporter la destruction aux occupations militaires du temps de la Ligue et de la Fronde ; les restes en ont été de nouveau appropriés aux besoins du culte peu de temps après le ravage.

Ce modeste temple chrétien, au surplus, nous indique la place du petit fief Hugo et du fief du Grand-Hôtel, sur la frontière commune desquels il a été bâti aux premiers jours. Un autre fief Hugo, dont le petit relevait, était situé du côté de Saint-Brice, c'est-à-dire à près de deux lieues ; là, en 1177, Burchard avait tenu une assemblée solennelle chez Henri, seigneur de l'endroit. Philippe Braque, conseiller au parlement, commandait en maître dans le Hugo de la paroisse de Sannois, en 1443. Michel Pénelle, écuyer, était seigneur du même Hugo et du Grand-Hôtel, à l'époque où la baronnie de Montmorency était érigée, par Louis XIII, en duché-pairie, au profit des Condés ; la qualité d'exempt des gardes de Monsieur, frère du roi, appartenait aussi à Michel Pénelle, mort en 1636.

C'est une grande ville, aujourd'hui, que Sannois ! si vous la comparez au groupe de vingt maisons dont elle se contentait au XVe siècle. On écrivait indifféremment : *Sannoy, Cennoy, Cannoy* au moyen âge ; *Centinodium*, disait l'abbé Suger ; l'origine probable est *centum nuces*, cent noix. Le prieur d'Argenteuil en fut longtemps le seigneur principal ; mais le chapitre de Paris y conservait encore d'anciens droits : il y avait un fief réservé à la grand'chantrerie de Notre-Dame. Odon de Sannois, écuyer, fut un des bienfaiteurs de l'abbaye du Val, près l'Ile-Adam.

Au risque de vous faire dire qu'il pleut trop de palais sous notre plume, nous devons ajouter ici que les rois de la première race ou de la seconde passent pour avoir été les seigneurs immédiats du lieu avant les moines d'Argenteuil. On assure que la Couronne n'y donna en fief le château du Mail aux Templiers qu'après l'avoir élevé de fait au rang de résidence royale ; on prétend même qu'il y avait été battu monnaie. La dîme était perçue sur le pied de 5 sols par arpent tant sur les terres du prieur d'Argenteuil que sur celles du grand-chantre de Notre-Dame et du grand-prieur de France représentant les Templiers ; seulement le grand-prieur eut à soutenir plusieurs contestations au sujet de la fontaine et du ruisseau de Saint-Flaive, qui faisaient partie de son fief, à son avis, et qui se bornaient à en être la limite suivant les prétentions contraires.

Il manquerait bien quelque chose à Sannois, s'il n'y avait pas eu un ermitage comme à Montmorency. Ermite, bon ermite, n'aviez-vous pas planté votre bourdon et déposé votre besace près de la fontaine de Saint-Flaive, sur le point le plus pittoresque de la colline, à deux pas de l'ancien palais des rois ? Le fait n'est que trop vrai, puisqu'il rappelle précisément le gros procès intenté à la requête des chevaliers du Temple. Séraphin de la Noüe, ermite dit de l'Imitation de saint Antoine, s'était fixé, en revenant d'Italie, dans ce lieu écarté et déjà plein des grâces de la nature, pour y implorer celles du ciel ; elles ne lui avaient pas longtemps fait faute, puisque des aumônes abondantes lui avaient permis avant peu de faire bâtir une chapelle. L'évêque de Paris l'avait autorisé antérieurement à y célébrer la messe ; les habitants d'Ermont y venaient incessamment en pèlerinage. Qu'on juge de l'inquiétude des pèlerins et du solitaire, lorsqu'ils apprirent que le terrain de la chapelle menaçait d'être réuni au fief du Mail! Fallait-il que le fruit salutaire des aumônes tombât avant d'avoir mûri? L'accès ne serait-il plus possible de cette retraite poétique, consacrée aussi par des pleurs que l'ermite avait essuyés, par des prières en voie d'être exaucées, par des avertissements particuliers dans les jours de prospérité, par des consolations dans les mauvais? Où donc le pauvre anachorète allait-il porter son rosaire, s'il lui fallait quitter ses pénitents? Où trouverait-il une eau plus claire que celle du ruisseau voisin, et où donc de plus frais ombrages que ceux du coteau de son choix? où donc des empreintes plus frappantes de la puissance divine que la vue dont on y jouissait? où donc, enfin, des douceurs dans la solitude mieux compatibles avec l'extase devant Dieu et avec l'exemple constant d'une vie austère et détachée devant les hommes? A ces causes, le solitaire et les pèlerins tinrent bon. Il leur fut accordé judiciairement que la chapelle restât libre, moyennant 3 sols parisis de cens et quelques dîmes, devant être acquittés, à la Saint-Martin, dans la maison seigneuriale du grand-prieur, dite autrefois château du Mail; de plus, l'ermitage fut grevé d'une charge, qui consistait à faire pratiquer un conduit pour détourner le cours de l'eau de la fontaine de Saint-Flaive, et pour que le ruisseau passât hors du clos attenant à la chapelle.

Après dix-huit années de séjour dans son ermitage, Séraphin de la Noüe transporta le tout, biens et charges, à Hilarion Chastelain, fils de Jérôme Chastelain, secrétaire ordinaire de la Chambre du roi, par acte du 29 août 1635, passé chez M° Le Roux, notaire. C'en était fait de l'ermitage et de l'ordre belliqueux des Templiers, quand la petite chapelle se trouva faire cortége à un charmant hôtel de campagne tirant son nom de Cernay, ancien fief (dont nous parlerons moins brièvement dans la notice consacrée à Ermont)[1]. Elle n'avait pas cessé d'être affectée au culte; mais, au lieu de s'ouvrir aux habitants d'Ermont, qui lui étaient dévots, elle fut réservée aux personnes du château. M. de Blainville était propriétaire de ce domaine en 1720; M. Nègre, lieutenant-criminel au Châtelet de Paris, en disposait vingt ans après; puis M. Audinot, directeur du théâtre de l'Ambigu-Comique, l'acheta.

Audinot avait commencé, étant très-jeune, par donner en spectacle des marionnettes; ensuite, il avait obtenu de faire jouer ses pièces par des enfants, et cette innovation, qui le pourvut d'une honnête aisance, éleva au rang de scène de second ordre l'ancien théâtre forain; quand les enfants eurent grandi, il ajouta la pantomime à ses ressources dramatiques. Supplanté dans son privilège le 1ᵉʳ janvier 1785, il eut Gaillard et Dorfeuille pour successeurs, et il se retira à Sannois. Il avait déjà établi une faisanderie, un temple antique et d'autres décorations dans son jardin, qui n'était pas d'une étendue considérable; se souvenant de son ancien état, il eut l'idée de l'agrandir outre mesure en faisant peindre à la brosse, sur des toiles, tout ce qui lui restait à désirer : cascades, rochers, pagodes, la mer, etc. Chaque fois qu'il recevait la visite d'un de ses auteurs, auteurs de sa petite fortune, il l'entraînait après souper et il lui faisait faire le tour de son parc aux flambeaux; ce

---

[1] Nous croyons qu'il ne s'agit pas ici du Cernay dont relevait le fief du Becquet, à Deuil. Ce Cernay-là est encore près Rambouillet (Seine-et-Oise), à peu de distance de l'étang de Vaux et de l'abbaye de l'Ordre de Citeaux, fondée en 1128, dont les ruines existent toujours.

pauvre diable s'en allait persuadé, grâce à l'illusion des décors et au mérite particulier d'une cave qui n'était pas du tout une illusion, que ses pièces avaient rapporté toutes les richesses du Pérou à son orgueilleux directeur.

Audinot mourut à Sannois; mais le médecin qui lui rendait des soins pendant sa dernière maladie avait été témoin des attentions constantes de la jeune femme de l'ancien directeur. Elle avait épargné effectivement à son mari la moitié des douleurs qui précèdent l'agonie; dans les bons intervalles, elle l'avait bien vite, par d'affectueuses paroles, ramené à l'espérance et au plaisir de vivre; durant les crises, elle était demeurée à son chevet comme un capitaine de navire sur le pont pendant la tempête, et les secours prodigués par elle avaient bientôt ramené le calme. Bien que jeune praticien, le médecin pouvait comparer, et c'est ce qui relevait à ses yeux le mérite d'une épouse entourant son mari de prévenances et de témoignages d'amitié, malgré la disproportion d'âge qui eût servi de prétexte à beaucoup d'autres pour n'entrevoir que les charmes du veuvage. Un an après, comme il était garçon, il demanda et obtint la main de la jeune veuve, qui prit par conséquent un nouveau nom, celui de Magendie. Le docteur Magendie habita Sannois avec elle, pendant la belle saison de chaque année, tout en continuant à remplir les devoirs de sa profession. Puis il fit Mme Magendie veuve pour la seconde fois, le dimanche 7 octobre 1855, c'est-à-dire le jour même où il accomplissait sa 72e année. L'illustre physiologiste succombait à Sannois, à une lente et cruelle maladie du cœur, qui depuis longtemps déjà avait pris le caractère d'une douloureuse agonie; il était membre à la fois de l'Académie des sciences et de l'Académie impériale de médecine, professeur au Collége de France, président du Comité consultatif d'hygiène publique, commandeur de la Légion-d'Honneur, etc. Mme Magendie, qui continue à habiter Cernay, a une des plus jolies propriétés de la Vallée, surtout pour la situation : on peut la voir très-bien de la place de l'église de Taverny, à une lieue et demie de là.

Parmi les autres personnes dont le séjour a honoré Sannois, on cite le spirituel et savant Guy Patin, né en 1701. Il était de mode qu'on l'eût à dîner, et il ne le fâchait nullement qu'on eût contracté l'habitude de mettre un louis sous sa serviette. Les médecins comptent bien par visites ; les académiciens, en général, par jetons de présence ; en conséquence, les gens d'esprit ont pu se mettre au cachet, dans les passes difficiles, sans déroger énormément. Guy Patin vit une fois, dans l'église de Sannois, le jour de la Pentecôte, un laquais faire mine d'arracher l'hostie des mains du curé officiant ; ces laquais entendaient tant dire de mal des prêtres, qu'ils croyaient alors tout permis. Quand Guy Patin mourut, on le regretta sans trop le plaindre ; il avait dit lui-même : — Je me consolerai facilement de quitter le monde où nous sommes, pourvu que je retrouve Aristote, Platon, Tacite, Virgile et Cicéron dans l'autre.

Le moulin de Montrouillet a été l'observatoire du fameux Cassini, et les travaux qu'il a faits ont servi à l'établissement de sa carte par triangles. M. Duplat, ancien président à mortier au parlement de Pau, eut vers la même époque sa maison de campagne à Sannois. C'était un magistrat également regretté dans le corps dont il avait longtemps occupé une des premières charges et dans la province qu'il avait quittée, dont les beautés naturelles avaient force rapports avec celles du pays de Montmorency. Son jardin était agréable ; les perspectives n'y manquaient pas ; mais aucune pièce d'eau, vu son élévation, n'en était l'ornement.

Aussi bien une année aussi néfaste pour Sannois, que celle où son église fut saccagée de fond en comble, fut l'année 1737 : une maladie endémique s'était déclarée tout à coup dans la Vallée et particulièrement dans ce village-frontière. En janvier, les gens de Sannois furent en procession à Notre-Dame de Pontoise ; mais cette pieuse démarche ne leur obtint ni trêve, ni merci. En février, le fléau ne perdit rien de son intensité ; Sannois avait dû prendre le deuil en un seul mois de 60 de ses habitants. Il paraît que les derniers moments de ceux que la maladie atteignait mortellement étaient remplis par une alternative de rires et de pleurs convulsifs, et que le râle de l'agonie leur faisait faire des contorsions affreuses ou des grimaces plaisantes, mais forcées, qui inspiraient encore mieux la terreur. Appelé dès les premiers jours de l'invasion pestilentielle, le médecin Howard en alla faire son rapport à M. l'intendant de la généralité de Paris ; il reçut l'ordre de retourner sur les lieux. Un officier de M. le duc était chargé de fournir le nécessaire aux pauvres malades du pays ; tous les médicaments provenaient de l'Hôtel-Dieu de Paris. Le zèle de M. Howard n'avait d'égal, dans ces circonstances désastreuses, que le dévouement du pasteur chargé de la direction spirituelle de la paroisse. Un autre bon médecin, M. Bailly, aidait à son confrère, M. Howard ; et de leurs consultations il résulta que le mal du pays était une fièvre vermineuse. M. Hunaud, médecin de l'Hôtel-Dieu, professeur en anatomie et en chirurgie au Jardin-Royal, membre de l'Académie royale des sciences et de la Société royale de Londres, reçut une lettre de M. Howard sur cette fièvre vermineuse, quand elle eut cessé de régner dans le village décimé [1].

Il est aussi à prendre en bonne note que Sannois se trouve un des premiers villages qui ait participé aux avantages et accepté les charges de l'établissement des Sœurs de charité, instituées par saint Vincent de Paul. Dans cette voie, néanmoins, Franconville a devancé Sannois.

Comment pourrions-nous mieux finir qu'en rappelant le château de la comtesse d'Houdetot, à Sannois? Ce village a été bien moins heureux qu'Eaubonne, qui a remis entre bonnes mains le dépôt du domaine que Mme d'Houdetot eut aussi sur son territoire. Sa propriété de Sannois, qui a appartenu à M. Locré, n'est plus qu'un groupe méconnaissable de bonnes petites maisons de vignerons et de lopins de terre bien cultivée. Puisse le souvenir des fêtes qui ont eu lieu au château d'autrefois se rattacher aux petites fêtes, infiniment plus divisées, dont le menu, sur des tables plus modestes, est uniquement le vin des belles vignes plantées à sa place !

Elisabeth-Françoise-Sophie de la Live de Bellegarde, fille du fermier général qui avait des terres à La Briche et à Epinay, épousa, en 1748, un gentilhomme normand, le comte d'Houdetot, qui mourut lieutenant général dans un âge avancé; elle avait apporté en dot environ 1,500,000 livres, et elle conserva, même pendant la révolution, une fortune considérable. Sa personne, à vrai dire, n'offrait aucun des caractères que les peintres don-

---

[1] *Mercure de France*, mars 1737.

nent à la beauté ; mais elle avait cette grâce qui fait venir la foi, même en amour, sans qu'on sache d'une manière certaine si ce n'est pas l'amour qui la donne. Elle faisait d'agréables vers, sans être, comme sa belle-sœur, Mme d'Epinay, une des rivales de Mme de Genlis : jamais elle ne permit qu'on donnât de la publicité à ses écrits. La vie lui eût paru une prison, sans cette indépendance de l'imagination, sans cet affranchissement de l'âme qu'on appelle de nos jours la poésie ; le monde ne connaissait que son esprit, son amabilité ; elle cachait au vulgaire le plus précieux de ses trésors, tout composé de sentiment ; en d'autres termes, la poésie l'aimait, et elle crut acquitter une dette en payant de retour Saint-Lambert. L'amour de la comtesse pour ce poëte dura cinquante ans, et il n'a pas fait moins pour la réputation de Saint-Lambert que le poëme des *Saisons*. Tout le monde peut être aimé ; mais ne l'est pas qui veut pendant un demi-siècle ; mes lectrices elles-mêmes seront assez franches pour convenir de ce que j'avance ici bien malgré moi, et pour l'honneur d'un héros de la Vallée.

La comtesse habitait Sannois lorsqu'elle reçut de l'Ermitage le manuscrit de la *Nouvelle Héloïse*. Jean-Jacques lui avait rendu précédemment ses visites à Eaubonne, et elle retourna dans ce village un peu plus tard, où s'établirent ses relations tout amicales avec M. de Sommariva. A chaque détour d'allée, dans ses deux parcs, on trouvait le buste d'un grand homme, d'un des génies de la littérature. Jean-Jacques et Saint-Lambert figuraient dans l'intéressant musée à ciel ouvert. Un monument à la gloire de Voltaire avait été pratiqué à Sannois, dans un enfoncement de muraille situé au milieu d'un petit bois ; c'était pour ainsi dire le pendant de celui que

Mᵐᵉ d'Epinay avait consacré à Rousseau, dans le jardin de l'Ermitage. On y voyait encore un arbre planté par Francklin. Mᵐᵉ d'Houdetot n'eut presque pas de vieillesse, bien qu'elle eût vu fleurir quatre-vingt-trois fois le lilas et le chèvrefeuille des environs de Montmorency ; elle avait été jeune plus longtemps que d'autres, voilà tout. Elle s'éteignit sans agonie le 28 janvier 1813.

La comtesse a laissé plusieurs enfants, et ceux qui portent son beau nom se rappellent, en servant la France de toutes manières, que les lettres sont l'âme de sa gloire ; les uns écrivent, les autres lisent, l'honneur de la famille est ainsi gardé ce qu'il était. Les dernières années de la comtesse d'Houdetot ont porté le deuil d'une belle-fille, héritière de ses qualités et de son nom, qui est morte à Sannois d'une maladie de poitrine. Cette jeune femme, de laquelle il a paru des vers qui rappellent ceux de Millevoye, savait, n'étant encore que jeune fille, la fin prématurée qui l'attendait, et elle comptait les jours par les progrès sensibles d'un mal qu'elle savait incurable. Ayant tout, excepté la force, pour être l'ornement du monde et pour y diriger le goût et les manières de ceux qui en font les honneurs, elle gardait la maison, elle quittait rarement Sannois et elle y recevait les nombreux amis de sa famille. Dans les moments de calme, elle paraissait presque aussi jeune, presque aussi naturellement gaie que sa belle-mère ; mais aussi, lorsqu'elle était triste, il y en avait assez pour rendre contagieuse sa mélancolie pleine de grâce, et pour que chacun eût, en l'abordant, des larmes à dérober à ses regards. — Qu'avez-vous ? lui demandait-on. — Je me regrette, répondait-elle.

SOISY.

Ce village est appelé *Sosoi* dans une charte de Matthieu de Montmorency, de l'année 1293. Thibaud, seigneur de Soisy, avait un fief à Deuil, dont nous avons déjà dit quelques mots; en revanche, le prieuré de Deuil avait un four sur le territoire de ce village, et il en devait la concession à Burchard, sire de Montmorency vers 1116. Claude Le Bret, qui était un des vassaux du duc de Montmorency, haut-justicier, fut gratifié par ce suzerain de la contrée, du droit de justice moyenne et basse, au XVIe siècle; mais plus tard il s'éleva des plaintes relativement à ce démembrement. Intervint un arrêt du parlement de Paris, qui adoptait les conclusions de l'avocat général Omer Talon, et l'ancienne juridiction fut rétablie. Ainsi craquait de toutes parts l'édifice de la féodalité; une des façades de ce vieux monument donnait sur la région qui nous occupe; la substitution des Condés, princes du sang royal, aux sires de Montmorency l'avait déjà frappée d'un coup de foudre; les parlements portaient les derniers coups, achevant l'œuvre de Richelieu.

Jean de Soisy, seigneur de Soisy et de Versailles, eut pour femme Antoinette Postel; il vendit à Louis XIII un pavillon de chasse qu'il avait au milieu d'une plaine sablonneuse, dans laquelle le blé versait ordinairement : de là son nom; les vastes dépendances du pavillon étaient comprises dans la vente. De cette terre, qui relevait certainement du fief de Soisy, Louis XIV fit bientôt les palais et parc de Versailles. Cette glorieuse paternité donne à Soisy ses quartiers de noblesse, et prouve une fois de plus que la vallée de Montmorency est de moitié dans tout ce qui est grand.

Le roi d'Angleterre Jacques II, pendant son exil, sous le règne de Louis XIV, n'habita pas toujours ce château de Saint-Germain, que S. M. la reine Victoria a été visiter en 1855, pendant son séjour à Paris. Le roi Jacques résida également à Soisy; il y fit planter le joli bois qui a gardé son nom; l'âge des plus vieux chênes qu'on y retrouve s'accorde parfaitement avec l'époque du séjour du roi Jacques dans la Vallée, à la fin du XVIIe siècle.

Le domaine seigneurial qu'ont habité Jean de Soisy et plus tard le roi d'Angleterre, était situé au commencement de la côte de Montmorency, sur la route directe de Margency à Montmorency. Les Viole, famille de robe, et M. de Verduc, secrétaire du roi et greffier en chef du Grand-conseil, seigneur censier de la paroisse de Soisy en 1764, en furent les propriétaires. Le marquis d'Avrigny, dernier seigneur, y fut pris nu, ainsi que la marquise d'Avrigny, au nom du Comité du salut public, par une bande révolutionnaire venue d'Ermont. Le fils du marquis en devint fou, et il dut à ce triste état d'échapper pour son propre compte aux persécutions des justiciers de la Révolution. A sa mort, on trouva une religieuse, parente du marquis d'Avrigny sur la limite du degré successible; après un pénible procès, elle hérita des biens de la famille. Enfin MM. Auguy, Mauger et le comte Ogier, de la Sarthe, firent l'acquisition du domaine, dans un but de spéculation fort à la mode à leur époque, et le château fut démoli en 1836; ses dépendances furent vendues partiellement. Ainsi finit le domaine seigneurial du XVII° et du XVIII° siècles; mais ce n'était pas là que se trouvait précisément le plus ancien fief de Soisy; ou plutôt il y avait deux fiefs du même nom, et celui qui relevait de l'autre, tout en étant la dernière résidence du seigneur de Soisy, était le plus nouveau des deux.

L'autre fief se trouvait, et son territoire est encore un des plus beaux domaines de la contrée, de l'autre côté de la route de Saint-Leu. Le château qu'on y voit date de la fin du XVIII° siècle; il a été remis à neuf depuis peu, sans perdre son caractère originaire; devant cet édifice est une spacieuse cour d'honneur, précédée d'une longue avenue de tilleuls séculaires, bordée d'aubépine; puis viennent ensuite ce qu'on appelle à juste titre le parterre de Flore et une orangerie princière. Un parc immense, parfaitement dessiné, et des prairies très-riantes dépendent de la propriété, ainsi que le bois Jacques, qui longe le parc dans toute son étendue, et dont le chemin de fer du nord est la lisière. Cette petite forêt centrale de la Vallée, faisant partie des terres du château d'Avrigny, n'a été sauvée de l'abattage qu'en étant réunie, dans les premières années du règne de Louis-Philippe, à l'autre propriété traditionnelle. Une tour, pareille à celle de Mme la baronne de Stuttkly, s'élève tout près du château ; on la voit aussi de très-loin ; sur ce bâtiment élevé est établi un moulin à vent pour faire monter les eaux d'un puits artésien foré par M. Mulot. Il serait difficile que les splendides agréments de l'hôtel de campagne dont nous parlons fussent encore rehaussés, si l'hospitalité gracieuse de ses propriétaires ne se chargeait pas du prodige. M. Théodore Davillier, maire de Soisy depuis vingt ans sans solution de continuité, fils de M. Davillier, pair de France et gouverneur honoraire de la Banque, a acheté le vieux fief en octobre 1836. Ses relations de parenté s'étendent autour de lui, à Eaubonne et à Margency, et la famille Dolfus lui tient de près. Le temple protestant d'Enghien, qui lui doit en partie son établissement, sert de chapelle aux membres de sa famille élevés dans la religion de la Réforme ; mais la moitié de la famille de M. Davillier est catholique romaine. Son château avait été précédemment habité par le maréchal Kellermann, duc de Valmy, qui le tenait de la comtesse de Montangon.

D'autres personnes remarquables ont eu leur résidence dans le village. L'abbé Dulau, curé de Saint-Sulpice, s'y retira peu d'années avant l'écroulement de la Bastille et de la monarchie de Henri IV. Le bonhomme Le Prieur, dont la brochure descriptive se serait imprimée à Tempé, s'il nous fallait en croire sa première page, a parlé de la propriété de l'abbé Dulau en ces termes :
« Les jardins en sont grands, détachés les uns des au-
» tres, mais toujours entourés de murailles... C'est là
» que se repose, après trente années de travaux péni-
» bles, ce vénérable Pasteur ; ses charités, ses vertus le
» font honorer autant qu'elles le rendent aimable et pré-

» cieux à ceux sur qui il répand ses bienfaits. » Le général Vauxbois a habité sous l'empire cet hôtel de campagne, situé à mi-côte sur le chemin et près de Montmorency, et qui s'appelle aujourd'hui la maison Leroux-Cavillier; M. Leroux, colonel d'état-major, a ce chez soi, *rura è castris repetens*.

Mme la duchesse de Berry, en se rendant aux Bains d'Enghien, le 18 juin 1823, et en venant de Montmorency, avec une société nombreuse, s'est détournée du chemin direct pour s'arrêter chez M. le marquis de Chabanois, à Soisy.

M. de Lamarre, un misanthrope fieffé, qui est mort vers 1830, après avoir fondé l'Elysée de Soisy, a tenu à faire tort à ses héritiers naturels d'une somme considérable qu'il a laissée à la Société d'agriculture; de 500 fr. de rente qu'il a consacrés à l'entretien des rues et places de la commune de Soisy, et d'une propriété de la contenance de 5 arpents, qu'il avait auprès de celle de M. Davillier, un peu plus du côté d'Enghien, et qu'il a léguée à l'hospice de Montmorency, à la charge d'entretenir à perpétuité les tombeaux de sa famille. Ces donations testamentaires ont été acceptées sans peine; mais on a parfaitement trouvé trois chiens, enterrés avec épitaphes dans la même sépulture que les plus proches parents du testateur, déjà partagée par les dépouilles mortelles d'un de ses anciens domestiques. L'hôtel-Dieu de Montmorency a fait entourer d'une clôture circulaire les tombes confiées à sa garde, et il s'est empressé de vendre la maison qu'on a démolie, et le terrain par lots qui sont parfaitement cultivés.

En face du rond-point tumulaire, où dort en paix ce que M. de Lamarre avait de plus cher, il s'élève ou plutôt il s'enfonce sous de très-beaux arbres un groupe de pavillons rustiques, propriété de M. Lerasle, pépiniériste des mieux famés ; des troncs noueux en sont les solives ; des pommes de pin leur servent de moulures ; le chaume est leur toiture unique. Nous n'avons plus Horace pour tout dorer, même la médiocrité ; le parc anglais et les jardins de M. Lerasle n'en font pas moins, tous les ans, les délices de ceux qui prennent en location ses pavillons quelque peu exigus. Il y a vingt ans, cette propriété était une île pour ainsi dire, ou du moins une forteresse de fleurs et de verdure, ayant pour limites des fossés remplis d'eau, avec un pont descendant sur la route.

Aussi bien, sur l'invitation de M. Silvain Caubert, président de la Société de prévoyance et de secours mutuels de Montmorency et de ses environs, nous assistâmes, le 4 juillet dernier, à une fête d'un caractère absolument nouveau. La haute grille du château de M. Silvain Caubert, qui donne vis-à-vis l'une des portes de M. Th. Davillier, était illuminée. Dans presque toutes les allées du parc, des verres de couleur et des transparents jetaient leurs feux ; de vastes pelouses gardaient l'ombre, qui n'en paraissait que plus noire. Les salons de l'hôtel n'avaient rien qui changeât leur physionomie ordinaire ; la réception dont ils ont l'habitude y était à peu près la même que les autres jours. Des tables de jeu dressées pour le whist ; des plateaux en circulation ; des consoles chargées de fleurs ; des glaces réfléchissant le buste des invités et invitées, qui n'osaient qu'à la dérobée leur confier de face tous leurs traits ; enfin des gens du monde, sachant en pratiquer agréablement les usages ; de l'esprit et du remplissage ; et ces longs discours presque oiseux, et ces petits mots qui en disent bien plus long.; et ces mille compliments, monnaie qui change constamment d'effigie, mais qui jamais ailleurs n'avaient été mieux à leur place ; voilà ce qu'on retrouvait dans les appartements. L'hospitalité de salon était pourtant relevée par la présence d'un auguste témoin, Mgr l'évêque de Versailles, qui est fréquemment l'hôte du château, et dont la présence ce jour-là consacrait précieusement la haute portée de l'œuvre présidée par M. Caubert. M. l'abbé Coquereau était assis près de monseigneur. La foule n'était intense que dans l'espace reliant l'édifice principal à la vaste orangerie, spécialement parée pour la fête. Le mur, garni d'une tenture, y était pavoisé des attributs de toutes les professions manuelles, depuis la herse du laboureur et le râteau du jardinier, jusqu'à la trompe des employés du chemin de fer et jusqu'au plat échancré du barbier. Cette salle spacieuse se serait trouvée encore insuffisante de beaucoup, si tout le bal eût été là ; mais l'orchestre parlait assez haut, la lumière était assez vive et prodiguée pour qu'on dansât également en plein air. Une place dans l'orangerie ne pouvait être enviée que par un simple spectateur. Toutes les classes de la société dansant ensemble, n'était-ce pas un spectacle rare? Ici la marquise, là Toinon ; l'huissier, plus que jamais certain de faire ses frais, se voyait abordé amicalement par de rustiques plaideurs, qui lui eussent reproché ailleurs jusqu'aux jugements ayant servi de prétexte à l'état de frais; la bourgeoisie, devenue minorité, se distinguait à peine de cette classe d'artisans où elle se recrute tous les jours ; l'agriculture, honorée à cœur joie, avait envoyé là ses représentants les plus actifs, les plus intelligents, et qui sont partout dignes d'estime, surtout dans un pays où les fleurs et les fruits sont assez beaux pour mériter un culte à part. C'était la fête du travail ; mais on pouvait la croire celle de l'ordre, grâce aux égards qu'avaient pour tout le monde les commissaires du bal, et à leur tête M. Huard ; grâce avant tout au bon esprit qui animait chacun des invités. Mais le programme ne s'arrêtait pas aux plaisirs extérieurs, il avait tout prévu : il y avait sous des berceaux plusieurs tonneaux de bière et de vin, et des corbeilles dont le contenu faisait accompagnement ; s'approchait-on, vite on était servi. En somme, nous prenions part à une fête admirable, qui est annuelle ; un seigneur de village nous faisait ces charmants loisirs.

La Société de prévoyance de Montmorency, fondée le 29 mai 1841, par son honorable président, et approuvée le 16 septembre 1847, a servi de modèle à presque toutes les Associations du même genre, qui ont principalement surgi après les événements de 1848. Le siége social est à Montmorency ; mais, outre les membres honoraires, les ouvriers de tous les corps d'état peuvent en faire partie, s'ils habitent les communes de Montmorency, Groslay, Saint-Brice, Deuil, Montmagny, Saint-Gratien, Enghien-les-Bains, Soisy, Eaubonne, Andilly, Margency ou Montlignon. Un capital d'environ 30,000 francs appartient à la Société ; son conseil d'administration est composé ainsi : un Président, un Vice-Président, un Trésorier, un Secrétaire, un Secrétaire-adjoint, neuf Commissaires-visiteurs, dont quatre pour Montmorency et cinq pour les autres communes ; un Maître des cérémonies et un Porte-bannière. Un vers de Lafontaine sert d'épigraphe aux livrets remis à chaque sociétaire :

Il se faut entr'aider, c'est la loi de nature.

M. Javon, beau-père de M. Caubert, a été maire de Soisy pendant douze ans; il a fait réparer toutes les routes en y mettant beaucoup du sien. Mme veuve Javon, douairière, est décédée ainsi que son mari, l'ancien maire; l'établissement d'une école de Sœurs, dont la commune a le droit d'être fière, est du à la bienfaisance inépuisable de cette dame, qui s'était appelée Mme Caubert en premières noces. M. Caubert père, qui était lui-même propriétaire à Soisy, est mort révolutionnairement. Mme veuve Alexandre Javon possède un petit domaine, également dans le village, et une belle prairie en dépend. Famille nombreuse, mais unie pour le bien qu'elle s'entend à faire! M. Sylvain Caubert continue l'œuvre de sa mère en veillant sur l'école des Sœurs. Louable constance, plus louable dévouement, toujours prêts et portant leurs fruits! Au reste, le président de la Société de prévoyance a dans toutes les idées une stabilité parfaite, qu'il concilie avec tous les progrès. Il est né à Paris dans la chambre, dans le lit de famille où il couche encore tout l'hiver.

M. Auguste Affre, neveu du prélat dont le sang a été répandu dans nos récentes guerres civiles, et M. Charles de Riancey, écrivain, ancien représentant du peuple, ont pour belle-mère Mme Alexandre Javon, et ils habitent le même village. M. Delon-Davillier, gendre de M. Théodore, s'est fait construire une capricieuse maison, cottage anglais qui rappelle cependant plus d'un manoir gothique, à l'entrée de Soisy, côté d'Eaubonne. M. Charles Lenormant, de l'Institut, habite non loin de la mairie; il compte parmi les promoteurs d'un grand projet relatif aux réparations de l'église de Montmorency; si le conseil municipal et la fabrique consacrent 30,000 francs à cette régénération, il n'en manquera plus que 50,000, et, par bonheur, l'Etat a déjà reconnu officiellement cet édifice pour un monument historique. Mme la comtesse de Rochefort a une belle propriété en regard des coteaux d'Andilly, dont M. Bouresche, adjoint au maire de Soisy, est le fermier. M. Lantiez, père du notaire de Deuil, M. Noël, a *la Maison verte* ; M. Largent, enfin M. Devismes, résident dans la commune, tout au moins pendant les beaux jours.

Pour un temple de village, celui de Soisy, dédié à saint Germain, est une petite merveille à l'intérieur. On en fait remonter seulement la construction à 1754; mais les stalles du chœur sont chargées de sculptures, chefs-d'œuvre d'art et de conservation, qu'il convient de considérer comme contemporaines de Luther, attendu que la figure de ce réformateur célèbre y est reproduite avec des cornes : MM. les fabriciens de ce temps-là plaçaient bien bas les adversaires du Saint-Siége. Cette église de Saint-Germain, récemment restaurée, n'a été que reconstruite au XVIIIe siècle. Celle qui la précédait datait de 1636. Nicolas de Mèvre, sous-chantre de Paris et curé de Soisy, avait eu les honneurs de la sépulture à Notre-Dame, en 1533. La présentation à la cure appartenait à l'archevêque de Paris ; mais M. le curé payait une redevance en grains aux Oratoriens de Montmorency, qui venaient dire la grand'messe et chanter les vêpres dans son église, le 28 mai de chaque année.

SAINT-PRIX.

Villiers, capitaine de dragons, a écrit un *Manuel du Voyageur*, en 1804, dans lequel il sabre la besogne au point de confondre Saint-Prix avec Eaubonne et Montmorency. Qu'eût-ce été si Villiers avait dû remonter à l'époque où ce village s'appelait Tor? Les sires de Montmorency donnèrent la terre de Tor à l'abbaye de Saint-Germain et de Saint-Martin de Pontoise, à la condition d'y établir un monastère dont saint Gautier de Pontoise fut le premier abbé; la donation fut approuvée par Geoffroi, Etienne et Thibaud, successivement évêques de Paris. Geoffroi de Montmorency et son épouse Richilde donnèrent l'église de Tor et ses dépendances à la même abbaye, à la fin du xie siècle. Matthieu, en 1215, ajouta dix arpents de bois aux libéralités de ses ancêtres, du consentement de Gertrude, son épouse. Pourtant, l'église de Saint-Martin-des-Champs de Paris avait aussi, au xiie siècle, des vignes, châtaigneraies et cens, tant à Tor qu'à Taverny, qu'elle tenait de la munificence de messire Eudes, comte de Corbeil. En 1125 également, les sieurs Gazon de Rurote et Guillaume de Cornillon avaient reçu de Matthieu le Bel des plantations toutes voisines; puis il y avait à Tor le fief du roi. Au territoire de Saint-Prix revient l'honneur, comme à plusieurs villages de la Vallée, d'avoir été habité par des rois, principalement Charles le Simple, Louis le Hutin et François Ier, qui était à Saint-Prix du 10 au 17 octobre 1540. Thibaud et Jean de Gisors jouissaient, à leur époque, de tout ce que Philippe-Auguste avait à Tor. En 1358, le village était fortifié, et sa situation ne pouvait qu'ajouter à la force de cette petite place de guerre; une bande de mauvais garçons, paysans de Clermont en Beauvaisis, commandés par Guillaume Varle, n'en réussirent pas moins à faire irruption sur son territoire, pendant que les Anglais étaient maîtres de Creil ; ils y blessèrent des gentilshommes fidèles au roi de France et jusqu'à des femmes, ainsi que dans les seigneuries environnantes. Mais les Montmorencys y mirent bon ordre quand le roi d'Angletererre leur en eut laissé le loisir, et ils jouirent plus paisiblement, au XVe siècle, de leurs redevances suzeraines à Tor, en tête desquelles figurait le meilleur vin du crû. La seigneurie de cette localité appartint nommément à Foulques le Roux, à Etienne, chevalier, à Radulphe le Rousseau, à Etienne, écuyer, puis, en 1430, à Simon Morrhier, que le duc de Bedfort et le roi d'Angleterre Henri VI dépossédèrent. Charles VII, pour récompenser les services de Jean de Saint-Georges, lui donna le manoir et les terres de Saint-Prix. Le Clerc de Lesseville, conseiller au parlement et déjà propriétaire d'une partie de la Vallée, succéda à Saint-Georges. En 1744, un autre conseiller de la même cour, Le Fèvre de Saint-Hilaire, acheta titre et domaine à la veuve et aux enfants de son ancien collègue. La maison seigneuriale de Saint-Prix s'élevait sur la terre de Rubel, située au bas de la montagne, et dont le nom a survécu. M. de Saint-Hilaire avait pour vis-à-vis, de l'autre côté de la rue, un ancien fief encore considérable, tenu autrefois par le sieur Rossignol. Le château royal de Saint-Prix ne fut démoli qu'en 1810, par l'ordre du roi de Hollande Louis Bonaparte, qui s'en était rendu l'acquéreur; c'est qu'il ne valait plus, à beaucoup près, le palais de Saint-Leu, dont la splendeur alors n'avait rien à envier.

Saint Prix, ancien évêque de Clermont, était en même temps que saint Germain, le patron de l'église de Pontoise appartenant à l'abbaye, et qui ultérieurement fut appelée Saint-Martin; les religieux avaient doté leur annexe de Tor d'une partie des reliques de saint Prix, notamment d'un de ses doigts; de là nouveau baptême pour Tor, nommé aussi dans les chroniques *La Tour* et même *La Tour-Milon*, sans qu'on puisse dire quel était ce Milon. Ce monument antique, bâti en travers sur la côte, est tronqué, mais assez bien conservé; on y retrouve un fragment d'autel gothique en bois sculpté, d'un travail remarquable; l'ancien vitrage datait de 1603. Les reliques du saint de Clermont y opérèrent de nombreux miracles, et elles ne tardèrent pas à être un but de procession pour les habitants de Paris, au milieu du mois de juillet; la fontaine voisine prit son nom avant le village. Toutefois, Lebeuf déclare que saint Fiacre, dont l'image fut placée dans le temple en face de celle de saint Prix, était le véritable patron de la paroisse. Au XVe siècle, la cure était encore à la présentation de l'abbé de Saint-Martin.

Ce passé rempli d'intérêt ne fait pas trop pâlir le présent de ce beau village, doucement couché sur sa propre colline, entre Saint-Leu et Andilly. La forêt de Montmorency, dont la pente est plus douce du côté de Soisy, est ainsi couronnée de beaux diamants qui luisent au soleil et que d'imperceptibles attaches relient ; Saint-Prix peut s'en dire le Régent. On le voit de loin, même de Paris ; mais il regarde encore plus qu'il ne montre. A ses pieds, la Vallée lui fait mille coquetteries ; les hameaux, dirait-on, s'éparpillent pour la danse, et les clochers ne sonnent plus que des baptêmes, et les châteaux, dont les grilles sont ouvertes, ne craignent plus l'indiscrétion dès qu'ils se trouvent à sa portée. Les peupliers de Soisy, qui forment comme un rideau d'alcôve, ne cachent plus qu'à demi le lit de jeune fille qu'ils semblent protéger. Les cerisiers du chemin, les vergers, les jardins et les maisons d'en bas ont si peu de mystères pour la lorgnette des habitants de Saint-Prix, que les auteurs ont sagement fait, ayant à étudier le monde, d'adopter pour observatoire les rampes de ce précieux village. Même au point de vue de la nature, c'est un panorama que la pensée emporte avec les yeux, du haut de la plus belle clairière de la forêt.

Sedaine a élevé et habité une petite maison de plaisance sur la place que décore une colonnette faite d'une seule pierre et surmontée d'une croix en fer. Le général O'Connor, qui a soulevé l'Irlande et qui a épousé en France la fille unique de Condorcet, s'est réfugié dans ce village. Paul-Louis Courrier et Victor Hugo ont séjourné l'un après l'autre : le premier en 1815, le second en 1843, dans la charmante propriété de M. Hector Carlin, maire actuel. Toutefois, le poëte des *Orientales* a également pris en location, une autre année, le superbe château de la Terrasse, de M. le marquis de Villette. M. Jarry de Mancy, professeur et littérateur très-honorable, s'est retiré aussi dans l'ancien village de Tor; Mme de Mancy, qui est peintre, figure pour son propre compte comme notabilité de la Vallée. Le poëte Guinguené, le facteur de pianos Ignace Pleyel, M. de Saint-André, M. Rouher, Mme de Brunefer, Mme Colin, M. Lubienski, M. Onfroy de Bréville et M. Morisset ont aussi résidé ou résident encore à Saint-Prix. Serres admirables, vergers exquis, romantiques ombrages, charmants petits *retiros* à l'espagnole, châteaux tout uniment français du dernier siècle, voilà tout le détail des ouvrages divins et humains dont se compose la marqueterie superbe du village. S'il a un air de fête éternelle et infatigable, il le doit surtout à la vue. Outre le monolithe dont nous avons parlé, il y a à Saint-Prix une *Croix-Jacques*, que couvrent de leurs branches tutélaires deux ormes plantés le jour de la naissance du roi de Rome. Au reste, le territoire de la commune est des plus vastes, tout n'en est pas sur la montagne; le grand chemin de communication de Saint-Prix à Ermont retrouve la route de Saint-Leu au carrefour du Gros-Noyer, où florit une grosse auberge, tenue par la famille Bontemps, qui dépend encore de Saint-Prix.

Que si le second nom porté par cette localité paraît maintenant en être inséparable, ce n'est pas qu'un troisième baptême lui ait manqué au moment où les alentours de Montmorency s'appelaient *Vallée d'Émile*. Le village s'est appelé Bellevue-la-Forêt à la fin du siècle dernier. En ce temps-là un fort honnête homme, nommé Gillequin, né à Saint-Prix, était attaché à la maison du ci-devant marquis de Giac, propriétaire du château de Clairefontaine (Saint-Leu), et qui avait occupé une haute position comme conseiller privé du roi, surintendant de la maison de la reine et distributeur des Menus-Plaisirs. Les habitants de Clairefontaine et de Bellevue-la-Forêt, Gillequin s'étant mis à leur tête, voulurent disputer à l'échafaud de la Révolution la tête de leur dernier seigneur; mais la force l'emporta, malgré le dévouement qui fait honneur à ce pays. Gillequin ne voulant pas être séparé de son maître, dont la condamnation était signée, n'hésita pas à le suivre jusqu'au bout en se déclarant son complice, et la guillotine prit deux têtes. Le fils du marquis de Giac n'était encore qu'un enfant à l'époque où remonte ce drame; mais Mᵐᵉ de Giac, sa mère, eut l'honneur de recevoir à Saint-Leu, avant de se dessaisir de son domaine, la visite de Louis Bonaparte et surtout celle de la future impératrice Joséphine, qui était sa cousine en vertu de ses premières noces avec le général de Beauharnais.

ANDILLY.

Où trouver une station plus animée, plus intéressante, plus variée, comme composition, que ce vivace embarcadère d'Enghien? Toutes les communes voisines s'y font représenter à chaque départ, mais d'une manière qui n'est jamais la même deux fois de suite. Dieu en soit loué! car les salles de l'embarcadère seraient une antichambre insuffisante, si tout le monde s'en allait et revenait à la même heure. Un seul trait est commun à tous ces voyageurs, réglés comme des pendules vivantes, et qui, tous les matins, pour la plupart, arrivent à la station à la même heure que la veille; c'est que chacun d'eux a l'air pressé et en même temps content de soi. Un bourgeois ou un paysan se donne toujours un petit air d'importance, quand il lui est permis de dire à sa bourgeoise : — Je pars, j'ai des affaires, et il ne faut qu'un quart d'heure pour mettre plusieurs lieues entre nous deux! — Bon voyage, répond sa moitié, qui pour toute la journée se trouve être un entier. Le premier départ du matin est celui des restaurateurs, des bonnes et des paniers vides qui ont à glaner dans les halles, et des petits employés qui ont été fortuitement retenus à coucher chez un parent, chez Leduc ou chez Bourlier, et qui, sans le chemin de fer, perdraient leur journée ou leur place. A neuf heures, c'est l'avoué, cravaté de blanc, rasé de près, qu'on attend à l'étude avant l'heure du Palais ; c'est aussi l'agent de change, tiré à quatre épingles ou plutôt à quatre tailleurs, car il est d'une tenue toujours irréprochable et ressemble aux meilleures gravures de modes, réclames luxueuses. Et nos citadins prennent la file ainsi de suite jusqu'au dernier départ avant midi. A cette heure est le train de Mlle Ozi, des Variétés ; sa qualité de jolie femme affecte un peu la prélature, ou du moins on explique ainsi l'affection de M^{ll} Ozi pour le violet, le mordoré, le puce, couleurs archiépiscopales ; toutefois, il n'y a pas pour elle des répétions sans relâches, et souvent sa charmante demeure d'Enghien-les-Bains ne la laisse pas du tout partir. Le convoi d'Andilly, en général, est le convoi de 10 heures 12 minutes ; l'instant de son départ est signalé chaque jour, sur la route départementale n° 7, par le retour de plusieurs voitures de maîtres sans leurs maîtres.

M. Lestapis, ancien receveur général à Pau, ancien représentant du peuple, et l'un des fondateurs de la chapelle évangélique de la contrée, M. Sapey, magistrat et député, Mlle de Montfort, ont des propriétés considérables à Andilly, qu'il nous serait impossible de passer sous silence. N'es-tu pas toi-même, ô village, une des plus riches étagères, toujours parées et chargées de trésors, qui meublent réellement le vaste salon polygone auquel

Montmorency prête son nom? Est-ce que les encoignures et les consoles de cette pièce immense de réception ne valent pas les guéridons du centre? Les Champeaux de Montmorency envient même à ceux d'Andilly, vaste aquarellé à la sépia encadrée par toute la forêt, leur domination plus directe sur la partie septentrionale de la Vallée, bien que le village regarde le Midi. Le château du Bel-Air, ancien rendez-vous de chasse des princes de Condé, est un autre tableau qui tranche sur le fond de verdure. La maison de M. Schaal, maire de la commune, est un nouveau biscuit ajouté aux porcelaines de la magnifique étagère. Au reste, M. Schaal, architecte, est allé, en 1818, en Russie, où, par la protection du duc de Richelieu, il a tiré profit de son mérite, en laissant de son passage des traces très-profondes à Odessa et à Sébastopol : pour que cette dernière place pût résister un an à l'impétuosité des troupes françaises, il a fallu qu'un Français eût contribué à la faire place de guerre. Mais Andilly n'est pas qu'une agréable résidence sur la côte, c'est une citadelle en même temps ouverte à ce qui est beau et à ce qui est bien, sans qu'il y ait brèche à faire pour l'introduire. Ces messieurs d'Andilly que nous avons cités sont membres honoraires de la Société de prévoyance de Montmorency et de Soisy, ainsi que MM. Edie fils et Philippe Bouresche. Mme la baronne de Valazé, veuve d'un général du génie, figure dans l'élite de la villégiature contemporaine, ainsi que Mme la marquise de Barbantane. Mais voici bien une autre gloire locale et collective : quels prédécesseurs n'ont pas eus les châtelains actuels d'Andilly? Mme de Duras, auteur d'*Ourika*, le prince de Talleyrand, le directeur La

Réveillière-Lépaulx ont laissé des souvenirs de leur séjour dans le village.

L'église du lieu, édifice du XVIIIe siècle dont saint Médard, évêque de Noyon, est resté le patron, n'est pas le temple qui a été dédié le 21 août 1547, par l'évêque de Mégare; du moins le chœur et les deux chapelles latérales étaient de construction assez récente du vivant de l'abbé Lebeuf. La sépulture de M. du Lier, seigneur d'Andilly, et d'autres grands personnages que nous allons encore citer, fut placée pieusement dans un des côtés de l'église, et un autre Du Lier, son héritier, conseiller au Grand-Conseil, orna d'un mausolée, dans la première moitié du XVIIIe siècle, la tombe du bienfaiteur de la paroisse dont il suivait l'exemple. Le premier de ces deux seigneurs du même nom, voyant le chœur menacer ruine, offrit de le rebâtir à ses dépens, mais avec l'agrément des « Religieux Grammontins du Mé- » nel, au diocèse de Beauvais, co-décimateurs avec le » curé; » l'archevêque permit, le 16 juin 1719, de démolir le grand-autel et de faire l'office dans la nef. Il y avait alors, indépendamment du curé, un chapelain à demeure, attaché en vertu d'une fondation à la seigneurie depuis près d'un siècle. Quant au monument religieux dont presque rien ne reste, on peut dire qu'il était autrefois pavé de tombes et d'épitaphes; *les Tombeaux des personnes illustres*, ouvrage de Le Laboureur, allié aux seigneurs d'Andilly et bailli du duc d'Enghien-Montmorency, nous en ont légué le témoignage. La cure était à la nomination pleine et entière de l'évêque de Paris. En juin 1448, les Blancs-Manteaux de Notre-Dame de Montrouge, vinrent faire une quête dans le village, en ouvrant une châsse et en déployant des reliques; mais il s'en trouvait une de saint Antoine, dite la Mentonnière, et un chargé d'affaires des religieux de Saint-Antoine de Paris, qui avait pris les devants et épiait tout, saisit la châsse. L'affaire fut portée en parlement, et le reliquaire ne fut restitué aux Blancs-Manteaux qu'à une condition, c'est qu'ils ne feraient plus de concurrence, en montrant publiquement les reliques de saint Antoine, aux religieux mêmes de son ordre.

Le plus ancien seigneur d'Andilly qu'on connaisse est Baudoin, tenancier du fief de Garges, relevant également du baron de Montmorency, en 1125. Ruric, son successeur, souscrit à une charte de l'abbé Suger, en 1148. Puis le nom de Baudoin reparaît ; plusieurs seigneurs d'Andilly qui le portent s'associent, comme témoins, aux libéralités des Montmorencys. L'an 1193, Hugues, abbé de Saint-Denis, donne acte du désistement des droits de Baudoin sur les vassaux de Garges. Radulphe *de Andeli*, au XIIIe siècle, a le roi pour suzerain, par suite des mesures prises par Matthieu de Montmorency, feudataire de la Couronne. Mais au même temps ou à peu près, Thibaud de Bruyères, chevalier, possède une seigneurie à Andilly ; c'est lui qui amortit, en 1244, des biens appartenant aux moines du Val, vignes que leur a données Henri Clerc *de Meiafino*. Un des successeurs de Thibaud, dont les affaires se dérangent, voit sa terre adjugée, en 1426, par un décret, à Jean Fromont, seigneur de Boissi, clerc du roi en la chambre des Comptes ; ce dernier avait épousé Isabeau, fille de François de Balandeque, sergent d'armes du roi ; mari et femme sont inhumés plus tard à Saint-Germain-l'Auxerrois. Guillaume Fromont, fils de Jean, lui succède à Andilly ; il a une fille, nommée Jeanne, qui apporte le fief en dot à son époux, Jean le Prévost, procureur en la chambre des Comptes. Leurs fils Claude et Guillaume, partagent ensuite la terre avec le titre; Claude prend le Haut-Andilly, dont son fils hérite après lui, et plus tard encore son petit-fils. Charles le Prévost, qui succède lui-même à son père, meurt sans enfant mâle, après avoir servi comme officier, et il laisse Andilly-le-Haut à ses deux filles. Cependant Guillaume le Prévost, marié à Antoinette de Braque, alliée à la famille Le Laboureur, a eu pour lot la partie basse d'Andilly; il a pour successeur un de ses enfants, Robert le Prévost, qui vend sa part à Antoine Arnauld, célèbre avocat, né à Paris en 1560, et fils d'Arnauld, d'origine auvergnate, conseiller de la reine Catherine de Médicis. L'avocat Arnauld, seigneur d'Andilly, donne le jour à vingt enfants, desquels plusieurs l'ont surpassé lui-même en mérite, en réputation. En 1594, il plaide pour l'Université de Paris, soutenue par les sympathies non équivoques du parlement, contre les Jésuites, coup terrible porté à cette puissante compagnie; celle-ci prélude alors, par représailles, à l'accusation d'hérésie qu'elle ne tardera pas à étendre à toute la famille de l'avocat adverse; toutefois il n'est pas moins hostile au protestantisme qu'à la Ligue, et il se borne à faire cause commune avec les universitaires. Plusieurs ouvrages, s'inspirant de son immortel plaidoyer, font bientôt de ce patriarche le chef d'école de ses nombreux enfants, notamment son *Avis au roi Louis XIII pour bien régner* (1612). L'auteur de cette admonition royale très-respectueuse est qualifié seigneur du Bas-Andilly, dans l'homologation, faite à la même date, par l'évêque de Paris, de l'échange d'un arpent de terre qui a eu lieu entre lui et Margarin Luthon, curé d'Andilly et de Margency.

Robert, celui des fils de l'avocat qui a, par droit d'aînesse, porté le nom d'Arnauld d'Andilly, est un savant littérateur, né en 1588, mort en 1674 ; ses principaux écrits sont, une *Vie des saints*, une traduction des *Confessions de saint Augustin* et de l'*Histoire des Juifs*, de Josèphe, un *Poëme sur la vie de Jésus-Christ*, et des *Mémoires* publiés un demi-siècle après sa mort par l'abbé Goujet. Catherine Marion, mère d'Arnaud d'Andilly, possède la seigneurie haute, qui a antérieurement appartenu à Geoffroy de Longueil, allié à la famille Fromont ; mais à l'aîné des fils est échue en partage la seigneurie d'en bas ; il y a donc réunion. La permission accordée au châtelain, en 1626, d'avoir une chapelle domestique, qui est demeurée attachée au château, ne divise plus la terre noble dont s'agit ; elle ne distingue pas le bas du haut. Arnauld d'Andilly est conseiller d'État et intendant des finances de la maison de Monsieur, frère unique du roi ; il jouit en cour d'un grand crédit mis au service de beaucoup d'obligés, lorsqu'il perd, en 1637, sa femme, Catherine Le Fèvre de la Boderie. Les tendances religieuses de son esprit, dont les difficultés théologiques finissent par absorber toute l'attention, prennent un empire nouveau dès qu'il est veuf. Il se sépare du monde, à l'âge de 55 ans ; il vend le domaine seigneurial 50,000 écus ; il se retire à Port-Royal-des-Champs. Son fils aîné garde le nom d'Andilly ; après avoir été homme d'épée, il se retire lui-même près d'un de ses oncles, évêque d'Angers, et un de ses frères, M. de Pomponne, est ministre des affaires étrangères, sous Louis XIV. Quant au beau château d'Andilly, il est à Robert Aubry, maître des Comptes, quand le xvii° siècle touche à sa fin, et puis à la famille Du Lier, dont nous avons déjà parlé.

Ce manoir d'Andilly a glorieusement servi de séminaire à celui qu'on appelle à bon escient le grand Arnauld, venu au monde le 6 février 1612, vingtième et dernier enfant de l'avocat. L'abbé de Saint-Cyran, voyant que l'étude du droit lui inspire quelque répugnance, conseille à sa famille de le faire entrer dans les ordres. Prêtre et docteur en 1641, il se dépouille de ses biens en faveur du monastère de Port-Royal; au reste, plusieurs de ses ouvrages, et surtout cet *Augustinus*, cette interprétation de Jansénius qui donne un nom à son parti, et qui attire sur sa tête la foudre des décrets, des procès, des prohibitions, ont vu le jour avant la vente de la seigneurie d'Andilly. Il ne laisse au village que l'honneur d'avoir vu grandir, à l'ombre de l'arbre féodal des connétables, premiers barons chrétiens, un dernier rejeton de scolastique, greffé par le génie sur les primeurs d'une philosophie nouvelle. Ennemi d'un Institut puissant, il invente de le battre avec ses propres armes, et il ne gagne du terrain qu'en prenant souvent l'offensive; autant son attaque est brillante, autant la défense l'embarrasse. Ses œuvres très-sévères, en 40 volumes in-4°, le montrent tour à tour philosophe, physicien, géomètre, jurisconsulte, canoniste, politique, rhéteur, grammairien, littérateur proprement dit; mais il ne le cède pas à ses adversaires ordinaires en acrimonie polémique, et ce n'est pas assez de ses écrits pour déposer, aux yeux de la postérité, de son activité d'esprit miraculeuse; de lui seul est le premier jet des *Provinciales* de Pascal, un des grands monuments de la langue, et de tous les ouvrages didactiques de la célèbre école de Port-Royal. L'influence conciliante du jansénisme n'est aucunement tombée avec l'école ; elle vit encore au XIX° siècle ; elle a bien sa philosophie, sa politique, ses journaux, et les finances de l'État lui servent souvent de *bourse à Perrette,* comme dirait la duchesse de Longueville ; le gallicanisme de Bossuet demeure sa forteresse infranchissable. Le grand Arnauld, le bon Rollin n'ont plus de Port-Royal, mais l'Université de France ne se bat pas avec si proches parents ; M. Sainte-Beuve, petit Arnauld, Rollin maussade, est lui-même le bedeau d'un jansénisme réduit. Il y a déjà longtemps qu'on compte tous les jours avec cette puissance de foi et de raison combinées, qui a eu pour berceau, pendant un siècle, le village d'Andilly, avant de s'établir à Port-Royal, sol miné à l'avance. La destruction de cette académie a fait des ruines, mais a laissé des cendres qui ont engraissé les sillons de la religion et de la raison publiques ; et si nous remontons à l'époque où ce n'est encore qu'un parti, la persécution lui va bien. Ennemis déclarés du théâtre, les jansénistes ont Molière qui les raille, car il est évident que Tartufe signe à contre-cœur le formulaire du pape Clément IX ; mais c'est qu'ils ont fait expulser l'infortuné directeur de théâtre de la rue Guénégaud et de la place Saint-Germain-l'Auxerrois, avant qu'il ait trouvé asile dans un palais. En revanche, ils ont Racine, Boileau, Santeül et d'autres poëtes éminents, qui les suivent. Oracle du parti, Arnauld veut à tout prix des démêlés, et il se repose, pendant la paix de l'Église, en remplissant avec vigueur l'engagement qu'il a pris de réfuter le calvinisme ; puis il tire sur ses propres troupes. Loin d'être cartésien, comme l'illustre évêque de Meaux, il attaque la métaphysique de Descartes, afin de s'entretenir la main, et il s'en prend à Nicole, à Tournay, à Domat, à Pascal, ses amis, au pape Innocent IX, son protecteur, en même temps qu'au père Malebranche, qui le ramène à fondre sur les Molinistes. Ne sont-ce pas là des preuves de sa bonne foi? Au surplus, le génie a-t-il besoin de tant d'excuses? Les égarements, les faiblesses de l'esprit sont le péché originel de l'homme; le génie d'Arnauld venait d'en haut, et on peut ajouter qu'il y retournait, car il croyait possible une perfection qui n'est que l'attribut de Dieu.

Six sœurs du grand Arnauld et d'Arnauld-d'Andilly ont également disputé sur la grâce et le libre arbitre, tout en vivant saintement, comme religieuses de Port-Royal. Une de ces vertueuses filles, sœur Jacqueline-Marie-Angélique de Sainte-Madeleine, a été religieuse à huit ans et abbesse à onze ans, par infraction aux règlements, et elle a introduit à dix-sept ans dans son abbaye la réforme de Cîteaux, en y faisant revivre la discipline de saint Bernard; elle a ensuite transféré à Paris son abbaye des Champs, elle a écrit des livres, elle a travaillé aux constitutions de Port-Royal.

Un des frères de l'abbesse a eu pour gendre M. de Sacy, publiciste très-distingué de la même école.

MONTLIGNON.

Tous les hameaux du moyen âge ne répondent plus de nos jours à l'appel de leur nom ; par exemple, *Mestigerium* n'existe plus ; il n'en reste tout au plus que le moulin et une fontaine située dans la partie septentrionale de Montlignon. « Les paysans des environs en parlent sou-
» vent, dit Lebeuf [1], parce que les eaux en sont si salu-
» taires et si saines, qu'ils en boivent, si échauffés qu'ils
» soient, sans en craindre la moindre incommodité. Ils
» sont même dans l'habitude d'en boire dans leurs plus
» grandes fièvres, persuadés qu'elle les leur fait passer. »
Montlignon n'était lui-même qu'un hameau annexe de Saint-Prix, un fief situé à l'orient du village. En 1125, Matthieu le Bel exceptait la dîme de Montlignon, son fief, de ce dont il avait à rendre compte à l'abbaye de Saint-Denis ; il le tenait de Odon de Joinville. L'abbé Suger donna 3,000 sols à Matthieu de Montmorency pour être remis en possession de cette terre, distraite du

[1] *Histoire du diocèse de Paris*, vol. III, page 432.

territoire monastique et retenue ou prise à ferme par un juif de Montmorency, nommé Ourcel ; la femme de ce juif reçut de lui un pot-de-vin, tradition qui s'est conservée, de 10 livres et 10 muids de froment, à l'occasion de ce rachat. Suger affecta le produit de cette terre éminemment fertile à l'entretien du réfectoire des moines de son abbaye. L'année 1271, monseigneur Pierre de Malinons (Montlignon) était inhumé dans l'église d'Ermont. En 1300, le domaine appartenait de nouveau au sire de Montmorency, qui le mit avec ses appartenances dans le fief du roi Philippe le Bel. Messire de Hangest en disposait l'an 1372. Le roi Charles V, quelques années après, fondait une chapelle de chanoines à Vincennes et leur donnait, entre autres biens, Montlignon, sur la paroisse de Tor. Quoi qu'il en fût, la dîme menue et grosse appartenait aux chanoines de Montmorency, puis aux pères de l'Oratoire, leurs successeurs ; le registre terrier du duc d'Enghien, en 1681, reconnaissait à cet égard les droits des Oratoriens, substitués à ceux du chapitre.

Dès le siècle XIII, il y avait une église en ce hameau, et on ne savait pas encore au juste à quelle paroisse la rattacher. Laurent, abbé du Val, et le prieur Roger, nommés arbitres par Innocent III, attribuaient à Tor et à l'abbaye de Saint-Martin de Pontoise, en 1125, cette annexe de Montlignon. En 1398, une sentence archidiaconale réglait les charges réciproques et les relations des deux églises voisines : le curé de Tor ou Saint-Prix devait les vêpres à Saint-André de Monlignon, le jour de Saint-Eloy. Au XVIIe siècle, cette église, quoique très-petite, avait son cimetière particulier ; mais il se trouvait à distance, ce qui gênait beaucoup à une époque où les églises tenaient les registres de l'État-Civil; dame Marie Lhuillier, veuve de Fayet, président aux enquêtes, obtint de l'archevêque le pouvoir d'échanger ce terrain éloigné contre une pièce de terre plus grande et plus voisine de la chapelle, et qui y est encore attenante. Or à présent l'église de la commune n'est pas un édifice bien remarquable; les jours de fête, grâce aux châtelaines du pays, la pierre y disparaît presque entièrement sous des fleurs, et quelles fleurs! les plus belles sans contredit de la Vallée, puisque Montlignon les produit.

Tout n'est que fleurs dans ce village, dont les rues sont entretenues comme la nouvelle rue de Rivoli. Ce pays neuf a d'autant plus d'avenir qu'il est sur la lisière de la forêt : que Dieu le garde de devenir une ville! Il est bercé encore comme un enfant, entre deux ravissantes collines qui forment un petit vallon à l'entrée d'une gorge qui attire; la montagne a été tranchée en deux, de ce côté. Ce n'est plus assez d'appeler jardin tout ce dont aime à s'entourer chaque habitation de la commune; les divers membres de la famille Monneau et Voisin et Rochery et Leblond dit Cadet, célébrités de la culture, ont fait de tout ce qui était à leur proximité une vaste exposition d'horticulture permanente. Montlignon est la pépinière non-seulement des environs, mais encore des parcs et jardins qu'on crée au loin. Notre siècle, qui plus est, doit à ce village son Le Nôtre, l'habile et ingénieux artiste de jardin dont les dessins ont fait du bois de Boulogne une promenade délicieuse; M. Varé, effectivement, est le gendre d'un Monneau, de Montlignon. Quant aux habitations toutes de plaisance, elles jouissent là d'une exposition si favorable, et elles sont entre si bonnes mains, que c'est merveille. Le riche domaine de M. Paquet, maire, n'ôte rien de son élégance, de son comfort et de son étendue à la propriété de M. Lambert de Sainte-Croix, ancien notaire, sur le chemin du château de la Chasse. La maison dégagée de M. Chapus, côté d'Eaubonne, a son mérite particulier, et un petit Éden lui sert de parc. L'important édifice bâti par Visconti, près de l'église, et qui est entouré de vastes dépendances, traversées par des eaux vives, appartient à M. Plé, ancien avoué.

Larive, tragédien distingué, qui avait eu l'honneur de protéger et diriger les débuts de Talma, avait aussi amassé une fortune à l'Étranger, à la faveur des victoires impériales ; il avait joué les chefs-d'œuvre de la tragédie et de la comédie françaises à Vienne, à Varsovie, à Berlin, à Erfurt, où l'empereur l'avait parfois mis vis-à-vis d'un parterre de rois. Et quel meilleur emploi pouvait-il faire des trésors amassés dans l'exercice de son art, qu'en se ménageant une retraite, digne elle-même d'un de ces rois, entre Saint-Prix et Andilly? Il fut maire de Montlignon ; il reçut l'élite des gens de lettres et des artistes dans le Hameau-Larive, sa dernière création. Il avait eu antérieurement une petite maison à Saint-Prix. On raconte qu'il voulut faire encaisser l'étang qu'on trouve près de la nouvelle route de Bouffémont et de Domont ; mais que les travaux de terrassement furent débordés par l'eau stagnante, vivifiée et accrue par la dérivation des sources du parc. Un torrent inonda des jardins, des maisons qui ne s'attendaient guères à ce nouveau déluge ; il en coûta 50,000 francs d'indemnité et l'avortement d'un projet, à l'ancien sociétaire de la Comédie-Française. M. le comte Le Bouteiller est aujourd'hui en possession d'une partie du Hameau-Larive ; à son initiative heureuse est due la route nouvelle et magnifique qui traverse la forêt, dans une gorge qu'ont dû faire autrefois les eaux du vrai déluge, contemporain de Noé. M. le vicomte d'Argout est le propriétaire de l'autre moitié du domaine ; cette aimable propriété est un labyrinthe accessible ; les détours qui le coupent sont familiers à de nombreux amis de la maison; S. A. I. la princesse Mathilde en a le fil. Nous eûmes l'honneur de visiter le parc, un beau dimanche, qui était aussi le jour d'une visite auguste. La fille du roi Jérôme était accompagnée par M. l'abbé Coquereau, par M. et Mme de Reisset et par M. le comte de Nieuwerkerque, qui est bien un des princes de l'art, logé au Louvre comme Benvenuto autrefois à la tour de Nesle.

Aussi bien les sources d'Enghien ont eu un moment à redouter une concurrence à Montlignon, qui est pourvu aussi d'eau minérale. De tout temps la contrée dont le présent ouvrage fait l'histoire et la description, s'est attiré de loin les malades, les convalescents, par la salubrité de l'air qu'on y respire et dont Enghien-les-Bains profite sans monopole. La médecine du curé de Deuil, distribuée dans le presbytère de ce village, a longtemps vu des processions de malades, ceux-ci pauvres, ceux-là en carrosses, défiler sur la route absolument voisine de celle qui, depuis lors, les amène à Enghien. La panacée du curé de Deuil, composée tout bonnement de jus d'herbes purgatives, s'est réfugiée en formule dans le Codex ; il n'en a pas été de même de l'eau ferrugineuse de Montlignon. Les thermes de cette commune sont une construction laissée à l'avenir; on a bien fait des frais pour utiliser l'eau curative qui y sort de terre ; mais l'excellence des vertus de celles d'Enghien ont découragé l'entreprise. En 1839, l'édilité de Montlignon s'est émue d'une atteinte portée à la réputation de salubrité dont jouit, comme les autres, cette partie de la Vallée ; la riposte s'est effectuée dans une brochure in-8°, intitulée : *Réponse à l'Essai sur la topographie physico-médicale de la Vallée de Montmorency, du docteur Perrochet*, par les habitants de Montlignon.

Une partie intéressante des antiquités de la contrée se rapporte à un prieuré fondé en pleine forêt, et doté en l'année 1214, par Matthieu de Montmorency, en exécution des dernières volontés de dame Richilde, sœur de Guy de Groslay, sa parente : le seigneur suzerain donnait aux chanoines Victorins du Bois-Saint-Père ou Saint-Pierre, une portion des bois du voisinage. Eriueis en avait été le prieur, le XIIe siècle finissant. Une petite maison de sœurs, dépendant de l'abbaye de Chelles, avec chapelle à sainte Radegonde, était aussi voisine du prieuré que de Bouffémont ; et los deux monastères se trouvaient sous la coupe paroissiale de ce même village ; mais leurs anciennes dépendances, presque toutes, font partie aujourd'hui du territoire de Montlignon ; c'est pourquoi nous avons à en parler ici. Le prieur du Bois-Saint-Père jouissait d'un revenu assez considérable : 1,500 livres, dit Lebeuf ; mais d'autres auteurs disent 15,000. Le 21 avril 1429, des Anglais, au nombre de trois cents, s'emparèrent des deux monastères ; seulement avant de quiter le Bois-Saint-Père, chargés des trésors de tous deux, ils eurent à soutenir un siége contre un parti détaché d'Armagnacs, qui firent main basse sur le butin, mais qui laissèrent sur la place une très-grande partie des leurs. La maison priorale s'en releva comme elle put ; toutefois, en 1541, Jean Simonis mourait avec le titre de prieur du Bois-Saint-Père [1]. Treize ans plus tard, son successeur, nommé Nicolas Baudoin, cédait, par un contrat d'échange, à Claude Patrouillart, marchand de Paris, une masure avec un jardin à Margency. Etienne Favières, prêtre-profès, commis à l'administration du prieuré, plaidait, vers 1678, contre Jean Guillot, chanoine régulier profès du Mont-aux-Malades, diocèse de Rouen, qui prétendait avoir des droits au priorat. Dans la seconde moitié du XVIIIe siècle, le monastère était réduit à un seul chanoine régulier de Saint-Victor, qui, ne se trouvant plus en sûreté dans sa solitude, habitait une des belles maisons de Saint-Prix.

Pourtant, dès 1460., Jean, baron de Montmorency, avait fait reconstruire la chapelle et s'était ménagé tout près de là, au lieu dit Chasse-Momay, une résidence d'été, le Château de la Chasse, entouré d'un double fossé bien rempli d'eau, flanqué de tours, gardé par un pont-levis rarement baissé. Des prés et une tuilerie rendaient aussi le site moins sauvage. Les ducs d'Enghien cessèrent de regarder comme un hôtel ce dont ils firent un rendez-vous de chasse et un lieu de rafraîchissement ; destination qui dut encore changer lorsqu'il n'y eut plus de duc d'Enghien chassant dans la forêt de Montmorency.

Les ruines du château et de la chapelle se sont trouvées un sanctuaire tutélaire pour plusieurs hommes élevés par la révolution, mère qui dévorait ses enfants. Bosc, naturaliste estimé, avait administré les postes et les hospices sous le ministère de Roland ; mais l'homme

---

[1] Du Breül, *Antiquités de Paris*, page 1008.

politique vit clair un peu trop tard, et avant le 9 thermidor il dut se réfugier dans la solitude de l'ancien prieuré, avec La Réveillière-Lépaulx. Bosc y travaillait à la terre, La Réveillière faisait du bois, et le secret absolu de leur retraite donnait à l'échafaud, qui les menaçait, une affreuse famine pour complice. Les lichens et les limaçons trompaient leur faim, au lieu de l'assouvir; ils avaient bien une poule, dont chaque œuf était attendu avec une impatience vorace souvent trompée; mais un milan passa, qui prit la poule, et si l'oiseau de proie ne l'emporta pas, du moins elle retomba sans vie aux pieds de ceux qu'elle nourrissait. Creuzé-Latouche survint, et grâce à l'accident de la matinée, on lui offrit l'aliment d'Henri IV; ce député votant avec Daunou, n'était pas moins compromis qu'eux. La Réveillière ne resta que quinze jours dans le même asile que Bosc; sa femme et ses enfants se trouvaient à Angers, que les Vendéens assiégeaient. Roland, lui-même, vint à Sainte-Radegonde, et de là il s'enfuit à Rouen. Peine inutile! car Bosc apprit un jour, dans sa retraite, l'exécution de Mme Roland et le suicide de son mari. Quel surcroît de périls, et de craintes à concevoir pour la vie du naturaliste, nommé tuteur de la fille de Roland, que Creuzé-Latouche avait sauvée en la cachant! De plus, Robespierre en personne habitait alors l'Ermitage, à Montmorency, et il lui arriva d'apercevoir une fois, en se promenant à Andilly, un paysan déguenillé qui ressemblait assez à Bosc. — N'est-ce pas lui? fit un député qui accompagnait Robespierre. — C'est plutôt un des siens, répondit le tribun. Il y a longtemps qu'il doit être guillotiné.

Bosc mourut en savant, membre de l'Académie des

Sciences, professeur de culture au Jardin du Roi, directeur des *Annales de l'agriculture française* et de l'*Encyclopédie méthodique*, etc., deux ans avant l'avénement de Louis-Philippe. Mais il avait gardé, quoique protestant, sa dévotion à sainte Radegonde; toujours est-il qu'il avait acheté la terre qui portait ce nom, pour la faire ériger en cimetière protestant. Aux termes de ses vœux les plus chers, Bosc y a été inhumé. Ce cimetière appartient maintenant au gendre de l'ancien proscrit, lequel est pharmacien en chef du bureau central des hospices. On y enterre encore de loin en loin de nouveaux morts.

La reine Hortense, qui a fait et inauguré la route de Saint-Leu au château de la Chasse, passant au carrefour du Chêne-aux-Mouches, était propriétaire de ce logis de garde-chasse, successeur du vieux prieuré : de là partait tous les deux jours du lait et du beurre à son adresse. La reine avait fait aussi rétablir les fossés de Jean de Montmorency. Le nom du dernier garde-chasse d'avant 1789 se trouvait plein de couleur locale : c'était Fanfare. Ensuite il y avait eu le père Carré. Mme Nizard, dont le mari remplit présentement ces fonctions, tient en même temps un restaurant, bien connu de toute la contrée ; fille et femme de garde-chasse, elle s'est installée dans la maison où elle a fait fortune, dès l'année 1808. Mari et femme sont restés au service du prince de Condé, successeur de la reine Hortense, qui venait souvent déjeuner de crème et de pain bis, sous les arbres du voisinage, avec Mme de Feuchères ; Mme Nizard allait aussi souvent au spectacle chez le prince, à Saint-Leu. Mais avant la Restauration, un furet avait été placé dans une remise, et cet animal, en furetant, avait ouvert un trou ; on avait alors découvert une cellule souterraine, dans laquelle il y avait l'empreinte d'un prie-Dieu et d'une croix : un tas de vieux papiers se trouvait placé dans un coin, annonçant un précieux dépôt de documents; mais dès qu'on y toucha, les papiers tombèrent en poussière. Cette cave servit, en 1814, à cacher de l'argent; des paysans et un fermier s'y enfermèrent avec; les soldats traînards des alliés venaient souvent, pendant le jour; mais on ne dînait que la nuit, et rien ne trahissait alors la présence d'un trésor au château de la Chasse.

M. Thannaron, propriétaire après Mme de Feuchères, se prit à vouloir remplis d'eau les fossés qui étaient à sec; mais le meunier de l'entrée de Montlignon, dont le moulin dépend de la propriété de M. Le Bouteiller, s'opposait à cette captation; les communes de Margency, de Saint-Prix et d'Eaubonne agirent dans le même sens. M. Corbin, ancien préfet, gendre et cessionnaire de M. Thannaron, fut obligé d'ouvrir Lebeuf pour prouver en justice qu'il y avait là autrefois non-seulement des fossés, mais des étangs. Les pièces d'eau eurent gain de cause; c'est pourquoi, de nos jours, on va se promener en bateau sur la montagne de l'ancien prieuré.

Qui n'a pas visité ce lieu de repos forestier? S. A. I. la châtelaine de Saint-Gratien y vient plusieurs fois par saison, comme s'y montraient jadis fort assidus Mme la duchesse de Berry, le comte de Choiseul, le duc de Périgord. Louis XVIII s'y rendait lui-même, et la sœur de Mme Nizard lui offrait un bouquet avec des tourterelles tapies dans le calice des lis.

Si vous ne connaissez pas les berceaux de l'un, c'est que vous fréquentez les charmilles de l'autre, car il y a deux réfectoires, ainsi que deux étangs pour la navigation et pour la pêche, dans ce centre fréquenté de la forêt. M. Durant, propriétaire à Montmorency, a fait bâtir la maison dite de l'Etang de la Chasse, et il l'a affermée à un petit traiteur, qui en a eu un grand pour successeur. On en voulait trop cher pour que le prince de Condé achetât ce petit coin de terre, devenu depuis si coquet, si gracieux ; mais du temps de Mme de Feuchères les deux établissements juxtaposés se sont fait un procès. M. Trempé, de Bessancourt, a parfaitement relevé le restaurant de la rive gauche; il s'est fait une clientèle riche, en louant la chasse des bois environnants, dont M. le comte Kleine est devenu le sous-locataire. Il y a beaucoup de lapins et de faisans, dans la forêt ; mais depuis fort longtemps on n'y a vu qu'un sanglier, qui venait de la basse forêt. M. Langlois a acheté la maison de M. Durant ; M. le comte de Nansouty, fils du général, en est propriétaire maintenant.

MARGENCY.

Les voyez-vous, ces hôtels de campagne, la plupart élevés en briques? Leurs parcs se séparent l'un de l'autre sans interrompre le délicieux jardin qui saute, en quelque sorte, par-dessus toutes les murailles pour donner au village les abords les plus agréables. C'est bien là notre Margency, la baronie de la Vallée. Où commence-t-il, où finit-il? Que sais-je! Ce n'est ni un quadrilatère, ni un triangle; la belle nature n'aime pas la ligne droite. C'est un ensemble de maisons blanches et roses, entourées de massifs d'arbres dressés naturellement en arcades, en portiques, plus souvent qu'arrondis comme les pommes tombées sur la route; des allées vertes rampent, comme des caresses, de tous les côtés de la commune, assise sur de l'herbe et des fleurs; c'est tout cela, avec un clocher et avec une route qui traverse, allant d'Eaubonne à Montlignon, coupée par une tout autre route de Saint-Leu à Montmorency. D'autres villages, plus près du lac ou plus près de ces sources dont l'émergence est nombreuse sur la côte, ressemblent presque, matin et soir, à une jolie femme enveloppée de gaze vaporeuse ; lui, au contraire, paraît un gentilhomme portant le frac à la française, et laissant voir sa jambe ferme et déliée à travers un bas de soie qui n'a que la poussière à craindre. En effet l'eau qui passe n'a qu'à peine le temps d'alimenter les bassins des jardins, les arrosoirs en cuivre des jardiniers ; on la demande à Eaubonne et à Soisy, qu'elle baignera plus longtemps. La pluie elle-même n'ose que rarement laisser une crotte passagère sur les cailloux généralement aigus qui pavent les rues de Margency.

Toutes les maisons ont l'air d'y être de verre, tant les gens s'y connaissent, s'y devinent, évitent l'indiscrétion et possèdent à la fois, comme un seul homme, la science du monde, qu'ils savent mettre d'accord avec les libertés de la campagne. MM. Lefranc, de Valdèson, Taigny, Hefty, Mme veuve Leroux, font partie de l'élégante bourgeoisie de l'endroit. M. Cochelet, conseiller d'Etat, frère ou neveu de Mlle Cochelet, ancienne lectrice de la reine Hortense, y a une charmante maison, sur le chemin de Montmorency. M. Charles Delon, du côté de Montlignon, dispose de l'ancien fief de Bury, et les pêches de ses espaliers, originaires de l'Asie, sont aussi estimées que celles d'Andilly, leurs sœurs. M. Jules Leroux, membre du Corps législatif, possède la terre de Montgarny, qui se trouve dans les mêmes parages, et dont les dépendances magnifiques, coupées par une jolie rivière, sont une vaste garenne, une reserve de lièvres et de lapins. Ces hôtes très-intéressants, auxquels M. Leroux et sa compagnie de chasseurs, semblent trop ménager encore les coups de fusil, s'impatientent quelquefois et franchissent le mur de clôture, pour aller se faire pendre au croc des marchands de gibier, au lieu d'attendre l'heure ou leur seigneur et maître les eût fait parvenir en bonne société, dans une jolie bourriche ovale, à des dégustateurs de grande maison. Il est vrai que les lapereaux ont toujours été démocrates.

Montgarny, cœur de la Vallée, a des battements pour toutes ses joies et se resserre dans ses mauvais jours. Toutefois il s'est passé bien des révolutions, qui n'ont pas fait perdre grand'chose à ce rendez-vous de plaisance, protégé admirablement par sa situation centrale et par le bon goût de ses hôtes. Pendant le consulat, Mme de Maleissie était encore propriétaire de Montgarny; elle y devint, par un second mariage, Mme de la Chabeaussière. Elle avait théâtre à Paris, dans son hôtel de la rue de Lille, et salle de spectacle à la campagne. Ses soirées dramatiques, qu'ont honorées de leur présence le premier consul, sa femme et sa belle-fille, jouissaient d'une très-brillante réputation. Une fois, entre autres, on joua à Margency l'*Avocat Patelin*; l'exécution en fut des plus heureuses; les principaux acteurs de la maison étaient, outre les maîtres du logis, M. Denon, directeur des Musées, le général Brunet-Denon, Desprez, le vaudevilliste, Isabey père, excellent comédien de société, M. Piscatory, premier sujet, habitant la contrée, M. Lefebvre, chef de division au ministère des finances, et M. le comte de Nugent, officier, chanteur agréable. Par exemple, les salons de Montgarny étaient un peu de l'opposition. M. de la Chabeaussière avait pour belle-fille Mme la comtesse de Grimoard, tenant à la famille du Roure et dont la tante était une d'Ailly; M. de Saint-Marcel, demeurant à Andilly, en face de M. de Talleyrand, voyait M. de Fontanes, il n'en était pas moins un opposant dans le salon de Margency; Mme la comtesse de Saint-Geniès, mère de l'homme de lettres de ce nom, était de longue date l'amie de la maison, et dans le nombreux personnel des visiteurs présentés par ces dames, il y avait quelques gens que l'empire faisait beaucoup rire et qui appartenaient soit à l'opposition philosophique et libérale, soit à celle de la vieille noblesse. Aussi l'empereur prit Montgarny en grippe, et M. de la Chabeaussière, au lieu de faire partie du Sénat, fut pourvu d'une sous-préfecture aux Pyrénées, qu'il s'empressa de refuser. Le roi de Hollande, à Saint-Leu, chargea un jour ses jardiniers de lui acheter les quatre saules pleureurs qu'il avait vus à Montgarny et qui laissaient tomber dans la pièce d'eau leur chevelure à la Bonaparte; ces gens de l'art trouvaient l'idée assez étrange et, qui plus est, assez comique; mais les propriétaires de l'ancien fief prirent la demande fort au tragique et résolurent de ne pas l'accueillir. Ces derniers, sans se montrer flatteurs, auraient pu être beaucoup meilleurs voisins.

Le château de Mme de Maleissie avait appartenu au commencement du XVIIe siècle à M. de Barillon, conseiller au parlement, dont la famille y était établie depuis 1633. Dame Bonnefoy, veuve Barillon, avait fait enregistrer, le 15 décembre 1679, des lettres patentes lui donnant permission de faire clore le chemin dit de Margency, passant devant sa maison, à la charge pour elle de réparer à ses dépens le chemin d'en bas, qui était peu distant. Jean-Jacques de Barillon, président au parlement, avait eu pour prédécesseurs, à Montgarny, Jean de Braque, fils de Nicolas Braque, sous Charles VII; Etienne Le Clerc, sous Charles VI.

Les bons cultivateurs de Margency, n'ayant pas d'école sous la main, envoient tous leurs enfants à Andilly, qui touche à leur commune ; quant aux maire et adjoints, ils en ont d'excellents chez eux, mais ils les appellent des syndics, vieille dénomination qui est restée encore plus officielle dans les vallées pyrénéennes. M. de Margency était syndic de son propre village, sous le règne de la poudre, de l'épée en verrouil et de Louis XV. Sa majesté la poudre à frimas allait très-bien à la petite couronne du baron, dominant les insignes de la magistrature syndicale. C'était un cavalier de taille au-dessous de la moyenne, riant de tous les débats de la Chevrette, qui mettaient la mort dans les cœurs. L'exiguité de sa personne faisait qu'il avait place partout ; on ne le comptait pas à table lorsque l'on était déjà douze, et on n'hésitait pas à le garder sans craindre l'appoint sinistre. Grimm l'appelait son ami, c'était déjà un titre, car Grimm ne le prodiguait pas ; mais il avait, en outre, l'habitude de se partager, c'était à ses risques et périls ; il se distribuait sans compter ; il aimait un peu tout et tous. Cependant il avait du fond, il était homme de parole, principalement en fait d'amour. Exemple. M. de Verdelin, quoique vieux et borgne, avait épousé une jeune femme, dont le cœur était dans la tête, avec deux très-beaux yeux à fleur. La commission de syndicat facilita l'entrée de Margency dans cette maison voisine, et il y revint pour faire sa cour. Mme de Verdelin commença par lui détailler, avec beaucoup de probité, les cent raisons plausibles qu'elle avait pour le refuser ; l'amoureux s'en alla confus de la validité de ces motifs. Mais quelques jours après, elle avouait à Mme la marquise d'Epinay que ce pauvre Margency, si peu fait pour qu'on l'écoutât, était plus à plaindre qu'à blâmer. La fois suivante il y avait eu rencontre, et Mme la comtesse d'Houdetot entendait dire à la sévère Mme de Verdelin, que le baron, décidément, était l'ébauche des qualités des autres, l'extrait des avantages qui sont ailleurs, le commencement du véritable esprit, le duvet des bons sentiments, le demi-mot du mérite inachevé. Ses réticences en disaient déjà trop, pour qu'on ne prévît pas, dans la contrée, que la semaine d'après la trouverait folle de Margency, et en effet n'était-ce pas un billet? A l'échéance, il fut payé; tout le monde en conclut, ainsi que Mme de Verdelin, que le seigneur syndic était un groupe de très-bonnes petites choses. La charmante dame eut bientôt des envies; elle voulut écrire un roman, dont son amant avait approuvé le plan; mais le baron d'Holbach, admis en tiers dans cette confidence, trouva l'idée des plus médiocres. Margency et d'Holbach se séparèrent brouillés à mort, sans autre motif de rancune que l'opinion diverse qu'ils avaient conçue du roman. Quand des amis communs cherchèrent à s'interposer, ils repoussèrent toutes les transactions, ils malmenèrent les conciliateurs; ils se fuyaient tous deux comme la peste. Seulement, le lendemain matin, à la promenade, ils se trouvèrent par hasard nez à nez; ils se parlèrent affectueusement, sans que personne les en priât; l'un et l'autre avaient oublié toute la chicane.

On trouve M. Cuiret seigneur principal de Margency au XVIIe siècle. Une brochure qui s'attaque au calendrier grégorien et datée de 1707, est de Me Touraine, curé au même lieu. On compte alors dans ces villages de Margency et d'Andilly 425 habitants. En 1699, c'est la comtesse de la Marque, Jeanne de Saveuse, qui a la seigneurie. L'église de Margency parvient à cette époque à n'être plus l'annexe de celle d'Andilly, mais ce n'est pas sans grands débats. Les habitants du hameau exposent au cardinal de Noailles que le curé de la paroisse ne veut plus descendre pour dire la messe, qu'ils sont séparés par un quart de lieue de l'église paroissiale, et que les chemins sont raboteux ; que l'église de Margency a déjà ses fonts baptismaux, et un cimetière, et 500 livres de rente pour une cure. Bucaille, pasteur d'Andilly, s'oppose à cette distraction, en offrant 150 livres par année pour qu'il y ait seulement un vicaire dans l'annexe. Robert Aubry, seigneur du même village, résiste pareillement à l'érection d'une cure en double emploi. Les Grammontins, qui ont voix au chapitre en vertu de leurs droits sur la paroisse, et d'un gros qu'ils payent tous les ans, consentiraient peut-être à ce que la paroisse fût géminée, si la nouvelle cure les déchargeait d'avance du double impôt. La comtesse de la Marque parle à son tour, et elle fait pencher la balance du côté de sa seigneurie, en y mettant 800 livres qu'elle destine à l'établissement d'un presbytère et 300 livres de rente qu'elle ajoute aux autres 500. Son Éminence accorde à la comtesse, sur sa demande, le droit de présentation à la cure, pour elle et pour ses successeurs, mais en se réservant le droit, comme archevêque, d'y pourvoir pour la première fois ; de plus la dame obtient que tous les soirs une prière soit dite et le catéchisme fait, dans la nouvelle paroisse. Le curé et les habitants sont chargés, par le décret même qui érige la cure le 13 mai, de faire une procession à l'église matrice le jour de Saint-Médard, et d'y entendre la grand'messe ; la cure est grevée, au surplus, d'une redevance annuelle de 30 sols, au profit de celle d'Andilly ; même somme sera payée par la fabrique nouvelle à l'autre fabrique.

En 1649, la veuve du président La Fayette a une terre à Margency. Jean Robert de Hélin, conseiller au parlement, y est propriétaire vingt ans plus tôt; victime des guerres religieuses dans lesquelles le prince de Condé joue un grand rôle, Hélin est tué en frappant à la porte de son père, rue Vieille-du-Temple. L'église locale, dédiée à la sainte Vierge en 1548, par Boucher, évêque de Mégare, mais existant déjà comme annexe en 1519, bien qu'on dise alors de l'église d'Andilly *Ecclesia de Andeliaco et Margentiaco*, a déjà grand besoin de la réparation de fond en comble qui est faite vers 1650. Si l'on remonte au xv° siècle, le domaine seigneurial de Margency, confisqué sur Jean Vau-du-Bois, est donné par Louis XI à Regnaud le Turc. Puis nous y retrouvons les Braque; mais il n'est pas certain qu'ils soient alors les seigneurs principaux de l'endroit. Nicolas, père du seigneur Jean Braque de Montgarny, dispose du fief Treillan ou Trellin, qu'il vend à Nicolas Boisselet; mais il lui reste 40 arpents de bois, au « quartier du fond des Aunoys. » Le père de ce Nicolas Braque n'a pas d'autre prénom que lui, il est maître d'hôtel des rois Jean, Charles V et Charles VI ; c'est lui-même qui achète, de Bery de la Bove, la maison, le jardin et le quartier de vigne du fief Trellin, pour y installer sa famille.

ERMONT.

Jean de Gisors a déclaré tenir de Philippe-Auguste tout ce qu'il possédait à Ermont et auprès, *quidquid habet apud Tor et Ecclesiam de Ermeron juxta Aquam Bonam*. Il possédait l'église, quoique seigneur purement laïque. Pierre de Montlignon et noble homme Charles Daniel, écuyer, seigneur de Cernay, fondateur d'un service religieux local en l'honneur de saint Léonard et de sainte Luce, y étaient inhumés plus tard. Ce temple avait deux saints du martyrologe pour patron, saint Étienne et saint Flaive, représenté avec les insignes pontificaux à l'extérieur d'une châsse contenant des reliques. Il y eut en effet un saint Flaive évêque de Rouen, au vi^e siècle, et ses reliques étaient honorées à Saint-Martin de Pontoise, abbaye dont relevait le prieuré de Saint-Prix; les Gisors, seigneurs de Saint-Prix et d'Ermont, avaient de fréquents rapports avec les dits religieux de Saint-Martin, particulièrement dévots à la mémoire du saint évêque de Rouen. Le patron de l'ermitage de Sannois et d'Ermont pouvait avoir été prélat ; mais il passait surtout, dans le pays, pour avoir gardé les moutons, sans qu'on y vît la plus petite allusion à ces ouailles pourvues d'âmes dont l'évêque d'un diocèse est le chef spirituel ; ce berger, disait-on, avait été traité comme Joseph chez la femme de Putiphar, par la dame dont il menait paître le troupeau, et il avait laissé entre ses mains le manteau du laïque, pour s'enfuir serviteur de Dieu et de l'Église. En tout cas la paroisse était en excellente odeur de sainteté ; les enfants de Pontoise étaient, dans l'origine, apportés à Ermont, pour y recevoir le baptême. Dans le commencement du XVIIe siècle, François Texier, écuyer, seigneur de Cernay, et Nicolas Quintaine, curé d'Ermont, conçurent des doutes quant au jour où il fallait célébrer l'anniversaire de la dédicace de l'église paroissiale ; l'archevêque ordonna, le 20 août 1627, qu'on fît comme par le passé, et que ce fût le 3 août, jour de la fête de saint Étienne.

Le grand prieur de France était seigneur d'Ermont, dans le principe ; les templiers s'intitulaient aussi seigneurs du fief de Cernay en partie. C'est le cas de reconnaître qu'il y avait le grand et le petit Cernay, celui d'Ermont, celui de Sannois, qui d'ailleurs se donnaient la main à travers la ligne indiquée aujourd'hui par un chemin de fer. Sur la fin du siècle XVIIe, et par suite des ventes faites par le prince de Condé, Melchior Blair possédait les deux domaines nobles d'Ermont ; il y décéda en 1744, à l'âge de 87 ans. Il avait eu de son épouse, dame Henriette Brinon, Louis François de Blair, reçu conseiller au parlement de Paris en 1709, et depuis chef du conseil de la princesse de Conti de la Roche-

Guyon. Ce magistrat garda la terre seigneuriale, et il la transmit à son fils, maître des requêtes [1].

Ermont, qui s'est aussi écrit Hermont, Ermon, Ormont, n'est plus un village comparable à ceux qu'il avoisine. L'enjouement et la mignardise en sont à peu près exilés. Le bon esprit de la population rachète maintenant les torts qu'on a prêtés à la génération qui a vu la Révolution, et l'administration de la commune, confiée à des cultivateurs, profite avec sagesse et légitime satisfaction des libertés conquises par la démocratie moderne. La richesse des cultures n'en fait que croître et embellir. Ce village n'est-il pas, à tous égards, la seconde ferme de la Vallée? Pourtant l'élément citadin n'y manque pas autant qu'à Deuil, qui tient le premier rang comme cellier et comme grenier d'abondance. Ermont compte plus d'un bourgeois. Le général Decaen l'a habité avec délices, ainsi que M. Lacheurié, et ce dernier est le beau-père de M. Panel, qu'on y retrouve.

[1] *Mercure de France*, octobre 1737, mai 1744.

PIERRELAYE.

Le doyenné de Montmorency était le plus considérable du diocèse de Paris; mais la paroisse de Pierrelaye, en dépit des mérites de saint Jean-Baptiste, son patron, n'avait pas la même importance dans la circonscription du doyenné. La chaussée de Jules César, qui passait aussi à Ermont, traversait le village; on en ressaisit les vestiges. Matthieu le Bel, en 1125, reconnaissait avoir donné en fief à un nommé Pierre la terre de Pierrelaye, *apud petram latam;* une large pierre, trop large pour qu'on la prît pour une aérolithe, avait servi de marraine à l'endroit, qu'on appelait encore Pierre-Late en 1626. La cure était à la présentation de l'évêque, du XIII° au XVI° siècle; puis les religieux de Saint-Denis furent tout à fait seigneurs de la paroisse, sans y avoir ferme ni château. La terre se contentait de produire à l'abbé un assez bon revenu, depuis un temps immémorial; lorsque l'abbé Henri, qui était en contestation avec l'évêque Eudes de Sully, au sujet de la procuration due au prélat par le prieuré d'Argenteuil, trancha le différend en promettant chaque année 6 muids de grains, moitié en mars et moitié au retour de l'hiver, il fut donné pour hypothèque le produit des terres monacales de Montigny, d'Herblay et au besoin de Pierrelaye, pour assurer le revenu promis; c'était en l'année 1207. Deux ans plus tôt, Matthieu de Montmorency, traitant avec les habitants de Groslay, faisait figurer Guy de Pierrelaye au nombre de ses garants ou pleiges. Le même seigneur Guy, quand il se disposait, en 1216, à partir en croisade contre les Albigeois, voulut mettre en paix sa conscience et déclara, en présence de Garnier, doyen de Sarcelles, que le bois de Hoscel, dont son père et lui avaient joui, devait être restitué aux religieux de Saint-Denis. Il exista aussi un Guillaume de Pierrelaye en 1230; à neuf ans de là sa veuve donnait à l'abbaye de Livry tout le bien qu'elle avait à Clichy en Launois. En 1692, une maladie putride se déclara dans le village; les habitants promirent, dans ce désastre, de faire une procession annuelle à Notre-Dame de Pontoise, et le châtelain y accompagnait ses vassaux. Tous ces seigneurs relevaient des sires de Montmorency, leur titre était indépendant de la suprématie des moines, autre seigneurs de la localité. Leur château sur la place de l'église, fut la propriété du prince de Carignan, avant d'appartenir à Mme de Bois-Garant, qui quitta le pays en 1793; M. de Cambrefort, successeur de cette dame, fut remplacé lui-même par M. Hippolyte Gas, inspecteur du Trésor en 1812. M. Guillard, maire de Pierrelaye, habite une maison élevée sur la partie avancée du sol de l'antique fief. En ce qui est de l'ancienne église, on en remarquait de loin la tour ; sa nef et sa croisée n'annonçaient pourtant pas de près qu'elle eût pris part aux libéralités de ses seigneurs ecclésiastiques. Il est à remarquer, en général, que les églises annexées aux opulentes abbayes étaient pauvres; les laïques reportaient sur le chef-lieu, en pareil cas, la pieuse magnificence dont aurait eu besoin la succursale. L'église nouvelle, en revanche, est assez riche; si elle n'a coûté que 44,200 francs, c'est qu'en 1851, époque de la construction, tout était trouvé à bon compte et principalement l'architecture ecclésiastique. Ce travail fait vraiment honneur à M. Blondel, architecte du département de Seine et Oise, et à M. Gignier, l'entrepreneur. Sous le chœur du temple moderne ont été replacées des tombes, trouvées dans l'édifice qui depuis longtemps n'était que ruines.

La commune, presque aussi voisine de Pontoise que du Plessis-Bouchard, est entourée des jolis bois de Poille, des Courtins, de Maubuisson, et autres, qui rappellent ceux de Vincennes au temps de la reine Blanche; les bouleaux y donnent un ombrage favorable aux rêveries et aux causeries à deux. Les balais de chiendent constituent l'industrie locale; elle est modeste et de caractère alsacien. Mais le seigle et l'avoine, grâce à leur bonne qualité, relèvent le niveau de la prospérité de la commune. On ne comptait que 100 feux au XVIIe siècle; la population d'aujourd'hui est de 950 habitants. Pierrelaye est par malheur exposé de nos jours à un nouveau supplice de Tantale : la voie ferrée traverse le territoire, les convois s'y succèdent avec fracas sans crier gare, et on lui refuse l'avantage d'une station; celle d'Herblay n'est pas tout près.

FRANCONVILLE.

Distinguez une maison à Franconville, à l'entrée de la ruelle qui conduit à Ermont ; M. Pochet en est le propriétaire ; jadis elle faisait deux maisons, ayant leurs dépendances distinctes. M. Cadet de Vaux, chimiste et député, était propriétaire de l'une ; M. Guillaume de Bure, célèbre bibliographe, habitait l'autre. Leroy, marchand de modes rue Richelieu, fournisseur de l'impératrice Joséphine, s'y reposa aussi d'avoir coiffé les plus élégantes femmes de Paris, comme si c'eût été une fatigue : dans la parodie de la *Vestale*, Jouy mettait en scène ce *Le Roi*, Majesté du royaume des marabouts et des oiseaux de paradis. M. de Tressmanes, ancien évêque de Glandève, occupait cette résidence, peu d'années avant la convocation des États-généraux. Le comte de Tressan, traducteur de l'Arioste, est le plus illustre des prédécesseurs de M. Pochet ; quand il y eut atteint 70 ans, ce fut une fête dans la maison ; mais il vécut encore plusieurs lustres, et à 80 ans déjà sonnés, il tournait des vers gaiement touchés ou frais de coloris, comme ceux qu'il a intitulés *Les charmes de Franconville*. Mme de Luxembourg était devenue dévote en vieillissant, et le poëte dont les épigrammes l'avaient autrefois inquiétée était resté le même. Elle élevait Mme de Lauzun, sa jeune parente, et toutes les années, disait-on, que celle-ci passait sans amant, ôtaient à la princesse dix des amants qu'elle avait eus ; c'était une pénitence en partie double. On raconte qu'à Sannois elle rencontra un jour Tressan, déjà barbon, et qu'elle l'aborda par une révérence, au moment même où il tournait la tête pour éviter une confrontation ; la dévotion et les années avaient émoussé sa rancune, et elle alla, dans l'enjouement de sa miséricorde, jusqu'à consulter l'homme d'esprit sur quatre vers qu'elle cita, et, dont une fausse version avait dès lors circulé publiquement. L'incognito n'étant plus à soutenir, le comte de Tressan mit toute la bonne grâce du monde à déclarer que son quatrain n'était pas à l'adresse de M. de Boufflers, premier mari de la princesse, mais bien à l'adresse de sa femme. On devait donc dire :

> Quand Boufflers parut à la cour,
> De l'amour on crut voir la mère ;
> Chacun cherchait l'art de lui plaire,
> Et chacun l'avait à son tour.

M. Hippolyte Passy, de l'Institut, est propriétaire au même lieu du très-bel hôtel de campagne de M. de la Crosnière, conseiller en la cour des Aides. Ce magistrat, dont l'esprit avait des saillies et dont la robe cachait un homme qui aimait à rire, était recherché dans les cercles ; il avait une famille nombreuse et très-unie. A l'époque où le roi Louis XVI avait pour distraction de confectionner des serrures, M. de la Crosnière était horloger par plaisir. Plusieurs pièces de sa maison étaient remplies de pendules, son ouvrage, qu'il était fier de mettre sous les regards des connaisseurs. Son parc, dessiné par Le Nôtre, était déjà fort remarquable ; il comportait une grande pièce d'eau, un kiosque placé sur un rocher à travers bois et une salle de danse champêtre.

La maison Rouge, comme on dit vulgairement, a appartenu à M. de Cassini, de l'Académie des Sciences, directeur de l'Observatoire, petit-fils de l'impérissable Jean-Dominique Cassini. Mais la maison Rouge a été réunie à la seigneurie de Franconville, possédée plusieurs siècles avant, c'est-à-dire à la fin du XIVe, par Bertrand de la Val. Périnette de Villiers-le-Sec, veuve de Charles de Montmorency, formulant, en 1392, une réclamation de douaire, avait déclaré qu'il était assis en partie sur le fief de Bertrand. En 1639, messire Louis de Gissard, seigneur de La-Pierre-Saint-Maclou, avait été en même temps seigneur de Franconville, et il y avait demeuré avec Catherine de Boniface, son épouse. L'an 1697, le sieur Boutet, capitaine au régiment de Picardie, s'était qualifié pareillement sire et châtelain de Franconville. Juillet, secrétaire du roi, avait ensuite possédé la même terre, avec moyenne et basse justice, et après lui sa veuve ; puis Alexandre, comte de Longaulnay, sire et marquis de Beauvoir en Bourbonnais, en avait joui en qualité d'époux de Marie-Geneviève Juillet. Mmes de Longaulnay avaient succédé au marquis ; leur bienfaisance, prenant mille faces, était de notoriété publique. De nouveau furent réunis, à cette époque, la seigneurie de Franconville et le fief de la maison Rouge. Le duc de Montmorency ne craignit pas de relever d'un duc et pair de sang royal, là où ses ancêtres étaient maîtres ; c'est pourquoi il fut l'acquéreur des dames de Longaulnay, un peu avant la grande révolution ; et il allait faire bâtir un château dans le fond du parc, dont une cave subsiste encore ; son intendant mourut, et comme il avait un passeport, on l'inscrivit sur la liste des émigrés. M. Bouju père, notaire à Franconville, qui avait eu l'honneur de recevoir le testament de Saint-Lambert, réclama, mais en vain, pour M. de Montmorency. Le domaine s'en alla grossir celui de l'Etat. M. Bouju fils, qui a été lui-même notaire et maire de la commune, acheta la propriété en 1829 ; mais il la fit offrir au même prix à M. le duc de Montmorency, qui refusa de profiter de la gracieuseté très-féale de son ancien vassal, devenu son égal.

Or le comte Camille-Claude d'Albon, seigneur d'Yvetot, acquit, vers 1780, une propriété spacieuse, dont une partie du domaine actuel de M. Bouju dépendait. Les objets d'art ne manquaient pas dans ses galeries ; on y trouvait le portrait d'un Calabrais, par Solimène, celui de Pie VI, par Pompéo Battoni, celui de saint Jérôme, par Luchési. Une bibliothèque de 30,000 volumes servait de glorieux précédent à celle de M. Bouju, qui toutefois est encore belle et bonne ; on y remarquait une *Bible* de Mayence, sur vélin, la collection entière des *Conciles*, un magnifique Salluste d'Espagne, envoyé à M. d'Albon par l'infant don Gabriel, auteur de cette traduction ; des éditions-princeps des Vascosans, d'Elzévir, de Glaskow, de Baskerville, de Brindley, de Sanoby, et des manuscrits originaux. Une pharmacie était au-dessous de la bibliothèque, et les habitants pauvres de la contrée y avaient recours ; un laboratoire de chimie et un cabinet d'histoire naturelle attenaient à l'officine pharmaceutique ; la machine électrique jouait un grand rôle dans les guérisons merveilleuses opérées chez le châtelain. Le parc, réalisé sur les plans du poëme des *Jardins*, de l'abbé Delille, était rempli jusqu'au débord de curiosités pittoresques ; l'Italie, la Suisse, l'Espagne, la Hollande s'y retrouvaient en miniature. Le visiteur y rencontrait un *Bosquet de Clarence*, rappelant la *Nouvelle Héloïse*, une *Chapelle au Christ mourant*, planant sur des ténèbres effroyables et contenant, dans des armoires, une crosse et une mitre d'Antoine d'Albon, comte, archevêque et gouverneur de Lyon, un chapeau de saint François de Sales, des vases précieux, des missels rares, des morceaux de la vraie croix, des médailles, des chapelets, un calice de saint Goëric d'Albon, évêque de Metz au xie siècle. Les Folies de Chartres (Parc Monceaux) n'offraient rien de plus ingénieux, de plus varié que cette propriété de Franconville. Un monument y était élevé *à Guillaume Tell et à la Liberté* : le chapeau du restaurateur de l'indépendance helvétique avait été attaché à un arbre piqué sur des décombres. Une pyramide surgissait *A la mémoire de Jean d'Albon, maréchal de Saint-André et de Jacques, son fils, également maréchal*; des armures de ces héros enrichissaient l'édifice commémoratif. Une nappe d'eau, sur la hauteur, était voisine d'un buste de Franklin, qui avait habité le village de Franconville. Un buste du marquis de Mirabeau n'était pas éloigné d'une tour gothique, observatoire dont s'était servi Cassini, et d'un monument à Boërhaave, un des maîtres de Bordeu. L'Amour et les neuf Muses, des philosophes, des poëtes, le dieu Priape apparaissaient à côté du dieu Pan, tourné vers le bois de Boissy, et un orgue jouant quarante airs réjouissait les oreilles de marbre du dieu Pan. Des volières, des ruches, des kiosques chinois, des chalets, une laiterie, une bergerie, une pêcherie, un moulin, une forteresse garnie à l'intérieur de tapisseries du XVe siècle, un cabinet d'astronomie, d'où la vue était sans pareille, le *Pont du Diable*, avec légende tirée du *Roman de la Rose*, un atelier d'horlogerie, un ermitage à la Jean-Jacques, une *Caverne de Young*, une *Fontaine de Vaucluse*, tels étaient les détails qui se heurtaient sans se confondre. Une *Fontaine des boulangers* avait été précieusement conservée, où les gens de cette profession avaient autrefois puisé de l'eau. Une salle de jeux, plantée de frênes, entourée de bassins où naviguait une gondole vénitienne, servait à recevoir tous les habitants de la campagne. Ainsi M. d'Albon comptait parmi les grands seigneurs acceptant les idées nouvelles, et sa présence à Franconville était fastueuse, intelligente et bienfaisante. Il allait jusqu'à faire enlever un aérostat dans son domaine, le 16 janvier 1784, et la science de l'aéronaute l'eut pour adepte, avant que le prince Louis, frère de Napoléon III, et lui-même enfant de la Vallée, s'en occupât avec prédilection. C'était l'ancien ami du célèbre botaniste Haller, auquel il avait dédié un mausolée dans sa propriété, tombeau servant de pendant au mausolée de Court de Gébelin, philologue et protestant, exhumé pour être enterré dans le jardin de la maison Rouge. De plus, deux ou trois académies de province le comptaient parmi leurs membres, et il avait publié des écrits, plaisantés, il est vrai, mais lus par

Rivarol, et il avait fait maints voyages. Enfin M. de Tersac, curé de Saint-Sulpice, était aussi un des hôtes familiers du charitable comte d'Albon. Malgré ces points d'appui fort honorables et solides, la raison de Camille d'Albon, dont les vannes s'ouvrirent sans mesure, finit par se noyer dans les ruisseaux de ses prairies ; ou bien ses esprits s'envolèrent dans leur contemplation des mouvements célestes. Le bonhomme mourut plus que fou, en 1789, après avoir attenté à la vie de son épouse, Charlotte-Angélique d'Albon, amie de la marquise de Pracontal. Il avait consacré un obélisque à la gloire de sa femme, son idole en style lapidaire ; mais il avait failli en faire un mausolée de destination piaculaire, en disposant non loin de là un souterrain secret pour l'y ensevelir toute vivante. Ce projet fantasque avorta, et on en regarda la tentative d'exécution comme le résultat d'un accident de terrain artificiellement pittoresque; mais l'infortuné descendant du maréchal de Saint-André n'avait déjà plus sa raison.

Franconville a servi d'asile pendant l'été au contre-amiral Hamelin, oncle de S. E. le ministre de la marine; un des membres de cette famille l'habite encore. MM. le vicomte de Mentque, Francis Lefebvre, le docteur Alline et Girard, marchand de vins en gros, y figurent parmi les notabilités. Le maire de la commune est aussi son notaire. En somme, c'est un fort joli bourg, situé au bas de la colline, entre Sannois et le Plessis-Bouchard. Ce qu'on y couvre de beaux paniers de cerises, avec des feuilles de marronnier, à destination de Paris, effrayerait peut-être Gargantua. Le froment et le vin viennent ensuite. Comme il y a un bon nombre de lieux du même nom, notre Franconville se distingue par l'arrière-nom de la Garenne. Les anciens disaient *Francorum villa*.

Comment reconnaître dans l'église d'à présent celle de Sainte-Madeleine et de Saint-Flaive, bâtie par le seigneur Bateste, allié à la famille d'Harcourt, et chevalier au XIII° siècle? La cure était à la nomination de l'évêché de Paris. Jean Perrier, curé du lieu, vivait au siècle XIV. Le 3 juin 1657, l'archevêque permettait d'exposer dans l'église une croix enrichie de bois de la vraie croix, léguée à la paroisse par Simon Rocolet, imprimeur à Paris, le 28 juin 1657 ; Rocolet tenait cette relique de son oncle, Simon de Vaux, dont le père, parfumeur du cardinal de Bourbon, l'avait eue de Son Eminence. En 1237, il y avait à Franconville une léproserie bien rentée, recevant les malades du lieu et d'Argenteuil, d'Herblay, de Pierrelaye et autres villages. Elle tint bon jusqu'aux guerres civiles de la Ligue et de la Fronde, qui la mirent à sac, et elle fit fusion avec l'hôpital d'Argenteuil. Martin le Marinel, curé en 1626, supplia l'archevêque d'établir dans sa paroisse des sœurs de charité et de commettre messire Vincent de Paul, prêtre et principal des Bons-Enfants, pour présider à leur installation. L'intention était louable, l'approbation du prélat ne fit pas faute ; seulement l'établissement dura peu de temps.

Aussi bien le suzerain direct que Franconville doit s'honorer, avant tout, d'avoir eu, c'est l'abbé Suger, qui en portait le titre volontiers. Une charte de 832 prouve que, même avant Suger, le revenu de cette localité défrayait le vestiaire des religieux de Saint-Denis. Louis, supérieur de l'abbaye trente ans plus tard, partagea diverses terres entre lui et ses religieux, qui eurent dans leur lot Franconville, territoire qui était à cheval sur l'ancienne chaussée romaine allant de Pontoise à Lutèce. Suger augmenta le revenu de Franconville de 80 sols de rente. En 1203, le trésorier des moines, du consentement de l'abbé Hugues, faisait une part au couvent d'Argenteuil dans la totalité de ce revenu ; mais quinze années ne s'étaient pas écoulées que leurs droits collectifs se trouvaient compromis par les empiétements de Matthieu de Montmorency. Les religieux portèrent plainte à Gisors, devant Philippe-Auguste, qui nomma des arbitres chargés de décider si le fumier placé devant les maisons devait entraîner une amende, si la corvée se trouvait due en raison des nouvelles bâtisses, si le four construit sur les lieux, dans une maison déjà grevée du droit de gîte et de corvée au profit des moines, four au surplus qui faisait concurrence à celui qu'exploitait un officier de l'abbaye, ne devait pas être abattu. Au XVII° siècle, les religieux de Saint-Denis n'avaient plus qu'une portion réduite de la terre, avec la haute-justice de compte à demi avec le prince de Condé. Le fief dit de la Ville et Prevoté, puis d'Albiac, et sur lequel s'élevaient la maison de justice et l'église, relevait encore de l'abbaye, du temps de Lebeuf, bien qu'il fût tenu alors par le seigneur de Franconville.

D'autres droits que ceux de Suger avaient pris racine dans le sol. Au commencement du XI° siècle, le chevalier Philippe était reconnu seigneur par l'abbaye, à laquelle il avait donné un bien à Bessancourt. Un autre chevalier, Yves Bouches, était dans le même cas en 1190. Le prieuré de Saint-Martin-des-Champs avait une rente à Franconville, confirmée par l'évêque Thibaud vers 1150. Les seigneurs de Montmorency avaient, dès le même siècle, des censives impliquant haute-justice sur la moitié de la paroisse. Burchard et Matthieu gratifièrent aussi quatre abbayes de leur droit de péage sur la route de Paris à Rouen, savoir : Saint-Martin-des-Champs, Saint-Martin de Pontoise, Sainte-Honorine de Conflans et Cluny. L'autre Matthieu, chambellan de France en 1293, regardait les habitants de cet endroit comme faisant partie de la gent de sa terre de Montmorency. Le fief Bateste, assis presque en face l'église, relevait du duché de Montmorency et était tenu par le seigneur local ainsi que le domaine de l'abbaye. Le travers ou droit de barrage se trouvait érigé en fief ; mais il avait fini par glisser des mains monacales, pour entrer dans le bien du roi, représenté par le prince de Condé. La petite terre noble de Bertin faisait réserve ; les Bertin, famille de cultivateurs, qui la possédaient, rendaient hommage au seigneur de Franconville.

BOUFFÉMONT.

Le camp de César, situé dans les bois de Baillet, n'était pas éloigné du territoire de Bouffémont, appelé aussi Valenciennes-sous-Forêt, probablement à cause des dentelles qui y étaient l'ouvrage des femmes. Il y a eu plus d'un Bouffé, seigneur du lieu. Hugues dit Tirel donna la terre à l'église de Saint-Martin-des-Champs, sous le bon plaisir de sa femme et de son fils Gautier, du comte Dulphe et d'Etienne, évêque; mais il réserva pour les habitants le droit de faire du bois dans la forêt pour leur usage, qui leur fut contesté seulement sous les Condés, même avec redevance. L'église de Saint-Georges fut rebâtie au xviii° siècle; elle tombe en ruine de nos jours; M. l'abbé Thomas, frère de l'instituteur d'Enghien, n'a pas même de presbytère, car l'ancienne maison curiale appartient à M. Hacos. On remarque toutefois dans l'église une belle copie du Christ de Van Dick, par Desmoulins, donnée par Mme Giraudeau, artiste consommée et poëte très-agréable, qui habite le château actuel de

Bouffémont, bâti par Giraud. Un des cantons de la paroisse s'appelait Rémolée ; il emporta longtemps droit de justice haute, moyenne et basse, relevant du roi, et le revenu s'en élevait à 4,600 livres ; le bois Saint-Père en faisait partie, ainsi que le cimetière de Sainte-Radegonde, lieu funéraire de Bouffémont, relié par la ruelle du couvent à ce village, qui ne fut autorisé qu'en 1727 à inhumer les siens près de l'église. Le prieur commendataire de Saint-Martin-des-Champs, messire de Lionne, donna la terre seigneuriale par emphytéose à Rigault, vers la fin du XVIIe siècle ; la veuve de ce dernier épousa de seconde main le sieur Parent, et ses deux filles furent dames de l'endroit après elle. L'ancien château a changé quelque peu de place, attendu qu'il s'élevait tout près de la fontaine des Prêtres, qu'il ne faut pas confondre avec la fontaine dite des Fièvres, dans la direction de Chauvry, et où se guérissaient bien des malades. M. Vallée, ancien fournisseur des armées, devenu légèrement misanthrope, est le beau-père de M. Giraudeau, homme du monde lettré et médecin ; celui-ci est pourvu de son domaine particulier ; celui-là, maire de la commune, jouit également d'une propriété magnifique, enrichie de belles plantations, d'eaux vives et d'une vue des plus étendues. Juret, dit Préval au théâtre, financier du Palais-Royal et du Gymnase, habitait Bouffémont avant le docteur Giraudeau ; Legrand, qui a créé *Werther*, et Danières dans *Le Sourd*, est mort chez son ami Préval.

Mais M. Landon, avocat, a fondé une villa, dans laquelle s'est retiré, avant l'âge d'en finir, l'inimitable comédien qui nous a fait connaître Mignot, Vatel et tant d'autres personnages morts pour la seconde fois depuis qu'il n'est plus là pour les ressusciter. Bernard-Léon vit auprès de son fils, qui promet à notre génération un excellent paysagiste. L'Odéon, l'Opéra-Comique, le Gymnase et le Vaudeville ont partagé en frères le revenant-bon de ce talent, qui n'a rencontré qu'une seule chute, celle du théâtre de la Gaîté, incendié en 1835, pendant que Bernard-Léon le dirigeait avec succès.

Une anecdote peu connue se rapporte à l'époque où commençait la grande réputation de Bernard-Léon et de Léontine Fay. Scribe avait prié notre artiste de jouer, pendant les trois premières représentations, le petit rôle du notaire Guichard, dans *la Petite sœur*, charmant vaudeville composé pour l'enfant-prodige. Gonthier était fort étonné que son éminent camarade répétât ce rôle accessoire sans proférer la plus petite objection ; à la dernière répétition, ce fut un événement quand Bernard s'avisa d'entrer en scène avec la langue à demi paralysée ; il bégayait. — C'est une charge ! s'écria l'auteur. — Oui, dit l'acteur, c'est une charge de notaire. J'allonge mes 40 lignes et j'en ferai 80. Il me manque un couplet au public, voulez-vous le faire ? — Pour le bégayer ? — Oui,... Mon... sieur. — Je m'en garderai bien. Faites-le vous-même puisque vous êtes si fort... Ce lambeau d'autorisation, arrachée à Scribe, suffit au bègue pour lui donner la verve ; il s'en fut près de M. Coupart, au ministère, et il lui fit viser un petit couplet de sa façon. Scribe, à vrai dire, espéra jusqu'à l'heure de la représentation que l'artiste renoncerait à marcher contre ses avis ; mais il eut pour surprise la réussite complète du père Guichard, précisément à cause des articulations comiques de chaque syllabe. La toile

allait descendre sur un succès déjà complet, lorsque
Bernard-Léon s'avança pour chanter son octave révolutionnaire. Mercadier, gascon et souffleur, sortait à mi-corps de son trou pour lui dire avec son accent méridional, que le manuscrit était muet à l'endroit du vaudeville final, et pour lui rappeler les règlements. —
Né chaintez paz, lui criait-il. — Comment ne p... as chan... ter, répondit le bonhomme Guichard en s'adressant aux spectateurs. Mes... sieurs, par... don, mais l'au... teur s'y op... pose... Alors tout le public de rire et d'applaudir, en réclamant le couplet prohibé! Bernard-Léon, à la grande inquiétude de l'auteur et du directeur, chanta ceci sur l'air *de la Poupée :*

>On... m'a vu... dans... mes jeunes ans
>Faire ma cour aux... demoiselles,
>Et... j'enflammais tou...tes les belles ;
>Je ne suis plus dans mon... printemps,
>Je ne trou...ve que des cru....elles (*bis*).
>Par....fois j'offre..... encor mon encens ;
>Mais mon atten...te est bien trom...pée :
>Pauvre Guichard! ah!... l'heureux temps
>Où tu jouais à la pou...pée,
>Où tu jouais à la pou....pée...
>   A la pou...pée!

— Bis, bis! demanda toute la salle. Le directeur, après la pièce, offrit une gratification au comédien, pour jouer le rôle plus de trois fois, et le couplet, chaque soir, couronna l'œuvre ; seulement il n'est pas imprimé dans les œuvres complètes de Scribe.

CHAUVRY ET BÈTHEMONT.

Odon de Chauvry, chevalier, Jean de Chauvry, époux de Laurence, frère de Raoul, Gauthier, Simon, Pierre de Chauvry, Renaud de Musavène, Odon de Chauvry, frère de Radulfe, Matthieu de Bèthemont, écuyer, Jean de Bèthemont, qui vient après, tels sont les seigneurs dont les noms rappellent des donations locales antérieures au siècle XIIIe. En 1240, il y avait à Chauvry une léproserie, sur la limite d'une terre offerte aux religieux du Val; Burchard lui avait légué 100 sols trois ans avant. Le roi avait alors des bois sur cette paroisse, que possèdent aujourd'hui MM. de Salins, et qui confinent aux bois de la grande Compagnie de la rue de Ménars. Le douaire de Périnette Villiers, femme de Charles de Montmorency, était assis sur les étangs de Chauvry, au XIVe siècle. Pierre Pilatus y avait gratifié d'une terre le prieuré de Conflans-Sainte-Honorine. Simon de la Queue, chevalier, reconnaissait vers le même temps qu'il tenait de la famille des Montmorencys, par sa femme qui en était membre, des biens à Bèthemont, dans lesquels avait part Guy de Courlandon. En 1420 à peu près, Guillaume Sanguin, chanoine du roi, acheta Chauvry et Bèthemont, en grande partie. Mais la division était faite lorsque Geoffroy de Longueil, avocat, et ensuite son gendre, rendant hommage directement à Henri de Montmorency, étaient les seigneurs de Chauvry, et lorsque Pernelle de Villepereur s'appelait dame de Bèthemont, dont elle possédait la moitié. Claude Motier de La Fayette était seigneur de ce dernier village en 1524; c'était le descendant d'un maréchal de France, c'était l'un des ancêtres de Mlle de La Fayette, aimée par Louis XIII, du comte François de La Fayette, mari de l'auteur de la *Princesse de Clèves*, et du général La Fayette. L'autre village, en 1610, appartenait à Gabriel de Colignon, secrétaire des commandements de la reine Marie de Médicis, qui eut pour successeur Joseph-Antoine de Colignon, époux de Suzanne-Éléonore de Maillé de la Tour-Landry, morts à Chauvry à deux ans de distance l'un de l'autre. Puis venaient à Bèthemont, François Pajot, conseiller au parlement, François Macé-Camus, maître des requêtes, et le marquis de Novion, qui vendit à un des Montmorencys son beau château, qui appartint ensuite au prince de Conti; aujourd'hui ce n'est plus qu'une ferme possédée par Mme la comtesse de Lanjuinais et tenue par M. Bouresche, maire de la commune, dont la femme est la fille d'un tuilier établi naguère à Margency. Le château de Chauvry eut pour maître M. de Boitrac, avant le comte de la Massaye, dont la veuve émigra; les dépendances ont seules survécu; et c'est toujours un beau domaine parfaitement mis en valeur par M. Dalongville, maire de l'endroit, fermier de M. Bleschamp. Mais parlons des églises des deux villages qui se touchent dans l'histoire, comme par position géographique. On ne sait pas d'où relevait, comme collation, celle de Chauvry, dédiée, en 1547, à la sainte Vierge et à saint Nicolas, aux frais de M° Thomas Clouët, natif de Bessancourt, chanoine de Montmorency, trépassé le 8 juillet 1549. La cure de Bèthemont était, du moins, à la nomination de l'abbé du Bec, suzerain de l'abbé de Conflans-Sainte-Honorine, et, en 93, un curé fut improvisé, qui n'eut qu'un serment à prêter à la Constitution pour dire la messe; la vieille église tomba de vétusté; on inaugura donc une bonne chapelle à sa place, en 1853, desservie par M. l'abbé Klein, curé de Chauvry. Il s'en faut aujourd'hui que les deux paroisses soient très-riches; on a repris à l'une des biens qu'on a vendus 93,000 francs; l'avoir de l'autre a été diminué tout de même de 60,000 francs. Mais contentement passe richesse.

D'ailleurs, les deux communes sont riches en grains et en arbres fruitiers. Bien qu'elles fassent partie du canton de Montmorency, elles ne se trouvent pas dans la Vallée proprement dite, si ce n'est par correspondance; elles sont en France, comme parle le paysan, et non pas sur Montmorency; il est vrai qu'on a appelé Mont-France tout ce versant de la montagne, et que le paysan est toujours plus instruit qu'un livre en cette matière. Le territoire de Bèthemont est encore plus riche que celui de Chauvry; tous deux sont sur la pente occidentale de la forêt, presque en face Villers-Adam. Il y a le hameau de Vauxelles, entre Chauvry et Bouffémont. Le dernier prince de Condé a fait paver une jolie route de chasse, de Baillet à la forêt par Chauvry, dont les eaux, par exemple, sont un présent de Mme de la Massaye. Puis, en quittant Bèthemont, on reste en France, à moins d'aller à travers bois, et on aperçoit bien des fermes. Celle de Montauglan, ci-devant château, a souvent été prise pour Bèthemont et pour Montubois, autre fief devenu métairie après avoir eu sa chapelle de Saint-Christophe. J'ai oublié de voir si les femmes de ces endroits-là s'occupent toujours à faire force dentelles, comme au XVIIIe siècle. On m'a seulement dit que M. Dubarry est propriétaire, à Chauvry, d'une ferme de 230 hectares, tenue par une riche paysanne qui ne songe ni à plaire, ni à broder, ni même à admirer le coucher du soleil; elle se contente de se lever avant lui, et quoi de mieux ! Le chef-lieu paroissial a 330 habitants; l'annexe, 202.

DOMONT.

Le maire de ce bourg, fort d'une population de 1000 âmes, canton d'Écouen, est M. Contat-Desfontaine, juge consulaire, directeur du théâtre du Palais-Royal, qui a joué également la comédie, sous le nom de Dormeuil, au théâtre Bonne-Nouvelle. En 1847, le 16 mai, M. Desfontaine présidait par une fête d'inauguration à la mise en communication de Domont avec le chemin de fer du Nord, par un service de voiture régulier ; une croix commémorative était bénite en forêt, au carrefour des Quatre-Chênes, route d'Ermont! Pendant les mauvais jours de la dernière révolution, M. le maire, sottement traité d'aristocrate, n'a laissé que peu de temps à son adjoint l'administration d'une commune qui lui doit beaucoup de gratitude, et dans laquelle il a, sur la hauteur, une propriété qui prend et rend aux alentours une vue tout à fait magnifique. L'église Sainte-Marie-Madeleine s'en allait en décombres, depuis 1779; une grange lui servait de nef, une souscription ouverte en 1837 restait insuffisante; un des pivots de la cloche se détacha le jour de Pâques, 4 avril 1847, pendant qu'on sonnait la résurrection ; M. Desfontaine acheta du terrain pour une chapelle, et le vieil dédifice, réparé par une construction, dont la première pierre fut posée le 3 septembre 1850, resta livré au culte. La cloche nouvelle, bénite la même année sous le nom de Louise-Joséphine-Augustine, par M. le curé d'Écouen, avait pour marraine Mme Desfontaine, née Joséphine Ourry, qui s'appelait Esther au Gymnase, où elle avait rempli les rôles d'ingénue avec une distinction et une gracieuse décence que relevaient les charmes d'une jolie voix. M. Bouchon, de Blémur, était le compère de Mme Desfontaine, pour tenir la cloche sur les fonts; M. Brincard, propriétaire d'un opulent domaine, assistait aussi à la fête. M. l'abbé Croze-Marie, curé actuel, est à la tête d'une bonne bibliothèque; son presbytère fut bâti en 1784 par Morisset.

Le 15 août 1806, l'abbé Cailleté, curé, célébrait la fête de l'empereur et le rétablissement du culte catholique, dans cette paroisse que les révolutions avaient cruellement éprouvée. Le 20 germinal an II, le conseil communal avait demandé des secours pour élever un temple à la Raison. Le 5 frimaire, même an, le citoyen Pierre-Joseph Tache, curé, avait provoqué avec éloquence l'hommage à la République des matières d'or et d'argent, après la vente des biens de son église, et il avait donné jusqu'au calice et jusqu'à la grille du jardin de Mme de la Massaye; en même temps il avait déclaré qu'il était prêt à déposer ses fonctions ecclésiastiques, si la commune renonçait à la religion catholique; mais le conseil l'avait requis formellement de reprendre ses lettres de curé et de prêtrise. Le même ecclésiastique, le 14 octobre 1792, avait juré d'être fidèle à la nation et de maintenir de tout son pouvoir la liberté et l'égalité ou de mourir à son poste ; ou l'avait élu officier municipal, l'an I, pendant que Renauld était maire. Le 5 ventôse, an II, l'abbé Tache, après avoir promulgué comme officier municipal la loi qui défendait de porter le costume ecclésiastique hors des églises, et celle qui ordonnait que l'inhumation des morts serait dépouillée de la cérémonie religieuse, ajoutait comme curé : — Je déclare que je donne ma démission, et que dès ce moment je renonce à toutes fonctions quelconques du culte catholique. Et désirant concourir, autant qu'il est en mon pouvoir, aux besoins de la République, je déclare en outre que j'abandonne pour les frais de la guerre la pension de 800 livres que le décret de la convention me laisse après ma démission... Vingt-cinq jours après, il déposait ses fonctions municipales, il remettait les registres de l'État civil, et il quittait Domont. Le 30 janvier 1791, la situation du curé, qui était alors le citoyen Sandrié, avait été plus tolérable ; son serment avait été de veiller sur les fidèles de la paroisse au nom de l'Église, en gardant fidélité à la nation, à la loi et au roi, en un mot de maintenir tout ce qui ne portait atteinte ni à la doctrine de Jésus-Christ, conservée par l'Église, ni à la Constitution décrétée par l'Assemblée nationale et acceptée par le roi. Fuzellier, alors vicaire et aumônier de la garde nationale, avait été encore plus à son aise, grâce à la forme donnée à son serment : — Je ne séparerai pas de mon serment, avait-il dit, trois qualités qui sont en moi, qualités de chrétien, de prêtre fonctionnaire public et de citoyen.

Et pour vous donner une preuve certaine de sa sincérité, je l'étends à ces qualités inséparables. Comme chrétien, je déclare avant tout et je jure de professer toujours la religion catholique, apostolique et romaine. Comme prêtre fonctionnaire public, je jure de remplir mes fonctions avec exactitude, de ne pas vous annoncer d'autre doctrine que celle de Jésus-Christ, enseignée par l'Église. Et comme citoyen, je jure d'être fidèle à la nation, à la loi et au roi, de maintenir de tout mon pouvoir la Constitution... Sur la prière de ses paroissiens, le curé Sandrié avait plus tard prêté le serment civique sans restriction ; puis il avait rétracté ce serment le 15 mai 1791, pour mettre sa conscience en paix, et le vicaire, persistant dans le sien, avait vu l'administrateur du district de Gonesse lui refuser les 150 livres attribuées à son traitement depuis 1785. Il est à remarquer que des gens de Domont étaient encore condamnés à l'amende le 8, le 11 décembre 1791 et le 6 janvier 1792, pour avoir travaillé publiquement le dimanche. Le 17 messidor an III, l'ancien vicaire Fuzellier déclarait légalement dans la commune, qu'il se proposait d'exercer le ministère d'un culte connu sous la dénomination de catholique, apostolique et romain ; l'année suivante il reconnaissait que l'universalité des citoyens français était le souverain, et il promettait soumission et obéissance aux lois de la République. En 1792, le théophilanthrope la Réveillière-Lépaulx avait habité Domont ; mais nous avons déjà eu à parler de ce futur membre du directoire, qui d'abord n'était qu'un ami de Robespierre, combattant avec lui la réélection des constituants, et votant la mort de Louis XVI sans appel ni sursis.

L'église d'à présent a conservé la tombe d'un ancien prieur de Domont ; mais ce n'est ni de l'abbé de Saint-Albin, dernier titulaire, ni de Le Bailly de Breteuil, son prédécesseur. L'église avait été donnée vers 1108 au prieuré de Saint-Martin-des-Champs, sous la direction de Thibaud, par Radulfe le Bel et Livia, sa femme. Le prieuré local avait toute la dîme de vin, la moitié de celle des légumes, au XIIe siècle. Henri de Joigny, chevalier, acquit de Matthieu de Roissy, chevalier, plusieurs arpens qu'il offrit aux religieux, avec ratification de Burchard. Un autre Montmorency du même prénom, en 1190, donna au prieuré deux muids de vin à prendre annuellement dans ses pressoirs et approuva les générosités du seigneur Adam, relatives à 6 muids de grains sur la grange de Domont, et à des deniers payés dans le village à l'Assomption, et au bois de Champ-Mainard échangé contre le bois Remollée, et à un étang que Jean, fils d'Adam, avait donné du consentement de sa mère Idonéa. Adam de Villiers, autre fils du même Adam, voulant obtenir des prières pour Idonéa et pour son mari, avait fait un legs de 6 sols, confirmé par Matthieu en 1214 ; Jean de Villiers, au même siècle, avait fondé une chapellenie dans la maison, déjà composée de sept religieux : un moine y célébrait la messe chaque jour à cette intention devant l'autel de Saint-Jacques, et les biens de cette création rapportaient 40 livres. Jean de Villiers, autre seigneur de Domont, avait appuyé la fondation en 1266.

Aux monastères voisins avaient fait des libéralités : Elisabeth, femme d'Adam de Domont, Adam lui-même, Jean de Villiers, sire de Domont, et sa femme Pernelle de Chaumont. Philippe de Domont, seigneur de Villiers-le-Bel, était mort en 1204, enterré dans notre paroisse près de la chaire des prieurs. Adam, son successeur, en 1216. Un autre Adam de Villiers avait été inhumé sous les cloches du prieuré l'année 1339. Jeanne de Beauvais, dame de Marcy, femme de Pierre, seigneur de Villiers, avait été placée près du chœur. En 1319, Jean de Villiers, sire de Domont, avait consenti à ce qu'un particulier tînt de lui un fief à Versailles. Noble homme Antoine de Champluysant, écuyer, seigneur du lieu, de Manine, de Monsoult, etc., et l'un des cent gentils-hommes de la maison royale, avait eu la même sépulture. Quant à Germain Vialart, prieur de Domont, conseiller au parlement et trésorier de la Sainte-Chapelle, il avait été enterré en 1574 à Notre-Dame de Paris. Le prieuré de ce village avait été donné cinq ans ensuite à Louis Séguier, puis au Père Vidier de la Borde, de l'Oratoire, décédé en 1748. M. de Gaillarbois, comte de Marcouville, avait la haute justice à Domont au XVIIIe siècle.

Les fiefs voisins sont encore là, à notre époque, convertis en villas, en grandes propriétés gouvernées par le droit commun. Ne retrouvons-nous pas Cépoy, pour lequel Philippe d'Aulnay paya un relief à Jean de Montmorency en 1469, et qui emportait haute justice sur Marcouville, et dont relevait le fief de Piédefer, qui a appartenu au marquis de la Salle? Voilà Manine, joli hameau traversé par une route nouvelle, domaine de plaisance bien habité, donné en 1221 aux moines de Domont, par Hervé de Munceod. Ombreval, fief dénué de justice, au nord-ouest du village, appartenait à d'Ombreval, conseiller au parlement. La Rue, autre fief de même sorte, relevant de Domont, a été possédé par les sieurs Bonnet et par les demoiselles Geoffroy. La Chancellerie, éloignée de l'église, était sous la censive de Cépoy. Pygal, c'était une seigneurie au delà de Manine. Un autre fief encore a eu pour seigneur la famille de Braque, notamment Paul-Benoit de Braque, gouverneur d'Auxerre en 1739. Que dis-je! n'y a-t-il pas eu à Domont un palais princier? Jean, fils aîné du roi de France, signait des chartes dans ce lieu en 1338. L'hôtel des seigneurs de Domont était situé à Paris, sur la paroisse Saint-Paul. Il y avait, dans ce village, des galeries murées autour de l'ancienne église ; le vitrage de la nef datait du temps de François Ier ; le prieuré était au midi de l'église ; la maison seigneuriale s'élevait de l'autre côté, à l'angle du portail.

PLESSIS-BOUCHARD.

Près du château de M. Le Fèvre de Pontalis, et en vue de Beauchamp, qui appartient à M. Mascré, non loin du beau domaine possédé par M. Soufflot, c'est-à-dire entre Herblay, Saint-Prix et Taverny, est le Plessis-Bouchard, village des plus champêtres, et que les Parisiens ne troublent pas de leurs ébats dominicaux : les trois villages précités offrent la figure d'un triangle dont l'hypoténuse passerait à Boissy. Une célébrité de l'homéopathie, le docteur Pétroz, y attire le dimanche, jour de consultation, des malades qui arrivent de loin par caravanes. M. Haudry de Soucy, ancien sous-préfet, y dispose d'une grande propriété, qui n'est ouverte que pour lui, et encore! M. Georges Froyez a aussi son château au milieu de la commune, et vers 1820 c'était un rendez-vous de fête ; M. Froyez est plus conservateur des bonnes traditions seigneuriales. Louis de Saveuse, capitaine de cent hommes d'armes, avait au moins un fief dans ce village, dont le grand-prieur de France était réputé le seigneur en 1580 ; assurément il y avait division.

Le prince de Condé, suzerain du Plessis-Bouchard au XVIIe siècle, avait eu pour prédécesseur, là comme ailleurs, les sires de Montmorency : Joseph de Montmorency avait vendu cette terre et beaucoup d'autres au connétable Anne, son parent. Ainsi était rentrée cette famille dans la propriété d'une seigneurie qui avait déjà été sienne. Bouchard, dès le siècle XIIe, donnait aux Grammontins du Mesnil, à prendre sur Taverny et le Plessis, dix muids de vin, et Matthieu, en 1213, ratifiait cette concession de rente en nature. Dans le principe, l'endroit s'appelait Moncel, bien qu'un vaste enclos de vignes, fermé avec des claies pliées, eût donné naissance au hameau ; l'enclos appartenait au sire Bouchard, qui lui donna son second nom, et le premier n'était pas justifié par la présence d'une colline : cette partie de la Vallée n'est-elle pas presque un plat pays ? Saint Nicolas n'a été le patron de l'église qu'après sainte Marie ; l'ancien édifice religieux portait la vie de la sainte Vierge historiée sur ses riches vitraux. Antérieurement au XIIe siècle, les Montmorencys s'étaient rendus les maîtres de la paroisse; mais, par cas de conscience, le laïque Richard de Montmorency, et après lui son fils aîné Thierry, voulurent qu'elle eût des seigneurs religieux. La donation faite par tous deux, au profit de l'abbaye de Saint-Martin de Pontoise, ne fut pas approuvée à temps par le chef spirituel du diocèse de Paris ; mais au fond cela revint au même, attendu que l'évêque Girbert, en 1122, donna le même Plessis-Bouchard, en son propre nom, aux mêmes religieux ; les vœux de Richard et de Thierry furent ainsi remplis selon les lois régissant la matière. Le supérieur de Saint-Martin de Pontoise était donc gros décimateur et collateur quant à la cure.

FRÉPILLON.

M. Chéronnet, maire de la commune, M. Péteau, instituteur, et M. Victor Jollain, propriétaire, ont bien voulu nous faire les honneurs du village de Frépillon, qui est le plus distant du chef-lieu de canton, Montmorency. En revanche, cette belle bourgade n'est qu'à 10 kilomètres du chef-lieu de l'arrondissement. Le bureau de poste de Saint-Leu la dessert, et ce n'est pas une mince tournée pour le facteur. M. Huchot, commissaire cantonal, qui est en même temps l'un des hommes les plus instruits et les plus spirituels de la contrée, a bien un chemin à lui, c'est la forêt; mais tous les raccourcis de M. Huchot ne nous sont pas encore très-familiers, et nous entrons à Frépillon tout simplement par Bessancourt, si ce n'est par Béthemont. La richesse de la commune est au soleil, le sol, et dans les mains des laborieux cultivateurs qui le rendent si fertile. Ses coteaux regardent le midi; les vignes et les bocages font que le promeneur y trouve un parc et un verger toujours ouverts.

L'église petite et basse, mais des plus respectables, a saint Nicolas pour patron; la cure en était à la présentation de l'évêque de Paris. L'abbesse de Maubuisson avait la seigneurie de Frépillon, au XVIII® siècle; mais un M. Pelletier en était aussi le seigneur. Il est assez probable que la rue de Frépillon, à Paris, attenait à l'hôtel qu'habitaient en hiver les suzerains du village. En 1288, il y avait un Jean de Frépillon, écuyer; en 1260, un Guy de Frépillon, écuyer, époux de Théophana; en 1248, le chevalier Raoul de Frépillon; en 1228, le chevalier Albéric de Frépillon. Eymard de Frépillon avait vendu à Burchard un bois du territoire de Bèthemont, et celui-ci l'avait donné à l'abbaye du Val; Engelrand de Trie avait donné au même Eymard, moyennant rente stipulée, le bois de *Gehenniaco* devant Frépillon. On disait jadis *Frépillum*.

BESSANCOURT.

Nous avons entre les mains une vieille copie des pièces relatives à la donation de Hugues Tirel, seigneur de Bouffémont, qui ne prenait pas trop ses titres de noblesse dans ses actes, en l'année 1137; mais il y eut plusieurs Tirel, également riches, et dans la même région; et le chevalier Hugues Tirel, deuxième du nom, vendit à la reine Blanche, vers 1240, la terre de Bessancourt, ainsi que celle d'Aulnay, qui servirent à doter l'abbaye de Maubuisson. Cette famille Tirel était dite alors de Pontoise. Robert de Bessancourt était official de Paris en 1270; il mourut doyen de Bayeux. Les Bessancourt, au XIII° siècle, ne furent pas sans faire quelque bien à l'abbaye de Sainte-Geneviève de Paris, au temps d'Etienne et de Robert de Bessancourt. Plus tard, le grand-prieur des Templiers se qualifiait lui-même seigneur de ce village. La ferme de Montubois dont nous avons déjà dit quelques mots, appartenait au collége de Clermont, aujourd'hui lycée Louis-le-Grand, lorsque le P. Porée et autres pères y donnaient des leçons à Molière, à Chapelle et puis à Voltaire et à Gresset : ces illustres élèves ont nécessairement mangé des féves du haut de la Vallée. Si donc les jansénistes avaient pris possession de la Vallée, par Andilly, les jésuites étaient maîtres, en revanche, à Bessancourt, et c'était une distance franchissable à merveille pour les disputes d'école et de morale. L'abbesse de Maubuisson, dame de Bessancourt, de Frépillon, etc., crut devoir s'entendre avec les pères du fief de Montubois, pour ôter tout usage des arbres de la montagne aux habitants; les Tirel avaient pourtant laissé à ces derniers le droit de prendre le bois mort pour leur chauffage, et les noisetiers, les épiniers afin de réparer leurs clôtures. L'église qui est restée spacieuse et d'un beau caractère, avait sa dévotion patronymique à saint Gervais et saint Protais; une châsse apportée de Cologne l'avait dotée d'une partie des reliques de sainte Ursule, martyre, et de ses compagnes. L'érection en paroisse datait de l'épiscopat de Maurice de Sully, au siècle XIIe. Thomas Clouët, né sur les lieux, chanoine de Montmorency et curé de Sorel, fut enterré dans cette église paroissiale, en 1546. Le P. Pierre de Croneaux, curé de l'endroit, en 1652, et titulaire de la chapelle de Saint-Christophe à Montubois, y fut inhumé également. On inscrivit cette épitaphe remarquable sur la pierre sépulcrale qui lui était commune avec deux de ses confrères : « Cy-gissent vénérables et » discrètes personnes Messire Pierre de Croneaux, » Etienne Charton et Philippe Mention, prestres, curés » de cette paroisse de Bessencourt, qui ont esté l'espace » de trois siècles de neveu en neveu. » De plus, Jean-Louis Mention, prêtre à Wissembourg, en Allemagne, et Jean Mention, commissaire de police à Pontoise, firent des sacrifices pour fonder des services ou des chapelles dans cette église, en 1705. Les derniers lustres du même siècle virent l'abbé Lambert curé à Bessancourt ; il connaissait la comtesse de Genlis, à l'époque où elle habitait chez le duc de Penthièvre à Saint-Leu, et où elle rivalisait, à propos de prix académiques, avec la marquise d'Epinay. Il fut ensuite témoin des événements qui ravirent le marquis de Giac et plus d'un autre gentilhomme à la contrée, et il les assista, non-seulement comme prêtre, mais aussi comme citoyen. Selon l'abbé Lambert, M. Humbert, le négociant du Havre, n'était qu'entremetteur entre Mme de Giac et Louis Bonaparte, quand ce dernier acheta Saint-Leu ; le curé, à coup sûr, les avait tout connus dès cette époque, et il eut de même, sous la Restauration, des relations suivies avec le prince de Condé. Il put encore, avant de mourir, donner audience à Lamartine, qui vint souvent interroger ses souvenirs avant d'écrire sur la révolution.

Bessancourt est à 10 kilomètres de Pontoise ; sa population est de 800 habitants. La commune a pour maire un enfant du pays, M. Baillet, qui n'est plus un enfant. M. Du Pressoir est propriétaire d'un fort joli château, donnant sur la grande route par une avenue; M. Philarète Chasles, homme littéraire par excellence, rédacteur des *Débats*, a pris des habitudes dans le village. MM. Vavin, Dubois, Nalin, Jacquin, Mme Tamme, Mme Veistier ont diverses maisons de plaisance aux quatre coins de la commune, et toutes ont leur mérite, mais il n'en est pas deux qui se répètent. Charmant séjour, en somme, malgré la poussière blanche de la grande route! Bois, vignes, arbres fruitiers, cultures maraîchères, donnent à la campagne une immense variété d'aspects

On retrouve, au milieu des cottages, le Château-

Madame, rue de Madame. C'est l'ancien hôtel de campagne de la supérieure de l'abbaye royale de Maubuisson, près Pontoise, dame de Bessancourt. Sous Louis XVI, le prince de Conti, habitant l'Isle-Adam, en fit son rendez-vous de chasse. Ces deux titres suffisaient pour qu'il fût converti en bien de la Nation, à la fin du XVIIIe siècle. Mme de Courchant, femme d'un notaire, vint remplacer l'abbesse de Maubuisson, après un interrègne dont les phases diverses n'avaient rien eu de remarquable. M. Thiers se trouvait chez Mme de Courchant, à Bessancourt, au moment de la révolution de 1830. S'il était vrai sans exception que la suprême distinction des manières, l'élégance du goût et toutes les grâces que l'esprit du monde ajoute par son usage exquis aux autres grâces, fussent perdues pour notre siècle, je n'hésiterais pas à vous dire que la cour de Marie-Antoinette a oublié d'emporter avec elle un de ses ornements les plus fins, dans la personne de Mme la baronne d'Audelange, toute jeune châtelaine, qui est venue prendre la place de Mme de Courchant. Qui sait si la dernière nonne de la noble abbaye de Maubuisson n'a pas été laissée dans les bois de Bessancourt, pour y dormir cent ans? Je doute que sous François Ier ou sous Louis XV, le Château-Madame ait pu être une résidence plus délectable, que depuis sa renaissance, œuvre de M. et de Mme d'Audelange. L'art n'a presque rien inventé qui n'ait laissé quelque sillon de lumière dans les salons de M. le baron d'Audelange. Les batailles du temps de Louis XIV y sont peintes par Parrocel. Plus loin, un portrait de Chèverus, ami du trop célèbre et trop complaisant du Barry, rappelle un très-mauvais sujet qui fut toutefois bon gentilhomme et qu'on aimait à la folie.

Un portrait de famille, œuvre de Nattier, fait revivre merveilleusement la mère de M. de Flessel, prévôt des marchands, lequel a été une des premières victimes de la révolution. Bon nombre de flambeaux précieux, ciselés pour la comtesse du Barry, éclairent maintenant des plaisirs innocents. Tout, jusqu'aux meubles, y est splendide et disposé avec un soin qui révèle une parfaite entente des styles auxquels ils appartiennent. Le salon à manger est vaste et quelque peu sévère, comme pour ajouter une importance philosophique, à peine soupçonnée par nos aïeux, à la spécialité de sa destination; une cheminée haute y pourrait consumer un chêne séculaire en trois jours; des buffets admirables montrent avec aisance qu'il y a une réserve de vaisselle plate toute prête à remplacer celle que l'on voit briller horizontalement sur une table déjà servie. Partout de l'art, partout des merveilles délicates. Mais où, je vous le demande, où la finesse des ciselures serait-elle mieux à sa place que sur ces verres de cristal, ennemis de toute médiocrité, et sur ces toutes petites timbales d'argent faites pour recevoir, au dessert, une douce et anodine liqueur, tombant comme une pluie d'or, et qui a été mise en bouteille pour griser Louis XV? Tout le village de Bessancourt a dansé à plusieurs reprises dans le parc de Mme d'Audelange. Il y a une salle de spectacle parmi les dépendances du château d'à présent, et on y joue de très-bonnes petites pièces, qui sont parfois l'ouvrage du châtelain. Les artistes de l'Opéra et ceux du Théâtre-Italien sont déjà venus chanter au Château-Madame. Les acteurs inédits de la maison sont Mme la baronne, M. de Verneuil, etc.; parmi les spectateurs accoutumés se trouve l'auteur de *L'honneur et l'argent*.

MONTMAGNY.

Ici nous n'avons plus en vue la vallée de l'Oise, comme à Frépillon : Mariel, Méry, Vaux et Epluches restent dans les coulisses, derrière les bois de Maubuisson et de Poille. Nous avons pour théâtre, à Montmagny, tout le midi de la Vallée de Montmorency, avec Pierrefitte, Sarcelles, Villiers-le-Bel et Ecouen pour premier horizon du côté opposé à Bessancourt. Un des jolis parcours de la forêt par l'Ermitage et la Croix-Blanche, relie Montmagny et Groslay au château de la Chasse ; nous le recommandons vivement, *experto crede*, au lecteur. Cette commune-frontière du canton est à 25 kilomètres de Pontoise ; ses habitants sont au nombre de 600 ; M. Toussaint en est le maire. Des vignerons, tous propriétaires, tels que MM. J.-B. Beaugrand, Gilet Germain, etc., sont le fond de la population ; le meilleur vin du crû se cuit en sortant du pressoir, ce qui lui donne un air de ratafia. Mais il y a aussi des bourgeois, et dans leur nombre on ne chercherait pas en vain une jeune et jolie Française, d'origine moscovite, qui est le bouquet d'oranger des fêtes thermales d'Enghien. L'ancien château de Montmagny appartient à une dame âgée, que cette résidence, en vieillissant plus vite, rajeunit un peu tous les jours. Les Huault, famille de robe, en étaient les seigneurs aux XVIe et XVIIe siècles. Messire Charles Huault, maître des requêtes, s'affiliait à la Ligue, comme un des Poille de Saint-Gratien, en 1589; puis il revint au parti d'Henri IV. Il eut de sa femme, Antoinette du Drac, un fils, Louis Huault, qui devint membre du grand-conseil en 1637, et qui épousa Catherine Lottin. M. de Malebranche, frère du fameux père oratorien du même nom, succéda aux deux magistrats comme seigneur de Montmagny. Puis vinrent les Thomé, père et fils, riches financiers, ce dernier trésorier général des galères du roi en 1735. Ensuite, M. d'Arboulin pourvoyeur de la cave de la bouche du roi. Ensuite la seigneurie échut à M. Masson, fermier général et receveur des finances, dont hérita sa fille, qu'on appelait Mme la présidente; elle amenait à Montmagny son mari, M. de Chavaudon, ancien président au grand-conseil. Deux fiefs, celui de Richebourg et celui de Crespières, flanquaient le principal domaine dès le XIIIe siècle; tout le vallon du bas de la montagne s'appelait, de ce côté, le val de Richebourg. Une charte d'Hervé de Montmorency avait donné aux moines de Saint-Florent de Saumur, seigneurs du prieuré de Deuil, la dîme de ses terres de franc-aleu, à Montmagny; Jean Ansiau de Villers avait aussi donné deux arpents de vigne au prieuré, sur le même territoire. L'église de Montmagny, dédiée à saint Thomas de Cantorbéry, et relevant du prieur de Deuil, datait du siècle XII; Morand en était le curé en l'année

1260; Aleps de Richebourg y avait fondé une chapelle; Jean de Cambray était, en 1486, à la tête de la paroisse, dont le revenu était seulement de 35 livres au siècle XIII. L'ancien temple subsistait encore en 1738, mais dans des conditions de sécurité insuffisantes pour les fidèles; l'interdiction ne tarda pas à peser sur cet édifice trop caduc, dont la reconstruction ne se fit pas attendre. L'église nouvelle put ceindre le litre funèbre, bande noire aux armoiries du duc et pair, quand le prince de Condé mourut, en 1741. Les Prussiens et les Autrichiens ont pillé tous les environs de cette église en 1814 et 1815; les Vandales avaient fait bien plus encore, dans les premiers siècles de notre ère, ils avaient tout détruit à *Mons Magniacus* et *Villa-Tanosa*.

Villetaneuse et Montmagny sont comme l'index et le pouce de la même main. Les anciens comtes de Villetaneuse relevaient des Montmorencys, et leur château n'est pas entièrement détruit; M. Lestrade jouit de ses restes. M. Nédonchel est propriétaire d'une charmante villa, en face du saut-de-loup seigneurial. L'église de Villetaneuse n'est plus solide sur ses bases; M. Lequeux, architecte et agent-voyer, doit en élever une autre. M. Louis Deulin, maire pendant quarante-deux ans, n'a cessé de remplir ses fonctions qu'en 1854; ce doyen de l'édilité a été remplacé par M. Louis Donard. Depuis 1852, il y a une société de secours mutuels, protégée par Mme de Vatry, et qui fonctionne pour Stains, Pierrefitte, Villetaneuse et Epinay; elle est présidée par M. Lejeune, maire de Pierrefitte, et par M. Joseph Laurent, de Villetaneuse; M. Duquesne, d'Epinay, est un de ses trésoriers.

PISCOP.

N'a-t-on pas déjà vu plus d'un fief du nom de Piscop, à La Briche et à Groslay ? Deux hameaux, appelés de même, le petit et le grand Piscop par excellence, sont confondus sous la rubrique de la présente notice, et il est présumable que l'origine de tous ces fiefs, peu distants l'un de l'autre, était une. Avant 1214, tout le village situé sur une colline au-dessus de Saint-Brice avait ce dernier bourg pour chef-lieu de paroisse ; c'est l'année où Pierre de Nemours, évêque de Paris, érigea en cure la chapelle de Piscop, du consentement de Gobert, curé de Saint-Brice, qui reçut en dédommagement une rente de Pierre de Piscop, chevalier, premier des bienfaiteurs de la paroisse qu'il venait d'affranchir. Dame Éremburge de Brie, alliée à la maison de Piscop, fut encore plus prodigue à l'égard de l'église nouvelle que le chevalier Pierre ; elle la dota de biens immenses, dont les fiefs de Blémur, de Poncel et du Luat, faisaient partie, et ce en présence de ses fils, les chevaliers Pierre et Renaud. On ne sait pas trop comment ces fiefs sortirent de leur domaine ecclésiastique pour rentrer dans le siècle; on ignore même quelle fut la grande abbaye qui servit, comme à l'ordinaire, de parrain à la nouvelle cure, princièrement fondée et enrichie; toujours est-il qu'au xv° siècle, la collation en appartenait à l'abbé de Saint-Victor de Paris. La sainte Vierge était tout d'abord la patronne de la paroisse; l'édifice religieux fut entièrement renouvelé de 1550 au 27 juin 1560, jour où Philippe, évêque de Philadelphie, la consacra. Anselme de Piscop avait été seigneur de Piscop en 1124; Henri de Piscop et puis son fils Thibaud lui avaient succédé, et le chevalier Pierre n'était venu qu'après eux. Amaury de Piscop, écuyer, mari d'Agnès, vendit aux religieux du Val les vignes de Jouy, sises au lieu dit le Coudray, vers 1300. Au milieu du siècle xiv, sous le roi Jean, Arnoul de Braque, anobli par Philippe de Valois, avait plusieurs seigneuries à Piscop, et sa postérité en jouit jusqu'à ce qu'une fille de Simon Braque, veuve du sieur du Mesnil, dit Marcelet, en vendit une partie à Arnoul Boucher, maître des comptes, époux de Jeanne Gentien, laquelle resta veuve et dame de l'endroit. Bureau Boucher, venu du Poitou, et marié à Gilette Raguier, dame d'Orçay, fut maître des requêtes; son fils aîné, Jean Boucher, seigneur de Piscop et d'Orçay, s'unit avec Denise de Harlay, et en eut Pierre Boucher, qui ajouta la seigneurie d'Houilles aux deux autres, pendant que les sieurs de Braque portaient eux-mêmes d'autres titres, tout en gardant celui de seigneurs de Piscop, qui était pour eux de noblesse. Or l'arbre généalogique de la famille de Braque s'était déjà greffé alors sur une tige royale, par le mariage de Philippe Braque avec Guyonne

Stuart, au XVI⁰ siècle; c'est pourquoi un saint, né dans les montagnes de l'Ecosse, saint Gunifort, qui avait voyagé, au reste, et en France et en Italie, était devenu le second patron de la paroisse de Piscop, lors de cette seconde dédicace. Au siècle XVII⁰, l'église du village dut être de nouveau reconstruite, et le curé, Béraut de Braque, jouissant d'un bénéfice à Meaux, comme prieur de Sainte-Céline, et puis protonotaire du saint-siége, veilla à la réparation. De Pierre, second fils de Jean Boucher, naquit Arnoul, président au grand-conseil. M. de La Grange, au XVIII⁰ siècle, avait manoir à son tour près l'église, et il le laissa à ses deux filles; l'aînée épousa le seigneur du Tillet, d'Etampes. M. Chefter, négociant à Paris, a aujourd'hui la propriété seigneuriale de Piscop.

De même que les prieurés des siècles précédents sont devenus des bénéfices au XVIII⁰ siècle, de même les fiefs d'avant la grande révolution sont maintenant des terres divisées à l'infini, ou des maisons de campagne tout simplement; nous tâchons de faire assister le lecteur à cette double transformation. Les maisons de plaisance sont à Piscop d'une très-grande importance et d'une habitation fort agréable. La maison Rouge, près de l'église, ne le cède pas, comme charmante résidence, au château Vert, qui appartient à Mlle Le Caron, et qui est l'un des anciens fiefs. La famille Braque se l'était réservé, lors de l'aliénation faite au profit de la famille Boucher. Le comte de Braque mourut au château Vert, en 1744, et cette seigneurie échut alors à sa fille cadette, mariée à M. de Chérésy.

Poncel, joli petit hameau qui conduit le village actuel sur la route de Beaumont, eut également sa maison noble, dont dispose aujourd'hui M. Metman, caissier de l'imprimerie impériale ; M. Audiffret habite aussi Poncel. Guillaume du Poncel et puis Cécile, sa veuve et héritière, fondèrent vers 1209, dans l'abbaye de Saint-Denis, la chapelle de Saint-Hippolyte. Adam de Poncel, chevalier, reconnaissait devoir, lui ou ses héritiers, le 2 janvier de chaque année, un cierge de 5 sols aux génovéfains de Paris.

Le Luat, château qui est debout de l'autre côté de la grande route, a une physionomie grandiose et sévère ; en l'absence de M. Hua, juge à Paris, qui en est le propriétaire, nous avons fait le tour de ce vieil édifice, tout voisin du palais d'Écouen, mais que n'écrase nullement le parallèle, et qui ne domine, quant à lui, que la terre qui lui appartient. Une avenue majestueuse, une cour d'honneur carrée, des grilles de fer qui avaient l'air de ne pas avoir glissé sur leurs gonds depuis que les seigneurs de fief subissent la justice qu'ils rendaient ; des chiens faisant retentir les échos du château désert d'une plainte plutôt que d'une menace ; des fenêtres innombrables, fermées pour tout l'hiver, après avoir été durant la belle saison celles d'une habitation hospitalière et sans cesse animée ; pas un visage, pas une voix humaine, le gardien de la propriété n'étant pas là ; des communs habités seulement par des bestiaux, et une mare troublée par les anciens ébats des canards, devenus frileux, qui s'y tiennent cois ; la cloche de Saint-Brice ou de Piscop sonnant un glas funèbre pour annoncer de loin qu'une âme s'en va ; les feuilles de tous les arbres, déjà parties avant cette âme et donnant, toutes décomposées, à l'herbe cachée de l'avenue une couleur terreuse de purgatoire, qui ne laisse plus qu'un vague espoir du paradis vert du printemps; le froid, l'humidité, le brouillard et déjà la neige, et à travers tout cela une maison géante, plus froide encore dans l'isolement que tous les givres de décembre ; tels ont été nos hôtes mélancoliques lorsque nous avons voulu voir le plus ancien château du pourtour de Montmorency. Il y avait eu là, au commencement du siècle, une filature de coton dirigée par M. Denis Jullien. Mme de la Roche, veuve de M. Boucher, receveur de la capitation de la cour, tenait ce beau domaine de Mme de Flogny, fille aînée de Paul-Emile de Braque, mort, comme nous avons dit, au château Vert. Or, ce comte de Braque n'a pas été le dernier héritier mâle du nom, qui est resté à l'une des rues de Paris; rappelons-nous que le colonel de Braque, sous la Restauration, a concouru à la fondation du magnifique établissement thermal d'Enghien [1]. Paul-Emile de Braque avait eu pour prédécesseur, au Luat, son père prénommé Paul-Benoit, seigneur aussi du fief de Domont et gouverneur d'Auxerre, successeur lui-même de son père François, décédé en 1691 avec la qualité de seigneur du Luat, de la Motte, de Saint-Brice, de Piscop, etc. François Braque, mari d'Elisabeth Le Fèvre, avait eu un père du même nom, lequel, après avoir pris pour épouse Marie Bouette, sœur de Robert Bouette, seigneur de Blémur, avait convolé en secondes noces avec Madeleine Briçonnet. Le curé de Piscop, Béraud Braque, n'était autre que le frère de ce dernier ; il avait mis en sûreté au Luat les reliques de son prieuré, pendant les guerres de religion, et notamment les châsses de sainte Céline

---

[1] Les Braque portaient : D'azur à la gerbe de blé d'or, et pour devise : *In homine virtus oppressa resurget*. Ils écartelaient d'azur à trois fleurs de lys d'or, etc. Le Laboureur avait vu leurs armes au château du Luat.

et de saint Barthenuy, qui furent rendues à Nicolas David, religieux de Marmoutier, le 20 octobre 1572, par Jean de Maubuisson, grand-prieur de Saint-Denis. Philippe de Braque, gouverneur et capitaine de Harfleur et de Montivilliers, époux d'une Stuart, était le père de Robert, échanson de la reine Catherine de Médicis, enterré à Piscop, avec Jeanne Fretel, sa femme, dame de Misy-sur-Yonne, et avec cette devise philosophique, bien convenable à un échanson : *Tunc satiabor*. Le conseiller Philippe Braque et sa femme, Marguerite de Canlerz, dataient au château de la fin du xv° siècle. Bernard Braque, chambellan du roi, payait 10 livres tournois à Jeanne la Gentienne, dame de Piscop, pour le relief du Luat, le 22 novembre 1441. Jean de Braque, chevalier, avait soutenu le parti du roi d'Angleterre [1] et habité Lille ; pourtant l'hôtel du Luat avait été donné successivement par Henri VI à Albert de Rosen-Garden, à Wattequin Wales et à Adenet Tixerand, dit Chapelier, avant d'être rendu à ses seigneurs par le roi de France. Enfin, c'était une dame de Beaumarchais qui avait vendu cette terre, dans l'origine, à Arnoul Braque.

L'écuyer Adam de Blémur et sa femme Isabeau ont possédé, entre Piscop et Domont, la seigneurie dont ils portaient le nom en 1239. Les Braque en ont été ensuite les propriétaires ; nous trouvons que Pierre de Braque en était encore le seigneur au milieu du xvi° siècle ; mais une autre famille, plusieurs fois alliée à la leur par des mariages, fut avant peu pourvue du fief. Robert Bouette, conseiller au parlement, obtint de faire célébrer la messe à Blémur; il jouissait d'un marché et

---

[1] Sauval. *Antiquités de Paris*, tome III, pages 325 et 584.

d'une foire créés par une charte de Charles IX en faveur des seigneurs de Blémur ; Eustache Bouette, gentilhomme de la maison du roi, vint après lui, et une femme de sa parenté mourut bénédictine en 1696, après avoir publié des ouvrages de piété sous le nom de Mme de Blémur. A la fin du siècle XVII, Madeleine Gédoyn, épouse de Jean Bouette, fonda par testament une chapellenie dans l'église de Piscop, à la charge pour le titulaire de venir officier au château chaque fois qu'il en serait requis, les jours de fête exceptés ; le cardinal de Noailles approuva l'intention et l'acte ; mais Julienne Talon, seconde femme survivant au même époux, réduisit cette fondation. Le fils posthume de Jean Bouette, né au milieu du siècle, s'appelait M. de Blémur, comte de Bouette ; il avait perdu de très-bonne heure ses frères et sœurs ; il était chevau-léger de la garde ordinaire du roi et écuyer de main de S. M. Le 30 juillet 1791, M. Coulon, ancien commissaire aux saisies réelles et ancien secrétaire du roi, achetait au ci-devant comte la ferme et le château de Blémur, qui tenaient l'un à l'autre ; M. Conlon avait ailleurs une filature à lui ; il fit bâtir, l'année suivante, le château de Blémur actuel, qui est un des plus beaux de la contrée. Il se mesure avec celui d'Écouen, qui lui fait face du côté du parc et qui ne paraît pas plus élevé que lui ; de toutes parts, au surplus, la vue est splendide à Blémur. M. Bouchon, qui a été dix-huit années maire de Piscop et quatre ans membre du conseil général, est propriétaire du domaine, depuis 1833. Le maire qui lui a succédé a tenu de première main les meilleurs traditions administratives ; c'est le fermier de M. Bouchon.

SAINT-BRICE.

Tantôt la gamme des dates est ascendante, tantôt elle descend, selon que nous commençons ou que nous finissons par entonner les louanges des jolis villages d'a-présent, qui ne se contentent pas absolument d'avoir été des succursales d'abbayes et d'écoles, des fiefs particuliers, relevant des ducs, des princes et des rois. Si l'admirable pourtour de Montmorency a du relever de la grande révolution, seigneur de tous, du moins il avait eu l'honneur d'y contribuer, comme point de départ de ces conquêtes philosophiques de toute espèce qui, pour les uns, servent d'excuse à l'ère nouvelle et qui ont, pour les autres, glorieusement rendu praticable la régénération sociale. Tout le monde est mieux d'accord, en ce qui regarde le paysage. Saint-Brice, dont une grande route fait un gros bourg, dans le canton d'Écouen, et que plusieurs services de diligences de passage relient avec Saint-Denis, comme les omnibus du chemin de fer avec Enghien, est aussi, par droit d'origine, par privilége de proximité et par les riantes allures de ses cottages, un des plus attrayants lieux de plaisance de la Vallée. Il y a plaisir à revendiquer Saint-Brice, qui est resté sur la limite cantonale et qui faisait partie, comme paroisse, du doyenné de Montmorency. Il est vrai que Gonesse, Villiers-le-Sec, Écouen, Argenteuil, Conflans-Sainte-Honorine, etc., partageaient ce dernier honneur avec Saint-Brice ; mais ces localités ne jouissent plus de l'avantage que donne à celle-ci la mitoyenneté. Saint-Brice est sur le chemin de Maffliers à Paris, entre Piscop et Groslay, près Sarcelles, à une lieue de Montmorency, et à mi-chemin de Paris à Beaumont, ce qui en fait de toute éternité un lieu de station à l'auberge. Le territoire de la commune comporte des prairies, des champs de blé, des vignes et des parties boisées fort délicieuses.

Les citadins de Saint-Brice sont nombreux ; nous n'en connaissons que MM. Beau, trinité fraternelle, et modèle de famille unie, comme il en existe très-peu depuis que l'individualisme est dans la loi ; ils ont pour le moins trois châteaux séparés, et de la meilleure venue du monde, dans différentes parties de la commune ; un de ces messieurs est maire, l'autre a pour fils un des notaires de Paris. MM. Sabran, Chastanet, Charvet, Oudard, le docteur Bazin, font également partie de la commune. M. Juge, ancien élève de Sainte-Barbe, juge de paix du canton d'Ecouen, et un des savants de la Vallée, habite une élégante propriété, qui a appartenu à M. Guy, sur l'emplacement de l'ancien château seigneurial ; mais les prédécesseurs de M. Daval fils tenaient eux-mêmes une partie de la terre et des constructions domaniales, avant M. Monnot, qui a remplacé M. Daval. Le moderne château historique, qui a succédé à l'ancien, dont les souvenirs compléteront tout à l'heure l'aperçu consacré à la localité, a eu pour premier occupant M. de Trepsac, le même qui, le 3 nivôse, a eu la cuisse broyée par l'explosion d'une machine infernale, braquée sur la voiture du premier consul dans la rue Saint-Nicaise; il est échu ensuite au maréchal prince de Macdonald; puis il a servi de résidence au prince de Talleyrand, l'Ahasvérus de la contrée; la famille Caillard l'a habité ensuite, et bien qu'elle n'y fût que locataire, elle a fait la dépense d'y amener les eaux dont jouissent, par diverses prises, plusieurs propriétés qu'elles arrosent et embellissent. Eugène Sue s'est retiré chez sa sœur, Mme Marc Caillard, pour y écrire un de ses meilleurs romans. M. Alexis Beau a dans les dépendances de sa pompeuse maison de campagne une petite maisonnette, relique du fief de Mauléon; sous le règne de Louis XIV, l'avocat Mauléon y rendait visite à sa sœur, amie de Bossuet, et qui était propriétaire du fief en vertu de la donation de l'évêque de Meaux, qui l'avait habité avant; Jean-Jacques y venait voir, sous le règne suivant, le frère de Mlle de Mauléon. Cette petite maison qui reste a été transformée pendant un temps, par M. de Saintré, en dépôt de contrebande; elle était séparée du parc de M. Beau par un chemin qui a été reporté plus loin. Mme Lacollombe, actrice de la Comédie-Française sous Louis XVI, a demeuré dans la maison de Mme Dreux; M. et Mme Gavaudan, de l'Opéra-Comique, ont aussi séjourné à Montmorency et à Saint-Brice. Deux autres comédiens distingués, Amiel et Crétu, fondateur du théâtre des Variétés, ont été propriétaires dans le village vers 1800; Amiel, lorsqu'il a fait réparer fastueusement son hôtel d'été, a orné la salle à manger et son salon de peintures et de bas-reliefs, œuvre de Dabos, peintre de la reine Hortense. Les noms que les paysans gardent à leur pièces de terre nous remettent sur la trace encore de quelques fiefs. Celui dit la Ville-de-Saint-Brice a été mis dans le trésor du roi par les Montmorencys au XIII° siècle, en même temps que deux autres fiefs. Les Braque ont porté le titre de seigneurs de Saint-Brice, pour y avoir eu plusieurs terres, notamment Hugo et La Motte. Le Hugo de Saint-Brice avait suzeraineté sur celui de Sannois du même nom ; Burchard y avait tenu, en 1177, une assemblée solennelle, à l'époque où Henri en était le seigneur; Nicolas Braque, tué en 1415 à la bataille d'Azincourt, en avait joui ; Jean Braque en avait fait hommage, le 13 octobre 1430, à Jean de Luxembourg, seigneur de Montmorency. Le conseiller Philippe Braque avait tenu l'autre fief en 1451. Il y a eu à Saint-Brice une autre terre noble de second ordre, dont François Braque disposait pour une part à la fin du XVI° siècle; on la dénommait Godin.

Les phases qu'ont traversées ces étoiles fixes de la féodalité sont autant que possible indiquées ; notre point de repère n'en est pas moins le clocher de Saint-Brice et la seigneurie au dit nom. Après avoir dépendu de Groslay et servi d'annexe pour Piscop, l'église fut érigée en cure vers 1100, et donnée aux chanoines réguliers de Saint-Victor, par Etienne de Senlis, évêque de Paris, comme ex-voto de Radulfe le Bel, et ce seigneur laïque avait possédé aussi bien l'église de Villiers-le-Bel. Le même prélat entérina l'offrande dont faisait partie la moitié de la dîme de fèves de Saint-Brice, présentée au prieuré de Saint-Martin-des-Champs, par Matthieu 1er, qui n'avait pas cru devoir davantage, n'étant que laïque, conserver pour soi-même du bien relevant de l'abbaye de Saint-Denis. C'est ainsi que par des dons soit à une maison religieuse, soit à un hospice, soit au roi, soit enfin aux tenanciers de fief, les sires de Montmorency s'affranchissaient souvent d'un hommage dû à l'abbaye royale. Par malheur, une redevance d'argent grevait, en outre, la cession de l'église faite au nom de Radulfe le Bel ; de sorte que les Victorins hésitèrent quelques temps à accepter ce legs. L'évêque Thibaud dut s'en préoccuper, en 1148, et des transactions intervinrent, grâce auxquelles sire Hubert, seigneur de Saint-Brice, eut un quart de la dîme; l'abbé Suger y consentit. Achard, abbé de Saint-Victor, finit par se munir d'une bulle du pape Adrien IV, confirmant à sa maison l'église de Saint-Brice. Dès le XIII° siècle, il y eut aussi une Maison-Dieu, hospice qu'on prétendait de fondation royale ; Bouchard, l'an 1237, lui léguait 10 livres de rente, et elle en avait 100 d'ailleurs; en 1351, un mandataire épiscopal la visitait, Pierre de Saint-Lô étant curé du lieu. Lorsque Burchard, fils d'Hervé, dota le prieuré de Deuil, il se défit en sa faveur de 60 sols à prendre chaque année sur le péage de Saint-Brice. Les chambellans de France, sires de Montmorency, firent maint échange avec l'abbaye de Saint-Denis ; ils mirent sous la censive de l'évêché de Paris et du monastère royal, des biens qu'ils tenaient de la couronne, et ils mirent, en revanche, une partie de leurs terres et cens dans le fief de Philippe le Bel, le tout dans la localité de Saint-Brice. Jacques de Montmorency fut maintenu, en 1391, dans le droit de prélever sur la marée qui passait dans le village, le poisson qui était à sa convenance, en le payant toutefois selon sa valeur. L'église qui était fort petite, fut rebâtie au siècle xvi°, et on y ajouta deux ailes, dont l'une servait de chœur; la renaissance fut greffée ainsi sur le gothique; la consécration nouvelle eut lieu en 1525. Mais il y avait alors une autre chapelle indépendante de l'édifice et dédiée à saint Nicolas, qui avait pu servir à la maladrerie de l'endroit, dans la partie méridionale de Saint-Brice; dès le commencement du xviii° siècle, sous les Condés, une croix s'élevait en place de cette chapelle. Saint Brice, évêque de Tours, était resté patron de la paroisse. Christophe de Braque, en 1740, portait le titre de seigneur de Saint-Brice, du chef de son père, François Braque, décédé en 1691. L'abbé Maury, curé de ce village, en 1789, était député-membre du bureau intermédiaire de Saint-Germain-en-Laye, réglant ce qui était dû aux ecclésiastiques du district. Nous ignorons si c'était un parent du fameux cardinal Maury, qui fut pendant un temps le premier aumônier du roi Jérôme; cette parité de nom, de profession et même d'époque laisse à penser. L'église de Saint-Brice n'avait pas encore d'orgue, lorsque le comédien Amiel, par un présent, combla cette lacune.

HERBLAY.

Quels furent les seigneurs d'Herblay? Voici la liste qui peut en être dressée. Guy d'Erblay, chevalier, au xiiie siècle; Christophe de Rhumont, maître des requêtes, en 1498; Eustache Allégrin, général de la justice des Aides, mort en 1517, mari de Catherine de Nanterre, puis de Catherine Ruzé, veuve du sieur de Refuge, et beau-frère du président des Carmones; autre seigneur Eustache, correcteur des Comptes, époux de Françoise Larchu, fille d'un général de la justice des Aides dans la première moitié du siècle xvie; Madeleine Allégrin, dame d'Erblay, mariée, en 1588, à Charles le Prévost, conseiller au parlement; leur fils, Jacques le Prévost, maître des requêtes, frère d'un prêtre séculier, le P. d'Herblay, qui écrivit un livre de piété et qui légua au séminaire des Missions Etrangères tout ce qu'il avait dans le village; Madeleine Houette, nièce de Jacques, femme de Jean Boisseret, correcteur des Comptes, femme ensuite de Jean Bochard, seigneur de Champigny-sur-Marne, maître des requêtes; Charles de Boisseret, issu du premier lit de Madeleine Houette, uni d'abord à Jacqueline Mallet de Graville. Remarquable personnage, ce Charles Boisseret! Il eut de sa première femme un fils qui épousa demoiselle Le Maistre, dont il n'eut pas d'enfants; ensuite il convola en secondes noces, âgé de plus de 80 ans, avec Marie-Gabrielle Gillebert d'Halleinne, native de Domfront, qui n'en avait pas 18, et à laquelle il donna part d'enfant en contrat de mariage; mort en 1715, à 90 ans, il laissait à sa jeune veuve la moitié de ce qu'il avait dans la contrée et la totalité d'autres richesses qui lui permirent d'acheter la seconde moitié en 1744. L'ancien château d'Horblay appartient aujourd'hui à Mme Guilleminot, dont la maison moderne a gardé une petite tourelle; mais le parc en est exploité comme carrières, et on y fait du plâtre tant qu'on peut. Il est vrai que cette exploitation date d'un siècle et davantage; la pierre d'Herblay est estimée à l'égal de celle de Conflans, carrières voisines; on a tiré du domaine seigneurial, du temps de l'architecte Le Noir, la matière première qui a servi à élever la fontaine de la rue de Grenelle, en 1739, et le portail de l'église Saint-Louis, à Versailles, quelques années plus tard.

Des catacombes existent sous Herblay, dont on ignore l'origine; chaque fois qu'il s'y fait un jour, vite on craint l'éboulement et on rebouche la crevasse; ces immenses souterrains ont pu être un lieu de retraite des premiers chrétiens de la Vallée, ou des Gaulois sous Jules-César. Herblay était bâti entièrement, dans le principe, sur la côte qui domine la Seine; le bas s'appelait le Puits-l'Evêque; le village ne s'est décidé à y descendre, en s'éloignant de la rivière, que pour pouvoir forer des puits près des maisons. Charles le Prévost obtint d'Henri III, le 6 avril 1588, la permission d'entourer Herblay de murs; quelques portes et tourelles démantelées de cette enceinte subsistèrent au delà de la Révolution; mais leurs derniers vestiges ont disparu il y a vingt ans. Par conséquent c'était une ville, et comme ses habitants tenaient pour la Ligue, avant le siége de Paris, Henri IV s'arrêta au carrefour de la Patte-d'Oie, après la reddition de Pontoise et la bataille d'Yvry, en 1590, pour demander les clefs d'Herblay. On craignait trop les reproches pour se disputer la faveur de les lui apporter sur un plat d'étain, faute de mieux; mais un des habitants s'étant dévoué, le Béarnais le reçut d'assez mauvaise humeur. — Ventre-Saint-Gris! dit-il, quel est ton nom? — Lagingeolle, balbutia notre homme peu sûr de lui... C'était déjà un nom de comédie, car il s'appelait différemment; mais ce surnom resta à sa famille, et il y avait encore un demi-siècle avant l'heure présente, une des branches de la famille Rigaud, à Herblay, qui était dite Lagingeolle. Henri IV, pour punir la rébellion de la petite ville et son peu d'empressement à se rendre à ses ordres, imagina un moyen peu sanglant et très-fort de son caractère; il lui signifia la défense à perpétuité de se servir de charrettes sur ses routes et chemins quelconques. Telle fut la portée de cette prohibition qu'à la fin du siècle dernier, il n'y avait encore que quatre charrettes à Herblay. Pendant deux cents années, les laitières de l'endroit étaient les seules qui portassent leur lait sur la tête, toutes les nuits, jusqu'au pavé des Innocents, et les cultivateurs suivaient leurs femmes, le dos chargé de besaces pleines de fèves. De là venait un sobriquet particulier qu'on leur avait donné sur le marché, on les saluait de besaciers d'Herblay. D'autres surnoms moins honorables couraient alors les halles, et ceux d'Herblay portaient bravement le leur, qui témoignait d'obéissance et de repentir; les besaciers d'Herblay valaient certainement bien les chiens de Mantes, les loups de Limay, les chats de Meaux, les écrevisses d'Etampes, les pêches de Corbeil, les œufs de Magny, les hiboux de Meulan, et autres surnoms pleins de couleur, dont les badauds de Paris ne savaient pas le véritable sens.

La vallée de la Seine, entre Cormeilles-en-Parisis et Saint-Germain, et celle de l'Oise, depuis le bois des Courtins et Pontoise jusqu'à l'Ile-Adam, décrivent une courbe gigantesque autour de notre affectionnée Vallée, et tout cela fait panorama pour les fidèles qui sortent de l'église de Saint-Martin, élevée dans la région sud-est du village d'Herblay. Une partie du clocher est, on le dit, du XIV° siècle; il a été décapité d'un croissant qui le couronnait. Ont disparu aussi des fers-à-cheval piqués sur le portail, comme on en voit encore à l'extérieur des ateliers de maréchaux-ferrants et des auberges; ces demi-cercles de fer foré déposaient de la dévotion particulière des voyageurs à saint Martin, leur maître à tous, qui était patron de l'endroit. L'élargissement de l'église, l'architecture bien inspirée de sa galerie extérieure, et ce qu'il reste encore de grand et de bien conservé dans ses nobles dispositions, tout cela était l'œuvre d'un jacobin, frère Romain, architecte d'élite au commencement du XVIII° siècle; par malheur, des peintures à fresque, qui enrichissaient l'intérieur, ont été revêtues de badigeon, depuis l'abbé Lebeuf. Deux bénéfices plantureux étaient attachés à l'église; les fondateurs en étaient

Guillaume Barois, seigneur d'Herblay au xiv⁰ siècle, et son fils, Etienne de Barois, doyen de Saint-Omer, chanoine et archidiacre de Beaugency, confesseur du roi Jean, et enterré en son autel de Sainte-Catherine, dans l'église locale ; la réunion des fondations de père et fils fut l'œuvre de l'évêque Pierre d'Orgemont, en l'absence des sieurs de Beauvais, héritiers des Barrois, combattant pour le service du roi, et prédécesseurs, comme seigneurs, du maître des requêtes Rhumont ; elles reposaient sur une partie de forêt enclavée dans celle de Saint-Germain et dans les bois de Marly, destinés également à devenir une forêt royale ; on les appelait les coupes d'Herblay. Ces bois furent réunis au domaine, sous Henri IV, en échange des profits du marché de Montlhéry, rapportant plus de 4500 livres. La présentation à la chapelle de Sainte-Catherine appartenait encore au xv⁰ siècle à des exécuteurs testamentaires ; en 1648, l'évêque en était collateur, comme de la cure. Les usufruitiers du bénéfice Barois étaient Simon Macaire, natif et curé d'Herblay dans la seconde moitié du siècle xvi, puis Jean Pommereau, Jean Montreau, François et Louis Langlois, tous nés dans le village ; Jean-Daniel Poille, seigneur de Saint-Gratien, beau-frère de Matthieu de Beauvais II ; le sieur Grisel, chanoine, pourvu sans présentation par l'évêque de Gondi ; puis S.-G. Meliand, évêque de Gap, qui résigna le bénéfice en abdiquant la prélature, et qui, retiré à Paris, vint souvent retremper la piété des fidèles à Herblay, mort en 1713 ; puis M. Chevalier, dit le Romain, qui s'en démit moyennant pension en faveur de Séguin, chanoine de Saint-Etienne-des-Grès, titulaire en 1742. D'autres libéralités avaient été faites à l'église ; Noël Cochon, marchand à

Herblay, lui avait légué une prise de vin, en 1575, et en effet saint Vincent, patron de la vigne, était honoré dans ce temple, sans compter que le vin du crû, lorsqu'il est vieux, se rapproche du bourgogne ; le seigneur Eustache Allégrin lui avait laissé 25 livres de rente. Le prêtre Jacques Hellet, mort de la peste en 1626, y avait été inhumé, ainsi que Nicolas Robin, né dans la paroisse, prêtre aussi, succombant à la même épidémie après avoir donné héroïquement ses soins aux pestiférés. Nicolas Henriart, écuyer, sieur du Manoir, référendaire en la Chancellerie, avocat aux parlement et conseil du roi, décédé le 8 octobre 1693 en sa maison de Taverny, avait été porté en l'église d'Herblay, pour y être enterré conformément à ses désirs et par les soins de son fils, le curé du Manoir. Ce digne pasteur d'Herblay enseigna le latin à Jacques Paulmier, âgé de plus de 30 ans, qui fut ensuite vicaire de la paroisse et y mourut en 1709, laissant mémoire bénie de ses bienfaits. Mais Henriart du Manoir eut deux autres élèves, qui devinrent des savants de premier ordre ; c'est lui qui recueillit les enfants de Fourmont, chirurgien, puis procureur-fiscal à Herblay, restés orphelins sans fortune ; l'aîné était Etienne Fourmont, qui devint professeur d'arabe au collége de France, et interprète et bibliothécaire du roi pour les langues orientales ; l'autre, Michel Fourmont, fut plus tard professeur de syriaque au même collége et interprète du roi pour les langues tartare, chinoise et indoustane ; tous deux étaient de l'Académie des inscriptions et belles-lettres. Honorrat, autre curé d'Herblay, était doyen rural du Doyenné de Montmorency en 1736. Le clergé de la paroisse se composait alors de quatre prêtres.

Les décimateurs, sur la paroisse d'Herblay, étaient l'abbé de Saint-Denis, jusqu'à la suppression des priviléges de l'abbaye sous Louis XIV, et le chapitre de Notre-Dame de Paris. L'église avait joui du produit des prés dits plus tard communaux, et possédés par les gens du village depuis 1682, à la charge de faire réparer le presbytère, l'église et la cloche; un arrêt du grand-conseil avait été obtenu à cet égard par l'abbé de Saint-Denis contre les habitants. Il y avait donc à Herblay trois seigneuries; la haute, moyenne et basse justice procédait d'elles, sur les différents fiefs; mais le chapitre de Paris, comme seigneur de l'église, avait des avantages honorifiques et autres, tels que prières nominales au prône, présidence pour ses officiers aux assemblées communes sous le porche de l'église, et au ban des vendanges; cette prééminence dut s'appuyer : 1° sur une décision du grand-conseil rendue contre l'abbé de Saint-Denis le 17 décembre 1677; 2° sur un arrêt du parlement contre Mme de Boisseret, dame d'Herblay, prononcé le 9 décembre 1750. Cette jurisprudence s'était inspirée, comme précédent, d'une sentence du prévôt de Paris, rendue le 30 septembre 1537, contrairement aux prétentions de Guillaume Rigaud, qui avait inquiété les droits exceptionnels des chanoines de Paris. Ce chapitre avait même le tiers de la dîme des grains hors de son fief, sur tout le territoire d'Herblay, et dîme entière sur son propre domaine; ses droits émanaient d'une offrande de Guillaume du Perche, évêque de Châlons-sur-Marne, mort en 1226, d'une fondation de saint Louis, relative à l'anniversaire de la reine Blanche, et d'une acquisition faite par les chanoines de tout ce que possédait à Herblay dame Aleps de Saulx.

Le monastère de Saint-Denis dîmait aussi depuis le xiii° siècle, et deux arrêts du parlement, de 1346 et 1372, le reconnaissaient justicier à Herblay ; la dîme était réduite d'un tiers par le chapitre, et il servait, en outre, la veille de Noël, 200 bottes de paille de 22 livres et demie chacune, à la fabrique, pour éclairer les paroissiens avant et après la messe de minuit. En dehors de tout cela, le roi avait donné à Pierre Salin, de Pontoise, en 1315, 3 muids et 6 setiers d'avoine, mesure de Paris, à prendre sur le sol du village [1].

Herblay est bien moins riche qu'Argenteuil, son chef-lieu de canton ; mais il offre beaucoup d'agréments, comme séjour, et il n'est qu'à 25 kilomètres de Versailles ; il a deux chemins de fer à son service pour le mettre en rapport facile avec Paris. On y compte 1,600 habitants. Quelle charmante région que celle d'Herblay, de Montigny et de Cormeilles-en-Parisis! Aussi M. Montrichard, M. Violette, notaire, M. Vielle, M. Fortier, M. Chabrand, M. Bunel, M. Badenier, M. Paulmier, M. Delaplace, le colonel Dillon, sir Sydnam, M. Bartholomieux, architecte parisien, M. Chapron, et M. Charles Maurice, doyen des journalistes dramatiques, ont-ils dans ces parages des villas tiburiennes! Du belvédère de M. Boullay, à Montigny, on découvre 75 clochers. C'est là, dans ce village, qu'a habité le poëte Saurin, auteur de *Beverley* et de *Spartacus*. Près de l'église d'Herblay, le prince Rufo della Scarlata a fait bâtir, il y a trente ans, une maison de campagne de toute beauté ; plusieurs en préfèrent la terrasse à celle de Saint-Germain, qui est en regard. M. Monteaux, changeur, l'a possédée, puis

---

[1] Doublet, *Antiquités de Saint-Denis*, page 378 et 1024.

M. Charles Noël, et elle est à M. David. Parmi les citatadins du village il faut remarquer Mme la comtesse d'Agout, qui, sous le nom de Daniel Stern, en a fait sa résidence; c'est l'auteur de *Nélida*, roman, et d'ouvrages philosophiques. Mme Hortense Allart, de Méritens, y a également séjourné; ses romances et ses *Lettres sur Mme de Staël*, son *Histoire de Florence*, etc., n'ont pu passer inaperçus. Despléchins, le décorateur de l'Opéra, habite Herblay. Mlle Mimi Dupuis, artiste du même théâtre, si elle n'y a pas donné de représentations, y a néanmoins eu des feux. Le docteur Delarue, habile chirurgien, élève de Litzfranc, y est né. Il y a une société de Saint-Vincent, fonctionnant pour Cormeilles, Herblay et la Frette, que président MM. Charles de Ladoucette, sénateur, Réné Duvoir et Dubray, maire d'Herblay; M. Landron est un des membres du bureau; cette institution de prévoyance a déjà rendu de bons services. Quant à M. l'abbé Bertrand, curé de la paroisse, c'est un savant de l'école des Fourmont, qui a commencé par être poëte. Il a publié des vers, un *Dictionnaire de toutes les religions*, *Les séances de Haidari*, et divers livres en langage hindoustani aux frais du gouvernement; en outre, il a un nouveau dictionnaire de cette langue sous presse. Le 22 octobre 1854, l'église de l'abbé Bertrand a inauguré un orgue construit par M. Suret, et tenu par M. Bazille, prix de Rome; ce jour-là un discours était prononcé par l'abbé Bigas, curé de Conflans-Sainte-Honorine, et Mme Dorigny chantait des motets, au salut.

Aussi bien nous n'avons rien dit de certains fiefs qui ont eu leurs franches coudées dans la localité. La terre noble de Beauvais, de laquelle a tiré son nom Jean de Beauvais en 1350, a été possédée par le fils de ce dernier, nommé Girard, capitaine du château de Conflans, au temps où les Anglais occupaient Pontoise et la Normandie. Jean de Beauvais a eu d'Elisabeth Gallé, son épouse, une fille du même prénom ; sa basse justice relevait du seigneur d'Herblay. Après 1669, Jean Daniel ayant fait un partage avec ses frères et sœurs, le fief Beauvais s'est évanoui, à l'exception de quelques arpents de terre restés au fils aîné, avec une partie du fief d'Abbeville ayant encore son vieux manoir. Cet ancien fief d'Abbeville et ce manoir ont appartenu de nos jours à la famille de M. Mongis, procureur général, qui y a eu sa résidence. M. Duffau, maître-maçon, a succédé, comme propriétaire, à cet éminent magistrat, longtemps membre du conseil municipal de Paris ; l'infortuné spéculateur en constructions s'est ruiné depuis peu, après avoir eu pour cinq millions de propriétés. Quant à M. de Mongis, parent de Buffon, c'est aussi un homme d'esprit, ancien élève de Sainte-Barbe. Il chantait encore, l'an dernier, des couplets parfaitement tournés, au banquet des anciens élèves de ce collége, et voici une des strophes qui ont été à juste titre applaudies par tous les barbistes :

> Je t'aimais bien, ô mon bon vieux collége,
> Où de pain tendre et d'eau claire on soupait ;
> Mais rajeunir est un doux privilége :
> Je t'aime mieux sous ton nouvel aspect,
> Beau, sans avoir moins de droit au respect.
> Autour de toi plus d'égouts, de prison !
> Tu n'as gardé de ta *rue des Sept-Voies*
> Que le chemin qui mène au Panthéon.
> Tout chemin te mène au Panthéon.

FIN.

TABLE DES MATIÈRES.

	Pages.
De Paris à Montmorency.	5

MONTMORENCY :

Les sires de Montmorency.	21
Armes des Montmorencys.	33
Jean Le Laboureur.	id.
L'église.	35
De 1632 à 1756.	44
Jean-Jacques Rousseau.	48
Grétry.	62
La ville.	77
La forêt.	92
Le Cheval-Blanc.	95

ENGHIEN-LES-BAINS :

Origines d'Enghien.	103
Période Fourcroy.	107
Péligot.	117
La Caisse hypothécaire.	140
M. le vicomte de Cursay et l'administration nouvelle.	146
A S. A. I. la princesse Mathilde.	159
Des maladies que traitent les eaux d'Enghien	164
Résumé des analyses.	166
Épilogue.	168
Le lac d'Enghien, Stances	171

TABLE DES MATIÈRES.

Napoléon-Saint-Leu	172
Taverny	206
Eaubonne	218
Deuil	243
Épinay	272
Saint-Gratien	290
Groslay	305
Sannois	319
Soisy	333
Saint-Prix	343
Andilly	349
Montlignon	359
Margency	370
Ermont	378
Pierrelaye	381
Franconville	384
Bouffémont	394
Chauvry et Bèthemont	398
Domont	401
Le Plessis-Bouchard	409
Frépillon	411
Bessancourt	412
Montmagny	418
Piscop	421
Saint-Brice	428
Herblay	434

www.ingramcontent.com/pod-product-compliance
Lightning Source LLC
Chambersburg PA
CBHW071102230426
43666CB00009B/1791